我们一起解决问题

PRACTICE GUIDE TO

普华审计实务
工具书系列

采购审计
[实务指南]

PROCUREMENT AUDITING

刘晓芳◎著

人民邮电出版社
北京

图书在版编目（CIP）数据

采购审计实务指南 / 刘晓芳著 . -- 北京 ： 人民邮
电出版社 ， 2025. -- （普华审计实务工具书系列）.
ISBN 978-7-115-67070-0

Ⅰ . F239.65-62

中国国家版本馆 CIP 数据核字第 2025KH7293 号

内 容 提 要

在资源紧缺、市场波动频繁的当下，如何优化资源配置、强化合规管理和风险控制，已成为企业
管理的核心命题。采购审计作为企业内部控制的重要一环，不仅直接影响企业的运营效率和成本控
制，更关乎企业在复杂环境中的生存能力和竞争优势。而对于如何做好采购审计，很多审计人员仍旧
不得其法，本书便是一部采购审计实务指南。

本书以企业采购活动的全流程为切入点，系统地阐述了采购审计的理论框架、实务操作及风险防
控方法。内容涵盖采购审计概述、采购风险高发领域及控制、舞弊行为原理分析、采购舞弊环节的控
制、采购审计具体操作流程、采购舞弊取证及访谈技巧、数字化采购审计、采购 ESG 审计等方面。作
者以深入浅出的方式介绍了采购审计的具体流程与方法，并辅以案例解析，带领读者充分透视采购审
计工作，全面掌握采购审计实战技巧。

本书适合企业内审人员、采购部门管理者、会计师事务所审计师、风险管理顾问，以及相关专业
的师生阅读和使用。

◆ 著 刘晓芳
责任编辑 贾淑艳
责任印制 彭志环

◆ 人民邮电出版社出版发行 北京市丰台区成寿寺路 11 号
邮编 100164 电子邮件 315@ptpress.com.cn
网址 https://www.ptpress.com.cn
天津千鹤文化传播有限公司印刷

◆ 开本：787×1092 1/16
印张：24.5 2025 年 6 月第 1 版
字数：550 千字 2025 年 11 月天津第 3 次印刷

定 价：118.00 元
读者服务热线： （010） 81055656 印装质量热线： （010） 81055316
反盗版热线： （010） 81055315

专家推荐

采购业务是各单位普遍涉及的业务活动，也是舞弊等风险易发高发的领域，自然也就成了内部控制和风险管理的重点领域。因此，加强对采购业务的审计监督与服务是内部审计作为风险防控第三线职能部门义不容辞的责任，也是落实内部审计全覆盖要求不可或缺的重要领域。《采购审计实务指南》一书不仅阐释了采购审计的基础知识和理论，还总结了实践经验并通过案例进行了分析。书中既介绍了采购审计的传统目标、内容和方法，又阐述了基于 ESG 理念下的新审计目标和内容，同时还介绍了数字化转型背景下的新型数字化、智能化审计技术。阅读此书，一定会给相关从业者带来启发、提供借鉴。

——沈立强　中国内部审计协会副会长兼秘书长

在全球供应链日益复杂的商业环境下，企业采购审计正面临前所未有的挑战。你是否经常被以下问题所困扰？

- 如何从海量采购单据中发现潜在的舞弊线索？
- 如何让审计报告不再停留于"合规"表面？
- 如何在提高采购效率的同时确保流程安全可控？

由审计实战专家刘晓芳撰写的《采购审计实务指南》，正是破解这些难题的实战宝典。

书中令人叹服的实战案例，将带你亲历：某跨国企业如何通过物流轨迹重叠分析，成功查处采购经理设立"影子公司"的舞弊行为；某上市公司如何运用机器学习技术，在数万 SKU 中精准识别异常定价；更有借助卫星图像比对技术，揭穿基建项目虚增工程量的经典案例。

这不仅是一本工具书，更是一套让采购审计从"事后纠错"升级为"事前防控"的智能风控体系。无论你是初入审计领域的新人，还是深耕多年的管理者，都能从中获得突破瓶颈的灵感与工具。

——李永建　大成方略集团董事长

　　《采购审计实务指南》是一部集理论与实践于一体的经典之作，为采购审计这一领域提供了详尽的操作指引和前沿思路。本书不仅系统地总结了采购审计工作的内容，还为企业治理和风险防范实践提供了有力支撑。

　　书中涵盖了采购审计的基础理论、风险识别与控制、舞弊行为查处、防范策略及ESG审计等核心内容。在复杂的采购环境中，通过丰富的案例分析和数字化审计技术的探讨，为企业提供了创新性的解决方案。这种从理论到实务、从方法到技术的全面覆盖，充分体现了刘晓芳老师在审计领域深耕数十年的深厚积淀与独到见解。

　　本书的出版为企业构建透明、高效、合规的采购管理体系提供了重要参考，同时也为审计从业人员在提升专业能力和应对舞弊风险方面指明了方向。我相信，这本指南必将在采购审计领域发挥重要作用，为行业发展注入新的活力。

——黄志明　中国行为法学会培训部主任

　　在当前供应链复杂度持续提升、风险管理要求日益严格的背景下，采购审计工作的重要性愈发凸显。《采购审计实务指南》的出版可谓恰逢其时，具有重要的实践指导价值。

　　本书系统构建了采购审计的方法体系，内容涵盖舞弊识别、风险管控、数字化审计及采购ESG审计等关键领域。特别是，书中引入的高维空间数据分析等创新技术，为传统审计工作注入了新的发展动力。刘晓芳老师凭借其丰富的实战经验，通过典型案例分析，提炼出一套可操作、可推广的采购审计实施框架，为审计从业人员和企业管理者提供了极具参考价值的专业指导。

　　我强烈推荐本书，相信该著作将有效助力企业提升采购治理效能，从容应对日趋复杂的市场环境挑战。

——程云　北京杰联云管理咨询有限公司（杰联云课堂）董事长

　　采购环节无疑是企业降本增效的重中之重，但也极易滋生舞弊风险。刘晓芳老师的《采购审计实务指南》宛如一场及时雨，以反舞弊师专业视角，凭借多年实战经验沉淀，从基础概念深入剖析至各环节审计要点，并结合实战案例，助力反舞弊师精准"狙击"隐患，让新手快速上手、老手突破进阶，为企业高质量发展筑牢廉洁采购的坚实防线。

——邱银河　广东省企业内部控制协会常务副会长兼秘书长，
企业反舞弊联盟工作委员会主席

　　《采购审计实务指南》是一部兼具合规性与战略性的采购治理框架指南。作者从采购舞弊视角切入，凭借三十余年的审计实务经验，融合国际采购与供应链管理领域的前沿理论，提供了系统化的解决方案。该书整合了采购舞弊的识别、防范、查处、控制、预防和治理等要素，并引入AI和ESG等前沿概念，推动采购审计的发展。

　　本书不仅是审计从业者提升专业胜任能力的进阶指南，也是企业管理者构建采购治

理体系的操作手册和数字化转型背景下重塑采购价值链的思维导图。对于追求采购透明度与供应链韧性的现代组织而言，这是一部值得收藏的实务宝典。当采购审计从合规控制升维为价值创造的战略伙伴时，本书将成为这场管理革命的最佳注脚。

——段秋斌　阳光诚信联盟战略决策委员会秘书长，
京东集团监察部高级总监

《采购审计实务指南》是一部融合理论深度与实践操作的经典之作，为审计人员、采购管理者及企业风控从业者提供了全面而实用的指导。刘晓芳老师凭借丰富的审计实战经验，从采购环节的关键风险入手，层层解析，从舞弊识别到风险防范，从合同审计到供应商管理，覆盖了采购审计的全流程，真正实现理论与实践的无缝衔接。

书中不仅通过翔实的案例剖析了典型的舞弊行为，还提供了数字化审计和采购ESG审计的创新视角，帮助读者轻松掌握在复杂采购环境中的实操策略。无论是正在探索新领域的审计新手，还是希望优化采购内控体系的资深管理者，都能从中获得启发。

本书简洁高效、实用性强，不仅是一本工作指南，还是一套推动企业提升采购合规与风险管理水平的行动方案，更是助力企业高质量发展的得力助手！

——黄龙　湖南省财务学会执行秘书长，
中国内部审计协会CRMA，安达风控研究中心湘赣分院执行院长，
创新型企业风险管理与控制技术湖南省工程实验室研究员

《采购审计实务指南》全面而系统地梳理了采购审计的各个方面，从基础理论到实际操作，涵盖了风险防控、舞弊查处、数字化应用等关键领域。书中的实战案例和操作流程指南，将为审计人员提供宝贵的实践指导，是一本不可多得的实务工具书。

——罗志国　内审之友专家委员会会长

本书作者凭借三十多年来在审计、内控、合规、风险、财务以及公司战略管理等领域的深厚理论积淀和丰富实践经验，用近三十万字阐述了企业内部控制架构，特别是针对企业采购审计，通过生动的案例，理论结合实践，全面深入地描述了审计工作开展的流程、方法，以及需要关注的重点、难点。全书结构严谨、内容翔实、见解独到，行文风格深入浅出、易学易懂，并具有很强的指导性、实用性。特此向广大读者推荐此书，其值得反复研读、借鉴应用。

——李颖　一汽集团总审计师

无论是在中央企业的生产经营管理中，还是在民营企业的日常运营中，采购、销售和工程领域是贪腐问题的重灾区，也是案件高发区。无论是国家审计还是内部审计，每个审计项目都需要高度重视采购审计，堵住"大的出血点"、防住"大的风险点"，严查高价采购和质量问题，从而为国家、企业实现"增收节支"，带来实实在在的经济效益，创造"五大价值"。《采购审计实务指南》不仅为审计、财务和纪检人员提供了专业的指

导，而且引发经营管理和业务人员的深层思考。

——蒋广武　中国石化集团审计中心处长

《采购审计实务指南》是一本极具价值的审计工作指导书。随着信息技术的快速发展，企业数字化转型已成为必然趋势，传统的审计方法在面对高度信息化的环境时，常规的审计线索已经全面隐性化或不复存在。对此，本书提供了有效的指导方法：（1）针对信息化环境下的采购审计特点，本书介绍了前沿的审计技术和方法；（2）书中探讨了如何结合信息技术的一般控制和应用控制进行审计，以及在必要时如何测试其运行有效性，以确保审计的准确性和完整性。本书为企业提供了一套系统化、智能化的采购审计策略与实践框架，是审计从业人员把握数字化脉搏、推动企业高质量发展的权威指南。

——朱彦斌　长城汽车股份有限公司监察审计部总监

《采购审计实务指南》凝聚了刘晓芳老师多年来在内控风控、合规管理和财务审计等专业领域的丰富实践经验与理论研究成果。本书从采购主要风险分析与关键控制点入手，以采购行为舞弊识别方法与防控要点为重点，提出了采购审计思路程序和方法。书中既有系统的理论分析，又有针对性强的案例剖析；既有风险导向审计的思维方法，又有数字化审计技术的应用研究，是广大从事合规内控管理和审计工作的同仁值得深读的学习指导书和工具书！

——李鸿　中国航空油料集团有限公司审计部总经理

《采购审计实务指南》是刘晓芳老师倾力打造的采购审计领域权威宝典。全书内容丰富，从基础概念到前沿技术应用，循序渐进剖析采购审计要点，涵盖风险防控、舞弊识别与防范、案例分析等实用板块。刘老师凭借三十余年的丰富经验，结合大量实战案例，为从业者提供系统化、可操作性强的操作指南，助力企业优化采购流程，提升治理水平。本书是采购审计人员提升专业技能的必备实用手册。

——徐婧　国家电投集团审计中心副处长

刘晓芳老师历任大型集团审计监察总监、财务总监，是审计监察反舞弊专家，有深厚的理论造诣和丰富的实践经验。我从事财务、审计、监察工作期间，多次聆听刘老师讲授内控、风险、审计、合规等方面的课程，受益匪浅。今年刘老师将从业三十多年积累的丰富经验全部融入《采购审计实务指南》中奉献给广大从业者，以飨读者，这是我们从业者的福音。本书从理论入手，用实际操作和案例分析，系统阐述了采购审计的理论、方法、流程以及采购舞弊的识别、查处、预防和治理，有非常强的可读性和可操作性，是一部立足实践、兼具专业深度与操作价值的权威工具书，为审计从业者与企业管理者提供了系统性、全流程的采购审计和风险防控的方法论。尤其是将 ESG 理念和大数据、人工智能先进的技术手段融入采购审计，在行业变革和数字化转型中为广大从业者提供了前瞻性的思考和借鉴。无论是初入行业的审计新人，还是需要优化采购内控体系的企业管理者，本书都能成为案头必备的"导航仪"，它不仅是一本工具书，更是一套推动企业提升采购效率、防范合规风险的行动方案。

——蔡娟　金川集团股份有限公司财务总监

采购活动的复杂性、多样性和潜在的舞弊风险一直是国有企业招标采购管理的痛点和难点，刘晓芳老师的《采购审计实务指南》系统阐述了采购管理风险与识别、供应商多元化管理及评价；并融入了采购 ESG 审计、数字化采购审计等先进理念，深度剖析了采购审计的核心要素与实践技巧，同时每一章节均提供了详细的操作指南和实战案例。无论是审计小白用来从头学习，还是专业人士用来研读进阶，这本书都将成为不可或缺的案头必备工具书。

——张雪梅　淮安经发投资集团有限公司风控法审部主任

在企业运营复杂、采购风险频发的当下，《采购审计实务指南》重磅登场！本书从基础概念切入，深入剖析采购风险与舞弊各个环节，涵盖查处、预防及前沿技术应用等内容，逻辑严谨、层次分明。无论是新手入门，还是老手提升，抑或是关注 ESG（环境、社会、治理）、数字化审计者，都能从中精准获取所需。其理论与实践融合，实用且易操作，是采购审计人员、企业管理者及相关从业者提升专业技能、应对行业挑战、推动企业健康发展的必备佳作！

——许炯　杭州市数据集团有限公司风控审计部负责人

步入 2025 年，全球经济形势愈发复杂多变，降本增效、确保供应链合规性与效率成为企业提升核心竞争力的撒手锏！采购审计成为内部审计助力企业保发展、强管理、正风气的重要一环。本书从宏观到微观，从采购高风险识别到管控、采购舞弊防查打一体化体系搭建，再结合近两年最前沿的 ESG 理念、数字化采购审计应用，以及刘总三十多年来工作积累的大量经典案例，深入浅出、理论联系实际。更难能可贵的是，书中众多方法指导都配有实操可落地之应对策略。全书逻辑脉络清晰、一气呵成，集刘总在采购审计领域多年心血之大成，可谓十年磨一剑的佳作。今向广大审计、财会等从业者推荐此书，本书似一盏明灯，让人醍醐灌顶，也必将成为业界重要的里程碑。

——张振　超威集团审计总监

每一本书都藏着一段不一样的人生阅历。刘晓芳老师历任多个集团公司的财务和审计负责人，亲身参与并见证了多个行业的采购审计工作，积累了丰富的采购审计经验。本书不仅介绍了采购审计的目的、内容及详细操作程序，还揭示了采购过程中面临的各种风险及其应对策略和方法。本书的亮点在于将 ESG 理念和数字化技术融入采购审计领域。该书内容翔实、见解独到，对采购和审计从业人员具有较高的参考价值。

——李素鹏　安达风控研究中心主任，《合规管理体系标准解读及建设指南》作者，北京中和普永管理咨询有限公司首席顾问采购是企业最重要的经济活动之一，也是直接降低成本费用的关键因素。如果缺乏有效的制约机制来规范采购行为，不仅会导致价格虚高、企业采购成本增加，而且采购质量难以保证，最终使企业蒙受损失。

刘晓芳老师所著的《采购审计实务指南》一书，凝结了她几十年亲身参与并见证多个行业采购审计工作推进和发展的实践经验。她将实际工作中应用的采购模式、管理机制和舞弊应对手段等审计技能与案例融入书中。

全书每章都有其独特的主题，逻辑性强，主要内容包括采购审计的基础概念、采购风险高发领域及控制策略、采购舞弊行为的识别与防范、采购舞弊的查处与控制、采购舞弊的预防与治理、采购舞弊的案例分析、采购审计具体操作流程、采购舞弊取证及访谈技巧、采购 ESG 审计、数字化采购审计及应用等。

该书审计知识全面，内容丰富并务实，实操性强，对采购审计人员有很大的借鉴价值。

——屠建清　中国杰出财税、审计、内控与风险管理专家，

中国管理科学研究院商学院客座教授，

北京大学博雅·元培工匠高级智库专家

这是一本全面而深入的采购审计专业图书。它从基础理论到实际操作，并结合丰富的案例，提供了实用的操作指南，适合各级审计人员、企业管理者及风险管理专家阅读，是采购审计领域的实用手册和专业指南。

——王纪平　上海国家会计学院副教授

《采购审计实务指南》是一本具有全局高度和实操深度的专业力作。刘晓芳老师以扎实的理论功底、丰富的审计实践经验和对行业的深刻洞察，为采购审计这一关键领域提供了一份全面、系统且创新的指南。全书内容涵盖了从采购舞弊识别与防范，到数字化审计与采购 ESG 管理的前沿议题，不仅为从业者提供了具体的操作路径，更为他们在新时代背景下如何构建高效、合规、可持续的采购管理体系提供了思路。本书对推动采购审计理论发展和实践落地具有重要价值，是审计从业者、管理者和研究者不可或缺的参考工具。

——陈艳娇　南京审计大学教授

刘晓芳女士的著作结合计算机、统计学以及人工智能等学科知识，对采购审计展开了详尽的阐述。例如，第十章探讨了审计数据处理加工的自动化处理对于提高审计效率具有重要的指导价值，对于其他审计方向而言同样不可或缺。第十一章讲述了如何利用高维数据发现、识别并预警异常值，尤其是对于传统审计方法无法或很难识别的异常值，提供了有力的补充与发展。这对于提高审计效率、推动审计方法与技术的持续创新具有重大意义。

——李蕴山　数据科学家，统计学博士

采购管理（审计）之所以重要，是因为采购成本决定了企业产品成本。根据公式"利润=收入-成本"，可以分析在一定条件下，成本是决定企业利润的最重要因素之一。在长期的内审实务中，我们深切体会到采购业务的复杂性与多变性。其深层次原因在于关系平衡与利益再分配。但不管如何变化，采购问题都会侵害企业所有者的利益。有些内审人员虽然看到了问题，但由于种种原因无法实施深度审计；而有些内审人员根本看不到问题，深度审计就更无从谈起了。总而言之，诸多的内审部门在采购业务上无法达到为企业降本增效的目标。因此，我们要重视采购管理审计，将采购审计定为企业内部审计四大必审项目之首。

刘晓芳老师的《采购审计实务指南》给广大内审人员送来了"及时雨"。它从理论到实务都做了详细的总结，其中还附有不少案例说明。它不仅为实际业务提供了操作指引，还关注了采购后端管理（包括供应商的事务风险等）、采购 ESG 审计等前沿信息，丰富了采购审计内容，拓宽了内审人员的视野。另外，从本书中可以看出刘老师是一位经验丰富、写作非常细腻的作者，她认真负责任的写作态度值得我们学习！

这是一本不可多得的行业指引，值得有志于深度探索者一读。

——梁雄　华审集团创始人，华审增值（香港）研究院，增值系列图书作者

与晓芳老师相识多年，她一直是我的良师益友，我对她在采购审计领域的深耕和专研心怀敬佩。她撰写的这本书独辟蹊径，融合了 ESG 这个当下热门的主题，从采购风险领域入手，详细阐述了采购环节中面临的内外部风险，为读者构建了一个清晰、系统的采购审计框架。本书不仅揭示了采购审计的核心要点，还提供了丰富的实践案例和操作指南，使理论知识与实际工作紧密结合，成为采购审计领域的一本经典之作。

——唐鹏展　《内审兵法》《合规审计实务指南》的作者，
南京审计大学商学院校外导师，浙江审计厅特聘讲师，
中国商业会计学会理事，湖南风险研究学会智库成员，
中国内部控制研究中心下属内部控制研究所研究员

《采购审计实务指南》全面覆盖采购风险识别、舞弊防控及数字化审计等核心内容，并结合丰富的案例和实战经验，为企业提供了系统化的审计思路与切实可行的落地方案。刘晓芳老师凭借多年的实践经验，精准剖析采购流程中的各类风险，内容充实且逻辑严谨。

——马军生　会计学博士，资深内控专家，
上市公司审计委员会主任

在当今复杂多变的商业环境中，采购审计已成为企业管理中不可或缺的一部分。刘晓芳女士凭借其深厚的专业背景和丰富的实战经验，撰写了《采购审计实务指南》一书，这是一本全面且系统的采购审计操作手册。这本书不仅涵盖了采购审计的基础理论，还将复杂的审计流程和技巧转化为易于理解与操作的指南。此外，她对采购舞弊行为有着深刻的洞察，并对采购 ESG 和数字化审计进行了前瞻性的思考，使得本书不仅是一本实用的工具书，更是推动采购审计领域创新和发展的重要参考。

——邹志英 著名企业战略管理实战专家，财经畅销书作家，
"珍珠链"管理思想创始人

在组织的各项职能中，采购涉及资金流出，是极为重要的一环，同时也是内控风险维度较高的流程。许多腐败舞弊现象都与不规范的采购工作相关。因此，对采购流程的审查是审计工作的重中之重。刘晓芳老师凭借多年丰富的审计实践经验和对采购审计的深入研究，撰写了《采购审计实务指南》一书。本书详细讲解了采购审计中的实用方法，同时还揭示了一些鲜为人知的审查窍门，是业界同仁提升采购审计能力的必备之书。

——胡顺淙 跨国集团审计总监，《舞弊审计实务指南》作者

采购环节是舞弊风险高发的环节，如何做好并完善采购审计工作，已成为重中之重。作为审计、合规、风险管理方面的顶级专家和学者，刘晓芳老师的《采购审计实务指南》一书的问世无疑是行业人士的一大幸事。本书具有非常强的理论和现实指导意义，一定会成为从业人员必不可少的工具书。

——王伟 反舞弊专家，广东柏盈律师事务所创始人

作为一名在审计领域深耕多年的从业者，我强烈推荐晓芳老师的《采购审计实务指南》。这本书堪称采购审计实操的"宝典"，尤其是在采购舞弊审计方面，为广大审计工作者拓宽了视野。在本书中，晓芳老师借助大量的真实案例，深入浅出地剖析了采购舞弊的常见手段与隐蔽迹象，并给出了切实可行的审计策略。无论是审计新手还是像我这样的审计"老战士"，都能从中汲取养分，从而推动审计为组织增加价值。

——付淑威 快乐内审主理人，内审实务专家，
《风险导向内部审计实务指南》作者

《采购审计实务指南》是一部理论与实务并重、传统与创新兼具的融合之作，为采购审计提供了系统性、前瞻性的方法论指导和实践指南。书中不仅有基础知识和框架，还结合大量案例剖析了采购风险的成因与应对策略。作者提出了"多元化供应商管理""动态合同条款设置"等理念，并创新性地将舞弊三角理论、组织牵制策略等融入审计实践，具有重要的参考意义。

尤为值得一提的是，本书敏锐捕捉到数字化与 ESG 趋势对采购审计的变革性影响。在第十章，作者系统阐述了人工智能、大数据分析等技术在风险预警、异常检测、流程优化中的应用场景。而第十二章则从环境、社会、治理维度拓展了传统审计的边界，引导企业将可持续发展理念融入采购全周期，无疑是构建合规性与竞争力双重优势的关键指南。

作者凭借其丰富的行业洞察与实战经验，为读者构建了一套从基础到前沿、从合规到创新的完整审计框架。这本书不仅适用于采购审计从业者提升能力，而且在供应链安全日益成为企业生命线的今天，也值得每一位关注风险治理与审计效能提升的专业人士深入研读。

——程广华 《数字化审计实务指南》作者，
公众号"数据化审计"主理人

作为一名审计一线的内审专家，我强烈推荐晓芳老师的《采购审计实务指南》。晓芳老师凭借其深厚的理论功底和丰富的实战经验，对采购审计的基础概念和实际操作进行了系统化的阐述，并深入剖析了采购舞弊的风险与防范策略。书中通过多个真实案例，为读者提供了切实可行的操作指南，以有效识别并防范风险。无论是新手还是资深从业者，这本书都是一本不可多得的专业佳作，更是在复杂采购审计环境中不可或缺的得力助手！

——王燕萍 河南钢铁集团公司审计部主任、内审专家

作为一名资深审计监察专家，我强力推荐刘晓芳老师的《采购审计实务指南》一书。该书全面展现了采购审计的全貌，作者凭借三十余年的实践经验，深入探讨了采购舞弊防范、采购 ESG 审计、数字化审计等热点议题。同时，通过案例分析与操作指引，为读者提供了一套系统且实用的工作方法。对于国有企业、民营企业、私营企业、上市公司等各类企业的审计监察人员以及公司管理人员而言，该书提供了一套完整的采购管理系统解决方案。学习后可谓收获满满，理论联系实践，实用性很强，能够全面助力审计监察管理体系提档升级！

——周荣伟 天能集团股份有限公司风控稽核管理部总监

采购一直是企业生产经营活动中非常关键的环节。随着供应链的日益复杂和舞弊行为的多样化、隐蔽化，企业采购面临更为复杂的风险。如何防范采购风险？如何对采购行为进行审计？这些问题已成为企业关注的焦点。刘晓芳女士的《采购审计实务指南》正是基于这一问题应运而生的。该书分为十三章，从基础的采购审计概念，到采购风险的高发领域及其控制策略，再到采购舞弊的查处与防范，每一部分都详细阐述了审计人员应如何应对。书中还探讨了如何利用大数据分析、人工智能等技术手段，提高采购审计的效率和准确性。该书内容全面、案例丰富，为审计人员、风险管理人员以及企业高层应对采购风险提供了借鉴和具体的操作指南。

——李越冬 西南财经大学教授

《采购审计实务指南》聚焦采购审计关键领域，从理论基础到实操细节，从风险识别到流程优化，全面呈现采购审计的全景。作者凭借三十多年的实践经验，深入探讨了舞弊防范、采购 ESG 审计、数字化审计等热点议题，并通过案例分析与操作指引，为

读者提供了一套系统且实用的工作方法。无论你是初入职场的审计新手，还是久经沙场的采购专家，本书都能为你提供切实可行的思路与工具，助你在复杂的采购环境中从容应对。它值得每一位关注企业治理与风险控制的专业人士深度研读。

——石向荣　浙江财经大学教授

作为一个制造企业，完善的采购链系统是企业健康运营的重要一环。它关乎产品的成本、质量、效率及企业风气。

如何有效辩识和管控采购工作中的风险？如何预防采购环节的腐败？刘晓芳老师凭借丰富的理论知识和大量实践经验，精心撰写了《采购审计实务指南》一书，为我们提供了精准答案。尤其书中提出了如何运用大数据分析、人工智能技术实现采购审计的精准化和高效化，并结合了 ESG 的理念，观点独到，案例丰富，具有很强的实操性，能为企业经营者做好采购供应链工作提供很大帮助和指导。这是一本企业经营者必读的书！

——柳永　德州萨美特电源有限公司董事长兼总经理

人生漫漫，常常会面临多次改行。有经验的成功人士往往都是理论先行，遵循一万小时定律，专注十年八年，绝不会在理论上落后于他人。每次初入行，他们都会先找来这一行业的专业书籍，深入学习基础理论，掌握整体框架，然后反复实践，学用结合，将书本学来的间接经验变为自己的知识。当他们在这一行业里不断磨砺、修炼到一定境界时，内心便会涌起一种强烈的渴望——想要在这个行业里表达自己独特的思想见解。那些在实践中积累的成功经验，犹如璀璨的星辰，照亮了前行的道路；而曾经遭遇的失败教训，则是宝贵的财富，时刻提醒着人们要更加谨慎前行。将这些宝贵的经历整理成册，化作一本本充满智慧的图书，奉献给广大的同行和后来者，让大家都能从中受益，共同推动行业的发展。对于一个行业而言，其最高的境界莫过于此。《采购审计实务指南》就诠释了这样一个过程，它的出版体现了刘晓芳老师业内深耕细作、持续追求带来的卓越成果。

——罗四海　资深内审专家，专注内部审计 18 年

采购作为企业管理的重中之重，也是舞弊高发的领域。管理好采购，就是为企业守好大门，晓芳老师的这本书，凝聚了其三十余年的实践经验，将理论与实践相结合，通过生动的案例，深入浅出地将采购管理、采购审计中的重点及难点说清、说透，为企业管理赋能助力，为审计质效提升助力。推荐每一位从事审计的同仁看一看这本书，相信一定会有所收获。

——牛恺　某大型国企风控法务中心副总经理，
《内审人员进阶之道》《房地产企业审计从入门到精通》作者

采购环节是企业运营中极为关键的一环，关系着企业成本优化和利润的最大化，对

内部质量管理与风险防控、企业形象与品牌建设、企业竞争力提升与可持续发展具有重要的作用。分工明确、权责清晰、内部牵制到位的采购管理体系，能帮助管理者优化供应链管理，在同行业中保持成本优势，确保内部协作与沟通顺畅，保证企业持续健康运营。《采购审计实务指南》一书从采购审计的目的、依据等基础概念入手，阐述了采购审计的重要性，帮助读者详细了解与研判采购环境，据此采取有针对性的应对措施，严控采购过程中的风险与舞弊环节，挖掘深层次的问题，并剖析问题产生的原因，以便采取切实可行的应对措施。该书兼具理论性、实践性和操作性，有高度、有深度、接地气，是企业管理者和采购审计工作者不可多得的一本实战型教材。

——彭卫华　山东省菏泽市东明县审计服务中心副主任

采购审计关乎企业成本控制、资源配置与效益提升，是企业管理的重要工具。在当今复杂多变的商业环境下，审计工作需顺应形势、洞察变化。采购审计不仅要依据准确的数据，更要洞察人性与制度漏洞。《采购审计实务指南》旨在为从业者解惑，助力企业稳健发展。愿读者以严谨的态度和细致的方法应用书中内容，助力自身在审计领域取得更好的成果。本书内容实用，值得每一位采购审计从业者研读，一定能为读者提供有益的参考。

——李百管　山西大学审计处微软认证专家，高级会计师

推荐序一

随着全球经济竞争愈发激烈，企业面临的不确定性和复杂性与日俱增。尤其是在资源紧缺、市场波动频繁的当下，如何优化资源配置、强化合规管理和风险控制，已成为企业管理的核心命题。采购审计作为企业内部控制的重要一环，不仅直接影响企业的运营效率和成本控制，更关乎企业在复杂环境中的生存能力和竞争优势。

《采购审计实务指南》正是在这样的需求背景下应运而生的。作为一名经济学研究者，我认为，这本书为采购审计理论与实践的结合树立了一个全新的标杆。它不仅体现了作者多年深耕领域的研究智慧，更为审计人员和企业管理者提供了一套系统化、具有前瞻性的采购审计方法论。

一、采购审计的意义

采购审计不仅是财务管理的一个分支，更是现代企业实现战略目标的必要工具。从经济学的宏观视角来看，采购环节的资源配置效率直接影响企业的生产效率乃至整个经济体的运转效率。资源的浪费、供应商的失信行为、采购流程中的舞弊现象一旦发生，不仅会影响企业内部，还可能使上下游供应链甚至整个行业产生连锁反应。因此，通过有效的采购审计，可以显著提升企业的资源利用效率，降低运营风险，并增强企业的市场适应能力。

更重要的是，采购审计还涉及企业的战略管理。从供应商的选择到合同的执行，从价格的谈判到质量的监督，每一个细节都与企业的核心竞争力息息相关。通过系统的审计流程，不仅可以规范企业的采购行为，还能帮助企业从中发现潜在的效率提升空间和战略机遇。

二、本书的前沿性与创新性

本书既全面覆盖了采购审计的基础理论，又深入剖析了现代企业所面临的采购风险及应对策略。从舞弊风险识别、供应商管理到采购合同审计、数字化审计手段的应用，书中每个章节都具有针对性和实用性。这种从理论到实践的递进式阐述，既为采购管理者提供了系统的学习路径，也为审计人员提供了切实可操作的解决方案。

尤其值得一提的是，书中对"数字化采购审计"的探讨，体现了作者对当前技术发展趋势的敏锐洞察。数字化转型已成为企业管理不可逆转的趋势，而将大数据、人工智能等技术应用于采购审计，不仅能大幅提升审计效率，更能帮助企业在海量数据中发现隐藏的舞弊线索和风险点。这一创新，不仅顺应了时代的需求，更为未来采购审计的发展指明了清晰的方向。

三、本书的独特价值

本书的最大亮点在于其系统性和实践性并重。

1. 全面的理论框架

作者从采购审计的基本原理出发，逐层深入到具体的审计流程、风险识别与防范、舞弊治理等关键环节，构建了一个全面而系统的审计框架。

2. 真实生动的案例解析

书中不仅有大量的理论分析，还提供了大量的真实案例。这些案例涵盖了不同企业在采购审计中遇到的问题和解决思路，使得内容更加贴近实际工作，易于理解和应用。

3. 前沿技术的融合应用

在现代供应链日益复杂化的背景下，如何利用技术手段提升采购审计的精确性与效率，是每个企业都关心的问题。书中对大数据分析、智能化审计工具的应用进行了深入浅出的讲解，为企业数字化转型提供了宝贵的指导。

4. 对未来发展的深刻洞见

本书不仅关注当前采购审计的难点，还对未来的采购风险趋势、技术发展方向进行了展望，为企业管理者提供了超越眼前挑战的长远视角。

四、采购审计的未来发展

从全球经济的视角来看，未来的采购审计必将朝着更加智能化、全球化、精细化的方向发展。随着供应链的全球化发展，国际贸易环境的复杂性和政策的不确定性都在增加，这为企业的采购审计带来了更多挑战。如何在动态环境中有效防范采购风险，将成为每一个企业需要直面的难题。而这本《采购审计实务指南》，无疑为企业应对这些挑战提供了一套科学的解决方案。

此外，我特别赞同刘晓芳老师在书中提出的"全流程审计"理念。通过全流程的风险管控，企业不仅能够更好地防范已知风险，还能建立起主动预警机制，识别并应对潜在风险。这种理念的提出，为企业内部控制体系的优化提供了重要参考。

　　作为经济学者，我深知写一本书的难度，更明白书籍对行业发展的重要意义。刘晓芳老师的这本《采购审计实务指南》无疑是一部集理论深度与实务操作于一体的优秀之作。它不仅是企业管理者和审计人员不可或缺的工具书，也为采购审计这一领域的研究和实践提供了丰富的经验。

　　希望这本书能为企业的采购管理与风险控制提供新的思考角度和方向，也希望它能够推动采购审计领域的进一步发展。刘晓芳老师的专业精神与学术贡献，值得我们所有人为之点赞。

周德文　经济学家

推荐序二

在当今全球化和数字化加速发展的时代背景下，企业面临的采购管理挑战愈发复杂。采购环节不仅是企业运营的关键环节，也是内部控制和风险防范的关键领域。然而，正是在这一领域，舞弊、腐败以及管理漏洞往往潜藏其中，成为影响企业高效运作、资源配置和长期发展的重大隐患。在这样的背景下，刘晓芳老师凭借其多年的实践经验，撰写了《采购审计实务指南》一书，对企业采购、审计与风控领域的从业者有很大的借鉴价值。

作为一名长期从事党史与党建、职务犯罪侦查与腐败预防工作的研究者，我深知制度建设和权力监督的重要性。《采购审计实务指南》的出版，可以说是为国内采购审计领域补上了一块关键的拼图，为企业廉洁治理提供了丰富的理论基础和实践操作方法。

一、本书的价值

1. 结构清晰，体系完整

本书从采购审计的基础概念出发，依次对采购风险、舞弊识别与防范、审计操作流程以及案例分析进行详细阐述，构建了一个从理论到实践、从宏观到微观的完整框架。这种由浅入深的结构安排，不仅帮助读者系统掌握采购审计的核心知识，也让新手和资深从业者都能找到适合自己的切入点。

2. 聚焦高风险领域，直击痛点

采购环节历来是舞弊和腐败的高发领域。本书通过对大量真实案例的剖析，总结了采购舞弊的常见手段和高风险环节，如招投标舞弊、合同条款设计中的漏洞、供应商的过度依赖等。更重要的是，刘晓芳老师不仅进行了问题分析，还提供了具体的防范措施与操作步骤，为企业制定有效的风险控制策略提供了实践指南。

3. 紧跟时代发展，融入前沿理念

数字化和智能化浪潮正在深刻改变着企业运营的方方面面，而采购审计也不例外。本书深入探讨了如何运用大数据分析、人工智能技术实现采购审计的精准化和高效化，并结合 ESG（环境、社会、治理）理念，提出了采购与可持续发展的融合路径。这不

仅体现了作者对行业发展的深刻洞察，也为企业在未来的全球竞争中树立了新的标杆。

4. 案例丰富，操作性强

无论是企业在采购过程中发现的异常，还是审计人员通过数据分析挖掘的舞弊线索，书中均结合翔实的案例和具体情境进行阐述。这些案例不仅让理论讲解更加生动，也为读者提供了可操作的借鉴范例。例如，书中提到通过"飞行检查"揭示供应商交付延迟的深层原因，这种审计手段为企业提供了极具实用价值的参考。

二、本书的意义与贡献

1. 弥补国内采购审计领域成果的不足

长期以来，国内针对采购审计的专业书籍和研究成果较为有限，特别是在如何识别舞弊行为、防控风险以及实施数字化审计方面，系统性和实用性的指导尚显不足。《采购审计实务指南》的出版，恰好弥补了这一空白，为采购审计领域的专业人士提供了权威的参考。

2. 推动企业廉洁治理和合规建设

在国有企业和大型民营企业中，采购环节的合规性直接关系到企业治理的透明度和公信力。本书中提出的"供应商管理多元化""合同条款防控机制"等内容，为企业加强内控、提升治理水平提供了切实可行的指导。这不仅有助于企业规避舞弊风险，更能从制度层面提升企业的廉洁文化。

3. 助力国家反腐败工作和社会责任建设

采购舞弊不仅是企业的问题，还可能对国家经济安全和社会资源配置产生不良影响。《采购审计实务指南》将企业的内控与社会责任紧密结合，通过引入 ESG 理念，为推动企业履行社会责任、减少不正当竞争提供了有效路径。这种理论与实践的结合，充分体现了企业反舞弊工作的社会价值。

三、推荐理由与期望

作为一名长期关注职务犯罪与反腐败问题的研究者，我深刻认识到采购审计在企业治理中的重要作用。刘晓芳老师的《采购审计实务指南》不仅是一本专业的工具书，更是帮助企业实现采购透明化、规范化的重要宝典。其理论的系统性、实践的操作性以及技术的前瞻性，注定让它在行业中独树一帜。

我推荐这本书的理由如下。

（1）对企业管理者而言，本书是一本不可或缺的内控工具书，有助于他们更好地监督采购流程、优化供应链管理。

（2）对审计从业者而言，本书提供了丰富的审计技巧与方法，能够大幅提升采购审计的效率和精准度。

（3）对关心反舞弊工作的专家学者而言，本书从理论到实践都极具启发性，尤其是在运用新兴技术发现舞弊线索方面，为未来的研究提供了全新视角。

展望未来，我相信这本书的影响力不会仅局限于企业内部，还能为国家反腐倡廉工作提供一定的参考价值。希望借由这本书的推广和实践运用，能够帮助更多企业完善采购管理，构建更加健康、透明和高效的运营体系。

最后，我对刘晓芳老师的辛勤付出表示由衷的敬意，并对《采购审计实务指南》的出版表示热烈祝贺！愿本书能够成为企业采购审计领域的里程碑，为行业发展和国家反腐倡廉事业贡献更大力量！

张亮　全国党史与党建专家、全国职务犯罪侦查与腐败预防专家

序 言

随着全球化进程的不断加速和企业运营的日益复杂，采购审计的重要性日益凸显。无论是跨国企业、央企、国有企业、民营企业，还是事业单位，采购环节都存在着多样化的风险和潜在的舞弊行为。采购审计作为企业风险管理和内控体系中的重要组成部分，在识别和防范舞弊、优化流程以及提升治理水平方面发挥着至关重要的作用。因此，如何通过科学的审计手段应对这些挑战，成为企业管理者和审计人员共同关注的焦点。

在过去的十多年中，我亲身参与并见证了多个行业采购审计工作的推进和发展情况。这期间，我接触到的采购模式、管理机制和反舞弊手段各具特色。这让我深刻意识到，采购审计作为内部控制和企业风险管理的一环，对企业长远发展的重要作用。尤其是在国有企业、上市公司等受到严格监管的机构中，采购审计的合规性与透明度不仅关系到企业的运营效率，还与企业的声誉和可持续发展紧密相关。

与此同时，随着数字化、智能化技术的迅猛发展，传统采购审计方法的局限性愈发明显。如何利用大数据、人工智能等先进技术提升采购审计的效率和精准度，也是我在编写本书过程中重点探讨的方向之一。我希望本书能够为采购审计领域的同行们提供有益的参考，帮助大家更好地应对复杂的审计环境和舞弊风险。

本书在结构上力求从宏观到微观，循序渐进地引导读者全面掌握采购审计的理论和实践。

针对不同的读者群体，我建议采取不同的阅读方式，以便更好地从本书中获取实用的知识。

1. 基础理论学习

刚进入采购审计领域的读者可以从前几章的基础理论部分开始，了解采购审计的定义、目的和内容。同时，结合实际案例，逐步形成对采购审计的全面认识。通过系统的基础知识学习，读者可以掌握采购审计的核心概念和基本框架，从而为进一步的深入学习打下坚实的基础。

2. 实际操作指南

从事采购审计工作多年的专业人士可以重点关注书中关于舞弊识别、查处方法及控制措施的章节，特别是第三章到第六章的内容。这些章节提供了丰富的实际操作流程和案例分析，可以帮助经验丰富的审计人员提升自己的实务操作能力，从而更有效地应对复杂采购环境中的舞弊行为。

3. 采购 ESG 审计

随着 ESG 理念的兴起，企业在采购中越来越关注如何将可持续发展的理念融入其中。第十二章专门讨论了采购 ESG 审计的相关内容，对于那些关心企业社会责任、环境管理和治理结构的读者，可以通过该章了解如何将 ESG 理念有效融入采购环节，帮助企业在全球可持续发展潮流中占据有利地位。同时，该章还详细介绍了如何通过采购 ESG 审计确保采购环节的合规性与可持续性。

4. 前沿技术应用

对于希望了解数字化、智能化审计应用的读者，第十章将提供详细的技术应用方案，帮助读者掌握最新的采购审计技术趋势。通过该章的学习，读者可以了解如何通过大数据、人工智能等先进技术手段优化采购审计流程，并在工作中有效实施这些前沿技术，以提高企业的审计效率和数据准确性。

5. 高维空间数据分析

对于热衷于利用高维空间数据分析检测数据异常的读者，本书融合了当前前沿的审计技术动向。在高维空间数据的应用中，审计人员可以通过分析复杂的、多维度的采购数据，更加高效地发现隐藏的舞弊行为。该技术能够帮助企业在处理海量数据时，快速识别异常点和潜在风险，特别是在涉及复杂供应链和跨国采购时提供显著优势。

在撰写本书的过程中，我力求使内容具备易读性和可操作性。每一章均提供了实际案例和操作步骤，旨在帮助读者不仅掌握理论知识，还能够通过实际操作和案例分析，将所学知识应用于工作实践中。希望本书能够为读者提供更加直观、实用的参考材料，不论是新手还是有经验的审计人员，都能从中获益，提升在采购审计领域的专业技能与应对能力。

本书不仅是一部关于采购审计的工具书，更是一份对采购审计行业的总结与展望。我希望它不仅能成为读者日常工作中的有力助手，还能在行业变革和数字化转型中，为大家提供前瞻性的思考与借鉴。希望大家在阅读本书的过程中，能够有所收获，并将所学知识应用于实践，为企业创造更大的价值。

在此，首先，我要感谢的是人民邮电出版社的责任编辑贾淑艳老师。如果没有贾老师的邀请和鼓励，这本书或许不会面世。贾老师在听了我的"采购与供应链舞弊案例解析"的直播课后，曾多次邀请我撰写这本书，让我将自己在采购审计领域多年积累的经验总结并分享给更多人。因此，我对贾老师心怀深深的感激和感恩。此外，我还要感谢我的哥哥和姐姐以及其他家人。他们给予我帮助、支持、鼓励和监督，使我在忙碌的工作之余坚持写完这本书。

同时，这本书的每一个章节虽由我独自完成，但这些内容和经验源自我在职业生涯中面对的无数挑战与机遇，这得益于与同事、合作伙伴的交流与互相启发。在此，我要向所有在职业生涯中陪伴和启发过我的同仁与领导，以及为本书写推荐语和推荐序的各位领导和专家致以诚挚的谢意。虽然他们没有直接参与到本书的创作中，但他们的智慧与支持一直在激励着我。

其次，我要感谢自己，感谢自己在写作过程中不断坚持，克服重重困难，最终顺利完成了这本书的创作。希望本书能够为同行和相关领域的专业人士提供有价值的参考和帮助，并为采购审计领域的发展贡献一份微薄之力。

最后，衷心感谢广大读者的支持和信任。我希望本书能够为大家在采购审计领域的工作和学习中提供有益的帮助，同时也希望通过本书，推动采购审计行业的进步与发展。

目　录

■ **第一章　采购审计概述　1**

　　第一节　采购审计的定义　3

　　第二节　采购审计的目的及依据　5

　　第三节　采购审计的内容及程序　6

　　第四节　采购审计环境　10

　　第五节　采购审计实施　14

■ **第二章　采购风险概述及控制　19**

　　第一节　采购风险概述　21

　　第二节　采购风险分析　25

　　第三节　采购风险产生的原因　28

　　第四节　采购风险清单及类型　32

　　第五节　采购风险控制关键点及预防　36

　　第六节　采购中防止被供应商"绑架"的几种方法　39

　　第七节　案例　43

■ **第三章　舞弊行为原理分析　47**

　　第一节　舞弊的来源　49

　　第二节　采购舞弊产生的根源　54

　　第三节　舞弊三角理论　58

　　第四节　采购环节舞弊行为的危害　60

　　第五节　采购环节舞弊的风险前兆　63

第四章　如何识别采购中的舞弊行为　71

第一节　组织结构设置导致的舞弊行为　73

第二节　招投标环节中的舞弊行为　76

第三节　临时引进供应商的舞弊行为　79

第四节　询比价、报价、定点环节中的舞弊行为　84

第五节　零星采购和促销返利活动中的舞弊行为　88

第六节　合同条款中隐藏的舞弊行为　91

第七节　关注进口产品或高新技术产品采购中的舞弊行为　94

第八节　虚假招投标进行采购的舞弊行为　98

第九节　案例　103

第五章　采购舞弊高发领域及调查手段　109

第一节　采购方式策划舞弊　111

第二节　招投标评审过程舞弊　115

第三节　评标标准设定舞弊（量身定制）　119

第四节　投标人投标过程舞弊（内定）　122

第五节　开标、评标、定标环节舞弊　127

第六节　合同签订和执行过程中的舞弊行为（提前设坑）　131

第七节　合同变更舞弊（低价中标，后变更抬价）　135

第八节　采购支付舞弊　140

第九节　仓库出入库管理舞弊　144

第十节　案例　148

第六章　采购舞弊环节的控制　153

第一节　建立与完善企业内控制度　155

第二节　利用组织牵制法进行控制　161

第三节　搭建采购招标系统　163

第四节　利益冲突回避的方法　167

第五节　访问供应商是控制采购舞弊的有效方法　172

第六节　走访供应商的成功秘笈　178

第七节　对物资采购招标与签约环节进行舞弊控制　191

第八节　如何对采购进行全过程、全方位的监督　195

第九节　利用采购风险的分散控制　199

第十节　轮岗和分拆采购程序及工作职责　203
第十一节　与供应商达成战略合作关系　207
第十二节　提升采购人员待遇，制定绩效考评　213
第十三节　对采购人员进行正规的业务培训　216
第十四节　限制采购部的权利　219
第十五节　招聘采购人员时要进行背景调查　223
第十六节　案例　227

第七章　采购审计的具体操作流程　231
第一节　编制采购审计方案　233
第二节　确定审计思路和方法　235
第三节　编制审计所需的资料清单及模板　238
第四节　标准化审计表格与流程图　241
第五节　编制访谈时间表　249
第六节　采购审计重点及审计程序、审计内容、审计步骤　251
第七节　案例　254

第八章　采购舞弊取证及访谈技巧　257
第一节　采购舞弊的特点与常见类型　259
第二节　取证采用的工具　264
第三节　调查采购舞弊行为的实施步骤与方法　266
第四节　采购舞弊的取证路径　270
第五节　采购舞弊的访谈技巧　274
第六节　内部调查与刑事程序的衔接　278
第七节　内部调查与员工隐私权的平衡　279

第九章　政府采购审计需关注的重点及案例　281
第一节　采购预算的合规性　283
第二节　采购程序的合法性　286
第三节　招投标过程的合法性　288
第四节　采购的效益性　291
第五节　采购环节舞弊行为的危害　293

第十章 数字化采购审计 297

第一节 数字化采购审计的背景 299
第二节 传统采购审计的局限性 300
第三节 数字化采购的核心要素 301
第四节 人工智能在采购审计中的应用 302
第五节 数字化采购审计的实施步骤 304
第六节 数字化采购审计案例分析 305
第七节 数字化采购审计的发展趋势 312

第十一章 如何利用高维空间异常数据检测发现采购流程中的舞弊行为 315

第一节 高维数据的特点与挑战 317
第二节 高维空间异常数据检测的步骤 318
第三节 如何实施高维空间异常数据检测 323

第十二章 采购 ESG 审计 327

第一节 什么是 ESG 329
第二节 采购 ESG 审计的必要性 330
第三节 采购 ESG 的核心概念 331
第四节 采购 ESG 的实施策略 333
第五节 采购 ESG 审计的作用与方法 335
第六节 案例分析 339
第七节 采购 ESG 审计的未来趋势及对企业的影响 343

第十三章 后续整改难题及措施 347

第一节 拒不整改 349
第二节 整改敷衍了事 351
第三节 管理层或组织管理模式问题难整改 353
第四节 迟迟不整改 356
第五节 "最后一公里" 358

后 记 361

第一章

采购审计概述

采购审计是企业对采购活动的系统化检查和评估。它不仅关注采购活动的合规性，还注重评估采购流程的效率、成本控制和风险管理。采购审计能够帮助企业发现潜在的风险和问题，优化采购流程，提高采购效益和质量。通过本章的学习，读者能够理解采购审计的定义、目的、依据、内容、程序及其实施的具体步骤，为实施有效的采购审计提供理论支持和实践指导。

第一节　采购审计的定义

采购审计是对企业采购活动全过程进行独立、客观的评估，确保采购活动符合法律法规、行业标准及企业内部管理制度。采购审计的核心目标是发现采购过程中的潜在问题，评估采购活动的合规性、效率性和经济性，并提出改进建议。通过对采购策略制定、供应商选择、合同履行等环节的审查，采购审计为企业提供了全面的采购管理支持。

一、采购审计的概念

采购审计不仅是对企业采购活动的简单审查，还涉及从采购需求识别、供应商选择、合同签订、采购执行到付款和验收等各个环节的审查，具体涵盖如下内容。

（一）合规性审计

采购活动需要遵守国家的法律法规、行业标准和企业内部政策。在审计过程中，审计人员要仔细检查采购合同、汇单、支付记录等，以确保采购活动合法合规，从而避免法律诉讼和财务处罚。

（二）绩效审计

开展绩效审计的主要目的在于评估采购活动是否实现了预期目标，如成本控制、质量保障和交货及时性。通过绩效审计，企业能够识别采购流程中的低效环节，并优化流程，提升采购的整体效益。

（三）财务审计

开展财务审计的主要目的在于检查采购资金流动是否符合预算和财务规划，以确保资金使用的合理性，避免财务超支或不当支出。

（四）风险审计

开展风险审计的主要目的在于评估采购活动中可能存在的风险，如供应商违约、价格波动、质量问题等，并提出相应的风险防范措施。

二、采购审计的范围

采购审计的范围涉及企业采购活动的所有环节，包括供应商选择、合同管理、采购执行、付款和验收等。审计人员需要对所有环节进行详细审查，确保每一步都符合企业的合规要求。

（一）供应商选择审计

开展供应商选择审计的主要目的在于评估供应商选择的透明性、标准性及是否存在利益冲突，确保供应商的选择符合企业战略和采购需求。

（二）合同管理审计

开展合同管理审计的主要目的在于检查合同条款的合规性和公正性，确保合同的执行能够保护企业的利益，避免合同中的潜在风险。

（三）采购执行审计

开展采购执行审计的主要目的在于审查采购订单的执行情况，确保采购的数量、质量和交货时间符合合同规定，避免因执行不当导致的生产中断或质量问题。

（四）付款和验收审计

开展付款和验收审计的主要目的在于检查付款和验收的流程，确保每一笔支付都有合法的依据，并符合合同约定，避免超额支付或虚假验收。

三、采购审计的类型

采购审计的类型可以按照审计的时间节点、审计内容的不同进行划分。不同类型的审计适用于采购活动的不同阶段，帮助企业在不同时间点发现和解决问题。

（一）预审计

预审计即在采购活动开始之前进行的审计，重点审查采购需求的合理性、预算的安排、供应商选择标准等，确保采购活动在启动阶段没有潜在的风险或不合规问题。

（二）中期审计

中期审计即在采购合同履行过程中进行的审计，主要审查合同的履行情况、资金支付的进度、交货的质量和及时性，确保采购活动按计划执行。

（三）后审计

后审计即在采购活动完成后进行的审计，主要评估采购活动的合规性、经济性、风险控制和效果，帮助企业总结经验并为未来的采购活动提供改进建议。

第二节　采购审计的目的及依据

采购审计的目的在于确保采购活动的合规性、透明度、效率和成本控制，并为企业提供风险防范和改进建议。在审计过程中，审计人员会根据不同的审计目标，以及相应的审计标准进行审查。

一、审计目的详细化

（一）提升采购透明度

为了确保采购决策过程公开透明，企业可通过审计来避免暗箱操作，增强内外部利益相关者对采购活动的信任度。这不仅可以提升企业的声誉，还能有效遏制潜在的腐败和不正当行为。

（二）确保合规性

采购活动必须遵守国家的法律法规和企业内部管理制度。通过审计，企业可以确保采购过程的合法性，避免因为合规问题带来的法律责任和经济损失。

（三）发现和防范潜在风险

通过审计，企业能够发现潜在的采购风险，如供应商违约、价格波动、质量问题等，提前采取措施加以防范，确保采购活动的顺利进行。

（四）优化采购成本

审计人员通过分析采购活动中的各项开支，识别出不合理的支出和资源浪费，并提出合理化建议，帮助企业降低采购成本，提高盈利能力。

（五）改善供应链管理

通过审计，企业可以评估供应链的有效性，确保供应商的稳定性和采购的及时性，提升供应链的整体效能。

二、审计依据的具体来源

采购审计的依据涵盖了法律法规、行业标准和企业内部政策等多个方面。审计人员要正确引用和适当运用这些依据，以确保审计工作的合法性、权威性和有效性。

（一）法律法规

采购活动必须遵循相关的法律法规，如《中华人民共和国民法典》（以下简称《民法典》）、《中华人民共和国反不正当竞争法》（以下简称《反不正当竞争法》）、《中华人民共和国公司法》（以下简称《公司法》）等，这些法律法规为审计工作提供了明确的框架，确保了审计活动的合规性。

（二）行业标准

采购活动必须符合行业标准和惯例，如 ISO 20400 可持续采购标准等。审计人员需要根据这些行业标准来判断采购活动是否符合行业最佳实践。

（三）企业内部政策

企业内部的采购管理制度、流程标准、采购审批程序等构成了采购审计的重要依据。审计人员需要根据企业制定的内控制度对采购活动进行检查，确保采购活动的规范性和合理性。

第三节　采购审计的内容及程序

采购审计的内容和程序构成了整个审计过程的骨架，确保了审计工作的系统性、合规性和全面性。在进行采购审计时，审计人员需要对采购活动的各个环节进行详细审查，包括采购策略、供应商选择、合同管理、采购执行、验收与付款等环节。审计程序则帮助审计人员明确实施步骤和方法，确保每一环节都得到有效的审查和改进。

一、采购审计的内容

采购审计的内容是审计工作的核心，涉及采购的各个环节。审计人员需要通过对采购流程的详细审查，发现潜在问题并提出改进意见。采购审计的内容主要包括以下几个方面。

（一）采购策略审计

采购策略审计主要关注采购的整体战略规划。审计人员需要评估企业的采购战略是否与企业的整体发展目标相一致，是否有助于降低成本、提升采购效率等。

1. 战略一致性

审查采购策略是否符合企业长期发展战略，是否考虑到市场变化、供应链多元化等关键因素。

2. 成本控制

检查采购策略是否有明确的成本控制目标，是否制定了有效的成本管控手段，如集中采购、长期合同谈判等。

3. 风险管理

评估采购策略中是否有充分的风险管理措施，如供应商多元化、合规审查、市场调研等。

（二）供应商选择审计

供应商选择是采购过程中的关键环节，直接影响采购的质量、成本和交货时间。审计人员需要评估供应商选择的透明度和公正性，确保企业选择的供应商符合质量要求、具备交货能力和拥有财务稳定性。

1. 供应商资格审核

检查供应商的资质和资格是否符合要求，审查其经营状况、履约历史和质量认证等。

2. 选择标准公正性

评估供应商选择过程是否透明，是否采用了公平、客观的评选标准。

3. 合同条款的透明性

审查与供应商签订的合同是否公正合理，避免不平等条款或隐性条款影响企业利益。

（三）合同管理审计

采购合同的管理水平决定了对供应商履约的保障程度。审计人员需要检查采购合同的合规性、公平性，确保合同条款能最大程度保障企业的利益，避免法律纠纷或履约问题。

1. 合同条款审核

检查合同条款是否清晰、合理，是否包括重要条款，如交货期、质量标准、违约责任等。

2. 合同执行情况

评估合同执行的合规性，确保采购活动严格按照合同约定进行。检查是否存在违约行为，如延迟交货、质量问题、价格波动等。

（四）采购执行审计

采购执行审计关注采购订单的实际执行情况，确保采购行为符合合同约定，避免出现超预算、质量不达标等问题。审计人员需要审查采购环节的每一项操作，包括订单生成与审批、供应商履约情况、资金支付合规性等。

1. 订单生成与审批

检查采购订单的生成流程是否符合企业内部审批制度，是否存在超预算、未经批准的订单。

2. 供应商履约情况

检查供应商是否按时交货，产品是否符合质量要求，是否出现违约现象。

3. 资金支付合规性

审查支付记录，确保符合合同约定，且资金流动合规。

（五）验收与付款审计

验收与付款审计关注的是采购的最后环节，确保采购的货物或服务符合要求，并且付款程序合规。审计人员需要确保验收过程符合质量标准，付款按照合同进行，并避免过早付款或超额支付等不合规行为。

1. 货物验收合规性

检查货物或服务是否按合同规定的标准进行验收，是否存在不符合质量要求的情况。

2. 付款流程合规性

审查付款流程是否符合合同约定，是否存在提前付款、滞后付款或未按预算执行的情况。

3. 账务处理的准确性

检查财务账务的处理是否准确，是否符合企业的财务管理规定。

二、采购审计的程序

采购审计的程序是确保审计工作高效有序进行的关键，它帮助审计人员清晰明确每一环节的工作内容、方法和执行步骤。审计程序可以分为审计准备阶段、审计执行阶段、审计报告阶段和审计后续整改与跟踪阶段，每个阶段都包含了具体的任务和目标。

（一）审计准备阶段

审计准备阶段的目标是确保审计工作顺利开展。审计人员在此阶段需要制订审计计划、分配审计资源、进行风险评估等，为后续审计工作做好充分准备。

1. 制订审计计划

根据企业的具体情况和采购审计目标，制订详细的审计计划。计划中应包括审计目标、审计范围、时间安排、所需资源等。

2. 分配审计资源

合理分配审计资源，包括人员、时间、资金和设备等。确保审计团队具备所需的专业知识和能力，能够顺利完成任务。

3. 进行风险评估

根据审计目标和审计内容，进行初步的风险评估。审计人员需要识别采购过程中的潜在风险，并确定重点审计领域。

（二）审计执行阶段

审计执行阶段是审计工作的核心，审计人员按照审计计划进行具体的审计活动，主要任务包括数据收集、现场检查、数据分析等。

1. 数据收集

审计人员需全面收集与采购活动相关的所有数据和文件，如采购合同、订单、发票、供应商评估报告等。这些数据将为后续的分析和审查提供依据。

2. 现场检查

当有必要时，审计人员需要进行实地考察，直接了解采购流程的实际操作情况。例如，检查供应商的履约能力、生产能力等。

3. 数据分析

通过数据分析工具（如 Excel、SQL 等），对采购数据进行细致分析，识别异常数据、风险点和低效环节，为审计发现提供支持。

（三）审计报告阶段

审计报告阶段是整个审计过程的关键环节。审计人员需要根据审计发现撰写详细的审计报告，总结审计结果，并提出相应的改进建议。

1. 审计发现

审计报告中要详细列出审计过程中发现的所有问题和风险，并提供清晰的证据支持。每一项问题应当根据其严重程度和风险进行分类与描述。

2. 问题分析

分析发现问题的根本原因，探讨问题背后的管理漏洞或外部因素，帮助企业深入理解问题的本质，为整改提供方向。

3. 整改建议

根据审计发现，提出具体的整改措施，帮助企业优化采购流程、降低风险、提高采购效益。

（四）审计后续整改与跟踪阶段

审计报告的完成并不意味着审计工作的结束。后续的整改与跟踪至关重要，它能确保企业按照审计建议实施改进，并评估改进措施的有效性。

1. 整改实施

根据审计报告中的建议，企业需要制订整改计划，明确整改责任人、实施步骤和时间节点。

2. 整改进度跟踪

审计人员要定期检查整改措施的执行情况，确保整改工作按照计划进行，发现问题及时调整。

3. 效果评估

在整改措施实施一段时间后，要评估其效果，判断是否达到了预期目标。如果存在未达到目标的情况，需要进行二次整改。

采购审计的内容和程序是整个审计工作中至关重要的一部分。通过详细的审计内容梳理和规范的审计程序，企业能够全面评估其采购活动的合规性、效率性、经济性以及风险管理情况。采购审计不仅有助于提高采购效益，降低成本，还能防范潜在的法律和财务风险，推动企业的可持续发展。

第四节　采购审计环境

采购审计环境是指影响审计工作的外部环境因素和内部环境因素。它直接影响采购审计的策略、方法和结果。有效的采购审计需要审计人员根据企业的内部环境因素（如组织结构、企业文化、技术水平）和外部环境因素（如市场环境、法规政策）制定合适的审计方法与应对策略，以应对复杂多变的审计环境。本节将详细探讨内部环境和外部环境因素对采购审计的影响，并提出相应的应对策略。

一、内部环境因素

企业的内部环境因素决定了采购审计的基础条件和操作模式。组织结构、企业文化和技术水平等因素对审计工作的实施有重要影响，审计人员需全面理解这些因素，以保证审计的有效性。

（一）组织结构

企业的组织结构直接影响采购活动的集中化程度和管理流程，从而影响审计策略的制定。企业通常采用集中采购或分散采购模式，不同模式下的采购流程、风险和审计重点存在显著差异。

1. 集中采购

在集中采购模式下，企业将采购活动集中在总部或一个专门的部门，以提高采购效率和控制力。这种模式的优点在于统一管理、集成资源，但同时可能导致决策的滞后性和一刀切的问题。审计人员在集中采购模式下需重点关注采购流程的透明度、集中决策对局部需求的影响，以及是否存在资源浪费或利益输送的现象。

2. 分散采购

分散采购是指各部门或子公司根据自身需求独立进行采购。该模式增强了部门的灵活性和自主性，但也容易造成采购效率低下、资源浪费和信息不透明等问题。审计人员在分散采购模式下需关注各部门的采购合规性、预算控制、重复采购现象，以及跨部门协作的有效性。

（二）企业文化

企业文化对审计的执行和效果有重要影响，特别是在提高采购活动的透明度和合规性方面。具体而言，企业文化会影响员工的行为规范、风险意识和对审计的接受程度。

1. 高压文化

一些企业在企业文化中高度强调业绩和利润，可能导致采购人员在追求效率时忽视流程合规和透明度，从而增加审计中的风险。审计人员在这种文化环境下需要特别关注采购活动中的不正当行为，如违规操作、信息隐瞒等。此外，审计人员需加强与采购部门的沟通，确保在高压文化下仍能获得真实的采购数据和流程信息。

2. 开放文化

在开放透明的企业文化中，信息的共享性较高，部门间沟通较为顺畅。这种文化有利于审计工作的顺利进行，审计人员可以更容易获得相关数据，且员工更愿意配合审计工作。审计人员应利用这一文化优势，全面了解采购流程中的各项活动，从而提高审计的效率。

（三）技术水平

企业的技术水平影响了采购活动的信息化和自动化程度，进而影响审计工作的执行方式和数据的获取速度。审计人员应当充分利用企业的技术资源，提高审计的效率和准确性。

1. 信息化程度

企业是否部署了现代化的信息管理系统（如 ERP 系统、采购管理系统等），会直接影响采购数据的透明度和可追溯性。在信息化程度较高的企业中，审计人员可以通过系统直接获取采购数据并进行分析，从而降低了数据收集的难度和时间成本。审计人员应具备使用这些系统的技能，以快速、准确地获取和分析数据。

2. 技术支持工具

通过数据分析工具和审计管理系统，审计人员可以更高效地处理和分析采购数据。例如，数据分析软件可以帮助识别采购流程中的异常数据、发现供应商风险等。审计人员还可以利用先进的审计管理系统实现全过程的监控和跟踪，提高审计的全面性和实时性。

二、外部环境因素

外部环境因素是指企业所在的市场环境、法律法规以及供应商管理状况等外部条件。它会直接影响企业的采购活动和审计工作的重点。外部环境的动态性和不确定性要求审计人员具备敏锐的市场观察力和法律敏感性。

（一）市场环境

企业采购活动所处的市场环境对审计工作的开展有着直接影响。市场竞争的激烈程度、供应链的稳定性等都会影响企业的采购决策和审计内容。

1. 市场竞争

在竞争激烈的市场中，企业可能采取激进的采购策略，以获得成本优势或快速反映市场需求。审计人员需评估企业采购决策是否合理，特别是在压缩成本、加速交货周期的背景下，应审查是否存在合同不合规、供应商质量不达标等问题。

2. 供应链中断

市场中的突发事件（如自然灾害、公共卫生危机）可能导致供应链中断。企业在此环境中可能会快速更换供应商或增加库存。审计人员应关注企业的供应链管理是否具有应急预案，供应商的可靠性和风险评估是否充分。

（二）法规政策

法规政策的变化对采购审计有着深远的影响，特别是新法规的出台可能要求企业及时调整采购流程。审计人员需密切关注相关法规政策的动态，确保采购活动符合最新的法律要求。

1. 环保法规

随着环保法规的日益严格，企业在选择供应商时需考虑供应商的环保合规性。审计人员应检查供应商的环保资质，审查采购活动是否符合环保法规要求，避免因环保不达标而产生法律风险。

2. 税务和合规政策

税务政策、反垄断法等新政策的颁布可能影响采购活动的合规性。审计人员需审查采购合同和付款流程中的税务处理是否合规，供应商的选择是否符合反垄断要求，以确保采购活动不会带来潜在的税务风险和法律责任。

（三）供应商管理

供应商是企业采购活动中的重要外部因素。供应商管理的有效性直接关系到采购的质量和交付的可靠性。审计人员需要全面评估供应商的管理情况，以确保企业在供应商选择和合作中能够最大限度地降低潜在风险。

1. 供应商评估

供应商的资质、履约能力、财务状况等因素都会影响采购活动的稳定性和合规性。审计人员需审查企业对供应商的评估是否严格，是否按要求对供应商进行定期评估和筛选，以确保供应商的可靠性。

2. 跨国供应商的审计难点

在涉及跨国供应链的采购中，企业可能面临文化差异、法律制度不一致等复杂问题。审计人员在审计跨国供应商时需要关注不同国家的合规要求，审查采购合同是否符合各国的法律标准，并确保采购活动的透明性和一致性。

三、应对策略

在复杂多变的审计环境中，审计人员需要灵活应对。为此，企业可以采取一系列策略以优化采购审计的效果，确保审计工作能够应对不同的内部环境和外部环境。

（一）灵活调整审计策略

根据不同环境因素的影响，审计人员需要在审计过程中灵活调整策略。例如，在集中采购模式下，可将重点放在资源共享和决策透明度上；而在分散采购模式下，则需更加关注各部门的协调性和预算控制。

（二）预见性风险管理

审计人员可以通过风险预警和历史数据分析来提前识别可能的风险，制定应对措施。例如，通过分析供应链数据识别潜在的供应商违约风险，并根据市场预期来调整采购策略。风险管理的前瞻性能够帮助企业在问题发生之前采取有效的防范措施，确保采购活动的顺利进行。

（三）技术工具的使用

在高信息化环境下，审计人员可以利用大数据分析、人工智能等现代技术工具来提高审计效率和准确性。例如，利用数据分析工具识别采购数据中的异常行为，利用区块链技术确保采购交易的透明性和数据的不可篡改性，从而提升审计工作的公正性和透明度。

（四）法规政策跟踪

审计人员应建立法规政策的跟踪机制，定期更新相关法规信息，并根据最新的法律法规调整审计方法。例如，环保法规的更新可能会要求供应商在生产中减少污染排放，审计人员需要及时调整审计指标，确保采购活动符合最新法规要求。

（五）供应商关系管理

审计人员可通过定期评估供应商、开展供应商合作研讨会等方式，加强对供应商的管理，从而降低采购风险。例如，可以通过制定供应商考核机制、设置风险预警来及时识别不合格供应商，并鼓励供应商在质量、交期方面提供更好的保障。

通过深入分析和管理采购审计环境中的各种因素，审计人员能够有效提高采购审计的准确性、适应性和有效性，帮助企业优化采购流程，降低风险，并提高采购活动的整体效能。

第五节　采购审计实施

采购审计的实施是审计工作的核心环节，从审计计划的制订到后续的整改跟踪，每一个步骤都直接影响审计的效果。有效的审计实施能够帮助企业全面了解采购流程中的问题和风险，并提出改进建议以优化流程、提高效益。本节将从审计实施步骤的细化、团队建设、沟通与协调、审计工具与技术、审计报告撰写以及后续跟踪与整改等方面进行详细的说明。

一、实施步骤的细化

采购审计的实施步骤是确保审计工作有序开展和高效执行的关键。每个步骤从准备到执行都需要有明确的目标、内容和具体方法，以确保审计人员能够发现潜在问题并提出有效的解决方案。

（一）审计计划制订

审计计划的制订是采购审计实施的第一步。一个详细的审计计划能够确保审计工作系统化、目标明确，且能按时完成。

1.目标设定

审计目标决定了整个审计工作的方向，如合规性检查、成本控制、供应商绩效等。这些目标应结合企业的实际需求和采购活动的重点来制定。

2.时间表制定

为确保审计工作的有效性，审计人员需根据各环节的复杂性和工作量合理安排时间，编制详尽的时间表，包括审计的起始时间、每个步骤的时间节点及审计完成时间。

3. 审计范围确定

在明确了审计目标后,下一步是确定审计范围,即涵盖哪些具体采购流程、供应商及合同。审计范围需与企业需求及资源相结合,确保关键环节不被遗漏。

(二)资源分配

审计资源的合理配置是确保审计实施成功的基础。资源配置主要包括人力资源、资金、技术支持等。

1. 人力资源

企业需根据审计内容及规模确定合适的审计人员配置,并组建具备法律知识、数据分析技能、风险管理能力的多元化团队。不同角色负责不同的工作,如数据分析师负责数据处理,审计员负责实地检查。

2. 资金

审计工作可能涉及差旅费、技术设备采购或租赁等费用,合理的预算配置有助于审计工作的顺利进行。企业需提前估算每个阶段的资金需求,确保资金充足。

3. 技术支持

现代化的审计需要多种技术工具支持,如数据分析软件、审计管理系统等。这些工具能够提高审计的效率和精准度,确保审计发现的全面性和可靠性。

(三)审计执行

审计执行作为审计的核心步骤,涵盖了数据收集、实地检查、文件审查、数据分析等环节,其目的在于确保采购流程的合规性、经济性和效率性。

1. 数据收集

通过采购系统、财务系统、合同文件等获取全面的采购数据。这些数据包括采购订单、供应商合同、支付记录、交货单等,确保覆盖整个采购流程。

2. 实地检查

实地检查是确认采购活动真实情况的重要方法。例如,到供应商现场了解生产状况,或到仓库检查货物的入库情况,以确保合同条款得以执行。

3. 文件审查

审查采购合同、评估报告、验收单等文件,以验证每个采购环节的合法性和合规性。关注文件是否齐全、签字是否完整、内容是否符合规定等。

4. 数据分析

利用数据分析工具(如 Excel、SQL 等)处理和分析采购数据,识别异常数据和潜在风险。例如,发现频繁超预算的项目、付款延迟等,审查其原因并提出优化建议。

二、团队建设

高效的采购审计离不开专业的审计团队，团队建设的关键在于团队组成、角色分工，以及培训与发展。

（一）团队组成

一个理想的采购审计团队应当包括项目经理、数据分析师、审计员和现场审计员等。不同成员具备各自的专长，确保审计团队能够完成各项具体任务。

1. 项目经理

项目经理负责审计计划的制订、团队的协调及整个项目的进度把控。项目经理需具备管理能力和审计经验，能够在出现问题时快速做出决策。

2. 数据分析师

数据分析师负责处理和分析采购数据，挖掘数据背后的问题和风险，帮助团队制订进一步的审计计划。数据分析师需熟练掌握分析工具和方法，能够解读数据中的异常和趋势。

3. 审计员

审计员负责文档审查、合规性检查和制度流程核对，确保每个环节符合企业规定及法律法规。

4. 现场审计员

现场审计员主要进行现场检查和实地调查，直接验证供应商或采购部门的实际操作是否符合流程。现场审计员需具备良好的沟通能力和敏锐的观察力。

（二）角色分工

明确每个团队成员的职责，确保各自的工作内容无重复且无遗漏。项目经理须定期检查任务进展情况，确保所有人了解任务要求。

（三）培训与发展

审计环境和法规经常发生变化，审计团队需要定期参加培训，以更新知识结构，掌握新技能。例如，法律法规的变化、新兴技术（如数据分析、风险识别技术等）的应用都是审计人员需学习的内容。

三、沟通与协调

审计实施过程中，沟通与协调至关重要。良好的沟通能够提高审计的效率，确保审计工作的进展顺畅。

（一）内部沟通

审计团队内部的定期沟通能确保信息透明和任务同步。通过每周例会、日报告等形式，确保团队成员了解当前工作进展和下一步任务，及时调整审计策略。

（二）与被审计部门的沟通

审计团队需要与采购部门、财务部门等密切沟通，以获取真实、完整的数据和流程信息。

（三）跨部门协调

采购审计涉及多个部门，如财务、法律、仓储等。跨部门协调能确保在审计过程中获取全方位的信息和支持。项目经理须提前与各部门负责人沟通，明确审计目的和需求，确保资料的及时提供。

四、审计工具与技术

现代化的审计工具和技术能够显著提高采购审计的效率与准确性，审计团队需掌握多种技术手段以支持数据分析和流程管理。

（一）数据分析工具

数据分析工具在审计工作中发挥着至关重要的作用。借助数据分析工具，审计人员能够高效处理大量采购数据并快速识别异常信息。例如，Excel、SQL、Python 等工具可以用于数据的清理、统计、对比，识别出高风险交易和超预算项目。

（二）审计管理系统

审计管理系统能够帮助审计团队实时跟踪审计的进展，管理文档和生成报告，还能自动保存审计过程的所有记录，从而提高审计的透明度和合规性。

（三）新兴技术的应用

区块链和人工智能等新兴技术也逐渐应用于采购审计中。区块链可以为企业提供不可窜改的合同和交易记录，确保数据的真实性。人工智能可以帮助企业进行自动化分析，识别采购流程中的异常，提升审计的效率和发现问题的准确性。

五、审计报告撰写

审计报告是审计工作的最终输出，能够为管理层提供决策支持。一份全面、清晰的审计报告能够准确反映审计发现并提出改进建议。

（一）报告结构

审计报告通常包括摘要、审计发现、问题分析、结论和改进建议。摘要部分提供整体概览，审计发现部分详细描述问题，结论部分总结审计结果，改进建议部分提供可行的改进措施。

（二）问题描述

对发现的每个问题进行详细的描述，包括问题背景、出现原因、具体表现等，详细说明问题带来的潜在风险和不利影响，以帮助管理层理解问题的严重性。

（三）整改建议

根据审计发现，提出具体的整改措施。例如，对于存在合同管理问题的部门，建议加强合同审查流程；对于供应商评价不规范的情况，建议建立更严格的供应商筛选标准。

六、后续跟踪与整改

审计工作不是在报告完成后就结束，后续的跟踪与整改才是确保审计成果落地的重要环节。

（一）整改措施的实施

根据审计报告中的建议，企业需制订详细的整改计划。整改计划应包括整改的责任人、时间节点和具体步骤。审计团队需帮助被审计部门理解整改的关键点，确保整改计划能够实施。

（二）跟踪进度

审计团队应定期检查整改工作的进展情况，确保整改措施按照计划执行。通过阶段性检查，记录整改的实际情况，保证每个问题都得到落实。

（三）效果评估

在整改措施实施一段时间后，审计人员需对其效果进行评估，判断是否达到了预期效果。如果未达到预期效果，需提出进一步优化建议，确保问题得到彻底解决。

（四）持续改进

审计结束后，企业应根据审计过程中发现的问题和整改措施，建立持续改进机制。通过不断改进和优化，企业可以降低未来采购活动中的潜在风险，提高采购的透明度和效率。

通过详细的审计实施流程、专业的团队合作、技术工具的支持以及后续的整改落实，采购审计不仅能够识别并解决采购中的问题，还能优化采购流程，为企业带来长期的管理效益。

第二章

采购风险概述及控制

第一节　采购风险概述

采购风险是影响企业采购效率、供应链稳定性及合规性的重要因素。随着全球供应链的日益复杂和市场竞争的加剧，企业在采购过程中面临的风险种类和来源日益多样，且影响深远。本章将详细探讨采购风险的定义、特点、分类及其管理控制策略，为企业有效识别、分析和控制采购风险提供理论支持与实践指导。

一、采购风险概述

采购风险不仅影响企业的运营效率，还可能对企业的长期发展构成威胁。因此，采购风险的管理与控制是确保企业稳健运营、实现战略目标的重要组成部分。

（一）采购风险的定义

1. 概念阐述

采购风险是指企业在采购过程中，由于外部或内部因素的不确定性或变化，可能给企业带来经济损失、法律责任、运营中断、产品质量问题等不利影响。采购风险的发生通常会导致供应链的不稳定，增加企业的运营成本，甚至影响企业的市场竞争力和品牌声誉。企业必须通过识别和控制这些风险，确保采购活动顺利进行。

2. 风险的范围

采购风险涉及全流程管理，涵盖需求识别、供应商选择、合同签订、交货验收、付款结算等环节。常见的采购风险如下。

（1）供应链风险。其主要与供应商的履约能力、交货时间、供应稳定性等因素相关。如果供应商无法按时交货或质量不符合标准，可能导致生产延误、市场机会丧失等后果。

（2）价格波动风险。市场价格的不确定性，尤其是原材料或能源价格的波动，可能导致企业采购成本急剧上升。特别是对大宗商品采购的企业而言，价格波动风险尤为严重。

（3）质量风险。其与采购的物料或服务的质量有关。如果采购的原材料、零部件或设备质量不合格，可能会导致生产中断、产品质量问题等。

（4）合规风险。其涉及法律法规、行业标准及企业内部采购规定等方面的合规性问题。采购活动不合规可能引发法律纠纷、合同违约或罚款等财务风险。

（二）风险的重要性

采购风险对企业的重要性随着全球化和信息化的发展而不断增强。全球供应链的复杂化使得企业面临更大的不确定性和挑战。采购风险的管理不仅关乎企业的短期财务表现，还与长期竞争力、品牌声誉及市场地位息息相关。如果忽视采购中的风险，企业可能面临法律诉讼、合同违约、供应链中断、客户流失等问题，从而影响企业的持续发展。因此，企业必须高度重视采购风险的管理与控制，建立健全的风险预警和应对机制。

二、采购风险的特点

采购风险的特点决定了其管理与控制的复杂性和挑战性。理解采购风险的多样性、复杂性和不可预见性，能够帮助企业制定更加有效的风险管理策略。

（一）多样性

采购风险来源的多样性使得企业在采购活动中需要应对不同类型的风险。采购风险的来源包括但不限于供应商的履约能力、原材料价格波动、供应链的中断、外部政策变化等。每一种风险的发生都会对采购流程产生不同程度的影响，因此企业需要全面识别各种风险源并对其进行分类。例如，供应商的资金链断裂可能导致交货延迟，政策变动可能导致进口税率的变化，从而增加采购成本。

（二）复杂性

采购风险往往是多重因素交织的结果，且各风险之间往往具有连锁反应。例如，供应链的中断不仅可能导致生产停滞，还可能引发合同违约、品牌声誉受损等一系列问题。采购风险的复杂性加大了风险管理的难度，企业需要通过综合评估，识别潜在的系统性风险，并采取有效的措施减少其影响。

1.连锁效应

供应商违约可能引发一系列风险，如原材料缺货、生产停滞、客户订单无法按时交付等。各环节之间的紧密联系决定了风险管理的综合性和系统性。

2.风险溢出效应

某些外部风险，如市场价格波动、汇率变动等，不仅可能影响采购成本，还可能影响企业的财务预算、生产计划等。

（三）不可预见性

采购风险的不可预见性是企业面临的最大挑战之一。尽管通过历史数据和预测模型可以在一定程度上预判某些风险，但许多风险仍然无法完全预测，尤其是在全球化和技术快速变革的背景下。突发的自然灾害、突如其来的政策变动、国际市场价格波动等，都是难以预测的采购风险。企业需要建立灵活的应对机制，以应对这些不可预见的风险。

1. 外部因素的突发性

如国际贸易政策的变化、突发的自然灾害等，这些因素无法通过常规方法预测，但却对采购活动有着深远的影响。

2. 技术创新的影响

新技术的引入可能导致采购需求和采购方式的变化，甚至影响原材料的价格和供应链结构。

三、采购风险的分类

采购风险的分类有助于企业识别不同类型的风险源，从而制定有针对性的管理措施。根据风险的来源和特性，采购风险可以分为内部风险、外部风险和系统性风险。

（一）内部风险

内部风险是指由企业自身管理、流程、人员等内部因素引起的风险。这类风险通常可以通过加强管理、优化流程、培训员工等方式进行控制。

1. 内部控制薄弱

企业内部控制薄弱可能导致采购流程中的不合规操作和信息不对称，增加舞弊和腐败的风险。例如，未建立有效的审批和监督机制，采购人员可能会通过不正当手段选择供应商或窜改采购数据。

2. 流程不规范

采购流程不规范会导致效率低下、采购成本无法有效控制，甚至出现预算超支、重复采购等问题。缺乏标准化的流程、审批程序不严谨，都会增加采购风险。

3. 信息不对称

企业内部不同部门之间的信息传递不畅，会导致采购决策基于错误的或不完整的信息，从而增加决策失误的风险。

（二）外部风险

外部风险是指来自市场环境、供应商、政策法规等外部因素的风险。这类风险通常较难控制，但企业可以通过市场调研、供应商评估、法规合规等手段来减少其发生的概率。

1. 市场变化风险

市场价格的波动、供应商的变动、原材料的短缺等因素都会直接影响企业的采购成本和供应稳定性。例如，突发的国际原油价格上涨可能导致与石油相关的产品的成本大幅增加，从而影响企业的采购预算和生产计划。

2. 供应商问题

供应商的信誉、履约能力、财务状况等问题可能影响采购的顺利进行。例如，供应商破产、资金链断裂、交货延迟等都可能影响采购进度，甚至损害企业与客户之间的关系。

3. 政策法规变化

政策法规的变动可能会带来新的合规要求或增加额外的采购成本。例如，环保政策的收紧可能导致企业需要采购符合新标准的原材料，从而增加成本，或者受到更严格的合规审查。

（三）系统性风险

系统性风险是指影响整个行业或市场的风险。这类风险通常是由于外部环境的剧烈变化所引起的，企业在面对这些风险时往往难以独自规避，只能通过调整战略和措施来应对。

1. 全球经济衰退

全球经济衰退可能导致需求减少、价格波动加剧、供应链中断，从而增加企业采购的不确定性和风险。

2. 技术革新

行业内的技术革新可能会导致采购需求的变化，原有的采购流程、标准和产品可能不再适用。例如，随着电子产品技术的快速发展，某些原材料的需求量可能急剧减少，企业需要迅速调整采购计划。

3. 行业洗牌

行业内的合并、收购、竞争格局变化等也会带来系统性风险。某一重要供应商的倒闭或被收购，可能导致原有供应链的中断，从而影响企业的采购活动。

通过对采购风险的定义、特点、分类的详细分析，企业能够更好地识别和理解其在采购过程中可能面临的各种风险。接下来，企业可以据此识别风险类型，制定有针对性的风险管理和控制措施，以最大限度地降低风险对企业运营的负面影响。

第二节 采购风险分析

采购是企业日常运营中极为重要的一环，它不仅直接关系到企业成本控制、供应链管理，还影响着企业产品质量、生产效率以及市场竞争力。然而，随着采购活动的复杂性增加，采购过程中面临的风险也在不断增长。如何有效识别和分析这些采购风险，是确保采购过程顺利进行、保障企业利益的关键。

本节将从多个维度分析采购过程中可能出现的各种风险，包括供应商风险、合规风险、质量风险、价格波动风险等，并探讨如何通过有效的风险管理方法和策略，减少这些风险带来的潜在损失。

一、采购风险的主要类型

（一）供应商风险

供应商是企业采购活动的关键主体，但其在产品质量、交货周期、价格等方面的不确定性，仍会带来显著的采购风险。供应商风险包括以下几种。

1. 供应商违约风险

供应商未按合同履行承诺，导致交货延误、质量不达标或无法履约。这种风险可能是由于供应商自身经营状况不佳、资金链断裂等因素引起的。

2. 供应商信用风险

供应商可能因信用状况不佳或资金链断裂，导致无法履约，从而影响企业的采购计划。

3. 供应商道德风险

供应商的行为不符合企业的道德标准或与企业利益相冲突，如提供虚假资料、贿赂或进行不正当竞争等。

（二）质量风险

质量风险主要指的是采购的产品或服务不符合合同要求或不符合相关质量标准。质量风险可能会导致如下问题。

1. 产品缺陷

采购的原材料或产品存在缺陷，影响生产线的运作或最终产品的质量。

2. 生产延误

采购的原材料或产品存在质量问题，可能会导致生产进度延误，增加生产成本，影响交货期。

3. 客户投诉与退货

如果质量问题未能及时发现，可能会导致客户投诉，甚至出现退货现象，从而损害企业的品牌形象和市场信誉。

（三）价格波动风险

价格波动风险是采购过程中常见的风险，尤其是对于涉及原材料和能源等商品的采购。价格波动风险可能来源于以下几个方面。

1. 市场价格波动

市场供需关系的变化会导致商品价格大幅波动，尤其是在全球经济环境不稳定的情况下，价格变化可能更加剧烈。

2. 外汇风险

对于跨国采购而言，汇率变化会影响采购成本。汇率波动可能导致外汇支付的成本上升，从而增加企业的采购费用。

3. 长期合约定价问题

一些企业与供应商签订长期合约时，可能会出现价格未能有效调整的情况，导致价格被锁定，而市场价格波动使得采购成本显著增加。

（四）供应链中断风险

供应链中断风险是指因供应链环节发生突发事件或存在不可抗力因素，导致企业无法按计划获得所需物料或服务的风险。这种风险可能来自以下几个方面。

1. 自然灾害

如地震、洪水、台风等灾害对供应商或运输环节造成的破坏，影响供应商的生产能力或运输通道的畅通。

2. 政治风险

政治动荡、经济制裁、国际贸易政策变化等因素，可能导致跨国供应商无法正常履约，影响供应链稳定性。

3. 社会因素

如罢工、运输拥堵等社会因素，也可能导致供应链中断。

（五）合规风险

合规风险是指企业在采购过程中未能遵守相关的法律法规、政策标准，导致的法律责任或声誉风险。合规风险的表现形式如下。

1. 合同风险

采购合同条款未能严格按照法律规定进行设定，导致合同无效或履行困难。

2. 税务合规风险

采购过程中未按规定缴纳增值税、进口关税等，可能导致企业面临罚款和法律诉讼。

3. 环境法规风险

某些行业的采购涉及环境保护标准和规定，若未遵守相关法规，可能会受到环境监管部门的处罚。

（六）信息泄露风险

采购活动中涉及大量的商业机密和敏感信息，如供应商的报价、合同条款、采购计划等。如果这些信息被泄露或遭到不正当利用，将导致如下问题。

1. 供应商竞争力失衡

信息泄露可能使竞争对手获得企业的采购策略和信息，进而影响供应商的议价能力或影响企业在市场中的地位。

2. 商业秘密泄露

如果采购人员在选择供应商时泄露企业关键信息，可能导致企业商业秘密泄露，从而损害企业利益。

（七）采购人员舞弊风险

采购人员舞弊风险是指采购人员为了个人私利，通过不正当手段影响采购决策，从而损害企业利益。这类风险来源于以下两个方面。

1. 回扣与贿赂

采购人员与供应商勾结，接受供应商的回扣或贿赂，以换取更高的采购价格或不合规的采购合同。

2. 利益冲突

采购人员与供应商之间存在利益冲突，未能公正、客观地执行采购流程，导致企业利益受损。

二、采购风险的评估与管理

（一）风险评估的步骤

1. 识别风险源

要全面分析采购流程中的各个环节，识别所有潜在的风险源。常见的方法包括 SWOT 分析法、头脑风暴法、专家访谈法等。

2. 量化风险

将识别出的风险进行量化，评估其可能导致的财务损失、时间延误、质量问题等。量化工具如风险矩阵、概率分析等可以帮助评估风险的严重程度和发生的可能性。

3. 制定应对措施

根据风险的评估结果，制定相应的应对措施。这些措施包括避免风险、减少风险、转移风险或接受风险等。

（二）采购风险管理策略

1. 多元化供应商选择

通过建立多个供应商池，降低对单一供应商的依赖，减少因供应商问题导致的风险。

2. 合同管理

制定明确的采购合同，设定合理的违约责任条款，并根据合同履行情况进行动态监控。

3. 强化供应商评估与监控

定期对供应商进行评估，确保其稳定性、信誉和能力，及时调整合作策略。

4. 采购人员反舞弊管理

建立反舞弊机制和监督机制，定期开展廉洁自律培训，强化采购人员的职业道德，防范采购人员舞弊行为。

采购风险无时无刻不在影响着企业的正常运营和利益保障，因此对采购风险的分析和管理至关重要。企业应当通过系统化的风险评估、严格的供应商管理、合规的合同管理等手段，降低各类风险的发生概率和影响。只有通过有效的采购风险控制，才能确保采购环节的稳定性和合规性，为企业的长远发展打下坚实的基础。

第三节　采购风险产生的原因

采购风险的产生往往源于企业的内部管理漏洞和外部环境的不确定性。理解采购风险的产生原因，有助于企业识别潜在的风险源并采取有效的防范措施。本节将通过分析内外部因素的影响，探讨导致采购风险的根本原因，并结合实际案例提供应对策略。

一、内外部因素分析

采购风险的来源通常分为内部因素和外部因素。内部因素通常可以通过改进企业管理流程和优化内部控制来规避，而外部因素则涉及市场、供应商、法规等因素，这些因素不可控，但可以通过有效的预警和应急管理减小其影响。

（一）内部因素

企业内部管理、流程及控制环节的漏洞是采购风险的重要成因，虽易被忽视，却直接影响采购质量。通过系统性的内部风险管理和优化，可有效降低采购环节的问题发生率。

1. 管理不善

企业的采购管理若未建立有效的内部控制和监督机制，容易出现采购流程不规范、审批程序不完善等问题，从而导致不合规采购的发生。例如，采购负责人缺乏足够的权力和资源来监督采购活动，可能导致一些供应商的评选标准不明确，或者采购合同未按照规定流程审核和签署。

采购管理不善可能导致审批流程延误、合同履行不规范，甚至导致利益输送和腐败等问题，增加了企业的财务风险、法律风险和声誉风险。

2. 流程不规范

如果企业的采购流程没有明确的规范和标准，可能会导致采购活动不透明、采购成本过高、供应商选择不公等问题。例如，在没有统一标准的情况下，各个部门或员工可能根据自身的经验和偏好进行采购，从而导致采购决策不一致且缺乏可追溯性。

流程不规范容易导致采购决策失误，降低采购效率，甚至出现违反企业政策或法律法规的行为，增加了合规性和透明度方面的风险。

3. 信息系统漏洞

采购信息系统的不完善或技术漏洞，可能导致信息泄露、数据丢失或操作失误。例如，采购系统中缺乏有效的数据加密和安全防护措施，容易导致企业内部敏感信息的外泄，或是系统出现故障时数据无法恢复。

信息系统漏洞可能导致采购数据不准确，决策依据不足，从而影响采购决策的质量和及时性。信息泄露还可能引发法律诉讼和客户信任危机。

4. 缺乏有效的员工培训

员工对采购流程、政策及法律法规的了解不全面，可能导致不合规操作的发生。例如，采购人员没有接受过相关的反腐败培训，可能会在供应商选择过程中出现舞弊行为，或在合同签订过程中忽视法律风险。

缺乏有效的员工培训会导致采购人员对规章制度的理解不深入，这会增加操作风险和合规风险，并可能导致他们在采购过程中做出错误判断和不当决策。

（二）外部因素

外部因素是指企业无法直接控制的外部环境因素。这些因素对采购活动的影响往往是不可预见的，企业需要通过监测和预测来减少外部因素的影响。

1. 市场供需波动

市场供需关系的波动直接影响原材料、商品价格及采购的稳定性。例如，在全球经济不确定性加大的背景下，供应链中某些物资的需求激增，可能导致价格飞涨，增加采购成本，甚至造成短缺。

市场供需波动可能导致价格波动、供应紧张等问题，进而影响采购预算、成本控制以及供应链的稳定性。

2. 政策法规变动

政府政策和行业法规的变动对企业的采购活动影响巨大。例如，政府出台新的环保法规要求采购的产品必须符合更严格的标准，或是新的贸易政策改变了跨国采购的成本结构和进出口税率。

政策法规变动可能导致企业需要重新评估采购来源或供应商合规性，增加合规风险并可能导致采购成本上升。

3. 供应商破产或违约

企业与供应商的关系存在一定的风险，特别是在供应商的财务状况不稳定时。供应商的破产或违约可能导致供货中断、生产延迟等问题，严重时甚至可能导致合同无法履行，给企业带来直接损失。

供应商破产或违约可能直接影响生产计划，导致业务中断和财务损失，同时影响企业的信誉和客户的信任度。

4. 自然灾害

自然灾害（如地震、洪水、飓风等）会对全球供应链产生极大的影响。供应链中的某一环节出现中断，可能导致大范围的生产停滞和交货延迟。

自然灾害带来的供应链中断、物流延误及采购成本上升，可能影响企业的生产周期和客户交货时间，从而损害企业的市场份额和品牌形象。

二、风险诱发因素

采购风险的诱发因素往往是由企业内部管理不当、供应链管理不足、采购策略不当或信息系统漏洞等问题引起的。识别和避免这些诱发因素，是减小采购风险的关键。

（一）供应链管理不足

供应链是企业采购过程中至关重要的一环，任何环节的疏漏都可能引发风险。

1. 单一供应商依赖

过度依赖单一供应商是导致供应链风险的重要诱因。当供应商出现问题时（如破产、交货延迟或质量问题），企业的采购活动将受到严重影响。

单一供应商依赖增加了供应链中断的风险，企业可能面临供应紧张、价格上涨或品质不稳定的风险。

2. 供应商管理不当

供应商管理不当会导致供应商履约能力下降，甚至违约，从而影响供应链的稳定性和采购计划的执行。

3. 物流不畅

物流系统的不完善或操作不当，可能导致采购的货物未能及时送达，从而影响生产进度。尤其在跨国采购或依赖远程供应商时，物流的稳定性尤为重要。

物流不畅会导致物料采购的延迟，影响企业的生产计划和交货期，从而增加了生产停滞的风险。

（二）采购策略不当

采购策略不当可能使企业在采购过程中面临更多的风险和不确定性。

1. 过度压低价格

追求低价格而忽视质量和供应商服务的采购策略，可能导致供应商在产品质量、交货期等方面降低标准，从而影响企业的采购效果和产品质量。例如，企业过度压低价格，可能导致供应商选择劣质材料，影响产品质量。

过度压低价格可能引发供应商降低质量、延迟交货等问题，导致长期合作关系受损，从而影响企业的品牌声誉和市场竞争力。

2. 忽视长期合作关系

企业若只关注短期采购成本，忽视与供应商的长期合作关系，可能导致供应商对价格过于敏感、交货不稳定等问题，从而影响企业采购的长期稳定性。

忽视长期合作关系可能使企业陷入供应商之间的恶性竞争中，降低了供应链的稳定性和可持续性。

（三）信息系统漏洞

信息系统漏洞是指企业的采购系统不完善或安全防护不足。这些漏洞可能影响采购数据的准确性和决策的有效性。信息系统是采购活动的核心支撑，任何系统漏洞或不完善的地方都可能导致采购风险的增加。

1. 系统安全漏洞

采购信息系统中的安全漏洞可能导致数据泄露、窜改或丢失，影响采购决策的准确性和及时性。

系统安全漏洞会导致采购数据的泄露或对其的错误处理，可能引发采购决策失误、利益损失，甚至违反数据保护法规。

2. 信息不对称

企业内部不同部门之间的信息传递不畅，可能导致采购决策基于错误的或不完整的信息，从而增加决策失误的风险。例如，采购部门未及时了解财务部门的预算限制，导致超预算采购。

信息不对称可能导致采购决策的延误或错误，从而影响企业采购的合规性、效率和透明度。

第四节　采购风险清单及类型

采购风险清单是企业采购管理中至关重要的一部分，它帮助企业系统地识别、分类和应对各类潜在风险。通过制定详尽的采购风险清单，并结合适当的风险类型分类，企业能够实现更加精确和高效的风险管理，减少因风险导致的负面影响。

一、采购风险清单的制定

采购风险清单是风险管理的基础工具。通过采购风险清单的制定，企业可以明确识别采购活动中的各类潜在风险，进而采取有效的应对措施。采购风险清单的制定涉及风险的广泛搜寻、准确分类、根据风险的性质和严重程度进行合理的分级管理。

（一）采购风险清单的定义

采购风险清单是指在采购过程中，企业根据自身的实际情况以及内外部环境的变化，将所有可能对采购活动造成影响的风险列出，并进行系统化、分类管理的清单。采购风险清单通常涵盖采购过程的各个环节，如供应商选择、合同管理、质量控制、物流管理、付款流程等。采购风险清单的作用是帮助企业全面了解和监控采购中可能存在的各类风险，为后续的风险管理奠定基础。

通过制定采购风险清单，企业能够有效识别潜在的风险源，并为每个风险制定相应的应对方案。清单不仅是一个简单的罗列工具，也是采购决策的重要参考依据，有助于采购人员在采购执行过程中提前发现并规避问题，降低运营成本。

（二）采购风险清单的分类和分级

为了高效地管理采购风险，企业需将采购风险清单中的各类风险按其性质、来源及潜在影响程度进行分类，并为每种风险分配优先级。这样能够帮助企业在资源有限的情况下，优先解决最紧迫和最严重的风险。

1.风险分类

风险可以根据其来源和性质分为以下几类。

（1）供应商风险。供应商的产品质量、交货时间、财务状况等因素可能会影响采购过程。如果供应商出现问题，可能会导致生产延误、成本增加或产品质量不合格。

（2）市场风险。市场因素（如价格波动、需求变化等）可能导致采购成本的不可预测性。例如，全球能源价格的波动会直接影响原材料采购成本。

（3）法律合规风险。法律合规风险包括采购活动中的法律问题，如合同争议、未遵守法规等。这类风险不仅可能导致企业财务损失，还可能损害企业声誉。

（4）财务风险。财务风险涉及企业的资金流动、财务状况、预算超支等方面的风险，如汇率波动、资金链断裂、采购费用失控等。

（5）操作风险。操作风险即由于信息系统故障、操作失误或外部不可抗力事件（如自然灾害）引发的风险。例如，订单信息丢失或供应链中断。

2. 风险分级

风险分级是根据风险发生的可能性和潜在影响的严重性，对每一类风险进行优先级排序。企业可以将风险划分为高、中、低三类，具体操作上根据优先级分配资源，并采取相应的应对策略。

（1）高风险。高风险即可能导致重大损失或企业运营中断的风险。通常这些风险发生的概率较高，且影响严重，如供应商破产或价格波动导致的成本大幅增加。

（2）中风险。中风险对企业的影响较大，但可以采取相应措施对其进行有效控制，如某些市场波动或中小供应商的交货延迟。

（3）低风险。低风险对企业的影响较小，且易于通过常规管理对其进行控制，如系统故障、操作失误等。

（三）采购风险清单更新与维护

采购风险清单是一个动态的管理工具，需要定期进行更新和维护。随着外部市场变化、内部管理变化以及新兴技术的发展，采购风险清单中的内容和结构可能会发生改变。因此，企业需要建立系统的机制，以保证清单能够及时反映当前的风险状况。

1. 更新机制

（1）定期审查。定期对采购风险清单进行审查是确保其有效性的必要步骤。企业可根据外部环境的变化、法规政策的更新、市场动向的调整等，定期评估风险并对清单进行更新。例如，每季度或每年进行一次全企业的风险评审。

（2）新兴风险纳入。随着新技术、新政策、新市场环境的变化，新的风险源可能会出现，如网络安全风险、人工智能技术带来的供应链风险等。企业应及时将这些新兴风险纳入采购风险清单，进行识别和评估。

2. 维护流程

（1）责任分配。企业应指派专门的团队负责风险清单的更新和维护工作。每个部门（如采购部、法务部、财务部）应向风险管理团队提供最新的风险信息，确保清单全面反映企业的实际风险状况。

（2）信息共享。定期召开跨部门会议，确保采购、法律、财务等部门能够共享风险信息，共同识别潜在风险并采取有效措施进行应对。

二、风险类型分类

采购过程中存在的风险多种多样，其影响范围从供应商的履约能力到市场的需求变化，从法律合规到企业内部操作的规范性。通过对采购风险进行分类，企业可以更有针对性地识别、评估风险，并采取有效的控制措施。

（一）供应商风险

供应商风险是指因供应商自身的原因，导致采购活动的延误、成本增加、质量问题等，最终影响企业的运营效率和市场竞争力。供应商的履约能力、交货能力、质量保证等方面的不足，都可能导致采购活动无法顺利完成，甚至造成生产停滞和客户流失。

1. 主要风险类型

（1）供应商破产。供应商破产可能是由于企业经营不善、财务危机或外部经济环境造成的。供应商破产将导致其无法继续履行合同，可能导致生产中断，甚至影响企业的整体供应链。特别是关键材料和零部件的供应商破产后，企业需要快速寻找替代供应商，否则可能造成生产延误和成本的急剧上升。

（2）交货延迟。供应商未能按时交货是采购过程中最常见的风险之一。交货延迟可能是由于供应商的生产能力不足、物流问题或订单管理不当等原因引起的。尤其是当供应商交付的物料是生产线的关键物料时，延迟交货将直接影响企业的生产进度，进而影响客户交货期和市场竞争力。

（3）质量问题。质量问题是采购中常见且重要的风险之一。如果供应商提供的产品或原材料质量不达标，可能导致生产问题，甚至最终产品质量不合格，给企业带来巨大的成本、声誉损失等。

2. 应对策略

（1）供应商资质评估。在选择供应商时，企业应对供应商进行全面评估，涵盖其财务状况、生产能力、质量保证等方面。通过第三方审核、信用评估等方式，确保供应商具备可靠的履约能力。企业还可以采用打分系统，综合评估供应商的表现和风险等级，选择合适的合作伙伴。

（2）合同条款保障。企业与供应商签订采购合同时，应特别注意合同条款的设置，明确交货日期、质量标准、违约责任等。合同中应规定供应商未能按时交货或未能提供符合质量标准的物品时的违约处罚，包括罚款、赔偿等措施。通过合同的法律效力来减少供应商违约的风险。

（3）多元化的供应商管理。为避免单一供应商依赖，企业应建立多元化的供应商管理机制，选择多个可靠供应商。通过招标、竞争性谈判等方式，确保每种物料或服务都能通过多个供应商提供，降低供应链中断的风险。

（二）市场风险

市场风险指的是外部经济环境发生变化（如市场需求波动、价格波动、竞争加剧等）而带来的风险。市场风险直接影响采购成本、供应稳定性和企业的盈利能力。

1. 主要风险类型

（1）价格波动。价格波动是指因市场供需关系变化、能源价格波动、国际经济形势变化等因素导致的原材料价格波动。特别是对于大宗商品的采购，价格波动可能会导致采购成本急剧上升，从而影响企业的利润。

（2）供需不平衡。市场供需关系的变化是影响采购的重要因素。如果市场需求突然增加而供应不足，可能导致采购困难和价格上涨；反之，当市场需求下降时，可能出现供应过剩，导致采购价格过低，甚至库存积压。

（3）市场竞争。随着全球化和行业竞争的加剧，采购市场的竞争也愈发激烈。如果竞争对手通过降低采购成本、提高产品质量或采取更好的采购策略来吸引供应商，企业可能需要调整自身的采购计划，从而导致成本增加或者面临供应商流失的风险。

2. 应对策略

（1）长期合同谈判。与供应商签订长期采购合同是应对价格波动和市场竞争的一种有效策略。通过长期合同，企业可以与供应商达成固定价格或价格调整机制，避免市场短期波动对采购成本的影响。与供应商签订长期合同还可以提高企业采购的稳定性，使其在竞争激烈的市场中占据优势。

（2）价格对冲。对于价格波动较大的商品，尤其是能源、金属等大宗商品，企业可以通过期货、期权等对冲工具，提前锁定采购价格。这种方式可以有效规避市场价格不确定性带来的风险，确保企业成本的可控性。

（3）市场监控与分析。建立完善的市场动态监控系统，实时了解市场的供需状况、价格波动等信息。通过定期的市场调研和趋势分析，企业能够提前预判市场变化，及时调整采购策略，避免因市场变动而造成损失。

通过对供应商风险和市场风险的详细分析，企业可以更有效地识别潜在的风险源，并采取有针对性的应对策略。接下来，企业可以根据实际情况，将这些策略运用于日常采购管理中，从而减少因风险带来的不确定性，确保采购活动的稳定性和安全性。

第五节　采购风险控制关键点及预防

采购风险控制关键点及预防是确保企业运营效率、降低潜在损失的重要环节。通过采取科学的风险控制方法，企业能够提前识别、预防并应对各类风险，保障采购流程的顺畅，提升企业的整体竞争力。本节将详细探讨采购风险控制的基本原则、控制关键点、信息系统应用，帮助企业全面构建有效的采购风险管理体系。

一、采购风险控制的基本原则

采购风险控制的基本原则决定了整个采购过程中的风险管理策略，必须确保其系统性、前瞻性和有效性。这些原则为企业在采购管理中提供了明确的操作框架，帮助企业从整体上识别并规避潜在的风险。

（一）预防为主

预防为主是采购风险管理的核心理念。相比于事后补救，事前的风险识别和控制能够最大限度地减少风险的发生。企业在采购活动开始前应深入识别潜在风险，并提前采取措施将其遏制在源头。

1. 提前识别与评估

企业应定期进行采购风险的识别与评估，结合历史数据、市场动态和行业趋势，对可能影响采购流程的风险进行预测。例如，分析供应商的财务健康状况、市场的价格波动趋势、法律法规的变化等，提前做好准备，避免突发风险。

2. 制定应急预案

对于评估出的潜在风险，企业应提前制定应急预案，明确风险发生时的应对措施。通过建立"预防—应对"的闭环管理体系，确保风险发生时，企业能够迅速反应，减少其对采购活动的负面影响。

（二）系统化的风险管理

系统化的风险管理确保了企业在不同采购环节中都能有效识别和应对风险。企业应建立从供应商选择到付款的全过程的风险控制机制，将风险管理措施嵌入每个环节。

1. 风险管理流程化

企业需要构建全流程、规范化的采购风险管理体系，确保每一个环节都能遵循统一的管理规范。包括采购需求、供应商选择、合同签订、验收与付款等过程，每一步都应有明确的风险控制措施。

2. 跨部门协作机制

采购、财务、法务、质量等部门应建立协作机制，确保采购流程中的所有风险都能得到综合性评估与管理。通过信息共享与协调，确保采购团队在面对复杂问题时能够做出合理的决策。

（三）全员参与

企业的采购风险管理不是某个部门的工作，而是全体员工共同参与的过程。全员参与能够增强每个环节的风险意识，提高风险应对的灵活性和及时性。

1. 全员风险意识培养

企业应通过定期的风险管理培训，提高全体员工的风险意识，尤其是采购团队成员。每一个员工都应了解在采购过程中可能遇到的风险，并学会如何识别和应对。

2. 参与式风险控制

企业应鼓励各个部门参与到采购风险的管理中。采购团队、财务人员、法务专家、信息技术人员等都应根据各自的专业领域提供对风险的反馈与建议。通过集思广益，提升风险管理的全面性和有效性。

二、控制关键点

在采购过程中，有几个关键点需要特别关注，因为这些关键点直接关系到企业采购活动的成功与否。以下是三个重要的控制关键点。

（一）供应商选择与管理

供应商的选择与管理直接影响企业采购风险的大小。因此，确保供应商的资质、信誉和履约能力是风险控制的首要任务。

1. 供应商资质评估

企业应对潜在供应商进行详细的资质评估，包括财务状况、生产能力、质量管理体系等方面的审查。通过资质评估，企业能够确保其合作的供应商具备稳定的财务状况、履约能力和技术支持。

2. 建立定期供应商审核机制

企业应建立定期供应商审核机制，对现有供应商的表现进行持续监控和评估。审核内容包括交货能力、产品质量、履约情况等方面，确保长期合作的供应商能持续满足企业的要求。

3. 供应商合规性检查

企业应确保所有供应商遵守相关的法律法规和行业标准。特别是涉及环保、知识产权等法律合规要求时，企业应定期检查供应商是否遵守法律法规，避免由于供应商违规行为给企业带来的法律风险。

（二）合同管理

合同管理是采购活动中最重要的环节之一，合同条款的完善与否直接决定了双方的责任和义务。通过合同管理，企业能够有效规避合同风险，确保供应商履行其承诺。

1. 明确合同条款

采购合同应包括供应商的责任、交货时间、质量标准、付款方式等关键内容。尤其是价格、交货期、质量等方面的条款，要确保清晰明确，避免在合同履行过程中产生歧义。

2. 违约责任规定

合同中必须明确规定违约责任条款，包括供应商未能按时交货、产品质量不达标等情况下的处罚措施。企业应通过合同条款保护自身权益，确保在供应商违约时能够有效追责。

3. 合同审查与审批

企业应确保采购合同在签订前经过严格审查和审批，必要时可以请法务部门进行审查。通过法律审查确保合同的合法性和公正性，避免合同中存在不平等条款或法律风险。

（三）采购过程监控

采购过程监控的目的是确保每个采购环节都符合预期，并且在出现异常时能够及时采取补救措施。通过全程监控，企业可以及时发现并应对潜在风险，确保采购活动顺利进行。

1. 全过程监控机制

企业应建立完善的采购流程监控机制，从需求确认、供应商选择、合同签订、货物验收到付款全过程进行监督。通过定期跟踪采购进度，确保每个环节都按照计划执行。

2. 异常情况应对机制

采购过程中可能会出现交货延迟、质量问题等异常情况。对此，企业应提前制定应急预案，在异常情况发生时能够迅速做出反应。例如，可以通过与供应商沟通、调整采购计划或使用替代供应商等手段，确保生产不受影响。

3. 采购数据监控与分析

通过采购数据分析，企业可以提前识别潜在风险。例如，通过对采购数据的分析，发现某一类产品的采购价格突然上涨，或者某一供应商的交货记录不佳，企业可以及时调整策略，避免风险蔓延。

三、信息系统应用

信息系统的应用对采购风险的控制起着至关重要的作用。通过优化信息系统，企业能够提高采购数据的实时性、准确性和透明性，从而有效支持采购风险的管理与控制。

（一）采购信息系统的整合与优化

采购信息系统的整合与优化能帮助企业提高采购流程的透明度和效率，同时能减少人为失误和信息不对称。

1. 系统整合

采购信息系统应与企业其他管理系统（如 ERP 系统、财务系统、库存管理系统等）无缝对接。通过系统的整合，企业能够在一个平台上查看采购、库存、财务等各项数据，确保采购决策的准确性。

2. 实时数据更新

企业应确保采购信息系统能够实时更新数据，确保管理人员随时掌握采购活动的最新情况。通过实时数据，管理层能够快速响应市场变化和供应商情况，及时调整采购策略。

（二）数据安全与风险管理

信息系统的安全性直接关系到企业数据的完整性和安全性。企业必须采取措施防止数据泄露、窜改或丢失，以确保采购活动顺利进行。

1. 数据加密与备份

企业应采取数据加密、备份等措施，防止敏感数据丢失或被恶意窜改。定期备份与采购相关的数据，确保系统出现故障时能够及时恢复。

2. 信息安全审计

定期进行信息安全审计，检查系统中可能存在的安全漏洞和隐患。通过加强系统安全性，防范外部攻击和内部人员的非法操作。

第六节　采购中防止被供应商"绑架"的几种方法

采购中，企业经常因对某一供应商过度依赖而陷入"被供应商绑架"的困境，导致供应商借机操控价格、拖延交期，甚至降低产品质量，使企业难以掌控成本和供应稳定性。为了避免这一困境，企业必须采用多元化供应商策略、合理的合同保护条款以及稳健的合作管理，确保采购的灵活性和可控性。

一、供应商"绑架"风险概述

供应商"绑架"风险是指企业对某个供应商的依赖程度过高，从而失去议价能力，导致成本增加,影响了生产效率甚至品牌声誉。因此,企业必须了解这种风险的成因和形式,以便制定防范措施。

(一)定义与背景

供应商"绑架"主要发生在企业对某个关键物资或某项服务的供应商过于依赖的情况下。这种依赖关系使得供应商在提供产品或服务时占据主导地位,能够通过价格调整、服务延迟、质量削减等方式进行操控,迫使企业在高成本和不利条款下完成采购,增加企业的风险成本。

(二)常见形式

1.单一供应商依赖

在依赖单一供应商的情况下,企业缺乏应对供应中断或供应商提出不合理条件的弹性。供应商可以因市场波动、材料短缺、生产线故障等而延迟交货,从而导致企业采购中断,甚至影响整个生产链。

2.不平等合同条款

由于供应商在某些资源上具备独特性或垄断优势,企业在合同中被迫接受不平等条款,无法平等协商重要条件,如交货时间、服务标准、违约责任等。这样的合同可能在紧急情况下对企业极为不利。

3.技术依赖与资源控制

部分供应商可能掌握独特的技术或资源,借此对企业形成约束。例如,供应商掌握核心技术或专利资源,限制企业只能从其处获取产品,增加了"换供应商"的成本。

二、多元化供应商管理

建立和维持一个多元化的供应商管理体系,有助于企业在供应链上保持灵活性和控制力,避免对单一供应商的过度依赖。这一体系能够为企业提供多个供应渠道,确保在风险发生时具备替代供应方案。

(一)建立供应商库

1.供应商库建设

企业应通过调查市场,建立包含不同规模、地域和产品类别的供应商库,以确保在供应商出现问题时能够迅速找到替代供应商。供应商库不仅是企业供应链的支撑点,更是企业在应对"绑架"风险时的基础资源。

2.供应商多样化策略

选择不同地区、不同性质(如小型企业、大型跨国企业)的供应商,可以有效减少区域性风险和资源集中带来的不利影响。多样化的供应商结构使企业能够在价格、质量和服务等方面进行比较，以选择最优合作方案。

（二）供应商竞争机制

1. 定期招标与比价

通过定期招标与比价，企业可以将供应商置于一个竞争环境中，防止其形成垄断地位。定期招标可以刺激供应商提供更优质的服务和更具竞争力的价格，确保企业在合作中获得更多利益。

2. 竞争性谈判

利用多个供应商的报价和服务条件进行竞争性谈判。在谈判过程中，企业可以通过供应商的竞价提升议价能力，从而获得更多有利条款，如价格优惠、服务承诺等。

（三）供应商评估与淘汰

1. 供应商定期评估

定期评估供应商的供货质量、交货及时性和服务响应速度等，并根据评估结果优化和调整供应商名录。评估指标应包括财务状况、履约能力、服务能力等，确保长期合作的供应商在各方面符合企业要求。

2. 供应商淘汰机制

通过建立淘汰机制，企业可以将表现不佳、质量不稳定或服务响应缓慢的供应商剔除出供应商库。淘汰机制能够防止供应商形成对企业的"绑架"局面，确保供应链的稳定和高效。

三、合同谈判与条款设置

设置合理的合同条款是防范供应商"绑架"的重要手段。通过在合同中引入公平合理的条款，企业可以限制供应商对关键物资、价格、交期等方面的操控，维护采购活动的正常进行。

（一）合同条款的平衡性

1. 价格调整机制

在合同中设置价格浮动条款，确保价格调整时不会单方面偏向供应商利益。例如，根据市场价格指数调整合同价格，使双方在价格波动中都能承担合理风险。

2. 交货期灵活性

合同条款应规定合理的交货时间和延迟罚款机制，确保供应商按时交货的同时，给予供应商一定的灵活空间，以应对突发情况。这样的条款平衡了企业与供应商之间的关系，避免双方因时间问题产生矛盾。

（二）引入违约惩罚机制

1. 明确违约责任

在合同中明确规定供应商未按时交货或提供不合格产品时的赔偿责任。违约惩罚机制可以有效防止供应商因内部问题或市场波动而随意变更供货计划，影响企业生产进度。

2. 合理的赔偿条款

企业应在合同中加入合理的赔偿条款，保证供应商因违约而承担相应的经济损失。赔偿条款的合理性既保护了企业的利益，也避免了供应商因过重的处罚条款而对合同产生抵触心理。

（三）动态调整合同

1. 适应市场变化的合同设计

在合同中规定价格、服务、交期等方面的动态调整机制，以适应市场变化。通过这些机制，企业可以在市场价格、需求量或供应商表现发生变化时重新就合同条件进行谈判，避免陷入被动。

2. 合同条款优化

在长期合作中，企业应根据历史合作数据，不断优化合同条款。企业可以通过经验总结，设置更具保护性的条款，以避免未来供应商对合同的不合理操控。

四、供应商合作关系管理

良好的合作关系是降低供应商"绑架"风险的有效方式。通过建立信任、明确的沟通机制和共同承担风险，企业可以减少供应商对自身的约束，维持长久的合作。

（一）加强沟通与协调

1. 定期沟通机制

通过定期沟通与协商，企业可以及时了解供应商的生产计划、库存情况及风险预警，确保双方在需求、价格、交货等方面保持同步，从而减少因信息不对称引发的问题。

2. 问题协调机制

当供应商发生问题时，企业应与供应商共同探讨解决方案，避免问题的进一步扩大。企业与供应商之间的协同合作，能够有效减少双方间的冲突，从而增加供应链的稳定性。

（二）合作风险分担

1. 风险分担协议

在合同中规定企业与供应商共同承担市场波动、原材料短缺等不可控因素带来的损失。风险分担协议可以减轻供应商的负担，激励其在市场发生变化时维持稳定供货。

2.共赢条款设置

在市场需求旺盛时期，企业可以与供应商分享利润；在市场需求低迷时期，双方共同承担一定的损失。通过合作共赢的方式，供应商与企业在应对市场风险时能够实现双赢。

（三）建立战略伙伴关系

1.长期战略合作协议

与关键供应商建立长期战略合作关系，明确双方在技术研发、市场拓展等方面的合作内容和支持措施。通过战略伙伴关系，企业可以获得更稳定的资源供应和更优的合作条件，供应商也更愿意配合企业需求进行调整。

2.信息共享与联合研发

企业与战略供应商可在生产技术、产品设计等方面开展联合研发，并共享市场信息、产品技术发展趋势，以进一步加深合作关系。这不仅能增强双方的依赖性，也可以有效防止供应商因市场波动而中断供应。

通过以上防止"供应商绑架"的方法，企业可以在采购活动中更好地维护自身的独立性和灵活性，增强议价能力，从而有效降低供应链风险，保障生产的稳定性和连续性。

第七节　案例

在企业采购管理中，深入分析成功案例并反思失败案例，可以让读者更清晰地认识到采购风险管理的重要性，避免常见的陷阱，同时了解如何通过有效的策略来应对各种潜在风险。以下是一些详细的案例分析，包括背景、经过、问题描述、风险分析、风险等级和解决方案，帮助企业在复杂的采购环境中更好地应对挑战。

一、成功案例分享

（一）案例一：多元化供应链管理

1.案例背景

A企业是一家制造企业，主要依赖一家关键原材料供应商，随着市场需求的增加，该供应商无法按时交货。企业发现若持续依赖单一供应商，可能带来生产中断和成本上涨的风险，必须采取措施提升供应链的弹性和稳定性。

2. 经过

A 企业决定通过构建多元化供应链来规避风险。首先，在全球范围内筛选并引入了若干符合资质的供应商，建立了备用供应链；其次，企业建立了供应商竞争机制，定期审核供应商的履约能力、质量、交货时间和成本等指标。

3. 问题与风险描述

问题：单一供应商无法满足交货需求，导致生产线频繁停滞。

风险描述：过度依赖单一供应商增加了供应链中断的可能性，一旦出现交货延迟，企业就将面临重大生产和财务风险。

风险等级：高风险。

4. 解决方案

A 企业通过多元化供应商管理，显著降低了对单一供应商的依赖。在合同中加入了竞争性条款，确保供应商交货质量，维护供应链的稳定性。最终，该企业成功规避了供应商"绑架"风险，保持了供应链的弹性。

（二）案例二：合同管理风险控制

1. 案例背景

一家电子元器件制造企业（以下简称 B 企业）因生产精密设备，对供应商的质量稳定性有较高要求。然而，过去几次采购中供应商产品质量不达标，导致了产品返工和客户投诉，影响了企业的市场声誉和客户关系。

2. 经过

B 企业开始重视合同管理，并在合同条款中新增了质量控制条款和违约惩罚机制，明确规定了供应商的交货质量要求、延迟交货的惩罚措施和不合格产品的赔偿责任。

3. 问题与风险描述

问题：供应商的质量不达标，导致产品返工、交货延迟和客户不满。

风险描述：供应商提供不合格产品使企业面临品牌信誉受损和财务损失。

风险等级：中高风险。

4. 解决方案

企业通过合同谈判设置了严格的质量保证条款。对于不达标产品，供应商需承担修理或重制成本，并对延期交货按日计罚。通过这一策略，企业将质量不达标的风险控制在合理范围内，供应商因担心违约赔偿而严格把控质量，保证了企业生产的顺畅进行。

（三）案例三：风险控制与应急响应

1. 案例背景

某零售企业（以下简称 C 企业）主营东南亚地区特定服装材料的进口业务。受突发自然灾害影响，其核心供应商被迫停产，导致企业面临供应链中断风险。若无法安期履行客户订单，将直接影响品牌声誉和客户满意度。

2. 经过

C 企业启动了预设的风险应急预案。首先在供应商库中选择备用供应商并立刻联系、确认了其库存和交货能力。与此同时，该企业与物流团队协商，安排紧急运输，以缩短供应时间。

3. 问题与风险描述

问题：供应商因自然灾害中断供应，导致生产计划受阻。

风险描述：供应链中断可能导致企业失去订单、品牌声誉受损、收入减少。

风险等级：高风险。

4. 解决方案

C 企业通过预先建立的备用供应商网络和快速响应机制，在短时间内恢复了供应，并将延迟交货的影响降至最低。该案例展示了风险应急预案在突发情况中的有效性，确保了企业的供应链安全。

二、失败案例分析

（一）案例一：单一供应商依赖导致的失败

1. 案例背景

某大型食品加工企业长期依赖单一供应商提供核心原材料。该供应商因资金问题突然停产，企业在短期内找不到替代供应商，导致生产线停滞，失去了重要订单和客户信任。

2. 经过

由于长期以来与供应商关系密切，企业忽略了备用供应商的建立。当供应商出现问题时，企业既没有备选方案，也未采取任何应急措施，导致生产线全面停工。

3. 问题与风险描述

问题：单一供应商出现问题，企业缺乏替代方案，生产中断。

风险描述：依赖单一供应商增加了供应链断裂风险，对企业财务和生产造成重大冲击。

风险等级：极高风险。

4. 改进建议

企业应加强供应商管理多元化，定期审核和维护备用供应商网络。通过建立评估体系，可以在早期识别供应商的潜在财务问题，提前部署风险控制措施。

（二）案例二：采购风险管理不当导致的成本失控

1. 案例背景

一家制造企业在大宗材料采购中因价格波动和供应商议价能力差，导致采购成本大幅上升，直接影响了企业的利润率，甚至导致亏损。

2. 经过

该企业因未建立有效的市场监控机制，未能及时预判市场价格波动趋势，最终导致采购成本超出预算控制范围。同时，在合同中没有设置价格浮动保护条款，使供应商在市场波动时提价，企业被迫接受高成本材料。

3. 问题与风险描述

问题：价格风险未得到有效管理，导致成本上升，影响企业利润。

风险描述：市场价格波动和供应商涨价使得企业面临不可控的采购成本，影响了财务稳定性。

风险等级：中高风险。

4. 改进建议

企业应在采购中建立风险监控机制，通过市场价格跟踪和价格对冲措施来控制成本。同时，在合同条款中加入价格保护条款，以减少价格波动带来的不利影响。

通过以上案例分析，企业可以从成功案例中学习防范供应商"绑架"、制定有效合同条款以及合理管理供应链的有效策略；而失败案例则警示了过度依赖单一供应商和缺乏风险控制的严重后果。成功案例为企业提供了参考，而失败案例则带来了教训，我们可以从中总结采购管理的关键点和实际操作的改进方案。

第三章

舞弊行为原理分析

第一节　舞弊的来源

一、舞弊的定义

（一）概念阐述

舞弊行为是指个体或组织为了达到非法目的或获得非法收益，采取欺骗、隐瞒、伪造等手段的行为。这些行为的动机通常包括获取财务利益、权力、地位或满足心理需求。舞弊行为涉及的领域较广泛，如财务报表虚报、合同窜改、虚构交易、采购环节的权力滥用等。

例如，一家企业的采购主管与供应商勾结，通过虚报采购数量和单价的方式从企业获取高额回扣，使企业在采购支出上遭受损失。

（二）舞弊与错误的区别

舞弊通常是有意的行为，而错误则往往是由于疏忽或无意造成的。舞弊的目的是非法获利或避免不利后果，而错误通常没有明显的恶意，企业应采取不同的控制措施应对舞弊和错误。

例如，如果财务部门在报销过程中误填了发票金额，这是错误；而若财务人员刻意夸大费用金额以便获取额外报销费用，则属于舞弊。

二、舞弊的分类

（一）财务舞弊

1.虚报收入

在企业中，有时会出现财务或采购人员通过不当手段虚增收入，以制造企业财务状况良好的假象，误导企业的高层决策者和外部投资者。这种行为涉及伪造采购订单、编造销售订单或虚构客户信息。

具体来说，舞弊者可能会在季度末通过虚构大额订单来人为提高营收数据，从而使财务报表显得更加"健康"。这种做法掩盖了企业真实的经营状况，给股东和投资者传递了错误的信息。例如，某企业为了在季度报告中展示营收的增长，可能会通过虚构一批不存在的大额订单来实现这一目的。

2. 虚增资产

舞弊者通过夸大或伪造企业资产购置记录或夸大资产价值，以提升资产负债表中的数据，使企业资产负债表看上去更具吸引力，从而获得更高的融资或股东信任。例如，企业管理层将已经贬值的设备按照原始价值入账，而非真实市场价值，以此掩盖资产的损失。

3. 隐瞒债务

舞弊者故意将债务记录延迟入账或不予记录，使企业负债水平看起来更低。例如，企业在年终结算时故意不记录应付账款，导致财务报表中的负债水平低于实际水平。

（二）运营舞弊

1. 虚报成本

舞弊者通过虚报原材料、加工费用等，使企业支付更多的资金，舞弊者则从中获取非法收益或逃避责任。例如，某工厂负责人虚报生产成本，通过夸大原材料用量的方式非法套取资金。

2. 生产流程舞弊

生产流程舞弊包括偷工减料、使用低质量材料等行为。使用低质量的材料或虚报生产合格率，会导致产品质量问题。例如，某生产企业因低质量材料而召回了多批次产品，经调查发现采购部门与供应商勾结。

3. 物流环节舞弊

舞弊者伪造运输单据、夸大运费或私自更改合同，以便从中牟取私利。例如，物流经理与供应商勾结，通过虚报运费或不实的运送记录获取不当利益。

（三）信息舞弊

1. 伪造合同

舞弊者通过伪造或窜改合同条款，为自己牟取不正当利益。例如，某采购主管与供应商联手窜改合同条款，约定不符合企业利益的付款条件，借机牟利。

2. 虚构交易

舞弊者虚构不存在的交易记录，掩盖舞弊行为。例如，销售部门为了提升季度业绩，虚构了一系列客户交易订单，从而达到收入虚增的目的。

3.数据窜改

舞弊者窜改系统中的销售、库存、财务数据，以掩盖舞弊行为或影响管理决策。例如，某仓库管理员通过窜改库存数据，掩盖物资流失或损毁的事实。

三、舞弊行为的动机

（一）个人动机

1.经济压力

（1）债务负担。当员工面临高额债务（如房贷、车贷、信用卡债务等）时，其可能产生舞弊的动机，即通过不正当手段增加收入来减轻债务压力。例如，某财务人员因为个人债务压力过大，选择在报销单上虚报金额以便获取额外的资金。

（2）生活成本。随着生活成本上升，尤其在房租等开支方面增加的情况下，员工可能会为满足生活需求而选择舞弊行为。例如，采购人员因家庭生活开支增加，在采购合同中与供应商私下协商"回扣"安排，以换取更多收入。

（3）家庭负担。赡养老人、抚养子女等家庭责任会给员工带来额外的经济压力，可能成为舞弊行为的诱因。例如，A企业质量经理为了给重症父亲看病，对供应商吃拿卡要，牟取私利，最终走向犯罪的道路。

2.贪婪

（1）物质欲望。对奢侈品、名车豪宅等的追求，促使一些员工通过舞弊手段获取快速财富。例如，某销售主管通过虚构订单和收取客户预付款的方式攫取非法收益，以购买奢侈品满足其物质欲望。

（2）权力欲望。部分员工希望通过权力控制资源，甚至谋取职位提升，从而获取更多利益或更大的决策影响力。例如，某部门经理利用职位便利操控招标过程，将合同授予特定供应商，以换取回扣或人情支持。

（3）自我膨胀。在经历数次成功舞弊后，个体可能对自身免于惩罚的"幸运"过于自信，舞弊规模逐渐扩大。例如，一名采购员在多次成功收受贿赂后胆子越来越大，逐渐将订单金额虚增至市场均价的两倍以牟利。

3.报复心理

（1）对职场不满。若员工感到自己受到了不公平的待遇（如薪资低于同行标准、晋升受阻），可能会通过舞弊报复企业。例如，某员工因加薪申请被拒，产生不满情绪，故意将高额合同授予不良供应商，从而导致企业的采购成本增加。

（2）与上司或同事产生冲突。与上司或同事产生冲突，可能促使员工通过舞弊行为报复，甚至给企业造成损失。例如，一名主管因与管理层不和，开始在采购项目中窜改数据，使企业误购了过量的原材料。

（二）组织动机

1. 业绩压力

（1）季度业绩压力。企业管理层在季度末可能会向员工施压，要求他们通过虚假手段增加业绩，以满足财务指标。例如，一家企业在财报发布前，销售团队通过提前签订虚假合同来夸大收入，以满足季度业绩目标。

（2）投资者的期望。投资者对回报的高期望也会造成舞弊压力，导致管理层对财务报表进行"美化"。例如，企业为了不辜负股东的期望，管理层指示财务部门隐瞒亏损，以显示更好的经营业绩。

2. 文化影响

（1）企业文化中的不正之风。若企业文化中容忍或默许舞弊行为，则员工更有可能铤而走险，以不正当手段追求业绩目标。例如，在一家以"结果导向"为核心文化的企业中，员工为了完成指标而采取虚报销量等行为。

（2）管理层的榜样作用。高层管理者的行为常被员工效仿。若管理层通过不正当手段牟利，员工可能认为此行为合理。例如，某企业高层私下接受供应商的"好处"，并授予其长期合同，导致员工也开始效仿类似行为。

四、舞弊行为的常见手段及防范措施

（一）伪造与窜改

1. 伪造文件

（1）发票伪造。舞弊者可能通过伪造发票，报销虚构的费用，或夸大实际支出金额，以从中牟取利益。例如，某企业采购人员在报销项目差旅费时，通过伪造机票和住宿发票，申报比实际金额更高的费用，从而获得多余的报销款项。

（2）收据窜改。舞弊者可能通过更改收据上的金额或项目，虚报费用以获取额外资金。例如，一名负责采购的员工窜改供应商的原始收据金额，将金额提高50%，从而获取虚增的资金。

（3）合同伪造。舞弊者可能伪造或窜改合同条款，使企业在交易中处于不利地位，自己则从中获取非法利益。例如，某销售经理与客户串通，窜改合同条款，将产品价格调整至低于市场水平，以此从客户处获得额外回扣。

2. 窜改记录

（1）采购记录窜改。舞弊者可能通过窜改采购记录，如调整数量、价格或供应商信息，以掩盖不正当交易。例如，在企业内部系统中，某采购人员窜改采购数量，将本应采购的100件产品改为150件，以便日后将多余的50件产品出售牟利。

（2）财务数据窜改。舞弊者可能通过窜改财务系统中的数据（如收入、成本等），误导管理层或审计人员。例如，财务主管窜改季度报告中的销售收入数据，虚增收入，使财务报表中的数据超出实际的盈利水平。

（3）库存记录窜改。舞弊者可能通过窜改库存记录，掩盖库存流失，或虚增库存数据以获取非法收益。例如，仓储经理更改库存系统，增加实际库存数量，以掩盖盗取的原材料数量。

（二）虚报与隐瞒

1. 虚报费用

（1）虚构项目。舞弊者可能通过虚构不存在的项目或业务，提交虚假的报销申请，以获取资金。例如，某项目经理虚构了一个培训项目，提供虚假报名费和住宿费收据，并申请了企业资金报销。

（2）夸大开支。舞弊者可能夸大实际发生的费用金额，常见于差旅、招待等不易核查的项目。例如，负责客户接待的员工报销餐饮费用时，将实际金额翻倍报销，获得额外资金。

（3）重复报销。舞弊者可能将同一费用项目多次报销。例如，某销售人员将同一张交通票据分两次报销，一次通过电子系统平台报销，另一次以纸质形式报销。

2. 隐瞒收入

（1）现金收入隐瞒。舞弊者可能将客户的部分现金付款据为己有，而不将其入账。例如，某收银员未将客户支付的现金按规定入账，而是私下将这部分款项据为己有。

（2）客户款项隐瞒。舞弊者可能隐瞒客户的部分款项，特别是当客户采用现金或支票支付时，容易被暗中扣留。例如，销售人员接到客户的现金付款后未开具正式收据，将款项截留在个人账户中。

（3）资产处置收益隐瞒。舞弊者可能隐瞒资产出售或处置的收益，未在账面上反映交易。例如，企业处置旧设备，某财务人员未将售出收入入账，而是将款项存入个人账户。

（三）滥用职权

（1）私自签订合同，不经审批。舞弊者可能绕过审批流程，直接与供应商或客户签订合同，获取私利。例如，一名采购主管未经上级审批，直接与特定供应商签订大额合同，以从中收取回扣。

（2）签订不平等条款。舞弊者可能通过不平等条款确保个人利益或给予对方不合理的利益。例如，某销售人员与某客户串通，在合同中写入不合理折扣条款，使企业承担不必要的折扣损失。

（3）虚假合同签订。舞弊者可能制造不存在的交易，伪造合同并获取非法收益。例如，某财务经理伪造一笔虚假采购交易，在企业财务系统中编造虚假的供应商合同，并将付款转移至个人账户。

（四）操控招标过程

（1）操控投标条件。舞弊者可能设置苛刻的投标条件以排除竞争对手，从而确保特定供应商中标。例如，某采购部门负责人在某次招标中设置极为苛刻的条件，只有某供应商符合要求，其他竞争者被排除在外。

（2）泄露招标信息。舞弊者可能提前泄露招标信息，确保特定供应商在竞标中获利。例如，某采购员向特定供应商泄露了其他供应商的报价，使其可以调整价格，以较低报价中标。

（3）评标操控。舞弊者可能通过控制评标流程，确保心仪的供应商获得较高评分。例如，评审团队在评分环节给予特定供应商远高于其他竞争者的评分，使其成功中标，即便其报价较高。

（五）舞弊行为的防范措施

（1）强化内部控制机制。建立严格的审批流程，确保每笔交易、合同和资金流动必须经过层级审批，防止单一人员过度控制。例如，企业可以设立跨部门的联合审批机制，确保每份合同签订前均经过财务、法务和采购多方审核。

（2）加强舞弊培训与道德教育。定期开展道德和合规培训，让员工认识到舞弊行为的法律后果，增强对舞弊的防范意识。例如，企业定期邀请专家举办合规和法律培训，让员工了解舞弊的法律责任和企业政策。

（3）建立内部举报渠道。企业可以通过设立匿名举报信箱或热线，鼓励员工举报任何可疑的舞弊行为。例如，一家大型企业设立了"诚信举报热线"，保障举报者的匿名性，保护举报人的合法权益，确保舞弊行为能及时被发现。

第二节　采购舞弊产生的根源

采购舞弊行为的产生不仅源自个人动机，还受企业内部结构、管理模式、文化氛围以及外部环境等因素的影响。了解这些因素有助于识别舞弊行为的根源并加以有效预防。

一、组织结构与管理模式

（一）集权与分权管理模式的影响

企业的管理模式在很大程度上影响着舞弊行为的产生方式和表现形式。集权与分权两种模式在不同层级和职责范围内赋予员工不同的权力，这可能会对舞弊风险产生不同的影响。

1. 集权管理模式中的舞弊风险

在集权模式下，企业的决策权集中在少数高层管理者手中，这些决策者拥有较大的权力，通常负责审批关键采购合同和决定重要供应商。然而，这种权力的集中可能导致监督机制的薄弱，因为员工对管理层的决策缺乏有效的干预能力。例如，在一家大型制造企业中，高层管理者掌握所有大额采购订单的决策权，导致供应商的选择主要依赖个人关系，而不是客观的评估标准。这种权力集中增加了舞弊行为的风险，因为高层管理者可能通过指定特定供应商获得个人利益，而无人监督。

2. 分权管理模式中的舞弊风险

分权管理模式则给予基层员工更多的决策权，这意味着舞弊风险不仅局限于高层管理者，还可能在中层和基层员工中发生。由于分权管理模式下的部门和员工拥有相对独立的采购决策权，他们可能会利用职务之便，在缺乏严格审批的情况下与供应商达成利益交换。例如，某企业在多区域实行分权采购管理，各地分公司有自主选择供应商的权力。在一次内部审计中发现，某分公司采购人员通过虚构的高价采购合同从供应商处获取回扣。这表明，在分权管理模式下，分散的权力分配如果缺乏相应的监管和约束，基层员工也有机会实施舞弊行为。

（二）内部控制的薄弱环节

有效的内部控制系统是防止舞弊行为的关键。然而，许多企业在内部控制方面存在诸多薄弱环节，容易被舞弊者利用。

1. 审批流程不透明

在一些企业中，采购审批流程存在不透明或形同虚设的现象，采购人员可以在审批环节钻空子。例如，某企业在采购审批过程中未严格执行多级审批，导致采购部门的负责人可以单独批准大额合同。这种不透明的审批流程为采购负责人提供了利用职位之便实施舞弊的机会。

2. 监督机制不健全

监督机制的缺失或不完善可能使得采购人员的舞弊行为难以被及时发现。例如，一家服装制造企业因缺乏独立的内部审计部门，无法及时发现采购部门与某供应商长期勾结的问题，导致企业支付了大量高于市场价的费用，增加了生产成本。如果监督机制有效，供应商的选择和合同执行过程将受到更严格的监控，从而减少舞弊行为的发生。

3. 责任分工不明

企业内部的责任分工不明确，可能导致舞弊行为的发生。例如，在某电子产品企业中，采购、仓储和财务部门之间的职责分工不明，导致在采购订单、入库记录和财务结算中出现舞弊行为。采购人员可以通过虚报采购数量或价格从中获利，而财务和仓储部门由于分工不清，无法及时发现异常。

二、企业文化与道德风气

企业文化和内部道德风气在一定程度上影响员工的行为取向。如果企业文化重视业绩和结果，忽视合规性和道德约束，员工可能更倾向于采取舞弊手段来达成业绩目标。

（一）企业文化的影响

1. 过度注重业绩的文化

一些企业文化中存在"业绩至上"的理念，导致员工为追求业绩目标而不择手段。例如，某零售企业为了达成年度销售目标，采购部门为了尽快降低采购成本而选择了低质供应商，从而导致商品质量问题，影响了客户满意度。这样的企业文化在员工中传递了"只看结果、不问手段"的信号，助长了舞弊行为。

2. 缺乏透明度的文化

在一些企业中，信息流动不畅，决策过程不透明。这使得员工难以了解其他部门的工作内容，从而增加了跨部门间互相监督的难度。例如，某制造业企业在采购决策上信息封闭，采购经理在选择供应商时可以任意决定，不公开决策过程，导致供应商通过不正当手段获取订单。缺乏透明度的文化为员工的舞弊行为创造了条件，使其能够在相对封闭的环境中进行违规操作而不被发现。

（二）道德风气与员工行为

1. 道德规范的模糊

企业内的道德规范如果不清晰或执行不力，那么员工对舞弊行为的道德判断可能会下降。例如，某家企业在员工入职时并未进行道德教育，导致一些员工在采购时接受供应商的宴请和礼品，认为这是一种"行业惯例"，没有意识到潜在的舞弊风险。

2. 群体效应对员工行为的影响

在道德风气较差的企业中，员工可能受群体影响而参与舞弊行为。例如，在一个企业中，采购部门普遍存在接受供应商回扣的现象，新员工在这种氛围中，可能会逐渐认同并参与舞弊行为，他们可能会认为这是维护团队和谐的一种方式。

三、外部环境的压力

外部环境的变化和压力是影响企业舞弊行为的另一个重要因素。激烈的市场竞争、法律法规的变化等都可能导致企业在采购过程中面临舞弊风险。

（一）市场竞争与生存压力

1. 市场波动导致的舞弊行为

在市场环境剧烈波动的行业中，企业可能面临生存压力，为了在市场上获得竞争优势，可能通过舞弊行为降低成本或获取不正当的市场份额。例如，在市场竞争激烈的情况下，某电子企业的采购部与供应商串通，通过虚报原材料价格降低成本，但这实际上损害了产品的质量，影响了企业的长远发展。

2. 企业的短期生存策略

在经济衰退或行业不景气的情况下，企业可能采取短期生存策略，如通过舞弊方式降低采购成本或提高销量。例如，某化工企业在行业下行周期中，为控制成本而采取低价采购策略，却因采购物料质量不达标导致生产线频繁停产，最终对企业品牌声誉和市场竞争力造成负面影响。

（二）法律法规的实施力度

1. 法律执行不力的地区

在一些地区，法律法规的执行力度较弱，舞弊行为的成本较低，员工可能认为即使实施舞弊行为也不会被查处。例如，某企业在某些国家采购原材料时，因当地法律不健全，采购人员接受供应商贿赂，虚报采购数量。由于法律执行力度不够，这种舞弊行为没有得到及时制止。

2. 惩罚过轻

当法律法规对舞弊行为的惩罚过轻时，企业和个人可能认为即使被发现，所受处罚也不足以带来实质性的损害，因而对舞弊行为的戒心较弱。例如，在某些行业，对供应商行贿的处罚金额很小，导致一些采购人员敢于铤而走险，与供应商勾结虚报采购合同，从中获取不当利益。

通过分析采购舞弊产生的根源，可以看出舞弊行为的产生不仅仅是个别人员的道德缺失，更受到企业的组织结构、管理模式、企业文化及外部环境的综合影响。企业应从这些方面入手，优化管理、强化内部控制、提升道德教育，以降低采购舞弊的风险。

第三节　舞弊三角理论

舞弊三角理论（Fraud Triangle）是由美国犯罪学家唐纳德·克莱西（Donald Cressey）在 1950 年代提出的，这一理论广泛应用于理解和分析企业中的舞弊行为。根据克莱西的观点，舞弊行为的发生并非偶然，而是由三个核心因素——压力、机会和借口共同作用的结果。了解这三个因素如何交织在一起，可以帮助企业更好地识别潜在的舞弊风险，并采取有效的防范措施。

一、舞弊三角理论概述

舞弊三角理论是研究企业舞弊行为的经典理论，它提出舞弊行为的发生往往是由三种因素共同作用的结果：压力、机会和借口。其中，压力是导致个人或员工产生舞弊动机的原因，机会则为舞弊行为提供了实际的执行条件，而借口是舞弊者为自己的行为找寻的合理化解释。这个理论被广泛应用于企业的内部控制、风险管理和审计等领域，帮助管理者识别、理解并防范舞弊风险。

例如，某企业发现一名员工涉嫌挪用企业资金。在分析其行为时，管理层通过舞弊三角理论发现，该员工面临着巨大的债务压力（压力）、企业的审批流程不严谨（机会），并且在其文化环境中舞弊行为被视为一种"能够理解的"方式来解决财务困境（借口）。因此，识别这些因素，有助于企业加强对员工的监管和风险管理。

二、压力

（一）经济压力

经济压力是舞弊行为中最常见的动因之一。个人或组织面临的经济压力包括债务负担、生活成本、收入低等，这往往使得他们在面对诱惑时，更容易选择通过不正当手段获取利益。例如，某企业的财务主管面临着家庭债务压力，每月的债务还款和家庭开销让其经济状况变得极为紧张。在这种情况下，财务主管可能因为"急需钱"而选择篡改账目或挪用企业资金，以缓解眼前的经济压力。

例如，某财务员工因家庭债务压力，发现企业内部的资金划拨系统存在漏洞，于是他利用职务之便挪用资金，他认为"只要能还上债务，事后会弥补回来"。这种情况下，经济压力成为其舞弊行为的推动力。

（二）非经济压力

除了经济上的压力，职场中的非经济压力同样可能成为舞弊行为的诱因。职场竞争、升迁压力、情感压力等，都可能激发员工采取舞弊行为。例如，某销售人员因为未能完成业绩目标而感到晋升受阻，面临职业发展的巨大压力。在这种情况下，他可能通过虚报销售数据或假冒客户订单的方式来提升个人业绩，从而获得升职或奖金的机会。

例如，某市场经理在降级裁员的压力下，担心自己无法维持岗位，选择捏造虚假项目或合同，让自己的业绩看起来突出，从而避免被解雇。职场中的升迁、排名和绩效考核等非经济压力可能导致员工为了保护自己或获得短期利益而选择舞弊。

（三）组织内的压力源

企业内部施加的业绩指标、晋升要求等，也是常见的压力源。在以高绩效为导向的企业文化中，员工面临着"业绩至上"的压力，企业过于重视短期业绩而忽视了长期发展和合规性。在这种情况下，员工可能因无法达成业绩目标而采取舞弊手段。例如，某企业在年底对销售人员进行严格的业绩考核，若业绩未达到要求将无法获得年终奖。为了达到目标，销售人员可能选择虚报业绩，甚至捏造交易和合同，以确保获得奖赏。

例如，某财务团队为了达到业绩考核要求，可能通过操控财务数据、虚报收入等方式应付审计，目的是让企业的财务状况看起来更为"健康"，以避免企业管理层的负面反馈。

三、机会

（一）内部控制缺陷

机会是舞弊行为得以实施的条件之一，而企业内部控制缺陷通常是舞弊发生的主要原因。如果企业的审批流程、财务审核或供应链管理存在漏洞，就可能为舞弊行为提供可乘之机。例如，如果企业没有严格的采购审批流程，采购人员就可能利用职务之便，改变采购数量或价格，获取不正当的回扣。在这种情况下，舞弊者会通过调整采购订单、窜改数据等方式实施舞弊。

（二）信息不对称

在许多企业中，管理层与执行层之间存在信息不对称的情况。管理层可能并未完全了解采购环节、财务报表或项目进展的真实情况，导致监督不力。舞弊者可以利用信息不对称来掩盖其非法行为。例如，某制造企业采购部门存在信息不对称问题。管理层依赖采购部门提供的数据进行决策，而采购人员与供应商串通，通过虚报采购量或抬高报价来获取回扣。由于信息不对称，管理层未能及时识别并制止这些舞弊行为。

（三）权力滥用

在一些组织中，某些个人或部门拥有过多的权力，尤其是在决策或审批环节中，如果没有有效的制衡机制，权力的滥用将为舞弊行为提供机会。例如，采购部门的负责人如果没有受到严格监管，可能滥用其权力与供应商进行不正当交易，牟取个人私利。权力的过度集中和滥用通常会让舞弊行为得以掩盖，从而导致企业资源的浪费或损失。

四、借口

（一）心理合理化

舞弊行为的发生不仅仅是因为外部的压力和机会，还涉及舞弊者的心理合理化过程。为了减轻内心的道德冲突，舞弊者往往会为自己的行为找借口或合理化理由。这种自我辩解有时是舞弊者在做出非法行为时的自我安慰。

例如，舞弊者可能会认为"企业欠我很多"，因此觉得自己有权利从企业中获取"补偿"。这种心理合理化帮助他们消除了内心的道德负担，使其不再感到不安或内疚。

（二）集体合理化

当企业或某一部门中存在普遍的舞弊行为时，集体心理的影响往往会加剧个体的舞弊行为。在这种环境下，员工可能会认为舞弊行为是正常的，甚至是必要的，从而降低了他们的道德警觉。企业中的集体舞弊行为往往呈现出"大家都在做"或"这是行业惯例"的心理氛围，舞弊者通过集体认同来减轻道德上的负担。

（三）文化与环境的影响

企业的文化环境对员工的行为也有重要影响。在一些企业中，如果对舞弊行为宽容甚至默许，员工更容易通过合理化自己的行为来实施舞弊。

例如，某零售企业为了完成业绩目标，鼓励员工通过"创新"方式增加销售额，即使这种方式存在违规操作，企业也不会干涉。在这种文化氛围中，员工可能会认为只要最终目标达成，舞弊行为就能得到原谅。

舞弊三角理论为企业提供了识别和防范舞弊行为的重要框架。通过理解压力、机会和借口三者的相互作用，企业能够更清晰地看到舞弊行为背后的动因，并采取有针对性的措施来减少舞弊的发生。从加强内部控制、改进企业文化到建立完善的监督体系，每一个环节都在帮助企业减少舞弊风险，提高运营的合规性和透明度。

第四节　采购环节舞弊行为的危害

采购环节的舞弊行为对企业的危害是深远的。它不仅直接影响企业的财务状况，还可能破坏内部管理和运营流程，损害企业的声誉，并且严重影响外部利益相关者（如客户、投资者、供应商等）的信任。以下将详细分析采购环节舞弊行为可能带来的各方面危害。

一、对企业财务的影响

（一）直接经济损失

采购舞弊行为通常会给企业带来直接的经济损失，影响企业的财务健康。

采购舞弊行为主要表现为虚增采购成本、侵占企业资产及伪造交易凭证等非法手段牟取收益。这些行为不仅直接造成企业资产流失，更会增加采购成本，从而影响了企业的盈利能力。例如，某采购经理与供应商串通，通过虚增采购数量或虚高采购单价，向企业报销不必要或过高的费用，从中牟利。

（二）间接经济损失

除了直接的资金损失，舞弊行为还会引发间接的经济损失。供应链中断、合同违约罚款、法律诉讼费用等都可能是舞弊行为引发的连锁反应。

舞弊行为可能导致供应商未能按时交货，造成生产线停滞，从而影响企业与客户的合同履行。进一步来说，企业可能需要支付违约金、赔偿客户损失，甚至面临法律诉讼或政府处罚，这些都直接增加了企业的财务负担。例如，某企业在采购环节未严格审核供应商的资质，导致供应商交付了不合格的产品。此举不仅使企业面临大量的退货，还因违反合同条款遭受客户索赔，并最终支付了巨额的违约金。

（三）财务报表失真

采购舞弊行为往往导致企业的财务报表失真，掩盖了实际的财务状况，误导了管理层、投资者和其他利益相关方的判断。舞弊行为可能通过虚增成本、隐瞒债务、夸大资产等方式，改变财务报表的真实反映。

例如，某财务人员为了实现业绩指标，可能会通过虚报采购数量或质量不合格的库存，来降低成本。这不仅影响了财务报表的准确性，也使得投资者做出错误的决策，从而影响股价和市场价值。又如，某上市企业在年度财务报表中虚增了采购成本和库存数量，使得其利润表看起来更健康，吸引了更多投资者购买股票。尽管企业的实际运营状况较差，但投资者却被虚假财务数据所误导，从而导致资金损失。

二、对企业运营的影响

（一）供应链破坏

采购舞弊行为不仅影响财务状况，还可能直接破坏企业的供应链，进而对企业的生产和运营产生长期负面影响。

例如，舞弊行为可能导致企业与不可靠供应商建立不正当关系，采购到不合格的原材料，进而影响生产线的正常运行。采购环节舞弊可能导致交货延迟、质量不达标，最终影响产品交付、客户满意度和企业信誉。

（二）内部管理混乱

舞弊行为的发生往往暴露出企业内部管理的薄弱环节。特别是当舞弊行为得不到及时的发现和制止时，企业的管理秩序会遭到破坏。员工对管理层和制度的信任度下降，可能导致员工士气低落、工作效率降低。长此以往，企业的运营效率和整体管理水平会逐渐下降，甚至引发更大规模的舞弊行为。

例如，某企业的财务审计部门发现采购环节存在不正当交易行为，随后进一步调查发现，舞弊行为已蔓延到其他部门。管理层未能及时采取有效措施，导致部门间的互信瓦解，最终使整个企业的运营效率大幅下降。

（三）企业战略受损

长期的舞弊行为会严重影响企业的战略执行能力。当企业的内部控制系统薄弱，舞弊行为普遍存在时，企业难以集中精力实现其战略目标，甚至可能导致战略目标的偏离，影响企业的长远发展。舞弊行为破坏了企业的正常发展秩序，使其战略执行受阻，甚至导致企业的市场竞争力逐步下降。

例如，某企业在发展初期，快速扩张采购规模并注重降低成本，但因内部控制体系薄弱，导致采购环节频繁发生舞弊行为。随着企业不断遭遇信誉危机和资金流失，企业战略方向发生了偏离，无法按计划完成市场拓展，最终丧失了在行业中的竞争地位。

三、对企业声誉的影响

（一）客户信任度下降

采购舞弊行为曝光后，企业的声誉将遭受巨大冲击，尤其是客户的信任度将显著下降。客户是企业发展的基石，当企业发生舞弊行为时，客户可能对企业的诚信产生质疑，进而影响合作关系，甚至导致合同终止、客户流失。在现代商业环境中，企业的声誉尤为重要，任何负面的舆论和不良记录都会造成长期的负面影响。

例如，某知名家电制造企业因采购部门舞弊，采购到大量劣质原材料，导致产品频繁出现质量问题。当客户对质量问题质疑时，企业未能有效回应，反而通过不正当手段掩盖真相，最终导致客户流失和企业声誉受损。客户不仅停止购买产品，还通过社交媒体公开批评该企业，致使品牌形象严重受损。

（二）投资者信心受损

采购舞弊行为往往会导致财务报表失真，进而影响投资者对企业的信任。投资者通常依赖企业提供的财务数据和运营信息做出投资决策。当舞弊行为曝光后，投资者可能对企业的未来发展前景产生怀疑，于是抛售股票，导致股价大幅下跌，从而加剧企业的财务危机。更为严重的是，企业可能会面临融资困难，影响后续的资金筹集和发展。

例如，某上市企业在采购环节发生严重舞弊，虚报采购成本并隐瞒资产损失，导致财务报表出现大幅失真。此事曝光后，股市反应强烈，投资者纷纷抛售企业股票，造成企业股价暴跌，融资困难，甚至导致计划中的收购和扩张被迫中止。

（三）社会公众形象受损

采购舞弊行为的曝光不仅对企业的客户和投资者造成损害，还会影响企业的社会公众形象。在信息化时代，新闻报道和社交媒体的传播速度非常快，舞弊行为一旦曝光，企业往往就会面临严重的舆论压力。负面新闻的传播可能导致公众对企业的信任度下降，严重的情况下，可能迫使企业面临长期的负面影响。

例如，某国际品牌因其子公司采购环节舞弊事件曝光，导致大量消费者对其产品质量产生质疑，媒体的负面报道使得品牌形象受损。尽管公司采取了大规模的公关行动进行品牌修复，但消费者对品牌的忠诚度已大幅下降，市场份额受到严重影响。

采购环节的舞弊行为不仅对企业的财务、运营和声誉产生直接负面影响，还可能影响其长期的市场地位和战略目标的实现。企业必须在日常运营中加强内部控制，确保采购环节的透明度和合规性，并及时识别和应对舞弊风险。同时，通过提升企业文化、强化道德教育和法律意识，营造健康的工作氛围，避免舞弊行为的滋生。

第五节　采购环节舞弊的风险前兆

采购环节的舞弊行为不仅影响企业的财务健康，还可能对运营效率、供应链稳定性以及企业声誉造成深远的负面影响。为了有效预防和识别舞弊行为，企业需要及时关注采购环节的风险前兆。这些风险前兆通常可以通过对采购行为、员工和供应商的异常行为、财务异常等进行详细监控和分析，及时发现潜在的舞弊风险。以下是采购环节舞弊的主要风险前兆及其详细分析。

一、异常采购行为

（一）频繁更换供应商

（1）供应商更换频繁。采购人员频繁更换供应商，特别是在没有充分理由的情况下，可能暗示存在舞弊行为。舞弊者通过频繁更换供应商来掩盖回扣等非法利益的来源，或者通过新供应商提供更高的回扣来获取非法收益。

（2）无正当理由的更换。如果更换供应商的原因缺乏合理解释，如价格优势不明显、质量没有改善，那么可能表明采购人员正在与新供应商建立不正当交易关系。这类行为往往伴随着非公开的协议或回扣，导致企业采购成本增加。

（3）供应商筛选不透明。更换供应商时，如果缺乏透明的筛选标准和决策过程，那么可能暗示采购人员通过操控供应商选择过程从中牟取私利。企业应确保供应商的选择过程公开透明，避免舞弊行为的发生。

例如，某家企业在短短几个月内更换了多个供应商，且每次更换都没有明显的成本降低或质量改善。经调查发现，采购人员与新供应商之间存在私下协议，供应商提供了回扣，采购人员利用这个机会获取非法利益。

（二）合同条款不合理

（1）价格不合理。合同中制定的价格远高于市场平均水平，且没有合理的解释，可能是采购人员与供应商串通，通过虚高价格获取非法利益。舞弊者通过操控价格，获取回扣或其他形式的好处，导致企业支付不应承担的费用。

（2）质量要求不明确。合同中对产品或服务的质量要求不明确或过于宽松，可能为采购人员与供应商串通提供空间。这样的合同条款可能导致采购到低质材料，影响企业的生产和产品质量。

（3）交货时间不合理。合同中规定的交货时间过于宽松或苛刻，可能是采购人员与供应商串通，以制造交货延迟或加快交货的舞弊行为。供应商可能因为无法按时交货而获得额外的资金，或采购人员通过操控交货期获取不正当利益。

（三）价格显著高于市场水平

（1）无市场参考的高价。当采购价格远高于市场平均水平，且无法提供合理的解释时，这通常暗示采购人员通过虚高价格获取非法利益。例如，供应商的报价超过市场正常价格，而采购人员却未提出合理质疑，这可能是舞弊的表现。

（2）价格变动异常。采购价格在短时间内大幅波动，且与市场趋势不符，可能是舞弊者操控价格的表现。此时，采购人员可能与供应商通过操控价格变动从中获益。

例如，某企业采购的原材料价格在一个季度内突然上涨了30%，远超市场行情，且该价格的涨幅没有任何合理解释。经过调查发现，采购人员与供应商之间的价格协议并不透明，并且供应商提供了高额回扣。

二、员工行为异常

（一）频繁与特定供应商接触

（1）私下接触。采购人员频繁与某一特定供应商私下保持密切联系，这可能表明双方存在不正当交易关系，如回扣或贿赂。这种关系可能导致采购人员为供应商提供不正当的采购合同条件。

（2）不正常的社交行为。如果采购人员与特定供应商的社交行为过于亲密，如共同外出、接受供应商的礼物或宴请，这可能是舞弊行为的迹象。社交行为的异常有时会掩盖不正当交易的真实动机。

（3）信息不对称。采购人员与特定供应商共享或控制关键信息，这种信息不对称为舞弊行为提供了土壤。采购人员可能向供应商泄露投标信息，或操控采购决策，以牟取私利。

例如，某采购经理与供应商保持频繁的私人联系，经常接受供应商的宴请，并与其家族成员交往密切。该采购经理利用职务之便，通过泄露采购需求和价格信息，帮助该供应商中标，并收受回扣。

（二）拒绝轮岗

（1）不愿调职。采购人员拒绝轮岗或调职，这可能是其试图保持对某一特定岗位的控制，以继续实施舞弊行为。拒绝轮岗可能是舞弊者掩盖其不正当交易行为的一种方式，尤其是长时间负责某个职位时，舞弊行为可能逐渐加剧。

（2）过度抗拒。在调职过程中，采购人员表现出异常抗拒或情绪波动，这可能揭示其在当前岗位上有未被发现的舞弊行为。为了避免暴露其舞弊行为，员工可能拒绝调职或表现出过度抵触。

例如，某采购人员长期负责与特定供应商的合作关系维护，当企业提出将其调职到其他部门时，该员工表现出异常的抗拒，甚至以健康问题为由推迟调职，进一步调查发现，他在此岗位上涉嫌回扣交易。

（三）极力避免审计

（1）回避审计。在审计过程中，采购人员可能表现出过度紧张、回避或拖延审计工作，这通常是舞弊的信号。舞弊者通过回避审计来隐藏不正当行为，避免被发现。

（2）提供虚假或不完整的信息。采购人员在审计过程中提供虚假或不完整的信息，试图误导审计人员，掩盖舞弊行为的存在。舞弊者通过篡改采购记录或虚构交易来逃避审计。

例如，采购人员可能故意遗漏某些关键的采购文件或通过窜改数据，使得审计人员无法准确核实采购交易。

（3）阻碍审计进程。舞弊者可能故意拖延、隐瞒或破坏文件，试图阻碍审计工作，从而掩盖其舞弊行为。

例如，某企业的审计团队在进行采购审计时发现，审计过程中采购人员表现出明显的回避情绪，并故意推迟审计进程。经过深入调查发现，该采购人员正在与供应商进行不正当交易，并通过虚报采购数量获取非法回扣。

三、供应商行为异常

（一）突然提升报价

（1）无正当理由的涨价。供应商在没有合理理由的情况下突然提升报价，这可能是其与采购人员串通，获取非法利益的前兆。价格上涨可能是供应商与采购人员事先商定的结果，目的是通过提高价格获取回扣或其他利益。

（2）报价一致性。如果供应商的报价与其他竞争对手明显不一致，尤其是当报价接近或超过市场平均水平时，可能暗示舞弊行为的存在。此时，采购人员可能与供应商合谋，通过操控价格来获得不正当利益。

（3）合同签订后涨价。供应商在合同签订后突然提出涨价要求，且得到采购人员的默许，这可能是双方串通舞弊的迹象。这种涨价通常没有正当理由，且合同中没有相关的价格浮动条款。

例如，某供应商在签订合同后，突然提出提高产品价格，而采购人员没有进行任何反驳，甚至默许了这一涨价要求。事后调查发现，采购人员与该供应商串通，以获取回扣。

（二）交货质量波动较大

（1）质量不稳定。供应商交货质量波动较大，如同一批次产品中出现明显的质量差异，这可能暗示供应商在采购人员的默许下提供不合格产品。这种情况可能是供应商为了降低成本、提高利润或与采购人员达成不正当交易而提供劣质产品。

（2）频繁更换原材料。供应商频繁更换原材料或生产工艺，导致产品质量波动，这可能是供应商试图通过降低成本获取非法收益。这种变化未经过采购方的充分审核，且供应商未提供合理的解释，往往表明供应商和采购人员之间存在不正当交易。

（3）投诉率上升。由于供应商提供不合格产品，客户的投诉率开始上升，但供应商未能及时改进。这种情况可能意味着采购人员与供应商之间有不正当交易，且供应商在不符合质量标准的情况下继续供货。

例如，某企业的采购团队频繁与一特定供应商合作，该供应商多次更换生产工艺，导致交货产品质量波动较大。尽管客户的投诉率不断上升，供应商却未做出有效回应。进一步调查发现，采购人员与该供应商达成了隐性的回扣协议，因此未对产品质量进行严格监督。

（三）与采购人员关系密切

（1）私人关系。供应商与采购人员之间存在私人关系，如亲属、朋友或密友，可能增加舞弊行为的风险。这种私人关系往往导致采购人员偏袒这些供应商，忽视公正性和透明性，最终可能导致不正当交易。

（2）利益输送。供应商通过礼品、宴请、旅行等方式与采购人员建立密切关系，可能是为了获得不正当的合同或回扣。这样的行为不仅会增加采购成本，还可能导致不合规的交易，影响企业的运营效率。

（3）单一合作关系。供应商仅与某一采购人员保持合作，且排斥其他同事或部门的参与，这可能暗示双方存在利益勾结。采购人员单独与供应商交易往往缺乏透明度，容易隐藏不正当交易。

例如，某采购人员与供应商之间有着明显的私人关系，供应商提供了高档礼品、旅行等回馈。其他同事在采购过程中未能参与，且该供应商的报价一直高于市场价格。经过调查发现，采购人员通过这些回扣和利益输送，从中获取非法收益。

四、财务异常

（一）财务数据异常

1. 采购费用异常增长

（1）短期内费用激增。如果采购费用在短期内无合理理由地大幅增长，那么通常是舞弊行为的表现。例如，采购成本突然上涨，且与市场价格波动或行业趋势无关，这可能是采购人员通过虚报采购数量、虚增成本或更改供应商信息，从中牟取非法利益。

（2）费用增幅超出预期。如果采购费用的增幅明显超过了企业的预算、市场价格波动或预期水平，而无法提供合理解释，那么可能暗示舞弊行为的存在。舞弊者可能通过夸大采购项目或虚增成本来获取非法利益。

（3）费用异常集中。采购费用异常集中于某一供应商或项目，且与正常采购活动不符，通常是舞弊者通过集中费用获取非法利益的手段。例如，如果某一供应商的报价突然占据了绝大部分采购预算，并且没有经过严格审核，这可能是舞弊行为的前兆。又如，某企业的采购费用在第一季度激增，尤其是某一特定供应商的采购费用占据了大部分预算，且该供应商的价格远高于市场水平。经调查发现，该采购人员与供应商存在不正当交易，采购费用的激增是由于虚增采购数量和不合理的报价。

2. 成本波动不符合预期

（1）成本波动与市场脱节。采购成本的波动与市场趋势或企业预期不一致，通常是舞弊行为的前兆。例如，若某产品的采购成本在某段时间内无合理理由地上涨，而市场上该产品的价格并未发生波动，这可能是舞弊行为的前兆。

（2）成本分摊异常。当成本分摊方式发生异常变化，如某一部门或项目的成本突然增加或减少时，舞弊者可能通过窜改成本记录来掩盖不正当交易。这类异常波动可能导致财务报表失真，误导企业管理层和投资者。

（3）成本项目新增。如果某些成本项目突然出现在财务记录中，且无合理解释，可能暗示舞弊行为的存在。舞弊者可能虚构成本项目或夸大成本开支，从中牟取不当利益。

例如，在一次财务审计中，我们发现某一部门的成本在短期内激增，且新增了一些无法解释的成本项目。经进一步调查发现，采购人员通过虚报采购成本和无实际依据的费用，从而获取了额外的非法收益。

（二）账目处理不合规

（1）记录与实物不符。账目记录中的采购数量、价格或库存与实际情况不符，往往是舞弊行为的结果。例如，某批次的采购记录显示与实际采购数量不一致，这可能表明采购人员窜改了库存记录或价格数据。

（2）频繁的账目修正。财务记录中频繁出现修正或调整，特别是与采购相关的账目，通常表明存在舞弊行为。例如，采购部门的账目经常需要修正，这可能意味着采购流程中存在不正当行为，导致账目数据出现差异。又如，某企业的财务账目显示，采购记录中的数量与实际库存不符，且存在多次账目修正。经进一步分析发现，采购人员窜改了采购单据和库存记录，从中获取非法回扣。

（三）异常付款记录

1. 重复付款

（1）同一笔交易的多次付款。当企业在同一笔交易中出现重复付款记录时，往往是舞弊行为的表现。舞弊者可能通过虚假发票获取多次付款，从中牟取私利。此类行为常常利用财务系统中的漏洞，隐瞒真实交易。

（2）重复支付异常集中。重复付款集中发生在某一特定时间段，这可能是舞弊者利用支付漏洞获取非法利益的迹象。

2. 提前付款

（1）提前支付异常。如果采购人员提前向供应商付款，特别是在没有明确交货证明或合同约定的情况下，这往往是舞弊行为的表现。舞弊者可能通过提前付款来获取回扣或其他非法利益。

（2）无合理理由的提前付款。提前付款若无合理理由，如供应商未提出提前付款要求或市场无紧急需求，可能表明存在舞弊行为。

例如，某采购部门在没有明确交货承诺或合同规定的情况下，提前向供应商支付了大量款项。经调查发现，供应商与采购人员有长期的利益输送关系，提前付款是为了获取回扣。

3.向不明账户付款

（1）付款账户异常。付款记录显示向不明账户或非合同约定的账户付款，这可能是舞弊者试图转移资金或隐瞒舞弊行为的表现。舞弊者向不明账户支付款项，隐瞒了实际交易或收回的非法收益。

（2）账户变更频繁。供应商的付款账户频繁变更，且未能提供合理解释，这可能是舞弊行为的表现。舞弊者通过更改付款账户来转移资金，避免资金的追踪。

例如，在审计时，我们发现某供应商频繁更改收款账户，且未提供合理解释。经进一步调查发现，采购人员通过操控付款渠道，将企业资金转移到与其关联的个人账户中。

五、库存异常

（1）库存实物与账目不一致。如果实际库存数量与财务账面记录不符，可能是舞弊行为的结果。例如，虚报采购数量或隐瞒库存流失，导致账面库存与实际库存不符。

（2）库存盘点差异。如果库存盘点结果与账面记录存在较大差异，且无合理解释，可能暗示舞弊行为，如虚构或窜改库存记录。例如，某企业的库存盘点结果与财务账目记录严重不符，经调查发现，采购人员通过虚报库存数量，从中获取非法收益。

（3）库存周期波动异常。库存数量在某一周期内出现异常波动，如突然增加或减少，可能是舞弊者操控库存记录。例如，某种原材料的库存量异常增加，且无合理解释，可能是舞弊行为的表现。

六、审计发现的异常

（1）供应商交易异常。如果在内部或外部审计过程中发现某些供应商与企业的交易存在异常，如价格不合理、合同条款不公等，这通常提示存在舞弊行为。例如，供应商报价明显高于市场水平，且合同条款极不合理。

（2）合同条款显著偏离行业标准。在审计中，我们发现某些合同条款显著偏离行业标准，如价格、交货期、质量保证等，这可能是舞弊行为的证据。例如，合同中的价格条款明显高于市场水平，且没有合理解释。

　　通过对采购环节的风险前兆进行详细分析，企业可以在舞弊行为发生前采取有效的监控措施，从而降低舞弊风险。尤其是在采购过程中，及早发现行为异常、财务数据异常等迹象，有助于企业及时采取措施，避免进一步的财务风险。

第四章

如何识别采购中的舞弊行为

在采购活动中，舞弊行为的形式多种多样，但其产生的根源往往可以追溯到企业的内部管理和外部环境。有效识别舞弊行为，需要企业从制度设计、流程执行到监督管理各环节入手，深入剖析风险点并采取有针对性的措施。本章将从多个角度探讨采购舞弊的识别方法，首先聚焦于组织结构设置中可能诱发舞弊行为的关键问题，为后续识别与防范提供理论和实践依据。

第一节　组织结构设置导致的舞弊行为

一、组织结构设置对舞弊行为的影响

（一）权力集中

1. 决策权力的过度集中

在企业中，采购决策权过度集中在少数高层管理者手中，特别是当某一部门主管或高层管理者独揽大权时，容易导致缺乏必要的监督和制衡，增加舞弊行为的风险。例如，一家大型制造企业的采购主管不仅拥有审批权，还可以直接选择供应商。这种集中性使得采购主管能够私自决定高价采购，甚至与供应商串通，通过不正当交易获取回扣或其他非法利益。又如，某制造企业的采购主管私下决定使用一家与自己有利益关系的供应商，以高于市场均价的价格采购原材料，导致企业损失数百万元。

在审计时，确保采购权力分散，并进行多层级审批，能有效防止个人舞弊行为。

2. 审批流程缺乏透明度

如果企业的审批流程不透明，且没有跨部门的审核机制，决策者可能利用其权力，通过秘密决策或虚报采购需求来操纵采购流程。例如，某建筑企业在材料采购过程中发现采购负责人能够私自决定采购数量和供应商，且未经过其他部门审核，最终导致企业支付了虚高的采购价格。

在审计中引入跨部门联合审核，有助于确保采购环节的透明与公正，避免此类问题的发生。

（二）职责分工不明

1. 职责交叉与分工不明

在一些企业中，职责不明确或存在职责交叉，容易给舞弊行为提供可乘之机。例如，一家零售企业的采购部不仅负责供应商的选择，还负责合同签订和付款审核。这种过于宽泛的职责范围让采购人员能够控制多个环节，从而避开内部监督，掩盖非法交易。

审计时应明确职责分配，确保各部门权责明确，避免职能重叠带来的舞弊隐患。

2. 责任归属不清

如果企业未能明确采购决策的责任归属，尤其在多部门协作的采购流程中，容易出现权责不对等的情况。舞弊者可能利用这种模糊性，在责任不明的环节实施舞弊，而不必担心被追责。

例如，某物流企业的采购部门和财务部门在支付款项时权责不明，使得采购经理在付款环节操作虚假记录，获取回扣。为了防止这种情况出现，企业应确保每个采购环节有明确的负责人，并对模糊环节加强管理，防止舞弊行为。

（三）缺乏独立监督

1. 内部监督机构缺失或无效

在企业中，若缺乏独立的监督机构或现有监督机构形同虚设，采购舞弊的发生率会大大提升。例如，在一家电子制造企业的采购活动中，我们发现采购部门对供应商的资质审核流于形式，缺乏独立的监督与稽核，最终采购了大量低质材料，严重影响了生产。

2. 监督权力的分散

在一些企业，即使设有监督机构，但监督权力分散、缺乏协调与信息共享，容易导致监督失效。例如，某化工企业的采购和财务部门之间信息流通不畅，导致采购人员通过虚假报销文件隐瞒舞弊行为。

审计人员可以通过集成信息系统，加强信息的互联互通，从而减少舞弊风险。

二、组织文化对舞弊行为的影响

（一）不健康的企业文化

1. 重视业绩而忽视合规

一些企业的企业文化过于重视业绩而忽视合规性，导致员工认为完成业绩比遵守规章制度更为重要。例如，某家大型零售商在采购环节中，为了短期利润选择了低质供应商，从而降低了产品的整体品质，最终引发了大量客户投诉。

2. 默许的腐败文化

在某些企业中，腐败行为被视为"潜规则"，甚至在企业内部得到默许或纵容。员工认为收取供应商回扣或其他非法利益是"合理的"，并不视之为舞弊。

例如，在某房地产企业，采购员从供应商处收受"好处费"已成惯例，而企业高层对此态度默许。审计人员建议要加强监督管理，以规范采购流程，确保其合规性。

（二）管理层的榜样作用

1. 高层腐败影响下属

高层管理者的行为对员工有着强大的示范效应。例如，一家跨国企业的高层管理者多次接受供应商贿赂，导致采购部门的其他员工纷纷效仿，最终在全企业范围内形成了舞弊文化。

企业应出台严格的反舞弊政策，强化高层的廉洁自律形象。

2. 管理层的双重标准

如果企业高层宣称合规，但在实际操作中对舞弊行为睁一只眼闭一只眼，员工可能会认为舞弊行为被默许。例如，在某集团企业，表面上企业对合规非常重视，实则管理层在合同中对舞弊行为睁一只眼闭一只眼，导致采购人员误认为舞弊被允许，甚至逐步形成"默认"的行为模式。

三、信息系统的管理和控制

（一）信息系统的漏洞

1. 采购系统中的数据窜改

企业的信息系统设计不合理，特别是在采购管理系统中存在数据窜改的漏洞，舞弊者可通过窜改采购订单、供应商信息或付款记录掩盖非法行为。例如，一家科技企业因采购系统缺乏权限管理，使得采购员能够自行修改订单，甚至在无授权的情况下更改供应商信息，致使企业遭受了巨大的经济损失。

企业可以通过引入权限管理和审核机制，有效避免数据窜改带来的舞弊风险。

2. 权限管理不严

在权限设置不合理的情况下，采购人员可以自行创建和审批订单，导致虚假采购现象。例如，在一家大型制造企业中，采购人员拥有不合理的权限，可以自行创建和审批订单，导致发生多次虚假采购现象。

通过对系统权限分级并定期审核，能有效减少此类舞弊行为。

（二）信息流动不畅

1. 信息孤岛效应

当企业部门之间的信息流动不畅，形成信息孤岛时，舞弊者可能利用这种情况来制造虚假采购记录。例如，在某建筑企业的项目采购中，因采购和财务部门之间信息流通不畅，财务部门未能及时发现采购部门的异常支出，导致企业承担了大量额外成本。

企业可通过集成信息系统，促使采购、财务等部门共享信息，减少舞弊机会。

2. 信息滞后和不完整

采购信息传递滞后或不完整会掩盖舞弊行为。例如，一家制造企业因采购数据更新滞后，导致财务部门未能及时发现采购人员虚报开支的行为。

为防止此类舞弊，要确保信息传递的及时性和完整性，通过系统实时监控，有效减少舞弊风险。

第二节　招投标环节中的舞弊行为

一、招投标流程中的常见舞弊手段

（一）虚假投标

1. 虚构投标方

舞弊者可能通过虚构投标方或操控多个虚假企业参与投标，制造虚假竞争环境，以确保特定供应商中标。通常通过伪造投标文件、提交虚假资质或操控投标时间来实现，目的是排除真正的竞争对手，达到垄断招标的目的。

例如，在某企业一次大型基建项目的招标中，负责该项目的采购人员虚构多家企业参与投标，伪装成激烈的竞争环境，最终选择了与自己有利益关联的供应商，导致企业以高于市场价的成本完成项目建设。

2. 关联企业投标

在投标过程中，舞弊者利用关联企业或关系密切的企业参与投标，制造虚假竞争环境，这些企业实质上由同一利益集团控制。通过价格协调或联合投标，确保中标的同时抬高合同价格，增加企业成本。

例如，在某高科技企业的采购项目中，有两家不同名称的企业参与投标，但背后由同一母公司控股。这两家企业通过操控投标价格与技术方案，使其中一家最终中标，结果合同价格高出预期20%。通过详细审查股权和业务关联关系，审计人员发现了该关联投标行为。

（二）围标和串标

1.投标价格操控

围标行为中，供应商之间通过私下协商操控投标价格，达成协议形式分配项目。供应商设置较低竞标价格排除其他竞争对手，签订合同后再提高最终成交价格，以获取超额利润。

例如，在某建筑工程的招标中，数家主要供应商协商，将投标价格调低，以排挤其他竞争者。最终中标后，通过补充协议提高了总承包金额，导致项目预算超支。对于此类行为，审计人员可通过分析投标价格与市场行情的差异、对比合同最终结算金额进行识别。

2.操控评标过程

在评标过程中，舞弊者可能操控评标委员会成员或干预评标程序，确保特定供应商获得高分，甚至在评标前提前泄露评分标准或评标结果，使竞标过程形同虚设。

例如，在某市政项目的评标环节中，招标委员会提前向特定供应商透露了评标的重点评分标准，从而使该供应商在标书中特意突出这些关键内容，顺利中标。通过询问评标成员、调取评标过程中产生的电子邮件和会议记录，审计人员得以追查到操控行为。

（三）招标信息泄露

1.提前泄露招标条件

舞弊者通过内部人员将招标条件、评标标准等信息泄露给特定供应商，使其在投标过程中占据不公平优势。泄露的信息包括技术要求、预算范围、投标截止日期等，这使得其他供应商在不知情的情况下处于劣势。

例如，在一家制造企业的设备采购中，招标项目负责人私自向某供应商透露了预算金额，最终该供应商以极接近预算的价格中标。审计人员通过对供应商的投标金额、招标内部信息获取流程的调查，发现了该泄密行为。

2.投标前的暗箱操作

在招标开始前，舞弊者与特定供应商私下协商，提前确定中标者，通过操控条件、设置障碍等手段排除其他投标者。此举严重破坏了招标的公平性和透明度。

例如，在一家房地产企业的项目投标中，采购部门负责人与供应商私下约定，确保其中标，随后在投标条件中设置特殊条款排除其他竞争者。审计人员通过检查投标条件中的苛刻条款以及中标供应商的资质，发现了不当操作的证据。

二、如何识别招投标中的舞弊行为

（一）投标文件的审查

1. 异常相似的投标文件

审查投标文件时，若发现多家投标单位的文件存在异常相似之处，如字体、格式、措辞甚至标点符号完全一致，这表明这些投标方可能存在串通或由同一人操控。

例如，在一项市政建设的投标中，三家投标企业的文件存在雷同之处，甚至连错别字都相同。经进一步调查发现，三家企业与同一人有着业务关联。这一行为通过比对投标文件细节可以识别。

2. 异常的投标时间

如果多个投标方文件在非常接近的时间内提交，甚至在同一时间点提交，这可能提示这些投标方之间存在合作或串通。

例如，在某电子设备采购项目中，有三家企业几乎在同一时间提交了文件。通过查阅系统提交记录，审计人员发现这三家企业为同一联系人控制的关联企业。

3. 不合理的报价

投标文件中若出现报价显著低于市场价或明显高于预算，且无合理解释，这表明投标方与招标方可能串通，或计划通过后续合同条款变更获取更高收益。

例如，在一个软件系统开发项目中，中标方报价低于市场均价50%，却无合理解释，随后通过不断增加合同附加条款和费用，使项目总额超出预算。审计人员可通过对比投标报价与实际支出情况，识别此类不当行为。

（二）评标过程的监督

1. 评标委员会的独立性

评标委员会的成员构成和独立性是确保评标公平的关键。如果评标委员会成员之间存在利益关联，如与投标方有业务往来、亲属关系等，可能导致评标不公正。

例如，在一家大型企业的设备采购项目中，评标委员会的成员之一与中标供应商的负责人是亲属关系，影响了最终评标结果。审计人员可调查评标成员的背景信息，确保其与供应商无利益关联。

2. 评标过程的透明度

评标过程中若出现不透明操作，如评分标准未公开、评标过程不记录、评标结果不公布等，这表明可能存在舞弊行为。

例如，在某公共事业招标中，评标委员会未公开评分标准，且评标过程无详细记录。审计人员通过要求提供评分标准和评标记录，揭示了此舞弊行为。

3. 评标结果的异常

评标结果显示某一投标方的评分显著高于其他投标方，且无合理解释，或多个评标员的评分高度一致，这表明评标过程可能被操控。

例如，在一次建筑项目招标中，某供应商评分显著高于其他竞争者。通过分析评分偏差，审计人员发现了分数被人为操控。

（三）中标后的合同管理

1. 合同条款的变更

中标后如果合同条款发生重大变更，特别是价格、交货期、质量要求等关键条款，且变更显著有利于供应商，这表明中标方可能通过事后操控获取非法利益。

例如，一家交通基建企业中标后，供应商以"市场条件变化"为由将合同价格提高20%。这时，审计人员可检查变更记录及其审批流程，确保变更合理合规。

2. 合同执行中的异常

合同执行过程中，若发现供应商无法履行合同规定义务，如质量不达标、交货延迟等，且企业未采取应对措施，这表明采购人员与供应商可能存在利益交换。

例如，在某零售企业的货架采购中，供应商屡次延迟交货且质量不合格，但采购部门并未提出索赔，反而继续签约。审计人员应关注这些异常情况，检查合同履行记录及其处理方式。

3. 付款记录的审查

合同执行中的付款记录如出现异常，包含提前付款、超额支付或向不明账户仁款，这表明可能存在舞弊行为。

例如，一家物流企业在与供应商合作的项目中，发现提前支付了50%的合同金额，且无合理解释。审计人员通过追踪资金流向，查明了提前付款的异常原因，并发现了不合规交易行为。

第三节 临时引进供应商的舞弊行为

一、临时引进供应商的风险

临时引进供应商通常发生在紧急需求或无法提前规划的情况下。虽然在某些特定情境下，临时引进供应商可能是必要的，但这一过程也常常被滥用，成为舞弊行为的温床。以下是临时引进供应商可能引发的主要舞弊风险。

（一）供应商背景审查不足

1. 忽视资质验证

在临时引进供应商的情况下，企业因时间紧迫或急于解决问题，往往会忽视对供应商资质的详细验证，导致引入不合格或不诚信的供应商。这些供应商可能通过虚假资质文件或不实业绩欺骗企业，获取合同后交付低质产品或服务。

例如，在某次紧急采购中，采购部门急于完成订单，未对供应商的资质进行详细审查，结果供应商提供的质量认证为伪造文件，最终交付的原材料不合格，导致生产线停工并造成经济损失。审计人员应检查临时供应商的资质验证流程，确保所有必要的背景调查都已完成，且相关证件和资质符合行业标准。

2. 缺乏信用评估

临时引进的供应商如果没有经过充分的信用评估，可能导致企业财务状况不稳定或与信用记录不良的供应商合作，增加舞弊风险。

例如，某企业在面临供应短缺时急于寻找替代供应商，却忽视了供应商的信用记录，结果该供应商因财务危机未能按时交货，导致企业产能大幅下滑，甚至遭遇供应链断裂。审计人员应核查供应商的信用记录，分析其过去的履约历史，包括付款历史、客户投诉记录和破产历史，并与其他供应商进行对比，确保其背景清晰可靠。

3. 忽略实地考察

在紧急情况下，企业可能跳过对供应商的实地考察，直接签订合同。这可能导致供应商的实际能力与其承诺不符，增加舞弊和供应链中断的风险。

例如，一家电子企业急于在节假日前完成订单，于是与一家从未合作过的新供应商签订了合同，却未进行实地考察。结果，该供应商未按承诺提供符合标准的产品，且其生产能力远不及合同上所宣称的那样，最终导致产品质量问题和延迟交货。审计人员应核实是否进行了必要的实地考察，特别是在供应商背景不明或风险较高的情况下，确保其真实能力符合合同要求。

（二）合同条款的弱化

1. 简化的合同条款

临时引进供应商时，企业可能为了快速签订合同而简化合同条款，这可能为舞弊行为提供空间。若合同中缺乏详细的质量标准、验收条款或违约责任规定，供应商可能利用这些漏洞交付低质产品或延迟交货。

例如，某家零售商为了赶在节假日销售旺季前及时获得货品，与供应商签署了一个简化的采购合同，未明确规定质量控制和验收标准。供应商利用这一漏洞提供了质量不达标的产品，该零售商未能及时发现，最终面临大量客户退货。审计人员应仔细审查这些简化的合同条款，确保其不会损害企业利益，特别是质量和交货期等关键条款应详尽、明确。

2. 付款条件不合理

如果临时供应商要求提前付款或预付大比例款项，且合同中未对付款条件做出详细规定，这表明可能存在舞弊行为。供应商可能在收到付款后无法按时交货或交付不符合要求的产品，从而致使企业遭受损失。

例如，某企业在临时采购原材料时，供应商要求预付全款，并在交货前未提供任何担保。最终，供应商未按时交货，且提供的原材料质量不符合标准。审计人员应检查所有付款条件的合理性，确保与行业惯例和企业政策一致，对于不符合规定的预付款情况，应进行详细调查。

3. 合同修改频繁

临时供应商的合同在执行过程中如果频繁修改，特别是涉及关键条款的修改，如价格、交货期等，这表明双方可能在事后进行利益交换或掩盖原始舞弊行为。

例如，在一次紧急采购中，企业与供应商签订了初步合同后，供应商频繁修改价格和交货时间表，并延迟交货，而企业未采取有效的应对措施。这时，审计人员应检查合同的所有变更记录，确保所有变更均经过相应的审批流程，并核实变更的合理性和必要性。

（三）交货验收的风险

1. 验收标准不明确

在与临时供应商的交易中，如果合同中未明确规定产品或服务的验收标准，或验收标准过于宽泛，可能导致供应商交付不合格的产品或服务，而企业难以追究其责任。

例如，某企业在与临时供应商签订快速采购合同时，没有明确约定产品的具体验收标准，供应商交货后，质量问题未被及时发现，导致后期大量返修，增加了企业的运营成本。审计人员应确保验收标准的具体性和可操作性，并核查验收记录的完整性，确保企业在采购过程中有足够的控制和检查措施。

2. 验收过程形式化

在紧急情况下，验收过程可能被简化甚至走过场，验收人员可能仅凭表面检查或供应商提供的虚假报告进行验收，未能实际检测产品或服务的质量。

例如，某建筑企业在与临时供应商合作时，因时间紧迫，验收人员并未对交付的建筑材料进行详细检测，而是通过供应商提供的合格证书进行验收，结果发现材料质量不合格，导致后续施工出现严重问题。审计人员应对验收过程进行复查，确保所有验收程序均按规定执行，且验收结果符合合同要求。

3. 供应商替代行为

供应商可能通过临时更换原材料、减少生产工艺步骤或使用替代品等方式降低成本，从而提高利润，但这可能导致产品质量下降，甚至无法达到合同要求。

例如，某汽车零部件制造商为降低成本，在未经企业同意的情况下，使用了劣质原材料生产零部件，导致产品质量大幅下降，最终造成产品召回及大量客户投诉。审计人员应检查生产和交货的全过程，确保供应商未采取任何影响产品质量的替代行为，必要时通过第三方检测或抽样检查进行验证。

二、如何识别临时引进供应商的舞弊行为

（一）供应商背景调查

1. 核实供应商资质

审计人员应核实所有临时供应商的资质文件，包括营业执照、质量认证、财务报表等，确保这些文件的真实性和合法性。同时，审计人员应与第三方机构或参考市场数据库核对供应商的信息，排除虚假资质的可能性。

例如，通过登录国家企业信用信息公示系统查询或与行业协会联系，核对临时供应商提供的证照和资质文件的有效性。若发现证件存在异常或无法核实，须立即停止合作。

2. 检查供应商信用记录

通过信用调查或市场调查了解供应商的信用记录，包括付款历史、客户投诉记录、破产历史等。特别是在供应商背景不明或存在负面记录的情况下，审计人员应对其进行更为严格的信用评估。

例如，通过对供应商的信用评级进行审查，发现其存在较多的客户投诉或债务纠纷，需警惕其履约能力，评估合作风险。

3. 实地考察与访谈

如果条件允许，审计人员应建议企业对临时供应商进行实地考察，包括对其生产设施、员工状况、质量控制流程的检查。同时，通过与供应商管理层和一线员工的访谈了解其经营状况和诚信程度，识别潜在的舞弊风险。

例如，在采购电子产品时，审计人员通过实地考察供应商的生产线，发现其生产工艺设备落后，且质量控制流程存在严重问题，通过与供应商的管理层沟通，确认了其并未按承诺提供合格产品。

（二）合同条款的审查

1. 审核合同条款的完整性

审计人员应对临时供应商的合同条款进行详细审查，确保所有关键条款均已明确，包括质量标准、验收程序、违约责任、付款条件等。特别是在合同简化的情况下，审计人员应建议企业补充或完善合同条款，以减少舞弊风险。

例如，审计人员发现某合同未明确约定质量验收标准，导致供应商交货后无法被有

效监管。这时企业应重新修订合同，增加验收标准条款，确保验收过程严格可控。

2. 核查付款条件的合理性

审计人员应核查所有付款条件的合理性，确保其符合企业政策和行业惯例。特别是对于提前付款或预付大比例款项的合同，审计人员应仔细评估其合理性，并建议企业采取措施保护资金安全，如分期付款或保留部分尾款。

例如，某合同要求企业在交货前支付 70% 的预付款，且无任何保证措施。对此，审计人员建议支付比例应降至行业标准，并要求供应商提供履约保证金。

3. 监控合同变更情况

审计人员应对合同执行中的所有变更进行监控，特别是涉及价格、交货期等关键条款的变更。对于频繁修改的合同，审计人员应深入调查变更的原因和过程，确保变更是合理和必要的，而非掩盖舞弊行为。

例如，审计人员发现供应商频繁修改合同中的交货时间和付款条件，并以"不可抗力"为由多次要求推迟交货，且每次推迟后都要求提前支付更多款项。

（三）验收和付款记录的核查

1. 审核验收过程的规范性

审计人员应核查验收过程的规范性，确保所有验收程序均按合同要求执行，且验收记录完整、准确。特别是在验收标准不明确或验收过程被简化的情况下，审计人员应建议企业加强验收管理，确保验收结果真实可靠。

例如，审计人员发现验收员仅凭供应商提供的合格证书进行验收，未进行任何实物检查，最终交付的产品存在明显质量问题。审计人员建议改进验收流程，进行全程跟踪检查。

2. 核对付款记录与合同的匹配度

审计人员应核查付款记录，确保所有付款均按合同规定的条件和时间进行，且与验收记录相符。特别是对于提前付款或超额支付的情况，审计人员应深入调查其合理性和合法性，防止舞弊行为。

例如，审计人员发现某供应商交付部分货物后，企业便提前支付了尾款，且验收记录未显示货物合格，所以审计人员需深入调查支付背后的原因和可能的舞弊行为。

3. 监控供应商替代行为

审计人员应监控供应商的生产和交货过程，确保其未采取任何影响产品质量的替代行为，如更换原材料、简化工艺等。对于交付的产品或服务，审计人员应建议企业进行随机抽查或第三方检测，以验证其质量是否符合合同要求。

例如，某供应商在没有通知企业的情况下更换了低质量的原材料，对此审计人员应立即开展供应商合同审查，并与企业讨论替代供应商的选择。

综上，我们可以看出，临时引进供应商时，快速决策往往会给舞弊行为提供可乘之机。因此，企业在紧急情况下仍应保持规范的审查程序，及时识别并应对潜在的风险。

第四节 询比价、报价、定点环节中的舞弊行为

一、询比价环节中的常见舞弊手段

（一）虚假报价

1. 虚高报价

供应商可能通过提交虚高的报价单，以获取不合理的利润，尤其是在询价环节缺乏竞争或审查松散的情况下。虚高报价通常伴随着采购人员的默许或合作，供应商与采购人员可能通过事后回扣或其他形式的利益交换来实现利益最大化。

例如，某企业在采购办公设备时，一家供应商提供了比市场价格高出 30% 的报价。由于缺乏竞争，采购人员批准了该报价，并在供应商交货后接受了 10% 的回扣。审计人员应对报价单与市场行情进行对比，核实其合理性，并调查采购人员与供应商之间的任何不当关系。

2. 虚低报价

供应商通过提交虚低的报价单来赢得订单，但在后续合同执行中，通过增加附加费用或要求变更合同条款等方式，弥补初始报价的亏损，并获取超额利润。虚低报价通常伴随着较高的后续合同变更频率。

例如，某家建筑企业在投标时为了赢得项目，提交了远低于市场的报价，最终中标。然而，在合同执行过程中，供应商频繁要求增加额外费用，如材料费上涨、延长工期等，导致最终合同金额远远超过原定预算。审计人员应监控合同中的所有变更记录，特别是涉及费用变更和价格调整的部分，确保所有变更均符合合同要求。

3. 虚报规格和数量

供应商在报价时故意虚报产品规格或数量，如以次充好、少报多交，从而获取更多的利润。审计人员应仔细核对报价单中的产品规格和数量，并与市场行情进行对比，确保所有数据的准确性和一致性。

例如，某供应商在报价时提交了产品规格和数量不准确的报价单，后来发现交付的原材料与报价中描述的不符，导致后期需要更多的修正和补充。审计人员应加强对产品规格、数量等细节的核对，并与市场标准及合同要求进行对比。

（二）价格操纵

1. 操纵市场价格

供应商可能通过联合多个供应商共同抬高价格或通过虚假信息影响市场行情，确保其报价在询价环节中占据优势。

例如，几家竞争的供应商合谋通过限制产量或故意制造供应短缺，导致市场上某些商品价格上涨，最终形成虚高的报价。在询价环节，这些供应商共同提供相似的高价，扰乱了市场的正常竞争。审计人员应对比报价与市场价格的差异，并深入调查市场价格的波动原因，确保报价与实际市场行情一致。

2. 价格信息不透明

采购人员可能通过隐瞒或操控价格信息，如故意不公开市场价格或选择性披露价格信息，帮助特定供应商获取订单。这种行为可能导致企业支付过高的费用，使采购成本提高，严重损害了企业的利益。

例如，在一次询价过程中，采购人员故意隐瞒了其他供应商的报价，向特定供应商提供了信息，使其能够调整报价并中标。这不仅损害了企业的财务利益，还破坏了市场竞争的公正性。审计人员应确保价格信息公开透明，保证所有供应商在相同的条件下竞争，且价格信息来源真实可靠。

（三）定点采购中的舞弊

1. 指定供应商

采购人员可能通过指定特定供应商，绕过正常的询价和比价程序，直接签订合同。这种行为通常伴随着供应商与采购人员之间的利益交换，如收取回扣、礼品等。

例如，在一特定项目中，采购人员未进行询价或比价，直接选择了与某供应商合作，事后审计人员发现该供应商与采购人员有不正当的利益关系。审计人员应调查供应商选择过程，确保定点采购的公正性和透明度，保证采购决策符合企业的政策和规定。

2. 虚假竞标

在定点采购中，采购人员可能通过设置虚假的竞标流程，制造表面的公平竞争，实则确保特定供应商中标。这种舞弊手段通常隐蔽性较强，且往往涉及较复杂的操作流程。

例如，某企业进行定点采购时，设置了竞标环节，但实际上所有的评标标准和投标条件都事先与某供应商沟通并达成一致，导致竞标结果提前确定。审计人员应特别关注定点采购中的竞标过程，检查评标的公平性，确保竞标的所有环节都能真实反映市场竞争情况。

3. 忽视市场调查

采购人员可能故意忽视市场调查或提供虚假的市场调研报告，以证明定点采购的合理性和必要性，从而掩盖其与供应商之间的不正当交易。

例如，在定点采购的过程中，某企业采购人员为了确保与指定供应商合作，编造了市场调研报告，声称该供应商在技术、质量等方面具有独特优势，最终忽视了其他潜在供应商的竞争力。审计人员应核实市场调查的真实性，并对市场调研报告进行独立验证，确保定点采购的选择依据充分、公正。

二、如何识别询比价、报价、定点环节中的舞弊行为

（一）审查报价单的合理性

1. 对比市场行情

审计人员应将供应商的报价与市场水平进行对比，尤其是报价明显高于或低于市场平均水平时，要深入调查其原因。对比分析应包括价格、规格、数量等关键因素，以确保报价的合理性和公正性。

例如，审计人员通过市场调研发现某供应商的报价比市场价高出 30%，而同类产品的报价仅为市场平均价的一半。审计人员应对该供应商的报价进行详细调查，确保报价的合理性，并核查供应商是否与采购人员存在不正当关系。

2. 检查报价单的完整性

审计人员应确保所有报价单均为真实、完整的文件，且供应商提供的报价信息符合企业的要求。对于报价单中存在的异常，如价格波动、规格不符等，审计人员应进行仔细核查，并询问供应商或采购人员以获取合理解释。

例如，在一次审计中，审计人员发现某供应商的报价单中出现了多项价格浮动，且价格上升部分未做合理解释。审计人员应要求供应商提供详细的解释并进行价格对比分析，确认报价的合法性。

3. 分析历史报价记录

通过分析供应商的历史报价记录，审计人员可以识别出报价中的异常模式或趋势，如价格突然波动、报价一致性降低等，这些都可能是舞弊行为的征兆。

例如，某供应商的历史报价记录显示，在短短三个月内，报价从最低的市场价上涨到最高价，且与市场变化无关。审计人员应深入调查价格波动的原因，查明是否存在操控市场的行为。

（二）监控定点采购的透明度

1. 核查供应商选择过程

审计人员应核查定点采购中供应商的选择过程，确保其符合企业的采购政策和标准。特别是在定点采购中，审计人员应关注供应商选择的依据，如历史合作记录、市场

调研结果等，确保选择过程的透明度和公平性。

例如，审计人员发现在某定点采购供应商的选择过程中，未能提供完整的市场调研报告，并且没有竞争性报价。审计人员应要求补充相关文件，并对供应商选择过程进行彻底检查。

2. 审查定点采购合同

审计人员应对定点采购的合同进行仔细审查，特别是合同中的价格、交货期、质量要求等关键条款，确保其符合企业利益。对于合同中的异常条款或变更记录，审计人员应深入调查其原因和背景。

例如，审计人员发现定点采购合同中包含对供应商有利的价格条款，如过于宽松的付款条件或长期交货期。审计人员应深入调查这些条款的合理性，并与历史合同进行对比，确保合同的公平性和透明度。

3. 跟踪合同执行情况

审计人员应持续关注定点采购合同的执行情况，确保供应商按合同条款履行其义务，包括按时交货、交货质量符合规定、售后服务到位等。审计人员不仅要对采购过程中出现的异常进行即时识别，还要对供应商的履约表现进行长期跟踪，确保合同执行的透明度和公正性。

例如，审计人员在跟踪某定点采购合同时，发现供应商未按时交货，且交付的产品质量远低于合同约定的标准。经进一步调查发现，供应商未能提供完整的质量检验报告，也未提供必要的交货时间表，导致合同履行过程中产生了严重延误。审计人员要求企业重新评估供应商的履约能力，并建议采取惩罚措施或重新选择供应商。

审计人员还应关注合同执行过程中可能存在的偏差，如供应商未按时提交关键报告、未按协议履行售后服务等。此外，合同的变更记录也是审计的重要关注点，特别是价格、交货时间、交货量等关键条款的变动。审计人员要确保所有变更都有合理的商业依据，并符合合同初衷。

例如，在对某定点采购合同的跟踪中，审计人员发现合同中多次修改了价格和交货期，且这些修改都对供应商有利。经进一步调查发现，供应商与采购部门存在利益交换关系，合同的多次修改并非因为客观原因，而是为了迎合供应商的要求。审计人员建议企业加强对定点采购合同执行的监控，避免未来出现类似的舞弊行为。

4. 合同执行中的异常情况分析

在合同执行过程中，审计人员应特别关注任何可能的异常情况，如交货延迟、质量不合格、售后服务不到位等，这些都可能是舞弊行为的前兆。为了及时识别和解决这些问题，审计人员需要建立有效的监控机制，与供应商保持良好的沟通，确保问题能够及早发现并及时处理。

例如，在某项长期定点采购合同的执行过程中，审计人员发现，尽管供应商一直按时交货，但交付的产品质量不稳定，部分批次产品未达到合同规定的质量标准。通过与供应商沟通，审计人员发现该供应商用低成本材料替代约定的原材料，以降低成本。这种行为直接影响了企业的产品质量，并增加了生产成本。审计人员要求企业立刻进行质量检查，并对供应商的行为进行调查。

通过监控定点采购的透明度，审计人员可以及时发现和防范舞弊行为，保障企业采购活动的公正性和合理性。核查供应商选择过程的透明度、审查合同条款的公正性、跟踪合同执行情况等措施，都是确保企业采购符合其最佳利益、避免不正当交易的重要手段。同时，审计人员应持续跟踪合同执行过程中的任何异常，并与相关部门密切合作，确保采购活动的合规性和透明度，减少舞弊风险。

第五节　零星采购和促销返利活动中的舞弊行为

零星采购和促销返利活动虽然涉及的金额较小，但由于缺乏严格的监督和管理，仍然可能成为舞弊行为的滋生地。舞弊行为不仅会导致企业支付过高的费用，还可能损害企业的声誉和市场竞争力。因此，了解和识别零星采购与促销返利活动中的常见舞弊行为，对于企业进行有效的风险控制和防范具有重要意义。

一、零星采购中的舞弊风险

零星采购是指不定期、金额较小且不集中的采购活动。零星采购往往缺乏严格的管理和审核程序，容易成为舞弊行为滋生的温床。舞弊行为通常出现在采购记录、供应商选择、付款流程等环节中。

（一）采购记录的虚报

1. 虚构采购需求

在零星采购中，采购人员为了获取更多的预算或资金，可能虚构采购需求，夸大实际需求的数量。这种行为隐蔽性强，且往往难以通过常规审计发现。

例如，某企业的采购人员在采购办公家具时，虚报了需求数量，声称企业需要购买10张桌子，而实际只需5张。通过这种方式，采购人员将多余的采购款项通过回扣或其他形式转入自己的账户。

审计人员应定期对零星采购的需求进行仔细核查，尤其是对于那些与实际需求不符的采购记录。通过询问相关部门和对比历史采购记录，审计人员可以发现是否存在虚构需求的行为。

2. 虚报采购成本

在零星采购中，虚报采购成本是另一种常见的舞弊行为。采购人员可能故意夸大采购的单价或数量，以获取超额报销费用或挪用企业资金。特别是当采购金额较小时，审计人员可能忽略对这些采购细节的核查，给舞弊者留下了可乘之机。

例如，某采购人员在零星采购中，通过虚报办公设备的单价，将价格提高了10%。虽然单次采购金额不大，但长期累积下来，差额可能非常可观。此外，采购人员还可能伪造多余的发票或服务费用，向企业报销超出实际支出的款项。

审计人员应对所有零星采购的单价进行对比分析，特别是那些与市场价格明显不符的记录。当发现异常时，应该要求采购人员提供采购的详细资料和市场报价，确保所有费用的支出是合理和合规的。

3. 重复报销

在零星采购中，采购人员可能通过重复提交发票或报销单据，获取多次报销款项。这种舞弊行为难以被察觉，尤其是在采购金额较小且缺乏有效监督的情况下，舞弊者通过欺瞒审计人员和财务人员完成多次报销。

例如，采购人员通过在不同的时间提交同一批办公文具的发票，获取多次报销费用。尽管每次报销的金额不大，但这些重复报销最终可能导致企业支付超出实际采购金额的资金。

审计人员应对所有报销记录进行仔细审查，特别是那些频繁且金额较小的报销单。对于相似时间段内提交的发票，应通过检查采购单据、供应商发票以及仓库出库记录，进行交叉验证，确保没有重复报销的现象。

（二）供应商选择的随意性

零星采购的金额通常较小，企业可能忽略了对供应商的严格筛选和资质审查，导致采购人员在选择供应商时，出现随意性，甚至有可能存在舞弊行为。

1. 忽视供应商资质

零星采购通常金额较小，很多企业为了节省时间，往往忽视对供应商资质的严格审核。这使得一些资质不合格的供应商有机会进入采购环节，从而增加了舞弊的风险。供应商可能通过虚报资质或伪造证件来骗取企业订单，交付质量低劣的产品或服务。

例如，采购人员在零星采购中，没有对供应商的营业执照、质量认证等资质进行充分核查，便与该供应商合作。由于该供应商提供的产品质量不合格，最终造成生产延误和财务损失。

审计人员应在零星采购中，确保供应商的资质材料真实有效。其可以通过第三方信用机构或市场数据库核对供应商的资质记录，特别是那些频繁参与零星采购的供应商，要定期对其进行资质审查。

2. 缺乏竞争性

零星采购由于金额较小，采购人员可能习惯性地选择与自己熟悉的供应商合作，而忽视通过公开询价或比价来选择最具竞争力的供应商。这不仅导致采购成本无法降低，还可能造成企业采购的价格不透明，增加了舞弊的风险。

例如，采购人员在某次零星采购中，选择了与自己合作过多次的供应商，并没有进行公开询价或比价。结果因采购人员与该供应商有长期的合作关系，导致采购成本明显高于市场价格水平。

在零星采购中，审计人员应检查供应商的选择过程，确保其符合公平、透明的原则。如果发现采购人员没有按照标准的程序进行供应商选择，应该深入调查其是否与该供应商存在不正当交易。

3. 供应商关联风险

在零星采购中，采购人员可能与某些供应商有私人关系或利益关联，这可能导致采购选择的不公正，并为舞弊行为提供可乘之机。舞弊人员可能通过与供应商串通，获取回扣或其他非法利益。

例如，某采购人员选择了与其有亲属关系的供应商进行零星采购，虽然该供应商提供的产品价格远高于市场价，但由于有私人利益往来，仍然选择与该供应商进行交易。

审计人员应调查供应商与采购人员之间的关系，特别是是否存在私人利益往来。对于涉及潜在利益冲突的采购行为，审计人员应进行独立审查，确保所有交易过程公正透明。

（三）付款流程中的舞弊

在零星采购中，付款流程是最容易发生舞弊的环节。采购人员可能通过提前付款、超额支付或向不明账户支付等方式，获取非法利益。

1. 提前付款

在零星采购中，采购人员可能通过提前付款获取不合理的资金使用权，甚至在供应商未交货之前就完成付款，从而加大舞弊的风险。提前付款通常是为了供应商能够提供折扣或回扣，但如果供应商未按约定交货，企业的资金就无法得到及时回收。

例如，某采购人员在与供应商达成零星采购协议时，向供应商支付了 50% 的预付款。结果该供应商未按时交货，企业的资金被占用，且未能按时获得所需物资。

审计人员应核查所有零星采购的付款记录，确保付款与交货或服务的实际完成时间一致。对于提前付款的情况，审计人员应要求相关人员对其合理性进行解释，并确保没有资金占用风险。

2. 超额支付

在零星采购中，采购人员可能通过支付超额款项来获取回扣或其他非法利益。这种超额支付不仅会导致企业支付不必要的费用，还可能影响企业的财务状况。

例如，采购人员向供应商支付了超出合同金额的款项，尽管合同中规定的价格是固定的，供应商未能提供额外的服务或产品。

审计人员应核对每笔零星采购的付款金额与合同金额是否一致。如果发现超额支付的情况，应进一步调查付款的原因。

3. 向不明账户支付

采购人员可能通过向不明账户或私人账户支付货款，以掩盖舞弊行为，避免被追踪。

例如，采购人员将付款转入了供应商个人的银行账户，而不是企业账户。该款项未按合同要求返还企业，而是被私自占用。

审计人员应核查付款账户的合法性，确保所有付款均按合同规定进行，并且通过适当的审计程序确保资金流向的合规性。

通过详细的审计和监督，企业可以有效识别和防范零星采购与促销返利活动中的舞弊行为，确保采购活动的合规性和资金的合理使用。

第六节　合同条款中隐藏的舞弊行为

一、采购合同中的常见舞弊手段

在采购环节中，合同通常是确保供应商按期交货、提供质量合格产品或服务的法律文件。然而，在某些情况下，合同本身可能成为舞弊行为的载体。以下是采购合同中常见的舞弊手段。

（一）合同条款的设置不合理

1. 不公平条款

供应商与采购人员可能会通过设置不公平条款来获得不正当利益。例如，合同条款过于宽松，未能明确规定供应商的技术参数、规格型号、交货期限、质量标准及售后服务和验收标准等，导致供应商无法履约或交付不合格产品，但由于合同的漏洞，企业无法追究其责任。

审计人员应审核合同中的所有条款，特别是那些关于技术参数和品牌、规格型号、质量标准、交货时间、验收标准、售后服务和违约责任的条款，确保其具有法律效力并能保障企业的利益。

2. 不明确的付款条件

合同中的付款条款不明确，或者存在提前付款的情况，这可能为舞弊提供了便利。

例如，某企业为了尽快完成采购，与供应商达成协议，提前支付了 80% 的采购款项，但供应商未能按合同要求交货，且最终交付的产品质量远低于合同要求。

审计人员应确保合同中对付款条件的约定合理，并符合企业的支付政策。特别是对预付款项、定金等支付方式，要严格把控，避免过度支付。

（二）供应商变更与合同修改

1. 频繁的合同变更

在合同执行过程中，供应商可能通过频繁修改合同条款，尤其是价格、交货期和质量标准等关键条款，来获得额外的利益。此类修改往往伴随采购人员和供应商之间的利益交换，如收取回扣或礼品等。

例如，某企业与供应商签订了一个固定价格的合同，但在合同执行过程中，供应商多次要求调整价格，并且每次调整都对供应商有利。企业在没有合理依据的情况下接受了这些修改，导致采购成本大幅上升。

审计人员应密切监控合同变更的情况，确保所有变更均有合理的商业理由，并经过适当的审批程序。

2. 供应商变更无正当理由

在没有充分理由的情况下，供应商可能被突然更换，且替代供应商的条件往往比原供应商更加苛刻，或者供应商更换后企业获得的条件未必比之前更优。这种更换通常是为了实现供应商和采购人员之间的不正当交易。

例如，在没有公开招标的情况下，企业采购团队通过指定供应商，绕过了竞争性询价或比价程序，并且更换的供应商报价显著高于市场价格。

审计人员应关注供应商更换的频率与理由，确保所有供应商变更均经过正式的程序，并具有合理的商业理由。

（三）虚报工作量与合同履行

1. 虚报工作量与进度

供应商可能在合同执行过程中虚报工作量、交货数量或服务进度，从而获取不应支付的款项。特别是一些无法验证的工作内容，如项目管理、研发等，容易被供应商窜改工作量或交付内容。

例如，某工程项目供应商虚报了已完成的施工量，并提供虚假的验收报告以获取支付，而实际工作进展并未达到报告中所述的标准。

审计人员应确保对项目进度、交货数量、服务完成情况进行独立验证，并进行现场抽查或通过第三方验证工作进展。

2. 伪造进度报告

在某些情况下，供应商与采购人员可能勾结，伪造交货进度报告或质量检验报告，向企业虚假报告其已经完成工作。这样，企业在未收到产品或服务的情况下，支付了款项。

例如，某供应商向企业提交了伪造的交货单据和验收报告，企业根据这些虚假的文件支付了款项，结果供应商未按时交付产品，且企业未及时发现。

审计人员应定期检查交货单、验收报告和支付记录，确保其一致性，必要时进行随机抽查或向第三方验证报告的真实性。

二、如何识别采购合同中的舞弊行为

（一）审查合同条款的合理性与透明度

1. 核对合同条款与市场惯例

审计人员应对合同条款进行详细审查，尤其是关于价格、交货期、质量要求等关键内容，确保其合理性，并与行业市场惯例进行对比。若某供应商的报价明显高于市场价格，或交货期远长于同类产品的交货时间，这可能是舞弊的信号。

例如，审计人员通过对比市场价格发现，某供应商的报价明显高于行业平均水平，并且交货期远超同类产品的标准交货期，经进一步调查发现，该供应商与采购经理之间存在利益往来。

2. 检查合同条款的完整性

审计人员应确保合同中所有必要条款均已明确规定，特别是关于质量控制、违约责任、交货标准、验收流程等方面，避免合同条款过于模糊，为后续舞弊行为提供空间。

例如，审计人员发现合同中对质量要求描述模糊，且验收标准不明确，导致在后期供应商交货时质量无法得到有效控制。审计人员应建议企业完善合同条款，确保条款的全面性和执行力。

（二）监控合同执行与供应商履约情况

1. 跟踪合同执行过程

审计人员应跟踪合同的执行情况，特别是供应商是否按时交货，交货的产品是否符合合同中的质量要求，并核对验收报告和付款记录的一致性。

例如，审计人员跟踪某供应商的交货进度和验收记录，发现供应商未按时交货，但企业已经支付了款项。审计人员深入调查后发现供应商未提供合格产品，且在支付之前未严格履行验收流程。

2. 检查变更记录与支付记录

审计人员应特别关注合同执行过程中的任何变更，确保所有变更都经过适当的审批，并且支付记录与合同执行情况相符。

例如，审计人员在检查合同执行过程中发现，某供应商频繁要求变更价格，并且这些变更没有经过适当的审批，支付记录与合同执行不匹配，进一步调查发现供应商与采购部门存在利益交换。

审计人员应定期审查合同的变更记录和支付记录，确保每一项变更和支付都有合理、合法的依据。

（三）核查付款条件与合同执行的匹配度

1. 核查付款条件的合理性

审计人员应核查所有付款记录，确保所有款项支付均符合合同规定的付款条件，特别是对于提前付款或超额支付的情况，审计人员需要深入调查其合理性。

例如，审计人员发现某供应商要求提前支付全部款项，但供应商未能按合同要求提供服务，最终导致企业遭受损失。审计人员调查后发现，供应商在签订合同时就已与采购人员达成利益交换，于是建议企业对所有付款情况进行严格监控。

2. 确保付款与实际交货匹配

所有付款要与实际交货情况匹配。审计人员应核查付款记录与实际交货情况的一致性，确保没有虚假付款或提前支付的情况。

例如，审计人员发现某些付款记录与供应商交货情况不一致，经进一步调查发现，供应商在未交货或交货不符合质量要求的情况下提前收取了款项。

审计人员应对所有付款记录进行核查，确保每一笔款项的支付均与合同履行情况一致。

通过以上措施，审计人员可以有效识别并防范采购合同中的舞弊行为，保护企业的财务安全和市场信誉。同时，这些措施有助于优化企业的采购流程，确保采购活动的透明度和公正性。

第七节　关注进口产品或高新技术产品采购中的舞弊行为

进口产品和高新技术产品的采购涉及多个复杂环节，特别是在报关、物流、税务、技术认证等方面，舞弊行为较为隐蔽且极具破坏性。为了帮助审计人员识别潜在的舞弊行为，本节将重点阐述如何在这些环节中发现问题并采取有效措施。

一、进口产品采购中的舞弊风险

在进口产品采购过程中，舞弊的风险可能发生在多个环节。通过严格的审计识别方法，能够有效防范和揭示舞弊行为，保护企业的合法利益。

（一）报关文件的造假

1.虚报价格

供应商通过伪造报关文件，虚报产品价格，从而逃避关税或减少关税支付，导致企业支付的成本低于实际水平。

（1）如何识别虚报价格。

①价格与市场价对比。审计人员应将供应商提供的报关价格与市场上同类产品的价格进行对比。如果发现价格低于市场价格的合理范围，则可能存在虚报行为。此时，应进一步要求供应商提供具体的价格计算依据，并与多个供应商的报价进行交叉比对。

②审查历史采购记录。审计人员应对企业的历史进口产品采购记录进行审查，识别是否存在同类产品的异常价格波动。如果近期进口产品采购价格明显低于历史价格或市场价格波动幅度过大，应进一步查明原因。

③税务审查。审计人员可以通过对关税发票、关税付款凭证等记录的审查，确保企业支付的关税与报关价格一致。若关税和报关价格不匹配，审计人员应要求供应商提供详细的价格明细。

例如，某供应商在报关时提供了明显低于市场价的报关文件，审计人员通过对比行业标准价格，发现价格存在异常，进一步审查历史采购记录后，发现该供应商在多批次产品中提供了低报关价格。

（2）针对上述情况，我们提出了如下解决方案。

①定期检查与供应商签订的合同条款，确保明确规定报关价格和关税责任。

②提前进行市场调查，了解同类产品的市场价格波动，并定期与报关价格进行对比。

2.伪造原产地证明

供应商可能伪造原产地证明，声称产品来自关税优惠国，以逃避关税或享受进口优惠政策。

（1）如何识别伪造的原产地证明。

①核实原产地证明的来源。审计人员应要求供应商提供原产地证明，并通过正式渠道（如所在国的商会、海关等）验证其真实性。审计人员可通过网络查询相关认证机构或直接联系原产地国的政府部门，确保证明文件的合法性。

②验证原产地国家的实际贸易政策。审计人员应核实是否存在供应商利用原产地证明逃避高关税的行为，尤其是对于享受特殊关税政策的国家，验证相关政策和标准是否

符合国际贸易规定。

③比较产品的供应链背景。审计人员可以通过询问供应商或其提供的供应链背景和材料来源的相关文件，识别供应商是否有可能在报告的原产地国家之外采购某些关键部件或材料。

例如，某供应商提供的原产地证明无法通过正常的国际认证机构验证，审计人员进一步调查发现，供应商故意伪造了原产地证明，以便享受优惠关税政策，逃避了应支付的关税费用。

（2）针对上述情况，我们提出了如下解决方案。

①与专业第三方认证机构合作，定期核查供应商提供的原产地证明，确保其符合所有法规要求。

②加强与海关和税务部门的合作，确保报关文件和关税支付信息的透明性与真实性。

（二）物流环节的舞弊

1. 运输成本虚报

物流企业可能通过夸大运输成本，如虚报运输距离、运输时间或保险费用等，来获取额外的报酬。

（1）如何识别运输成本虚假。

①市场价格对比。审计人员可以通过与市场运输费用标准进行对比，识别出异常高的运输费用。

②分析运输单据。审计人员应审查所有运输单据，特别是涉及运输成本的发票、结算单等，核对其中的费用细节是否与实际情况一致，重点检查运输路线、运输方式、保险费等方面是否存在不合理的费用。

③审查运输合同条款。审计人员应确保合同中明确规定了运输费用和责任条款，避免在后期出现价格虚高或服务未达标准的情况。

例如，某物流企业提供的运输费用比市场平均水平高出30%，审计人员通过对比行业标准和历史数据，发现虚报了运输费用，并进一步揭示了供应商和物流企业之间的不正当交易。

（2）针对上述情况，我们提出了如下解决方案。

①定期对物流市场进行调研，确保运输费用的透明性。

②审查合同中针对运输费用的条款，并要求供应商提供详细的费用明细，进行独立核查。

2. 虚假运输单据

供应商或物流企业可能伪造运输单据，以掩盖货物丢失、损毁或其他运输问题，导致企业无法发现实际问题。

（1）如何识别虚假的运输单据。

①核对单据与货物交付情况。审计人员应核对运输单据与实际交付的货物是否一致，检查是否存在数量不符、产品损毁等情况。若运输单据与实际货物数量或质量不符，应立即要求供应商提供详细解释。

②检查物流企业的历史运输记录。审计人员应审查物流企业过去的运输记录，尤其是存在多次丢失货物或损坏情况的记录。通过历史数据，审计人员可以发现物流企业是否存在有意隐瞒损毁或丢失货物的行为。

③进行现场核查。对于疑点较大的运输项目，审计人员可以进行现场检查，并核实运输企业的实际操作情况。

例如，某批次进口商品的运输单据与实际交付数量不符，审计人员进一步调查后发现，物流企业通过伪造单据掩盖了货物在运输过程中丢失的事实。

（2）针对上述情况，我们提出了如下解决方案。

①加强与第三方物流企业的合作，确保运输过程的透明性和可追溯性。

②在运输合同中明确规定货物丢失和损坏的责任条款，避免供应商或物流企业回避责任。

二、高新技术产品采购中的舞弊风险

高新技术产品的采购不仅涉及技术参数、质量控制，还涉及复杂的知识产权保护和后期技术支持问题。舞弊行为一旦发生，就可能对企业的技术发展、项目进度和市场竞争力带来严重损害。

（一）技术标准的虚报

1. 虚构技术参数

供应商可能虚构产品的技术参数，夸大性能或功能，从而提高售价或获取订单。

（1）如何识别虚构技术参数。

①与行业标准对比。审计人员应将供应商提供的技术参数与行业内的标准技术规格进行对比，检查是否存在明显虚报或不符合实际的情况。如果发现产品的参数超出行业标准范围，应要求供应商提供技术验证报告。

②通过第三方验证。针对高新技术产品的技术性能，审计人员应要求供应商提供第三方检测或认证报告，以确保产品性能符合要求。

③技术文档审核。审计人员需要审查供应商提供的技术文档，检查其中的参数是否与其他同类产品存在显著差异，并核实是否经过官方认证机构的认证。

例如，某供应商声称其产品的处理速度是行业最快的，但经审计人员对比同类产品的技术参数后发现，供应商提供的技术参数不符合实际。进一步要求第三方检测机构验证后，审计人员发现该产品性能与宣传严重不符。

（2）针对上述情况，我们提出了如下解决方案。

①强化技术审核和认证机制，所有高新技术产品必须通过权威的第三方机构检测。

②在采购合同中明确技术参数和性能要求，确保供应商提供的技术符合实际使用需求。

2.虚假技术认证

供应商可能伪造技术认证文件，宣称其产品符合国际认证标准，但实际产品没有达到这些标准。

（1）如何识别虚假的技术认证。

①认证文件审核。审计人员应核查供应商提供的认证文件，确认认证机构的合法性，并与认证机构进行核对，确保认证信息真实。

②跨机构验证。对于提供虚假认证的供应商，审计人员可以联系认证机构确认产品是否经过认证，并且检查是否存在虚假的认证声明。

③技术标准核对。审计人员应核对供应商提供的技术标准和认证要求，确保产品符合所有规定的认证要求，避免因认证失效而造成采购风险。

例如，某供应商宣称其提供的产品已获得国际标准认证，但审计人员发现其并未通过该认证机构的正式认证，并揭示了供应商的虚假认证行为。

（2）针对上述情况，我们提出了如下解决方案。

①核查供应商提供的认证材料，建议通过第三方认证机构验证相关技术认证。

②在合同中明确产品必须符合哪些认证标准，供应商需提供有效的认证证书，未经授权的认证不被接受。

在进口产品和高新技术产品的采购环节中，舞弊行为常常隐藏在多个复杂的环节中。通过系统的审计方法，审计人员可以采用对比分析、核查文件、独立验证等方式识别潜在的舞弊行为。识别这些风险并采取有效的防范措施，对于保障企业的合法权益、降低采购成本和确保技术合规性具有重要意义。

第八节　虚假招投标进行采购的舞弊行为

虚假招投标行为涉及伪造投标单位、窜改投标文件、操控评标过程、串标、围标等不正当行为，这些行为严重损害了招投标的公平性、透明性和公正性。识别虚假招投标中的舞弊行为对于企业而言至关重要。通过对招投标全过程的细致审查和分析，审计人员能够发现潜在的舞弊风险。

本节将从虚假招投标的常见手段出发，详细阐述如何识别这些舞弊行为，并有针对性地提供审计识别的方法。

一、虚假招投标的常见手段

　　虚假招投标行为往往出现在招投标的各个环节，审计人员需要通过多角度、多层次的分析，并结合具体的业务情况，发现这些舞弊行为。

（一）伪造投标文件

　　1. 虚构投标单位

　　在虚假招投标中，舞弊者可能通过虚构投标单位或利用关联企业的名义，伪造投标文件，制造虚假的竞争环境。通过伪造资质文件、投标书等，舞弊者确保某一特定供应商中标，且其他"投标单位"仅充当参与者。

　　（1）如何识别虚构的投标单位。

　　①核查投标单位的资质文件。审计人员需要核查所有投标单位的营业执照、税务登记、行业资质证书等，确保其合法有效。如果投标单位的资质文件存在重复或不合规的情况，应对其进行详细调查。

　　②比对投标单位背景。审计人员应比对投标单位的实际经营情况、股东背景、历史业绩等，确保其与所提供的资质信息一致。特别是对一些新成立的、没有实际业绩的投标单位，要保持高度警觉。

　　例如，审计人员发现，某次投标中的多个投标单位提交的资质文件格式相似，且企业地址与管理层信息完全一致，进一步核查后发现这些单位实际上由同一集团控制，他们通过虚假投标来操控评标结果。

　　（2）针对上述情况，我们提出了如下解决方案。

　　①对所有投标单位的背景进行全面调查，确保其独立性和真实性。

　　②加强对新供应商的风险评估，特别是对资质不全或经营历史不清晰的单位进行深入审查。

　　2. 窜改投标书

　　在虚假招投标中，舞弊者可能通过窜改投标书的内容，如调整报价、修改技术参数等，确保特定供应商在评标中获得优势。常见的窜改行为包括在技术方案、价格明细、交货期等方面进行修改，以便通过操控投标内容来"优化"投标。

　　（1）如何识别窜改的投标书。

　　①比对投标书的原始版本与最终提交版本。审计人员需要通过文档管理系统，检查投标书的修改历史记录，确认是否存在窜改行为。如果采用电子版投标书，审计人员应通过查看文档的修改痕迹来识别窜改行为。

　　②检查修改痕迹。对于可编辑文档，审计人员应详细检查每一项修改的内容，确认

修改的动机与目的。如果发现某些条款的修改明显有利于某一投标人，应引起警惕。

例如，审计人员发现，在评标过程中，某投标单位的报价与其原始提交的文件相差较大，并且该投标书的技术方案经过多次修改，修改的部分对其他供应商不利。经进一步调查显示，投标书的修改在提交前已经被"调整"过。

（2）针对上述问题，我们提出如下解决方案。

①对所有投标书进行版本管理，并要求投标单位提交电子版文件及修改记录，确保投标书内容的透明性。

②设立独立审核环节，专门检查投标文件中的技术和报价变动，确保每项修改都有正当理由。

3. 重复投标

在虚假招投标中，舞弊者可能通过多个关联企业提交类似或相同的投标书，制造虚假的投标数量，以加大特定供应商中标的概率。此类行为不仅影响了招投标的公平性，还可能导致企业在采购决策中做出错误选择。

（1）如何识别重复投标。

①调查投标单位之间的关联关系。审计人员应对所有投标单位进行背景调查，确认其股东、管理层等是否存在关联。如果多个投标单位的股东或管理层是相同的，且提供的技术方案和报价高度相似，说明可能存在重复投标行为。

②比对投标文件的内容。审计人员需要比对所有投标文件，检查其中的技术方案、报价、交货期等内容，若发现投标文件的内容高度一致，应特别警惕可能的重复投标。

例如，审计人员发现，在一个大项目的招标中，提交的三份投标书中，技术方案几乎完全相同，且报价差距非常小，经过进一步调查发现这些投标单位实际上由同一集团控制，目的就是通过虚假竞标增大中标的概率。

（2）针对上述情况，我们提出如下解决方案。

①对所有投标单位的股东和管理层进行彻底的背景调查，识别潜在的关联关系。

②采取电子化投标方式，通过系统进行比对和监控，确保每个投标单位都独立参与。

（二）操控评标过程

1. 评标委员会的操控

舞弊者可能通过操控评标委员会的成员，或者通过影响评标过程的其他手段，确保特定供应商获得高分。例如，采购方可能通过选择与自己有私人关系的评标委员，或提前泄露评分标准，以操控评标结果。

（1）如何识别评标委员会操控评标结果。

①核查评标委员会成员的背景。审计人员应核查评标委员会成员的独立性和背景，确认是否与投标单位存在利益关系或个人关系。若发现评标委员会成员之间存在关联关

系，应考虑其是否适合参与该次评标。

②检查评分标准的制定过程。审计人员应核查评分标准的制定过程，确保评分标准符合招标公告的要求，并且合理、透明。

例如，审计人员发现，在其次评标中，评标委员会成员与特定投标企业有长期的合作关系，且该成员对投标方案进行偏袒性评分。经进一步调查发现，评分标准在评标过程中发生了变更，且变更内容明显偏向该投标单位。

（2）针对上述情况，我们提出如下解决方案。

①评标委员会成员应通过定期审查确保其独立性，避免任何利益冲突。

②审查评标标准的制定流程，确保评分标准的合理性和透明性，并加强对评分过程的监管。

2. 评分标准的窜改

舞弊者可能在评分标准上动手脚，尤其是在技术和价格评分中，通过提高某些技术参数的权重，或降低其他不利参数的标准，来确保特定供应商在评分中占据优势。

（1）如何识别评分标准被窜改。

①审查评分标准的变动情况。审计人员需要核查评分标准是否在评标过程中发生变化。如果评分标准发生变化，必须确保这些变化有合理的解释并符合合同要求。如果某个参数的权重异常增加或减少，审计人员应进一步调查原因。

②比对评分记录与实际表现。审计人员应比对评标记录与实际投标单位的表现，确认评分是否符合实际情况。如果评标结果存在与实际技术表现不符的情况，可能是评分过程被操控。

例如，在一次招标评标过程中，审计人员发现，评分标准对某一项技术参数的权重进行了提高，且评分过程中该项技术得到了异常高的分数。进一步分析发现，该参数与供应商A的核心竞争力相关，而该供应商恰好在技术评分中获得了异常高分。

（2）针对上述情况，我们提出了如下解决方案。

①确保评分标准的公正性和一致性，避免在评标过程中出现人为调整情况。

②定期审查评标结果，确保评分和实际投标情况一致。

（三）围标和串标行为

1. 供应商之间的串通

供应商之间可能通过串通报价或共同操控投标条件，确保其中一家中标，而其他供应商则通过回扣或其他利益分成获取报酬。

（1）如何识别供应商之间的串通行为。

①比对投标文件的相似性。审计人员应对所有投标文件进行比对，尤其是报价、技术参数、实施方案等。如果多个投标单位的文件内容高度一致，可能是供应商串标的迹象。

②核查投标价格的合理性。审计人员应核查所有投标单位的报价，并与市场价格进行对比。如果发现某个供应商的报价与市场行情严重不符，且该供应商未能满足其他投标要求，那么可能存在串标行为。

例如，审计人员发现，三家供应商的报价相差无几，且技术方案内容几乎相同。经进一步调查发现，这三家供应商之间通过协议控制了招标结果，并通过回扣等方式分享收益。

（2）针对上述情况，我们提出了如下解决方案。

①定期进行供应商背景调查，特别是对涉及多个投标单位的情况，要深入调查其历史合作关系。

②审查所有投标文件，并对其内容和报价进行严格的对比分析，防止供应商通过串通获取不正当利益。

2.投标前的暗箱操作

舞弊者可能在投标开始前，通过私下协商或秘密交易，提前确定中标者，随后的招标过程则为走过场。

（1）如何识别投标前的暗箱操作。

①核查投标文件提交时间。审计人员应特别关注投标文件提交的时间。如果多个投标书在同一时间提交或提交的时间极其接近，这可能是舞弊者提前安排好的结果。

②审查评标结果的异常。若评标结果非常接近，且没有显著的差异，可能存在暗箱操作。审计人员应关注评分的合理性。

例如，在某项目招标过程中，所有投标书几乎在同一时间提交，且评标结果非常接近。经进一步调查发现，评标前供应商与采购人员之间联系密切，涉嫌提前决定中标者。

（2）针对上述情况，我们提出了如下解决方案。

①检查所有投标文件的提交时间和过程，确保投标单位没有提前交换信息。

②定期对评标过程进行独立审核，确保其公正性。

二、如何识别虚假招投标行为

识别虚假招投标行为需要审计人员具备对招标过程的深入理解和全面分析能力。以下是针对虚假招投标行为的几项有效识别方法。

（一）审查投标文件的真实性

1.核对投标单位资质

确保投标单位提交的资质文件符合相关规定，并与企业实际情况一致。如果发现资质文件存在不规范或不完整的地方，需进一步调查其真实性。

2. 比对投标文件内容

审计人员需对投标书的各个部分进行详细核对，检查其中是否有窜改痕迹，如技术方案、报价等关键部分。对于异常相似或明显修改的文件，要特别关注。

（二）监控评标过程的独立性

1. 核查评标委员会的组成

确保评标委员会成员独立、公正。任何利益冲突或背景相似的成员，都可能影响评标结果。审计人员应调查评标委员会成员的背景，并建议更换不合格的成员。

2. 审查评分标准的合理性

审查评分标准的制定过程，确保其公正、透明。对于评分标准的临时更改，应要求提供合理的解释，确保其不会偏袒某一特定供应商。

（三）比对投标文件的相似性

1. 检查投标文件的格式和内容

比对所有投标文件的格式、措辞、排版等细节，识别可能的串标或围标行为。特别是在投标文件异常相似或仅有细微差异的情况下，审计人员应深入调查投标单位之间的联系。

2. 核查投标价格的合理性

审查投标文件中的报价，确保其与市场行情相符。对于报价过于接近或差异过大的情况，审计人员应深入调查其背后的定价依据，防止串标行为。

虚假招投标行为严重影响了企业的采购决策和利益。通过细致的审查和有效的识别措施，审计人员可以发现潜在的舞弊风险，避免企业陷入虚假的招标骗局。在实践中，审计人员应充分利用数据分析、背景调查和独立审查等手段，确保招投标过程的透明性和公正性，从而保障企业的合法权益。

第九节　案例

一、案例一：某企业虚假招投标中的舞弊行为

（一）背景

某大型制造企业在进行新项目的设备采购时，决定通过公开招标的方式选择供应商。该项目预算较多，且招标过程受到多方关注。企业发布了招标公告，邀请了多家国

内外供应商参与投标。然而，最终中标的供应商是一家新成立不久的企业，且其报价明显高于其他竞争对手。企业内部对此结果产生了疑问，因此决定进行审计。

（二）舞弊手段

1. 虚构投标单位

中标的供应商与企业内部高管存在关联。这家新成立的企业通过伪造资质文件，虚报其业绩和技术能力，以符合招标要求。通过这种方式，舞弊者试图掩盖其与企业内部的联系，使得这家企业能够成功中标。

2. 操控评标过程

企业的评标委员会由企业内部高管及与中标供应商关系密切的人员组成。这些人提前协商了评分标准，并在实际评标过程中对其他供应商进行打压，以确保这家供应商最终能够中标。

3. 围标行为

中标供应商与另外两家参与投标的企业实际上由同一利益集团控制。通过串通报价，确保其中一家企业中标，其他企业则通过回扣或其他利益分成获取报酬。

（三）审计人员通过哪些方法识别出招投标环节中的潜在舞弊行为

1. 投标文件相似度高

在对比投标文件时，审计人员发现三家供应商的投标书在格式、措辞和技术参数上高度相似，甚至排版和字体完全一致。这表明这些供应商的投标文件可能是由同一方操控的，目的是制造虚假的竞争环境。

2. 评标记录被窜改

审计人员检查了评标记录，发现评分表格被窜改，且部分评分记录不完整，有明显的二次修改痕迹。此外，某些评委的评分显得不合理，明显倾向于支持中标的供应商。

3. 供应商资质不真实

进一步的背景调查显示，中标供应商的资质文件中所列的项目业绩和技术认证均为伪造。此外，该企业成立的时间远晚于投标书中所述，无法提供与其在投标中所声称的能力相符的项目经验。

（四）审计建议

1. 加强供应商资质审查

企业应在未来的招标过程中加强对供应商资质的审查，特别是对于新成立的企业，应要求提供第三方认证的业绩证明和技术报告，以确保其资质的真实性。

2. 提高评标过程的透明度

企业应在评标过程中引入外部独立评委，确保评标过程的公正性和透明度。要实时监控评标记录，并对其加密存档，防止后期窜改。同时，确保所有评标环节的透明度，避免利益干扰。

3. 防范围标行为

企业应加强对投标单位背景的调查，识别潜在的关联关系，防止围标行为。在招标文件的比对和分析中，借助自动化工具识别潜在的串通行为，如投标文件的格式一致性、内容雷同等。

通过这些详细的案例和分析，企业可以了解虚假招投标中的常见舞弊手段，并通过有效的审计措施避免类似的舞弊行为，确保招投标过程的公正性和透明度。

二、案例二：某企业零星采购中的舞弊行为

（一）背景

某企业为了应急，对一些生产材料进行了零星采购。由于采购金额较小，所以简化了审批程序，且未进行充分的供应商资格审查。最终，企业采购了若干批次的生产材料，但在后期发现这些材料的实际品质远不如合同中描述的。

（二）舞弊手段

1. 虚报采购需求

采购人员通过虚构采购需求，向企业报送不必要的采购订单，实际采购的材料远超实际需求。采购人员利用企业对零星采购的疏忽，夸大采购数量，借此获取不正当利益。

2. 虚报采购成本

采购人员通过夸大采购单价和数量，虚报采购成本，申请多余的资金。实际材料的成本远低于报出的价格，但通过这一手段，采购人员获得了额外的资金。

3. 供应商选择的随意性

在没有公开竞争的情况下，采购人员选择了与自己有私人关系的供应商。这些供应商提供的产品质量差，且价格过高，显然与市场行情不符。

（三）审计发现

1. 采购记录的虚报

审计人员核查采购记录时，发现某些采购单的数量与实际交货数量不符，并且部分采购项目的价格明显高于市场水平。通过与市场价格进行对比，审计人员发现这些采购单确实存在虚报采购成本的现象。

2. 供应商选择不透明

审计人员还发现，部分供应商与采购人员之间存在私人关系，而这些供应商的报价远高于其他市场供应商。通过对比其他报价和审查供应商的资质，审计人员确认这些供

应商并不具备优先选择的条件。

（四）审计建议

1. 规范零星采购流程

企业应制定更为严格的零星采购流程，即使是小额采购，也需进行必要的市场调研和供应商选择审批。采购人员应提供详细的采购需求说明，并且要求多家供应商参与报价。

2. 加强采购记录审核

企业应定期审查采购记录，特别是零星采购的单据和付款记录。任何明显超出市场价格的采购单都应引起警觉，审计人员可以通过比对市场价格和同行业标准进行审核，确保采购成本的合理性。

3. 增强供应商选择的透明度

企业应确保供应商的选择遵循公开透明的原则，避免采购人员与特定供应商之间形成不正当的利益关联。同时，要加强对供应商资质的审查，确保选择最合适且最具竞争力的供应商。

通过以上分析，审计人员能够更清楚地认识到零星采购中的舞弊行为，并能够采取一系列有效的审计措施，以保障企业的资源不被滥用，提升采购活动的透明度和公正性。

三、案例三：某企业高新技术产品采购中的舞弊行为

（一）背景

某科技企业在进行一项新产品研发时，需要采购大量高新技术设备和配件。采购团队根据项目需求发布了招标公告，并通过招标选择供应商。然而，最终中标的供应商提供的设备质量远低于合同要求，且技术规格与实际交付品不符，导致项目进度出现了严重的延误。

（二）舞弊手段

1. 虚报技术参数

中标供应商在招标文件中夸大了设备的技术性能，并虚报了技术认证等关键参数，以符合招标要求。审计人员发现，实际交付的设备并未达到预期的技术标准，造成了项目的延误和额外成本支出。

2. 虚假技术认证

供应商提供的技术认证文件存在伪造或窜改的痕迹，许多所谓的国际认证并不真实，设备的实际技术能力与投标时所述相差甚远。

3. 技术支持的虚假承诺

供应商承诺为企业提供长期的技术支持和维护，但在项目实施过程中，供应商并未提供必要的技术支持和培训，导致企业在使用设备时遇到技术难题，无法及时得到解决。

（三）审计发现

1. 技术参数的虚报

审计人员对中标供应商的技术文件进行了详细核查，发现设备的技术参数明显与合同要求不符。通过第三方机构检测，确认了设备性能无法满足实际需求。

2. 虚假技术认证

审计人员对技术认证文件进行了核实，发现部分认证存在伪造或窜改的迹象，且与认证机构记录不符。这表明供应商故意提供虚假材料来误导企业采购部门。

3. 技术支持缺失

对合同执行过程中技术支持的调查显示，供应商未能履行承诺，未提供有效的技术培训和售后支持，导致企业在设备使用过程中遇到了技术难题。

（四）审计建议

1. 核实技术文件和认证的真实性

企业在采购高新技术产品时，应要求供应商提供真实、有效的技术认证文件，必要时通过第三方认证机构进行核实。所有技术参数应明确并符合行业标准，确保交付的产品符合合同要求。

2. 加强供应商履约监管

企业应加强对供应商履约情况的监督，尤其是在技术支持和维护方面。对供应商承诺的技术支持进行详细的合同约定，并要求供应商按时提供培训和技术支持，确保项目的顺利进行。

3. 定期审查供应商资质和背景

企业应建立健全的供应商管理机制，定期审查供应商的资质和历史履约情况。对于新供应商，特别是涉及高新技术设备的供应商，应该加强背景调查和业绩验证，防止由于虚假材料而引发的风险。

通过以上具体案例，审计人员能够更深入地理解如何识别和防范采购中的舞弊行为，帮助企业提高采购流程的透明度，避免资源和资金被滥用，最终保障企业的长远利益和项目成功。

第五章

采购舞弊高发领域及调查手段

随着商业活动的日益复杂，采购环节成了舞弊行为的高发领域。在这一章，我们将深入探讨采购过程中常见的舞弊手段，以及审计人员如何运用专业的调查手段来识别和应对这些问题。从低价中标后的频繁变更到虚假竞标，再到评标标准的操纵，我们将一一剖析这些行为背后的动机和影响，并讨论有效的审计策略。

第一节　采购方式策划舞弊

在当今的商业环境中，采购方式的选择对于企业的运营效率和成本控制至关重要。然而，不当的采购方式选择不仅可能损害企业的财务健康，还可能成为舞弊行为滋生的温床。本节将深入探讨不同采购方式中的舞弊风险，并提出有效的调查手段，以帮助企业防范和识别潜在的舞弊行为。

一、采购方式的选择与舞弊风险

采购方式的选择对采购流程的透明度、合规性和效果有着至关重要的影响。合理的采购方式能够保障企业的采购效率，降低采购成本，确保供应商公平竞争。然而，不当的采购方式选择往往为舞弊行为提供了可乘之机，特别是在单一来源采购、紧急采购和分拆采购等方式中，舞弊风险尤为突出。下面我们先来分析不同采购方式中的舞弊风险。

（一）单一来源采购

1. 缺乏竞争导致的舞弊风险

单一来源采购是指在没有其他竞争供应商的情况下，仅从一个供应商处进行采购。这种方式虽然在一些特定情况下合理，但缺乏竞争机制，可能导致供应商在定价和服务质量上做文章。没有竞争压力，供应商可能抬高价格，提供低质量的产品或服务。更严重的是，采购人员和供应商可能通过串通，操控整个采购流程，从而保证特定供应商中标。

例如，某企业为了采购一批设备，采用单一来源采购方式，最终选择了与采购人员有长期合作关系的供应商。该供应商的报价远高于市场价，且所提供的设备质量也不符合企业的标准，但采购人员仍然决定与其签订合同，并从中获得回扣。

2. 关系交易的舞弊风险

在单一来源采购中，采购人员可能因为与供应商有私人关系或利益交换，绕过正常的采购流程，选择某一特定供应商。这种做法不仅降低了采购的透明度，还可能导致企业支付过高的采购价格，或者获得质量较差的商品或服务。

例如，某企业采购部门的人员与某供应商有亲戚关系，尽管该供应商的价格远高于市场价，采购部门依然选择其作为唯一供应商，且采购文件和审批程序存在明显漏洞，未经过正常的市场调查和竞争性比价。

3. 缺乏透明度导致的舞弊风险

如果单一来源采购的决策过程缺乏透明度，容易加大舞弊风险出现的概率。采购人员可能会在没有合理说明的情况下，将合同直接授予指定供应商，从而绕过审批流程和监督机制。此时，即便采购形式上符合企业政策，实际操作过程中却存在操控的嫌疑。

例如，企业在选择单一来源采购某项服务时，未公开说明采购决策的依据，且没有给其他供应商参与的机会。在这一过程中，采购人员的个人偏好及与供应商的非正式协议可能导致企业支付远高于市场价的服务费。

（二）紧急采购

1. 滥用紧急采购的舞弊风险

紧急采购是应对突发需求的常见采购方式，旨在解决突发的供应问题，也就是我们常说的"120"采购。然而，如果没有严格的规定和审批程序，采购人员可能滥用这一方式，即通过紧急采购为特定供应商提供便利，甚至以此为借口绕过正常的采购程序。企业的审批流程在紧急采购中被简化，给舞弊行为留下了可乘之机。

例如，某企业由于生产线突发设备故障，采购部门以"紧急采购"的理由迅速采购了高价设备，但该设备的供应商与采购部门负责人有长期合作关系，价格远高于市场价格，且设备性能无法满足实际需求。

2. 紧急采购中的价格不合理风险

在紧急采购中，供应商常常利用紧迫性提高价格，或者提供低质量的商品或服务。企业因没有足够的时间进行市场调研或比价，容易支付过高的采购费用或接受劣质商品。这不仅增加了采购成本，也可能影响企业的正常生产和运营。

例如，某医院在紧急情况下采购了医疗设备，供应商利用"紧急"这一理由提出的报价远超市场价。因采购人员未能在有限的时间内进行充分的市场调研，导致采购价格严重失衡。

3.忽视合规程序的舞弊风险

虽然紧急采购可以在一定情况下避免烦琐的程序，但是其必须遵循企业的合规流程。如果采购人员在紧急情况下忽视了相关审批和合同审查程序，可能导致合同条款不公正或对企业不利，甚至可能通过紧急采购为特定供应商提供额外利益。

例如，企业在紧急情况下与某供应商签订合同时，未进行必要的合同条款审查、合同中未注明明确的交货时间和质量标准，导致供应商交付了不符合要求的产品，且采购人员未进行跟踪管理。

（三）分拆采购

1.规避审批程序的舞弊风险

为了简化采购项目的审批程序，采购人员可能将一个大宗采购项目拆分为多个小额采购单，以此规避高层管理人员的审批和审核。这样做可能导致采购流程缺乏严格的审查和监控，为舞弊行为创造了机会。

例如，某企业原本计划进行一次大规模的生产设备采购，采购部门却将该采购分拆为多个小额订单，以规避严格的审批程序，且这些小订单均由同一供应商承接，采购人员从中获取非法回扣。

2.虚增采购需求的舞弊风险

采购人员有时会将原本不需要的采购需求分拆为多个小项目进行采购，从而增加了采购成本。这不仅导致了资金的浪费，还可能让企业支付一些不必要的费用。

例如，企业采购部门将原本应集中采购的一批物资分拆为多个小额采购单，并虚增采购数量，导致预算超支，且采购人员与供应商在分拆采购过程中获取回扣。

3.隐瞒舞弊行为的舞弊风险

分拆采购使得舞弊行为不易被发现，因为多个小额合同分别由不同部门审批和执行，采购人员与供应商之间的非法交易在这些合同中往往隐藏得较为隐蔽。这使得审计人员难以发现舞弊行为的关联性。

例如，企业采购部门将一项大规模采购任务分拆为多个小额合同，并与同一供应商建立长期合作关系。采购人员与供应商通过这些小额合同进行回扣交易，而审计人员在对这些小额合同的审查中未能及时发现潜在的舞弊行为。

二、调查采购方式舞弊的手段

（一）审核采购决策过程

1.采购方式选择的合理性

审计人员应审核采购方式的选择过程，特别是在单一来源采购和紧急采购中，确保其有充分的理由和背景支持。例如，在审核单一来源采购时，审计人员应要求提供市场调研报告或其他供应商报价，确保该采购方式的合理性。

2. 采购方式的审批流程

审计人员应确保所有采购方式的选择均经过适当的审批流程，特别是在涉及高风险采购方式时，如紧急采购或单一来源采购。审计人员应核查所有相关审批记录，以确保流程合规。例如，在一次紧急采购中，审计人员发现该采购未经相关部门的批准便直接向供应商授予了合同，这明显违反了审批程序的规定。

3. 采购方式的透明度

审计人员应确保采购方式的选择过程公开、透明。对于单一来源采购和紧急采购，审计人员应要求提供完整的审批记录，并对采购人员的决策进行独立审核。例如，在某采购项目中，审计人员发现采购人员未公开、透明地选择供应商，且没有提供市场调研的相关资料，导致最终选定的供应商可能存在发生舞弊行为的风险。

（二）比对市场价格与采购价格

1. 市场调研的真实性

审计人员应核查采购人员提供的市场调研报告，确保其真实可靠。特别是在单一来源采购和紧急采购中，审计人员应核查采购人员是否进行了有效的市场调研，并确保市场价格的合理性。例如，某企业采购了一批设备，审计人员通过对比市场价格，发现采购价格高于正常市场价，于是进一步调查采购人员是否进行了合理的市场调研。

2. 采购价格的合理性分析

审计人员应分析采购价格与市场价格的差异，以确保企业不会因舞弊行为而支付不合理的高价。例如，审计人员发现某采购项目的报价高出市场价近30%，于是开始深入调查供应商定价的依据，最终发现价格异常波动与供应商的内部交易相关。

3. 供应商报价的透明度

审计人员应确保供应商的报价过程公开、透明，尤其是在单一来源采购和紧急采购中，是否存在其他供应商的参考报价或市场调研数据支持。例如，在一次采购过程中，供应商仅提供了自己的报价，并没有进行公开招标。审计人员进一步调查后发现，该供应商与采购人员有私人关系。

（三）检查分拆采购的全局性

1. 采购项目的整体性审查

审计人员应对采购项目的整体性进行审查，确保所有分拆采购均有合理的业务逻辑支持。例如，在检查某大型设备采购项目时，审计人员发现该项目被拆分成多个小项目进行处理，导致总费用明显增加，进一步分析后发现这么做主要是为了简化审批程序，隐瞒舞弊行为。

2.分拆采购的审批记录

审计人员应核查所有分拆采购的审批记录，确保其符合企业的采购政策和程序。例如，审计人员发现一个大型采购项目被分拆后，多个小额合同并未经过适当的审批流程，进一步核查发现这些分拆采购行为没有得到相关部门的批准。

3.分拆采购的供应商关联性

审计人员应调查分拆采购的供应商关联性，确保在同一项目的多个分拆采购中没有出现同一供应商反复中标的情况。例如，在一次设备采购中，审计人员发现多个分拆采购项目均由同一供应商承接，且该供应商的报价普遍高于市场价，进一步调查发现该供应商与采购人员有利益交换。

通过上述分析，我们可以看到，采购方式的选择和执行过程中存在着多种舞弊风险。为了保护企业的利益，确保采购活动的透明度和合规性，审计人员必须采取一系列措施来调查和防范这些风险。这不仅需要对采购决策过程进行严格的审核，还需要对市场价格与采购价格进行比对，以及对分拆采购的全局性进行检查。通过这些手段，企业可以更有效地识别和预防舞弊风险，从而维护企业的财务安全、提高市场竞争力。

第二节　招投标评审过程舞弊

在深入探讨了采购方式策划舞弊的问题之后，我们接下来将转向讨论招投标评审过程中可能出现的舞弊行为。招投标过程是企业采购活动中至关重要的一环，它不仅关系到企业能否以合理的价格获得所需的商品或服务，还直接影响企业的合规性和声誉。然而，这一过程也容易被不法之徒利用，他们可能采取各种手段进行舞弊，以达到非法获利的目的。本节将详细分析招投标评审中的舞弊手段，并探讨如何有效调查和防范这些行为。

一、招投标评审中的舞弊手段

（一）窜改招标文件

1.招标条件的窜改

在招标过程中，舞弊者可能通过窜改招标文件中的条件，如修改技术规格、降低资质要求等，使特定供应商在投标中获得优势。这种行为通常隐蔽且难以察觉。例如，某企业在截止提交投标书之际，对招标文件中的技术参数进行了修改，并调整了对供应商的资质要求，使某个特定供应商能够满足新的条件而最终中标。审计人员应核查招标文件的原始版本与最终发布版本的差异，确保所有修改都合理。

2. 投标截止日期的调整

舞弊者可能通过私自调整投标截止日期，给特定供应商更多准备时间，或减少其他供应商的准备时间，从而操控竞标结果。例如，在某次公开招标中，采购人员将投标截止日期推迟了几天，正好给一个尚未准备好的供应商提供了额外的时间准备投标文件，最终该供应商中标。审计人员应核查招标公告的发布时间和投标截止日期的变动情况，确保这一过程公开透明，避免个别供应商受益。

3. 评标标准的改变

舞弊者可能通过窜改或私自更改评标标准，如调整评分权重或添加主观评估项，以确保特定供应商在评分中获得优势。例如，在某次招标过程中，采购方在评标标准中突然增加了"行业经验"这一项，并且这一项得分权重占比达到30%，这对与其有密切关系的供应商非常有利。审计人员应核查评标标准的制定过程和变更记录，确保评标标准的公正性和透明度。

（二）操控投标资格审查

1. 资格审查的宽松或严苛

舞弊者可能通过操控投标资格审查的严格程度，确保特定供应商通过审查或排除其他竞争对手。例如，在一次招标活动中，采购方对某一供应商放宽了财务能力的审查，而对其他供应商则严格要求，最终使特定供应商中标。审计人员应核查所有投标资格审查的记录，确保审查标准的一致性和公平性。

2. 遗漏关键审查环节

在资格审查过程中，舞弊者可能故意遗漏或简化某些关键审查环节，如财务能力审查、技术能力评估等，以帮助特定供应商通过审查。例如，在某次投标资格审查中，审查人员忽略了对供应商财务状况的核实，结果该供应商未能满足合同履行能力的要求，但仍通过了资格审查。审计人员应确保所有资格审查环节均按规定执行，并核查审查过程中的关键记录。

3. 关联关系的隐瞒

舞弊者可能通过隐瞒与特定供应商之间的关联关系，如股权关系、业务往来等，确保其顺利通过资格审查。例如，某企业在一次采购中，忽视了与供应商之间的股权关系，导致该供应商通过了资格审查，尽管该供应商并不具备项目所需的技术能力。审计人员应调查投标单位与企业内部人员之间的关系，识别潜在的利益冲突和关联交易。

（三）操控评标委员会的构成

1. 评标委员会成员的安排

舞弊者可能通过安排与特定供应商有利害关系的人员进入评标委员会，以确保评标结果有利于该供应商。例如，某企业招标项目的评标委员会成员中，有两名成员与某供应商有长期业务合作关系，这使得该供应商在评标中获得了不公平的优势。审计人员应核查评标委员会成员的选任过程，确保其独立性和公正性。

2. 评标委员会的利益冲突

舞弊者可能在评标过程中通过利益交换，如金钱、礼品或其他形式的好处，影响评标委员会成员的评分。例如，在一次招标过程中，某评标委员会成员与中标供应商之间发生了金钱交易，导致该供应商的评分被人为提高。审计人员应调查评标委员会成员的利益申报情况，确保没有利益冲突的存在。

3. 评标委员会的评分操控

舞弊者可能通过操控评标委员会的评分过程，如提前沟通评分标准或共同商议评分结果，以确保特定供应商获得高分。例如，在某次公开招标的评标过程中，评标委员会成员在会议前就已经达成了共识，即为某个供应商评定较高的评分，尽管该供应商的技术方案并未达到要求。审计人员应核查评标记录的完整性，并比对不同评委的评分一致性，识别评分过程中的异常。

二、调查招投标评审舞弊的手段

（一）审查招标文件的变更记录

1. 核查招标文件的原始版本

审计人员应核查招标文件的原始版本与最终发布版本，确保两者一致。对于存在变更的招标文件，审计人员应深入调查变更的原因和审批流程，防止舞弊行为的发生。例如，审计人员发现某项目的招标文件在发布后有多次修改，且修改内容有利于特定供应商。因此，他们需要进一步调查修改的审批流程和背景。

2. 监控招标条件的修改

审计人员应监控招标条件的修改过程，特别是在投标过程中突然变更的情况，是否有特定供应商受益的迹象。例如，在一次招标中，审计人员注意到招标条件在投标截止前突然被修改，且变更后的条件仅有某供应商能够满足，进一步调查发现该供应商与采购人员有私人关系。

3. 评标标准的透明性

审计人员应确保评标标准的制定和修改过程公开透明，特别是在涉及主观评分的评标项目中，应建议企业引入外部专家或第三方机构参与评标标准的制定。例如，审计人员建议在某些项目中加入第三方审核评标标准的环节，以保证评标过程更加客观和公正。

（二）核查投标资格审查过程

1. 资格审查的记录完整性

审计人员应核查所有投标资格审查的记录，确保每个投标单位的审查过程均有完整的记录和依据。对于审查记录不完整或缺失的情况，审计人员应进一步调查其背后的原因。例如，审计人员发现某投标单位的资格审查记录缺失，进一步调查后发现该供应商与某评标委员会成员有亲属关系。

2. 资格审查标准的一致性

审计人员应确保所有投标单位的资格审查标准一致，特别是在审核资质文件、技术能力和财务状况等方面，应比对不同投标单位的审查结果，识别可能的偏差和舞弊行为。例如，某招标项目中，审核一家企业时放宽了技术资质要求，而对其他企业则严格把关，经进一步调查，审计人员发现该供应商与采购人员之间存在利益往来。

3. 投标单位的关联性调查

审计人员应调查所有投标单位与企业内部人员之间的关系，特别是在投标资格审查中，是否有利益冲突或关联交易的情况。例如，审计人员发现某投标单位与评标委员会成员有财务往来，并在未公开的情况下，该单位通过了资格审查，经进一步调查发现这背后存在利益输送的问题。

（三）监控评标委员会的独立性

1. 评标委员会成员的背景调查

审计人员应对评标委员会成员进行背景调查，确保其与投标单位没有利益关系。对于有潜在利益冲突的成员，审计人员应建议企业更换或调整评标委员会的组成。例如，审计人员发现某评标委员会成员曾与一家投标单位有过业务合作关系，所以建议企业更换该成员，以确保评标过程的公正性。

2. 评标过程的透明度审核

审计人员应监控评标过程的透明度，特别是在评标委员会成员评分时，是否有共同商议或提前沟通评分标准的情况。审计人员应确保评分过程独立、公正，并建议企业在高风险项目中引入外部监督。例如，在某次评标过程中，审计人员发现评标委员会成员之间存在过多的沟通，于是建议引入外部第三方评审机构参与评审。

3. 评分记录的一致性分析

审计人员应对评标委员会成员的评分记录进行一致性分析，以识别评分中的异常和偏差。对于评分差异过大或评分结果明显偏向特定供应商的情况，审计人员应深入调查评分的依据和过程。例如，在某项目评标中，审计人员发现评委的评分分布极其不均，特别是一位评委给特定供应商的评分远高于其他供应商，经深入调查后发现该评委与供应商有潜在利益关联。

通过对招投标评审过程中舞弊手段的深入分析，我们可以了解到，确保招投标活动的公正性和透明度对于维护企业利益与市场秩序至关重要。审计人员必须采取一系列措施，从审查招标文件的变更记录到监控评标委员会的独立性，每一步都需细致入微，以确保招投标过程的每一个环节都能经受住审查。只有这样，我们才能构建一个健康、公平的商业环境，保护企业和公众的利益不受侵害。随着我们对这些舞弊手段的认识越来越深刻，我们也将更有信心地面对和解决这些问题，为企业的长期发展和市场的良性竞争打下坚实的基础。

第三节　评标标准设定舞弊（量身定制）

评标标准是招标过程中的核心环节，它直接决定了供应商的评分和中标结果。然而，不正当的评标标准设定，特别是为特定供应商"量身定做"的评标标准，不仅破坏了公平竞争的市场环境，还可能导致企业错失更优的供应商选择。本节将探讨评标标准设定中的舞弊手段，并分析如何调查和防范这些不正当行为。

一、评标标准设定中的舞弊手段

（一）为特定供应商量身定做标准

1. 技术规格的设定

在招标过程中，舞弊者可能故意在评标标准中加入只有特定供应商才能满足的技术要求。例如，某项目的招标方特意在技术规范中设定了一个独特的认证要求或复杂的技术参数，而这些要求恰巧只有一家特定供应商能够满足。这样的标准设定会导致其他符合一般市场需求的供应商无法参与投标，从而排除了公平竞争的可能。审计人员应核查技术规格的设定过程，确保其合理性和公平性，特别是对比相似项目的技术标准，分析是否存在不必要的特殊要求。

2. 业绩要求的操控

舞弊者可能设定过高的业绩要求，要求投标单位必须在某个特定领域或市场中拥有大量成功案例，而这些成功案例往往只有某些大型供应商能够满足。例如，某企业要求供应商必须在过去五年内承接过至少五个同类项目，而这些项目的规模和复杂度要求只有行业领先的大企业才能完成。审计人员应核查业绩要求的设定依据，并比对市场上其他供应商的实际能力。

3. 财务能力的过高要求

舞弊者可能通过设定过高的财务能力要求，如要求供应商具备极高的资本金或现金流，从而排除中小型供应商，确保大企业能顺利中标。例如，某次招标要求供应商的资本金不低于 5 000 万元，远高于实际需求，导致只有几家大型企业符合要求。审计人员应核查财务要求的合理性，并与市场实际情况进行对比。

（二）设定模糊的评标标准

1. 主观评分的扩大

舞弊者可能在评标标准中加入大量主观评分项，如企业信誉、团队能力、投标书的完整性等，这些主观评分项可以被操控，以确保特定供应商获得高分。例如，某招标文件要求评标委员会根据"投标团队的经验丰富程度"打分，但这一项评分并没有具体的标准，只依赖评委个人的判断，容易造成评分的不公平。审计人员应核查主观评分项的设定过程，并建议企业减少或细化主观评分项。

2. 评分权重的调整

舞弊者可能会调整评标标准中的权重分配，如将特定供应商擅长的领域设为高权重项，同时降低其他关键领域的评分权重。例如，在某个工程项目中，将评标标准中"技术能力"的评分占比调整为 70%，而"成本"部分仅占 30%，这样就人为地提高了技术能力较强的供应商的中标机会。审计人员应核查评分权重的设定依据，确保其合理且符合项目需求。

3. 评标标准的模糊化

舞弊者可能故意设定模糊的评标标准，如技术要求描述不清、评分依据不具体，导致评标委员会在评分时有较大的自由裁量权，从而增加了舞弊的风险。例如，在招标文件中，评分标准仅描述为"符合需求"，但没有明确标准和衡量方式，导致评分结果的随意性较大。审计人员应核查评分标准的具体性，并建议企业在关键项目中采用细化和量化的评分标准。

二、调查评标标准设定舞弊的手段

（一）核查评标标准的制定过程

1. 评标标准的起草与审批

审计人员应核查评标标准的起草和审批流程，确保各项标准的制定均遵循适当的程序并经过多方讨论。特别是在涉及技术规格和业绩要求的设定时，审计人员应核查其依据和合理性。通过审计，要确保评标标准在设定时有充分的讨论和决策依据，防止人为操作。

例如，审计人员发现某招标项目的评标标准是由少数几位采购人员单独制定的，未经过企业管理层和其他部门的讨论与审批，且某些标准设置不合理，所以建议重审并改进标准设定过程。

2. 比对不同项目的评标标准

审计人员应将当前项目的评标标准与其他类似项目进行对比，以识别标准设定中的异常或偏差。对于标准设定显著不同的情况，审计人员应深入调查其背后的原因。

例如，审计人员对比了两个项目的评标标准后发现，其中一个项目要求"创新性"占评分的50%，而另一个项目仅占20%，这一变化导致特定供应商受益，经进一步调查发现该供应商为某评标委员会成员的长期合作伙伴。

3. 评标标准的公开透明

审计人员应确保评标标准的制定和公布过程公开透明，特别是在标准制定过程中是否有外部专家或第三方机构的参与。审计人员建议在高风险项目中引入第三方专家来协助制定评标标准，以确保标准的公正性和透明度。

例如，审计人员发现某项目的评标标准在设定时未公开进行任何专家咨询，且标准内容明显有利于特定供应商，所以建议设立独立专家小组参与标准制定。

（二）分析评分权重与实际需求的匹配度

1. 评分权重的合理性评估

审计人员应评估评分权重的合理性，确保其与项目的实际需求相符。审计人员可以通过对比项目实际需求与评分权重，识别不合理的权重分配，并提出调整建议。

例如，审计人员发现某次政府招标项目将"项目经验"权重提高至50%，而"技术能力"仅占30%，进一步调查发现这一权重设置显然倾向于特定的供应商，所以建议重新评估权重分配。

2. 评分权重的市场对比

审计人员应将评分权重与市场上其他类似项目的评分权重进行对比，以识别异常的权重分配。对于显著不同的权重分配，审计人员应核查其设定的背景和动机，确保其合理性。

例如，审计人员对比了行业内多个同类项目的评分标准后发现，该项目的评分权重严重偏向某供应商擅长的领域，所以建议对此权重进行调整，以保证公平性。

3. 评分结果的后续分析

审计人员应对评分结果进行后续分析，特别是在权重较高的评分项中，是否存在评分异常或显著偏差的情况。对于评分结果中的异常，审计人员应深入调查其原因，并建议企业调整评分权重的设定方式。

例如，审计人员分析某项目的评标结果时发现，"技术创新"项评分中有两名评委的评分明显偏高，进一步调查后发现这两名评委与特定供应商有着长期的合作关系，所以建议调整评分方式并加强评审过程的监督。

（三）核查评分标准的适用性

1. 技术规格的适用性评估

审计人员应评估技术规格的适用性，确保其符合项目的实际需求和市场标准。

例如，审计人员发现某项目对技术要求的设定明显过高，远超实际需求，排除了中小型供应商参与。因此，审计人员建议降低技术要求，使之更贴合市场实际情况。

2. 主观评分项的具体化

审计人员应建议企业将主观评分项具体化，减少自由裁量空间，并确保评分标准的可操作性。通过细化主观评分项，审计人员能够减少评分过程中的人为干预。

例如，审计人员建议某项目在评标标准中加入更明确的评分细则，将"团队能力"项从原来的"优秀"标准改为"至少有五年相关经验"，减少评分时的主观性。

3. 评分标准的市场对比

审计人员应将当前项目的评分标准与市场上的其他类似项目进行对比，确保评分标准的公平性和适用性。

例如，审计人员发现某工程项目的评分标准中技术部分的分配比例明显过低，相比于行业标准过于侧重价格因素，所以建议调整评分比例，增加技术评审的比例。

以上，我们深入探讨了评标标准设定中的舞弊手段及其调查方法。这些手段的识别和防范对于确保招投标过程的公正性与透明度至关重要。通过对评标标准的细致审查和合理设置，我们能够为所有参与者创造一个公平的竞争环境，同时保护企业免受不正当竞争的影响。随着我们对这些潜在风险的认识不断加深，我们的工具和策略也在不断完善，以应对日益复杂的舞弊行为。

第四节　投标人投标过程舞弊（内定）

投标人的诚信和合规性是维护整个招标公正性的基础。然而，一些投标人可能会通过不正当手段来增加中标的机会，这不仅破坏了公平竞争的原则，还可能对企业的长期利益造成损害。本节将详细讨论投标人在投标过程中可能采取的舞弊手段，以及如何通过有效的审计手段来识别和防范这些行为，确保招标过程的公正性和透明度。

一、投标人在投标过程中的舞弊手段

（一）投标前的暗箱操作

1. 提前内定中标人

在投标开始前，舞弊者可能通过内部交易或利益交换，提前确定中标人，而招标过程则只是形式上的走过场。这种行为通常发生在内部人士与特定供应商之间达成了共识，且在招标开始前，双方已经确定了"赢家"。审计人员应核查投标前的内部通信记录和决策过程，识别潜在的内定迹象。

例如，在某公共设施建设项目中，投标人提前通过邮件和会议确定了"推荐中标者"。审计人员通过查阅投标前的邮件记录和会议纪要发现，有关"特定供应商"成为中标候选的讨论早于投标开始，所以建议要加强招标前的审批，确保所有决策公开公正。

2. 提前泄露招标信息

舞弊者可能通过内部渠道，提前向特定供应商泄露招标信息，如招标条件、评分标准、竞争对手信息等，使其在投标过程中占据优势。这样，该供应商可以提前做好准备，制定有针对性的投标策略。审计人员应核查投标文件的提交时间和内容，以识别可能的提前泄露行为。

例如，在某市政项目招标中，审计人员通过检查投标文件的提交时间发现，特定供应商的投标书远早于其他供应商提交，且其投标文件内容与评标标准高度契合，经进一步调查发现该供应商通过内部信息泄露获得了先机。

3. 虚构的竞标单位

舞弊者可能通过设立虚假的竞标单位，制造表面的竞争环境，实际上这些单位与内定的中标人有密切关联，目的是确保内定人中标。审计人员应核查所有投标单位的资质和背景，以识别可能的虚构竞标单位。

例如，在一次设备采购招标中，审计人员发现两个投标单位之间的投标文件格式、内容和报价几乎完全相同。经进一步调查后发现，这两家企业实际上是由同一利益集团控制，且所有投标文件中的信息均来源于一个管理团队。因此，审计人员建议企业要加强对投标单位背景的调查，防止虚假竞标。

（二）投标文件的操控

1. 窜改投标书

舞弊者可能通过窜改或伪造投标书中的内容，如价格、技术参数、交货期等，确保内定中标人的投标文件在评标中占据优势。为了达成这一目的，投标书中的某些条款可能被修改或删除，以便符合招标方的要求。审计人员应核查所有投标书的原始版本和最终提交版本，以识别可能的窜改行为。

例如，在某信息技术项目中，审计人员通过比对投标文件的提交版本发现，某供应商的技术参数在原始投标书中与其他供应商相差较大，但提交最终版本时，技术参数的描述被修改，符合了招标方的隐性要求。审计人员建议建立电子文档跟踪系统，确保所有投标文件的原始记录可追溯。

2. 替换关键文件

舞弊者可能通过替换或伪造关键的投标文件，如资质证明、财务报表、技术认证等，掩盖内定中标人的实际情况。审计人员应核查所有投标文件的真实性，并建议企业通过独立第三方机构进行验证，以确保投标文件的合法性和完整性。

例如，在某建筑招标中，审计人员发现某供应商提交的财务报表明显存在虚假信息，其实际财务状况远不如所述。经独立审计机构的验证，发现该供应商通过伪造财务报表获得了投标资格。审计人员建议要加强投标文件的独立验证，并要求所有财务文件由第三方认证机构出具。

3. 投标文件的重复提交

舞弊者可能通过多个关联单位提交相似或相同的投标文件，制造虚假的竞标数量，以增强内定中标人的中标概率。审计人员应对比所有投标文件的内容和格式，以识别可能的重复提交行为。

例如，在某次招标中，审计人员通过比对投标文件，发现有两家看似独立的投标单位提交了内容完全相同的文件，并且提供的价格、技术参数几乎完全一致。经进一步调查发现，这两家单位实际为同一集团控制，审计人员建议要加强对投标单位的身份核查，防止重复投标。

（三）投标过程中的舞弊操作

1. 虚假竞标

舞弊者可能通过虚假竞标，如设立多个关联单位或使用虚假文件，制造表面的竞争环境，确保内定中标人中标。审计人员应核查所有竞标单位的背景和资质，以识别可能的虚假竞标行为。

例如，在某设备招标项目中，审计人员发现多个看似独立的投标单位提交了相似的报价文件，经过调查发现，这些单位均与内定中标的供应商有股东关系。审计人员建议要加强对所有投标单位背后股东结构的调查。

2. 投标价格的操控

舞弊者可能通过操控投标价格，如提前协商价格范围、统一报价策略等，确保内定中标人以最优价格中标。审计人员应对比所有投标单位的报价，识别价格操控的迹象，特别是在价格异常接近的情况下，应深入调查其背后的谈判过程。

例如，在某建设项目中，审计人员发现所有投标单位的报价差距极小，并且与市场价格严重脱节。通过对比与供应商的价格谈判记录，审计人员发现投标单位事先已达成价格统一协议，所以建议企业加强对未来项目投标价格的监控与分析。

3. 投标书的提交时间

舞弊者可能通过操控投标书的提交时间，如提前提交或集中提交，确保内定中标人的投标书在评标中占据优势。审计人员应核查投标书的提交时间记录，识别可能的舞弊操作行为。

例如，在某次招标项目中，审计人员发现多个供应商的投标书几乎在同一时刻提交，且大部分供应商的报价非常接近。通过审查投标提交记录，审计人员发现有些供应商通过操控时间差，提前提交了投标书，所以建议企业完善投标时间的管理制度，确保投标过程的公正性。

二、调查投标过程舞弊的手段

（一）核查投标前的内部沟通记录

1. 投标前的决策记录

审计人员应核查投标前的内部决策记录，特别是在确定招标条件和评标标准时，是否有不合理的讨论或决策。对于存在提前内定迹象的记录，审计人员应进一步调查其背景和动机。

例如，审计人员在查阅招标前的会议记录时，发现决策过程中存在提前讨论"指定供应商"的内容，并且缺少任何公开审议或其他竞争性供应商的讨论记录，所以建议企业采取措施增强决策过程的透明度和外部监控力度。

2. 内部通信的审核

审计人员应核查投标前的内部通信记录，如邮件、会议记录等，识别可能的提前泄露或内定中标人的迹象。对于存在异常通信的情况，审计人员应深入调查其内容和目的。

例如，在审计过程中，审计人员发现采购部门的邮件中频繁与特定供应商讨论招标文件内容，经进一步调查发现信息泄露涉及评标人员，所以建议企业加强内部信息安全和沟通管理。

3. 招标信息的保密性检查

审计人员应检查招标信息的保密性，确保在投标开始前，所有招标信息均未被提前泄露。对于信息泄露的情况，审计人员建议企业加强信息保密管理。

例如，审计人员发现某次招标的评分标准在正式发布前已经泄露给特定供应商，所以建议企业加强招标文件的保密性管理，并对信息泄露事件展开调查。

（二）审查投标文件的真实性和完整性

1. 投标文件的原始记录

审计人员应核查所有投标文件的原始记录，特别是在投标书提交前是否有窜改或替换的迹象。对于存在窜改痕迹的文件，审计人员应深入调查原因。

例如，在一项设备采购中，审计人员发现某供应商的技术文档与原始版本存在差异，进一步调查发现部分技术参数被修改，所以建议企业进行记录比对，以查找窜改的原因。

2. 投标文件的格式和内容对比

审计人员应对比所有投标文件的格式和内容，识别可能的重复提交或虚假竞标行为。对于内容异常相似或完全一致的投标文件，审计人员应进一步核查投标单位之间的关联关系。

例如，审计人员发现两个投标单位的文件几乎完全相同，进一步调查发现它们归属于同一集团，所以建议企业加强对投标单位的背景调查，以防范潜在的串通行为。

3. 投标文件的外部验证

审计人员应建议企业通过独立第三方机构，对投标文件中的关键内容，如技术认证、财务报表等，进行外部验证，确保其真实性和合法性。

例如，审计人员通过第三方认证机构核查某供应商的财务报告，发现其提交的报告与实际财务状况不符，所以建议企业加强对供应商的财务审核和文件验证。

（三）监控投标过程的独立性

1. 投标过程的透明度

审计人员应监控投标过程的透明度，特别是在投标书的提交、开标、评标等环节，是否有外部监督或第三方参与。

例如，审计人员发现评标过程中未能引入独立的第三方评审，导致评审结果受到内部利益的影响，所以建议企业引入外部专家参与评标过程，以确保透明度和公正性。

2. 投标价格的合理性分析

审计人员应对比所有投标单位的报价，确保其符合市场行情和项目需求。对于价格异常接近或差异过大的情况，审计人员应深入调查其定价依据和投标策略。

例如，在某项工程招标中，所有投标单位的报价接近且远低于市场价，审计人员深入调查后发现，投标单位已经就价格达成了协议，所以建议企业加强价格审核，并通过市场对比分析确保价格的合理性。

3. 投标时间记录的核查

审计人员应核查所有投标书的提交时间记录，识别可能的舞弊操作行为，如集中提交、提前提交等。

例如，审计人员发现某次招标的投标时间异常，多个供应商的投标书几乎在同一时刻提交。审计人员调查后发现供应商提前沟通好了提交投标文件的时间，所以建议企业改进投标时间管理并增加对投标时间的审计审查。

投标人在投标过程中的舞弊行为不仅会影响招标过程的公平性，还可能导致企业承担高额成本和信誉损失。审计人员应通过对投标文件的真实性和完整性核查、投标前的内部沟通记录分析，以及投标过程的透明度监控等手段，及时识别和防范投标过程中的舞弊行为。企业要加强对投标单位的背景调查、评标标准的合理性审查，以及投标价格的市场对比，以有效提高招标工作的公正性，保障自身的利益不受侵害。

第五节　开标、评标、定标环节舞弊

开标、评标和定标是招标过程中确保公正性与有效性的关键环节，同时也是舞弊行为可能发生的高风险区域。在本节中，我们将详细探讨这些环节中可能出现的舞弊手段，并为审计人员提供在实务中识别和防范这些行为的策略与方法。

一、开标、评标和定标过程中的舞弊手段

（一）开标过程中的操控

1. 开标前的暗箱操作

在开标之前，舞弊者可能通过秘密协议或利益交换，提前确定中标人，并在开标过程中通过操控结果来确保内定中标者中标。例如，舞弊者可能更换投标文件、窜改开标记录，甚至虚报投标人的报价。审计人员应关注招标过程中是否有过多的内外部非正式沟通或不透明的决策记录，特别是在开标前的准备阶段，是否存在内定中标的行为。

例如，在一个建设项目的开标过程中，审计人员发现开标前评标小组成员通过私下沟通确定了中标供应商。开标时，投标价格被修改，确保了特定供应商中标。审计人员建议改进开标前的内部沟通流程，确保公开透明并引入独立第三方机构进行监督。

2. 开标过程的不透明

如果开标过程缺乏透明度，舞弊者可以在未受到外部监督的情况下操控开标结果。这可能包括不公开开标结果、限制投标人参与开标过程等。审计人员应确保开标过程公开透明，尤其是对于重要项目，应当确保所有投标人可以参与现场开标，且结果即时公示。

例如，在某政府项目招标中，审计人员发现开标过程并未公开，且只有少数与中标供应商有过往合作的供应商代表在场，所以建议未来开标时需保证所有投标单位能够参与，且开标结果应当当场公布，以确保公开透明。

3. 开标记录的窜改

舞弊者可能在开标后窜改开标记录，如修改投标价格或替换投标文件，以确保内定中标人中标。审计人员应核查开标记录的完整性，对比开标记录和原始投标文件，以识别是否有窜改迹象。

例如，在一次物资采购的开标后，审计人员发现开标记录中投标价格出现了不一致，经过调查，确认原始投标文件与实际记录不同。审计人员建议要加强对开标记录的存档管理，确保所有信息真实、准确。

（二）评标过程中的操控

1. 评标委员会的操控

舞弊者可能通过安排与特定供应商有利益关系的人员进入评标委员会，确保评标结果有利于特定供应商。审计人员应核查评标委员会成员的构成，确保成员之间没有利益冲突，投标单位与评标委员之间没有隐性关系。

例如，在某次大规模工程的评标中，审计人员发现评标委员会成员中，有一位成员的配偶在投标供应商企业工作，所以建议企业调整评标委员会成员的组成，并加强对成员利益冲突的审查。

2. 评标标准的操控

在评标过程中，舞弊者可能操控评标标准，通过调整评分权重、修改评标标准等手段，确保特定供应商中标。审计人员应核查评标标准的设定过程和评标标准的变更记录，确保其与项目的实际需求一致。

例如，审计人员在审查评标标准时发现，某个招标项目的技术要求与其他项目相比过于宽松，且某一供应商正好符合这些要求，所以建议企业重新评估评标标准，确保其合理性和项目需求的匹配度。

3. 评分结果的窜改

舞弊者可能在评分结束后窜改评分结果，调整分数，替换评分表等，以确保内定中标人中标。审计人员应核查评分记录的完整性，对比评分表与最终评分结果的一致性，确保没有人为窜改的情况。

例如，审计人员发现，在某个项目的评标结果中，评分表被窜改，个别评委的分数被显著提高，致使特定供应商中标，所以建议企业加强对评分过程的监控，确保评分记录的透明度和真实性。

（三）定标过程中的操控

1. 定标前的秘密协议

在定标过程中，舞弊者可能在定标前与中标供应商达成秘密协议，提前决定中标人，并操控定标结果。审计人员应核查定标前的所有决策和协议，确保没有私下交易或不正当的利益交换。

例如，在某建筑项目的定标过程中，审计人员发现定标委员会成员与中标供应商之间存在私人关系，并且在评标前已有明确的"推荐"供应商的迹象，所以建议企业在定标过程中增设更多独立监督机制，确保定标决策的公正性。

2. 定标过程的不透明

与开标和评标类似，定标过程如果不透明，舞弊者可以在没有监督的情况下操控定标结果。审计人员应确保定标过程的透明度，特别是在涉及大额资金的项目中，定标的过程应当完全公开，并有足够的监督机制。

例如，在某政府采购项目的定标过程中，审计人员发现定标过程没有对外公开，且没有引入外部监督机制，所以建议企业未来的定标过程必须公开透明，并在定标时邀请外部独立评审机构参与。

3. 定标记录的窜改

舞弊者可能在定标后窜改定标记录，如修改中标价格、替换定标文件等，确保特定供应商中标。审计人员应核查定标记录的完整性，特别是在定标结果有异议的情况下，确保定标文件没有被窜改。

例如，在一次采购项目的定标后，审计人员发现定标文件的中标金额与合同金额存在差异，经过调查，确认定标记录被窜改，所以建议企业在定标过程中要严格审查所有文件的真实性，并实施多层次的审计监督。

二、调查开标、评标和定标舞弊的手段

（一）核查开标过程的透明度

1. 开标过程的公开性

审计人员应确保开标过程公开透明，特别是在开标过程中，是否有外部监督或第三方机构参与。审计人员应对所有开标过程中的记录进行比对，确保不存在信息遗漏或隐瞒现象。

例如，审计人员发现某项目的开标过程未公开，只有个别供应商知晓结果，所以建议企业在未来要确保所有投标人都能参与开标，且所有结果都应在开标时即时公布。

2. 开标记录的完整性审核

审计人员应核查所有开标记录的完整性，确保记录无缺失，且符合招标公告中的要求。对于窜改或伪造的记录，审计人员应深入调查并查明责任人。

例如，在某项目的开标过程中，审计人员发现开标记录存在缺失，部分关键数据被删除。审计人员进一步调查后发现，存在人为窜改的行为，所以建议企业加强对开标记录的审核和存档管理。

3. 开标结果的比对分析

审计人员应对比开标结果与原始投标文件，确保两者一致。如果发现开标结果与投标文件内容不符，审计人员应进一步分析并调查原因。

例如，审计人员在开标后对比投标文件和开标结果时发现，某供应商的报价存在明显不一致，经过进一步调查发现，开标记录已被更改，所以建议企业在开标过程中要加强对供应商报价的核对与监控。

（二）审查评标过程的独立性

1. 评标委员会的构成审查

审计人员应核查评标委员会的构成，确保成员之间没有利益冲突，且选任过程合理、公正。审计人员应调查评标委员会成员是否与供应商有私人关系，是否有不公正的评标行为。

例如，在某招标项目中，审计人员发现评标委员会的成员与某供应商有长期合作关系，所以建议企业在未来的评标中更换与供应商有关系的评委，确保评标的公正性。

2. 评标标准的合理性分析

审计人员应核查评标标准的合理性，确保其与项目需求相符。如果评标标准过于宽泛或不具体，可能为舞弊提供空间。例如，审计人员在核查评标标准时发现，某评分项过于主观，且不具备具体可操作的评分标准，所以建议企业改进评分标准，使其更加具体和可量化。

3. 评分结果的一致性核查

审计人员应对评标委员会成员的评分结果进行一致性分析，以识别评分中的异常和偏差。对于评分差异过大或明显偏向某一供应商的情况，审计人员应深入调查评分依据和过程。

例如，审计人员发现某次评标中，评标委员会成员的评分差异较大，且部分评委的评分与其他评委不一致，所以建议企业对评分过程进行复审，以确保评分的一致性和透明性。

（三）监控定标过程的合规性

1. 定标前的准备工作审查

审计人员应核查定标前的所有准备工作，特别是确定中标人时的决策过程。审计人员应确保定标过程没有受到提前内定的影响，且所有决策依据清晰、公开。

例如，审计人员发现，在某次定标过程中，定标委员会的讨论记录缺乏透明性，所以建议企业加强定标前的记录管理，并引入独立监督机制。

2. 定标过程的透明度监控

审计人员应确保定标过程的透明度，特别是在定标过程中，是否有外部监督或第三方机构参与。对于定标过程中的任何不透明环节，审计人员应立即介入调查。

例如，审计人员在定标过程中发现，投标人无法参加定标会议，且定标结果也未及时公布，所以建议企业在未来的招标过程中，要确保定标过程完全透明，并向所有投标人报告结果。

3. 定标记录的完整性审核

审计人员应核查所有定标记录的完整性，确保记录的准确性和真实性。对于定标记录中存在的窜改痕迹，审计人员应深入调查原因并追究相关人员的责任。

例如，审计人员在定标过程中发现中标记录被修改，且部分关键环节被删除，进一步调查后确认了定标流程中的违规行为，所以建议企业加强定标记录的存档管理，确保全过程可追溯。

本节我们深入探讨了开标、评标和定标过程中可能出现的舞弊行为及其审计对策。这些环节是确保招标公正性和透明度的关键步骤，其诚信执行对于维护整个招标流程的完整性至关重要。随着我们对这些环节的深入了解，我们能够更加有效地构建起一道坚固的防线，抵御舞弊行为的侵蚀。随着招标流程的推进，我们将进入下一个关键阶段——合同的签订，这是将招标结果转化为具体行动的桥梁，也是新的风险点可能出现的地方。

第六节　合同签订和执行过程中的舞弊行为（提前设坑）

在采购流程的每一个环节中，合同签订和执行是将承诺转化为实际行动的关键步骤。但正如我们在前几节所探讨的，不正当的利益追求会在这一过程中埋下隐患。在本节，我们将对合同签订和执行阶段的舞弊行为进行探讨。这些行为如同在合作的道路上提前设下的陷阱，不仅损害了交易的公平性，还会对企业的财务健康和项目的成功造成严重影响。

一、合同签订和执行过程中的舞弊手段

（一）合同条款的隐性操控

1. 不合理的价格条款

在签订合同时，舞弊者可能通过设置不合理的价格条款来操控合同的执行，如通过附加费用、变更条款等方式，以从中获取非法利润。审计人员应核查价格条款的设定依据，确保其公平、透明，并符合市场规律。

例如，在一项采购合同中，审计人员发现，虽然最初价格已经商定，但后期增加了许多不明确的附加费用，导致最终合同金额比预期高出 30%，所以建议企业在合同中要清晰列出所有费用条款，并在合同签订前进行审核。

2. 质量要求的模糊描述

舞弊者可能通过模糊描述合同中的质量要求，使得供应商能够交付低质量产品而不被追责。审计人员应仔细核查质量条款，确保质量标准和验收要求明确且可操作。

例如，在某设备采购合同中，质量标准仅简单说明"符合行业标准"，审计人员发现该标准不具体，容易导致供应商交付不达标的产品，所以建议企业在合同中明确具体的质量要求，详细列出验收标准，并规定严格的质检程序。

3. 合同期限的操控

舞弊者可能通过设定不合理的合同期限，如过长或过短的交付时间，给供应商留下操作空间，从而在合同执行过程中获取非法利益。审计人员应核查合同期限的合理性，确保其符合项目的实际需求。

例如，在某项目的合同中，供应商被要求在极短时间内交付大量产品，但实际情况是，供应商无法按时交货。审计人员发现该合同期限过短且没有合理依据，所以建议企业根据项目的实际情况合理调整交付时间，并确保合同期限与项目需求匹配。

（二）合同执行中的舞弊操作

1. 虚报合同进度

舞弊者可能通过虚报合同执行进度，如夸大已完成的工作量、虚报已交付的产品数量等，提前获取付款或推迟交付产品。审计人员应核查合同执行的进度记录，确保其与实际情况一致。

例如，在某建筑项目中，审计人员发现供应商提交的进度报告夸大了已完成的工作量，所以建议企业加强进度报告的核查，要求项目经理提供详细的进度证明，如现场照片和签字记录，以确保报告的真实性。

2. 替换合同标的

在合同执行过程中，舞弊者可能会通过替换或窜改合同标的，如更换材料、降低质量标准等，获取额外的利润。审计人员应核查所有变更记录，以确保合同标的的一致性和合规性。

例如，在一项建筑材料采购中，审计人员发现供应商未经批准更换了材料规格，导致项目质量不符合要求，所以建议企业要建立严格的变更审批程序，确保任何变更都必须通过书面批准，并由项目经理和质量控制人员确认。

3. 隐瞒合同执行问题

舞弊者可能通过隐瞒合同执行中的问题，如交付延迟、质量问题等，避免被追责或获取不当利益。审计人员应深入调查合同执行中的异常情况，确保所有问题均被及时报告和解决。

例如，审计人员在一项技术设备采购中发现，供应商未能按期交货，但在交货时没有报告延误原因。审计人员调查后发现，该供应商试图隐瞒质量问题，避免客户发现产品不符合标准，所以建议企业加强合同执行中的问题报告管理，确保任何延误和质量问题都能及时上报并采取有效措施。

（三）合同款项的操控

1.提前支付款项

舞弊者可能通过提前支付合同款项，获取不当利益或掩盖合同执行中的问题。审计人员应核查所有付款记录，确保其符合合同规定的付款条件。

例如，在某采购项目中，审计人员发现合同款项提前支付，且供应商未按约定交货，所以建议企业在合司中明确规定付款时间和条件，避免提前支付，特别是在交货期限未到的情况下。

2.超额支付款项

舞弊者可能通过超额支付合同款项来获取非法利益，如支付的金额超过了合同规定的数额，或对尚未交付的产品或服务进行了预先支付。审计人员应对比付款记录与合同条款，确保所有付款均为合理合法的交易。

例如，在某项目的付款审计中，审计人员发现支付的金额远超过合同规定的数额，且供应商并未交付足够的产品，所以建议企业对付款进行更严格的审查，确保每一笔付款都有清晰的交付证明。

3.向不明账户支付款项

舞弊者可能通过向不明账户或私人账户支付合同款项，掩盖其舞弊行为。审计人员应核查付款账户的合法性，确保所有交易均符合合同规定的账户要求。

例如，审计人员发现一笔款项支付到了一个非合同规定的账户，且账户信息无法查证，对此审计人员提出了要加强对付款程序审核的建议，以确保所有交易均符合合同规定的账户要求。

二、调查合同签订和执行过程中的舞弊手段

（一）审查合同条款的合理性

1.合同条款的详细宣核

审计人员应对合同口的所有条款进行详细审查，特别是涉及价格、质量、交付期限等关键条款，确保条款的清晰、具体，并符合企业的实际需求。对于不明确或过于宽泛的条款，审计人员建议应对其进行修改或补充，以防范舞弊风险。

例如，在审查某项目合同时，审计人员发现价格条款不明确，容易被舞弊者操控。对此，审计人员建议企业在合同中清晰列出所有费用项目，确保价格条款的明确性。

2. 合同签订过程的合规性

审计人员应确保合同签订过程的合规性，包括合同的起草、审阅、审批和签署等环节，特别是在涉及重大采购或长期合作的合同中，审计人员应深入核查其合规性和透明度。

例如，审计人员发现，在某次合同签署过程中，企业未遵循规定的审批流程，合同直接由高层管理者签署。对此，审计人员建议要严格执行合同审批流程，并在签订前进行多方审查，确保其合规性。

3. 合同条款与实际执行的对比

审计人员应核查合同条款与实际执行情况，确保合同的各项条款在执行过程中得到了严格遵守。对于任何偏离合同规定的情况，如价格调整、质量问题等，审计人员应深入调查原因并采取改正措施。

例如，在审查合同时，审计人员发现实际交付的产品未能达到合同中列明的质量标准。对此，审计人员建议要对供应商提供的产品进行质检并采取措施，确保今后的合同执行更加严格。

（二）监控合同执行过程的透明度

1. 合同执行进度的审核

审计人员应核查合同执行进度的所有记录，特别是在进度报告、产品验收等关键环节，确保其真实可靠。对于进度报告中的异常或虚报情况，审计人员应深入调查原因并追究相关人员的责任。

例如，在某项建筑工程的进度报告中，审计人员发现项目的完成进度被大幅夸大，实际施工情况与报告相差甚远。对此，审计人员建议要采取严格的现场审核和进度检查，确保所有报告的真实性。

2. 合同标的一致性核查

审计人员应核查合同执行中的所有变更记录，确保合同标的的一致性和合规性。对于标的的替换或窜改，审计人员应深入调查原因，并建议企业加强变更管理。

例如，审计人员发现某项目的采购材料在执行过程中被更换，且未得到合同方的确认。对此，审计人员建议要加强合同变更管理，确保每一次变更都能得到相关方的书面批准。

（三）核查合同款项的支付情况

1. 付款记录的完整性审查

审计人员应核查所有合同款项的付款记录，确保其符合合同规定的付款条件和时间。对于提前支付或超额支付的情况，审计人员应深入调查原因，并建议企业采取相应控制措施。

例如，审计人员发现供应商提前收到款项，且未提供足够的交货证明。对此，审计人员建议要建立更加严格的付款控制程序，确保款项支付与实际交付相匹配。

2. 付款账户的合法性核查

审计人员应核查所有付款账户的合法性，确保所有交易均符合合同规定的账户要求。对于向不明账户或私人账户支付款项的情况，审计人员应深入调查原因。

例如，在付款审核中，审计人员发现某款项支付到一个没有正式注册的账户。对此，审计人员建议要加强对付款账户管理，以确保所有款项支付仅通过合法、正规的账户进行。

3. 合同款项的比对分析

审计人员应核查合同款项的支付情况，确保所有付款均为合理合法的交易。对于付款记录中的异常情况，如重复付款、超额支付等，审计人员应深入调查原因并追究相关人员的责任。

例如，审计人员发现某合同款项支付记录中存在重复付款的情况，调查后发现该供应商没有交付足够的产品。对此，审计人员建议要采取更加严格的付款审核机制，确保付款与交付产品同步进行。

通过对合同签订和执行过程中舞弊手段的详细分析，我们可以了解到，这些行为如何巧妙地隐藏在合同条款和执行细节之中，企图在不经意间给企业带来损失。审计人员的任务是揭露这些潜在的风险点，并采取措施以确保合同公正执行和企业利益得到保护。随着我们对这些环节的深入了解，我们能够更加有效地构建起一道坚固的防线，抵御舞弊行为的侵蚀。

第七节　合同变更舞弊（低价中标，后变更抬价）

在合同签订和执行的过程中，我们经常会遇到各种预料之外的情况，需要对合同进行变更。然而，这个必要的调整过程也可能成为不法行为的温床。在本节，我们将深入探讨一种特定的舞弊手段——低价中标后通过合同变更来抬价。这种手段不仅破坏了公平竞争的环境，还可能给企业造成重大的财务损失。我们将分析这种舞弊行为的特点，并讨论审计人员如何识别和应对这类问题，使企业免受不当得利的侵害。

一、合同变更过程中的舞弊手段

（一）通过低价中标后抬价

1. 低价策略中标

舞弊者可能故意通过提供低价报价，在招标过程中获得合同，随后通过频繁的合同变更逐步抬高价格，进而获取非法利益。低价中标的策略本质上是"先低后高"，即通过虚假报价吸引企业中标，合同签订后再通过变更合同条款，将价格逐步抬升。

例如，某企业在招标过程中通过低价中标，但在项目执行中多次提出变更要求，增加了附加费用和变动条款，使得最终价格超出原预算。对此，审计人员建议企业加强对变更条款的审查，防止低价中标后的价格抬高行为。

2. 变更条款的操控

舞弊者可能通过频繁更改合同条款，如调整价格、增加附加费用等，逐步抬高合同总价，甚至超过原预算。这种操作使得供应商在合同签订后获取更高的收益，而企业却难以避免支付过高的费用。审计人员应特别关注与价格相关的合同变更，核查变更是否合理，防止供应商借机获取不当利益。

例如，在一项建筑工程中，审计人员发现供应商多次提出变更要求，每次变更都伴随着额外费用。对此，审计人员建议企业对变更提出更严格的审批流程，并要求供应商提供充分的理由和成本分析，确保价格变动的合理性。

3. 变更原因的虚假陈述

舞弊者可能通过虚假陈述合同变更的原因，如夸大市场价格波动、虚报成本增加等，掩盖其低价中标后抬价的真实意图。这种行为严重影响了企业的预算控制，并增加了采购成本。审计人员应核查所有变更的原因，确保变更理由合理且符合实际情况。

例如，审计人员发现供应商以市场波动为理由，频繁要求调价，然而实际市场价格并未发生显著变化，经调查后发现，供应商的调价请求与合同价格的波动无关。对此，审计人员建议企业对价格变动进行市场对比分析，并要求供应商提供更为详尽的证明材料。

（二）合同变更的频繁操作

1. 变更频率过高

舞弊者可能通过频繁变更合同条款，逐步获取超额利润，如多次调整价格、修改交货期等。频繁的合同变更不仅会扰乱合同执行的正常秩序，还可能导致预算失控。审计人员应重点核查变更频率过高的合同，调查变更的原因和必要性。

例如，审计人员在审查某设备采购合同时，发现合同在短短三个月内变更了五次，主要涉及价格和交货期，经调查发现，供应商利用频繁的变更获取了额外的利润。对此，审计人员建议企业加强变更审批的监管，并在合同中设置明确的变更条件和限制。

2. 变更审批的滥用

舞弊者可能滥用合同变更的审批权限，通过不合理的变更申请或在变更前未进行充分论证和审核，掩盖其舞弊行为。审计人员应核查所有变更审批记录，确保审批过程合规且透明，防止未经充分审查的变更被批准。

例如，审计人员发现，在某合同的变更审批过程中，相关部门没有按照企业规定的程序进行详细讨论，而是草率通过了供应商提出的变更申请。对此，审计人员建议企业加强合同变更的审核，确保所有变更都有清晰的理由和必要性。

3. 隐瞒合同变更的真正目的

舞弊者可能故意隐瞒合同变更的真正目的，尤其是在价格或范围变更时，未向企业披露所有相关信息。审计人员应深入调查合同变更的动机，确保所有变更都有充分的理由，并且其目的是合理的。

例如，在审查某项目合同的多次变更时，审计人员发现供应商在每次变更时未充分说明变更的实际原因，而是以"市场变化"或"特殊需求"为理由，经调查发现，实际变更背后存在利益输送的嫌疑。对此，审计人员建议企业加强对合同变更的透明度管理，如要求供应商提供详细的成本分析和变更原因。

（三）变更合同范围与内容

1. 扩大合同范围

舞弊者可能通过扩大合同范围，增加额外的工作内容或服务项目，从而抬高合同总价，获取额外利润。审计人员应核查所有合同范围的变更记录，确保其合理性和必要性，防止不必要的扩展而增加企业成本。

例如，在一项工程项目中，审计人员发现，供应商在合同执行过程中多次要求增加额外的服务内容，而这些内容与最初合同的实际需求无关。对此，审计人员建议对合同范围进行严格定义，确保所有增加的服务都经过充分论证和合理审批。

2. 降低原合同标准

舞弊者可能通过降低原合同中的质量标准或服务要求，节省成本并获取额外利润。审计人员应核查所有质量标准的变更记录，确保其符合企业的实际需求和合同规定，防止因质量降低而影响项目的长期利益。

例如，在某设备采购项目中，审计人员发现供应商未经批准降低了材料质量标准，并未通知企业。对此，审计人员建议企业建立严格的质量监控机制，确保任何质量标准的变更都能得到严格的审查和批准。

3. 变更后的合同执行不符

舞弊者可能在合同变更后未按变更后的条款执行合同，如未提供变更后的服务项目。审计人员应核查合同执行中的所有记录，确保变更后的合同条款得到了严格执行。

例如，在项目执行过程中，审计人员发现，供应商未按新的合同条款交付原定增加的内容，且未提供变更后的服务。对此，审计人员建议企业加强对合同执行的监督，确保变更后的条款得到履行。

二、调查合同变更舞弊的手段

（一）核查合同变更记录的完整性

1. 合同变更的审批记录

审计人员应核查所有合同变更的审批记录，确保每项变更都经过适当的审查和批准。对于缺乏充分审批或不合规的变更，审计人员应深入调查原因并采取措施，以避免类似情况的发生。

例如，审计人员发现一份合同在没有经过充分审批的情况下被修改了价格条款。对此，审计人员建议企业加强变更审批的控制，确保所有变更都能提供充分的证据和批准记录。

2. 合同变更的频率分析

审计人员应分析合同变更的频率，特别是对于频繁变更的合同，应重点调查变更的动机。对于频繁变动的合同，审计人员应追溯变更的动机，确保没有人为操控价格或范围。

例如，在审查一项合同时，审计人员发现该合同每个月都进行价格调整。对此，审计人员建议企业对频繁变更的合同进行详细审查，并对供应商的价格变动进行严格控制。

3. 合同变更的合法性验证

审计人员应核查所有合同变更的合法性，特别是在涉及价格、范围和标准变更的合同中，确保其符合企业的政策和法律规定。对于变更后的合同条款，审计人员建议企业应进行独立验证或第三方评估，以确认变更的合理性和合规性。

例如，在审计一个涉及高金额变更的合同时，审计人员发现变更条款不符合行业规定。对此，审计人员建议企业进行第三方审查，以确保变更不仅符合法律法规，还符合合同初衷，从而避免未来因合同变更而引发法律纠纷。

（二）比对变更前后的合同条款

1. 合同价格变动的合理性分析

审计人员应比对合同变更前后的价格记录，识别价格变动的异常情况。特别是当价格变动显著时，审计人员应详细调查价格调整的原因，确保供应商未通过不正当手段获取超额利润。

例如，在审计一个项目的合同价格变动时，审计人员发现供应商交货期延长的同时，价格被大幅度抬高，经调查发现，供应商与采购部门的关系较为密切。对此，审计人员建议企业加强合同执行中的价格监控，确保价格变动符合合同条款并获得批准。

2. 合同范围变更的必要性审查

审计人员应核查所有合同范围的变更记录，特别是涉及增加工作内容或服务项目时，确保变更的合理性和必要性。对于没有充分理由或未经过合理审批的范围扩大，审计人员应深入调查原因并采取相应措施。

例如，在一个长期合作的采购合同中，审计人员发现供应商多次提出增加项目，且每次增加项目都会产生额外费用。审计人员发现这些变更未经过正式审核，所以建议企业严格把控变更的审查程序，要求供应商提供详细的项目必要性分析，并确保所有变更都经过适当的审批。

3. 合同标准变更的影响评估

审计人员应评估合同标准变更对合同执行的影响，确保变更后的标准仍符合企业的实际需求和质量要求。特别是当标准下降时，审计人员应进行质量检测，或通过第三方认证机构确认标准的合规性。

例如，在审查某工程项目合同时，审计人员发现供应商降低了某些建筑材料的质量标准，且未经过客户确认。对此，审计人员建议对所有变更进行独立评估，尤其是质量标准的变更，确保其不会对项目质量产生负面影响，并且所有变更都得到客户的确认和批准。

（三）监控合同变更后的执行情况

1. 变更后的合同执行记录核查

审计人员应核查合同变更后的执行记录，确保变更后的条款得到了严格执行。特别是在交付进度、质量控制等关键环节，审计人员应确认合同执行与变更条款是否一致。

例如，在某项长期建设合同中，审计人员发现，供应商没有按规定交付增加的服务内容，且未提供变更后的设备，经深入调查后发现，供应商在合同变更后未履行新的交付标准。对此，审计人员建议企业加强对合同执行的监督，确保变更后的合同条款得以执行。

2. 变更后合同款项的支付监控

审计人员应监控变更后合同款项的支付情况，确保所有付款符合变更后的合同规定。特别是在价格变动或合同范围扩大后，审计人员应确保付款金额与合同条款一致。

例如，在审计某供应商合同时，审计人员发现由于合同变更，付款金额超过预算，经深入调查得知，支付款项不符合已批准的变更条款。对此，审计人员建议企业制定严格的支付审核流程，确保付款金额与合同变更内容一致。

3. 变更后的合同绩效评估

审计人员应对变更后的合同绩效进行评估，确保合同的履约情况符合企业的预期目标，尤其是在变更后。如果变更内容涉及重要工作或高风险因素，审计人员应提出进行定期绩效评估的策略。

例如，审计人员对某个变更后的项目合同进行后续跟踪，发现供应商未能如期交付并减少了承诺的服务内容，导致项目进度大幅滞后。对此，审计人员建议企业对所有长期合作的合同设置定期的绩效评估机制，并根据评估结果及时调整合作策略或供应商选择。

合同变更舞弊行为通常包括低价中标后抬价、频繁的合同变更、合同条款的模糊化，以及通过各种手段隐藏真实目的等。为了防范这些舞弊行为，企业应在合同签订前和合同执行过程中加强审计监控，确保合同条款合理、透明，并且所有变更都有合理的依据。审计人员应定期对合同变更进行分析和审查，并对异常情况进行深入调查，确保合同执行的合规性和有效性。这不仅有助于保护企业的财务利益，也能够确保采购行为的公正性和透明度。

本节我们揭示了低价中标后通过合同变更抬价的舞弊手段，这种手段在合同执行过程中尤为常见，对企业造成了不小的困扰和损失。审计人员在面对这类问题时，必须保持警觉，采取有效的审计策略来识别和防范。随着我们对合同变更舞弊行为的深入了解，我们可以更加有效地保护企业的利益，确保合同变更的合法性和合理性。

第八节　采购支付舞弊

在企业采购活动中，支付环节是资金流转的最后阶段，也是企业内部控制和审计工作的关键点。由于涉及大额资金交易，采购支付环节容易成为舞弊行为的高发区。常见的舞弊行为包括虚假发票报销、预付款和进度款滥用，以及回扣和贿赂等。这些舞弊行为不仅导致企业资金损失，还可能破坏企业的声誉和市场公平竞争环境。因此，本节将通过具体案例探讨采购支付舞弊的手段、审计思路及舞弊调查手段，以及如何根据审计结果采取有效的应对措施。

一、案例背景

××建筑集团有限公司是一家领先的建筑企业，其在处理一项重要的政府基础设施项目时，意外揭露了一起涉及500万元的采购支付舞弊案。在年度审计中，审计人员发现了多笔可疑交易，这些交易似乎与一个名为"××建材有限公司"的供应商有关，该公司提供的发票存在伪造痕迹，且与××建筑集团有限公司的一名采购经理有亲属关系。这起事件不仅涉及金额巨大，还暴露了企业内部控制的严重漏洞。

接下来，我们将探讨审计人员如何通过一系列思路和手段来揭露与防范此类舞弊行为，确保企业资金安全和市场交易的公正性。

（一）审计思路及舞弊调查手段

在介绍具体案例之前，我们先来梳理一下审计的基本思路和调查手段，这可以为理解后续案例提供坚实的基础。针对××建筑集团发现的舞弊行为，审计团队迅速采取行动，运用一系列专业的审计思路和调查手段来应对这一挑战。

1. 审计工具与步骤

（1）发票验证工具。审计人员可以利用专业的发票验证工具来检查发票的真实性，如"国家税务总局全国增值税发票查验平台"或第三方提供的发票验证服务，这些工具可以与供应商数据库对接，自动验证发票信息的一致性。

例如，在一项审计任务中，审计人员通过"国家税务总局全国增值税发票查验平台"发现了一系列伪造的发票，这些发票的供应商信息在数据库中不存在，揭示了一起采购支付舞弊行为。

（2）数据分析软件。审计人员可以运用数据分析软件如"SAS Enterprise Miner"或"IBM SPSS Modeler"对采购支付数据进行深入分析，包括支付频率、金额和供应商的支付历史。通过设置异常交易的阈值，软件可以自动识别可疑的支付行为。

例如，数据分析软件在处理支付数据时发现了一笔异常的大额支付，该支付与合同规定的支付进度不符，引起了审计人员的注意。

（3）银行对账单核对。审计人员应定期核对银行对账单，以确保所有支付行为都有相应的银行交易记录，且支付金额与记录相符，可使用"QuickBooks"或"Xero"等会计软件辅助核对工作。

例如，在核对银行对账单时，审计人员发现一笔支付记录未在企业账簿中记录，通过进一步调查揭示了这起内部人员挪用资金的舞弊行为。

2. 舞弊调查手段

（1）采购支付流程审查。审计人员应审查采购支付流程，包括审批流程、支付条件和支付方式，确保流程的合规性和安全性，可使用流程图软件如"Visio"来帮助分析和优化流程。

例如，审计人员发现某企业的采购支付流程存在漏洞，未经适当审批即可支付大额款项。对此，审计人员建议企业加强审批流程管理，增设多重审批机制。

（2）供应商背景调查。审计人员应对供应商进行背景调查，包括财务状况、信誉记录和法律诉讼记录，以评估供应商的风险等级，可使用"LexisNexis"或"Dun &

Bradstreet"等商业信息服务平台进行调查。

例如，审计人员在对供应商进行背景调查时发现，该供应商涉及多起法律诉讼，且财务状况不佳，所以建议企业重新评估与该供应商的合作关系。

（3）内部控制评估。审计人员应评估企业的内部控制体系，特别是与采购支付相关的控制措施，确保能够有效预防和检测舞弊行为，可使用"COBIT 框架"或"COSO 内部控制框架"作为评估标准。

例如，内部控制评估揭示了采购部门缺乏有效的监督和审查机制，审计人员建议企业加强内部监督，提高采购支付的透明度。

二、具体案例分析

（一）案例一：××建筑集团有限公司采购支付舞弊

1. 舞弊行为的发现

在年度审计中，审计人员注意到多笔支付给"××建材有限公司"的款项存在问题，总额达 500 万元人民币。这些款项似乎并未对应任何实际交付的货物或服务，引起了审计人员的怀疑。

2. 审计方法的应用

审计人员采取了以下措施来调查舞弊行为。

（1）发票验证：通过"国家税务总局全国增值税发票查验平台"对可疑发票进行核实，发现发票信息与税务局记录不符。

（2）数据分析：使用"SAS Enterprise Miner"分析支付数据，识别异常支付。

（3）银行对账单核对：利用"QuickBooks"与银行对账单核对，发现未记录在企业账簿中的支付事项。

3. 舞弊行为的确认

经过调查，审计人员确认了以下舞弊行为。

（1）伪造发票：发现"××建材有限公司"提供的多张发票为伪造。

（2）内部人员挪用资金：发现内部人员与供应商勾结，挪用资金。

4. 经济损失评估

这些舞弊行为导致××建筑集团有限公司损失了 500 万元人民币。审计人员建议该公司通过法律途径追回损失，并要求相关人员赔偿。

5. 补救措施和预防策略

根据审计结果，××建筑集团有限公司采取了以下补救措施和预防策略。

（1）加强内部培训：提高员工对舞弊行为后果的认识。

（2）定期审计：提高舞弊行为的检测率。

（3）优化内部控制：依据"COSO 内部控制框架"优化内部控制体系。

通过以上措施，××建筑集团有限公司成功揭露了内部舞弊行为，并加强了内部控制，提高了未来防范类似风险的能力。这些措施的实施，为公司挽回了部分经济损失，同时也保护了公司的声誉和市场地位。

通过这个案例分析，我们可以看到审计在揭露和防范舞弊行为中的重要作用，以及有效的审计思路和调查手段对于保护公司资产与声誉的重要性。

（二）案例二：预付款和进度款的滥用

1. 背景

在一项大型建设项目中，承包商通过虚假申报项目进度，提前获取了进度款，而实际工作远未达到申报的进度。

2. 舞弊手段

（1）提前支付。舞弊者可能通过操纵合同条款，要求提前支付大比例的预付款，而后携款潜逃或未按约定提供商品或服务。

例如，在一项价值 500 万元的建材采购合同中，供应商要求支付 40% 的预付款。然而，在收到款项后，供应商以各种理由延迟交货，经调查，审计人员发现供应商已将资金转移至海外账户，且无交货意愿。

（2）进度款的虚假申报。舞弊者可能通过虚假申报项目进度，提前获取进度款，而实际工作远未达到申报的进度。

例如，在一项价值 1 000 万元的软件开发项目中，供应商申报已完成 70% 的开发工作，并要求支付相应的进度款。审计人员通过审查项目代码库和里程碑报告发现，实际开发进度不足 40%。

（三）案例三：回扣和贿赂

1. 背景

在一项政府采购项目中，一家供应商向负责招标的政府人员行贿，以确保在评标过程中获得高分，并最终获得价值 5 000 万元的合同。

2. 舞弊手段

（1）回扣索取。舞弊者可能在采购过程中索取回扣，作为选择特定供应商或接受较高价格的条件。

例如，一名采购经理在采购一批价值 200 万元的设备时，私下向供应商索取 10% 的回扣，作为选择该供应商的条件。

（2）贿赂支付。舞弊者可能通过贿赂决策者，获得采购合同或更优惠的合同条件。

例如，在一项政府采购项目中，一家供应商向负责招标的人员支付了 50 万元的贿赂，以确保在评标过程中获得高分，并最终获得价值 5 000 万元的合同。

三、审计结果及处理

（一）舞弊行为确认

根据审计结果，确认舞弊行为的存在，并详细记录舞弊行为的性质、范围和影响。

例如，审计结果确认了一起采购经理与供应商勾结，通过虚假发票报销以非法获利的舞弊行为。

（二）经济损失评估

评估舞弊行为给企业造成的经济损失，并提出追回损失的策略。

例如，舞弊行为导致企业损失了 100 万元，审计人员建议通过法律途径追回损失，并要求相关人员赔偿。

（三）补救措施和预防策略

根据审计结果，提出补救措施和预防策略，以防止类似舞弊行为的发生。

例如，审计人员建议企业加强内部培训，增强员工对舞弊行为后果的认识，并定期进行审计，以提高舞弊行为的识别率。

采购支付舞弊行为不仅损害了企业的财务健康，也破坏了市场的公平竞争环境。通过详细的审计调查和有效的监控手段，企业可以识别和防范这些舞弊行为，保护企业资产和声誉。

第九节　仓库出入库管理舞弊

仓库是企业物流和库存控制的核心。确保出入库流程的准确性和完整性，对于维护企业资产与提高运营效率至关重要。然而，这一环节也常常成为舞弊行为的高发区。本节将详细探讨仓库出入库管理中的舞弊手段，并通过具体案例分析，展示审计思路、调查方法、过程分析以及结果建议。

一、仓库出入库管理舞弊手段

（一）虚假出入库记录

舞弊者可能通过伪造或窜改出入库记录，虚构货物的进出，以达到虚增库存、隐瞒存货损失或非法转移资产的目的。

（二）库存盗窃

内部人员可能利用职务之便，盗窃仓库中的货物，并通过修改出入库记录来掩盖盗窃行为。

（三）不正当库存盘点

在库存盘点过程中，舞弊者可能故意低估或高估库存数量，以影响财务报表或掩盖盗窃行为。

二、具体案例分析

（一）案例一：××制造有限公司库存失窃

1. 背景

××制造有限公司是一家生产电子产品的制造企业。在最近的一次库存盘点中，公司发现价值200万元的电子元件不翼而飞。这些电子元件是公司生产的关键原材料，它们的缺失严重影响了生产进度。

2. 舞弊手段

（1）虚假出入库记录。审计人员在审查出入库记录时发现，有一批电子元件的出库记录与实际生产需求不符，且相关记录存在多次修改痕迹。

（2）库存盗窃。通过监控录像和员工访问记录，审计人员发现夜班仓库管理员有多次在非工作时间单独进入仓库，且这些时间段与电子元件失窃的时间吻合。

3. 审计思路及调查方法

（1）出入库记录审核。审计人员对比了出入库记录与生产订单和采购记录，并通过"仓库管理系统"进行数据分析，发现了不一致之处。

（2）监控录像分析。审计人员调取了仓库的监控录像，分析了失窃发生前后的录像资料，发现了仓库管理员的可疑行为。

（3）员工访问记录检查。审计人员检查了员工的访问记录，发现了仓库管理员在非工作时间频繁访问仓库的记录。

4. 过程分析

审计人员通过对出入库记录的详细审核，结合监控录像和员工访问记录，揭露了仓库管理员与外部人员勾结、盗窃电子元件的行为。失窃的电子元件在市场上的转售价值约为150万元，给公司造成了直接经济损失。

5. 审计结果及建议

（1）经济损失评估。××制造有限公司因库存失窃直接损失了价值200万元的电子元件。

（2）补救措施如下。

①立即报警并配合警方调查，追回失窃的电子元件。

②对仓库管理员进行纪律处分，并追究其法律责任。

③加强对仓库的安全管理，包括升级监控系统和限制非工作时间的仓库访问。

（3）预防策略如下。

①定期对仓库员工进行道德和法律培训，提高员工的合规意识。

②强化出入库流程的内部控制，确保所有出入库记录的准确性和完整性。

③引入第三方审计，定期对仓库的出入库记录和库存盘点进行独立审核。

（二）案例二：虚构入库记录舞弊

1. 背景

××食品有限公司是一家知名的食品加工企业。在一次财务审计中，审计人员发现公司库存记录显示的原材料数量与实际盘点结果存在较大差异。

2. 舞弊手段

（1）虚构入库记录。审计人员发现，部分原材料的入库记录与供应商的发货记录不符，存在虚构的入库记录。

（2）虚增库存。通过虚构入库记录，内部人员虚增了库存数量，以掩盖原材料的浪费或盗窃行为。

3. 审计思路及调查方法

（1）对比分析。审计人员对比了入库记录与供应商的发货凭证，发现多起不一致的情况。

（2）实地盘点。对仓库进行突击盘点，与账面记录进行对比，发现了虚增库存的情况。

4. 过程分析

审计人员通过对入库记录进行详细审核和实地盘点，揭露了仓库管理人员虚构入库记录的行为。这些虚构记录导致公司财务报表上的库存金额虚高约300万元。

5. 审计结果及建议

（1）经济损失评估。××食品有限公司因虚增库存导致财务报表不准确，影响了公司的财务信誉。

（2）补救措施如下。

①对相关责任人进行纪律处分，并追究法律责任。

②加强内部控制，确保所有入库记录的真实性和准确性。

（3）预防策略如下。

①定期进行库存盘点，核查账面记录与实际库存。

②加强对仓库管理人员的监督和培训，提高他们的职业素养。

（三）案例三：不正当库存盘点舞弊

1. 背景

××制药集团在年度库存盘点中发现，部分贵重药材的库存数量与账面记录严重不符。

2. 舞弊手段

（1）不正当库存盘点。审计人员发现，在库存盘点过程中，部分药材被低估，而其他药材被高估。

（2）影响财务报表。通过不正当的库存盘点，内部人员试图影响财务报表，掩盖存货损失。

3. 审计思路及调查方法

（1）盘点方法审查。审计人员审查了盘点方法和过程，发现盘点方法存在漏洞。

（2）监控盘点过程。审计人员对盘点过程进行监控，以确保盘点的公正性和准确性。

4. 过程分析

审计人员通过对盘点方法的审查和对盘点过程的监控，揭露了仓库管理人员在盘点过程中故意低估和高估药材数量的行为。这些行为导致公司财务报表上的存货金额不准确，影响了公司的财务分析和决策。

5. 审计结果及建议

（1）经济损失评估。××制药集团因不正当盘点导致财务报表不准确，影响了公司的财务信誉和决策。

（2）补救措施如下。

①对相关责任人进行纪律处分，并追究法律责任。

②改进盘点方法，确保盘点的公正性和准确性。

（3）预防策略如下。

①加强对盘点过程的监督，确保盘点的独立性和客观性。

②定期对仓库管理人员进行职业道德和法律法规的培训。

通过以上案例，我们可以了解仓库出入库管理中的舞弊行为对企业运营和财务的影响。审计人员在揭露这些舞弊行为中发挥了关键作用，他们不仅帮助企业挽回了部分损失，还通过提出补救和预防措施，加强了企业的内部控制和风险管理。

第十节　案例

在前面的章节中，我们分析了采购舞弊的不同情况，包括低价中标后的价格操纵、虚假竞标和评标标准的不公正设定。这些内容展示了企业如何操纵招标过程，以及审计人员如何揭露这些问题。接下来，我们将聚焦于三个具体的案例，进一步探讨招标中的不正当行为和审计的应对策略。

一、案例一：低价中标后频繁变更抬价的舞弊行为

（一）背景

某大型建筑公司承接了一个政府基础设施项目，该项目的招标采用了低价中标的策略。在初期，公司以远低于市场价的报价获得了合同。该项目的规模较大，涉及建筑材料采购、施工劳动力和工程管理等多个方面，预算为 1 亿元人民币。尽管该建筑公司在市场上有较高的声誉，但其报价明显低于市场价格，引起了招标方的关注。

（二）合同情况

初始合同金额为 8 000 万元人民币，价格较为低廉，但合同规定了较为苛刻的质量标准和交付时间。然而，在项目执行过程中，该公司通过频繁的合同变更，逐步将项目总价抬高至 1.2 亿元人民币。合同变更的原因主要包括增加附加项目、材料价格上涨和劳动力成本增加等。

（三）舞弊手段

1. 低价中标后频繁变更

公司通过故意低报价格，在竞争中胜出，一旦中标后，就频繁提交合同变更申请。这些变更主要涉及价格调整和材料更换。例如，在第一年项目执行过程中，该公司提出了十余次价格调整申请，每次调整幅度都较大，且均未经过独立审计机构的核查。

2. 虚假陈述变更理由

每次变更时，该公司提供的市场调研报告显示原材料价格上涨的幅度较大，甚至声称项目所需的钢筋、混凝土价格上涨了 50%。然而，经过审计，实际市场价格的涨幅远低于该公司所宣称的价格。审计人员通过比对多家供应商的报价和公开的市场数据，确认公司报告中的数据严重夸大。

3. 隐瞒执行中的问题

合同变更后，公司未能按新的条款严格执行项目，存在交付延迟、质量问题等情况。例如，某个关键的建筑用料未能按时交付，且交付的材料质量不符合合同要求。然

而，该公司并未向项目监管方报告这些问题，而是通过后续的合同变更掩盖实际执行中的问题。

（四）调查经过和方法思路

1. 审计方法

审计团队首先对所有合同变更记录进行了审查，特别是涉及价格调整的变更。同时对比了市场数据与公司提供的报告，发现报告中的价格上涨幅度远高于市场的实际波动。对此，审计团队对合同执行的进度和质量报告进行了核查，发现交付延迟和质量问题未被及时报告。

2. 调查过程

审计人员通过与该公司沟通并请求核查相关文件，发现公司提供的市场价格报告存在明显的夸大现象。例如，在一次合同变更申请中，该公司提供的市场调研报告声称，钢铁价格上涨了30%，而实际市场数据仅显示上涨了5%。审计人员还通过对项目进度和实际交付情况进行比对，发现多项交付工作延迟且材料质量不达标。

（五）问题发现和风险影响

1. 问题发现

通过审计，审计人员发现该建筑公司通过低价中标后频繁变更合同价格，最终将项目总价抬高。每次变更该建筑公司都提供了虚假的市场数据，掩盖了其不合理价格调整的真实目的。

2. 风险影响

这种舞弊行为直接导致了项目预算的严重超支，增加了政府方的财政负担。同时，项目执行过程中出现的交付延迟和质量问题，可能影响政府的基础设施建设进度，并且对公众信任造成负面影响。如果该项目涉及公共安全问题，还可能对公司的声誉造成长远的损害。

（六）审计结果和处理方法

1. 审计结果

审计团队确认了公司通过低价中标后频繁变更合同条款，将项目总价抬高，并提供虚假报告以掩盖价格调整的真实动机。此外，公司未按合同履行质量标准，存在项目执行问题。

2. 处理方法

审计人员建议政府方重新评估该项目，考虑取消当前的合同变更，并重新进行项目审查。为了防止类似情况的发生，审计人员建议建立严格的合同变更审批机制，并引入第三方独立审查机构对价格变更进行验证。此外，审计人员还建议要加强对合同执行情况的监控，确保所有变更都严格按照项目要求执行，避免以后再出现类似舞弊行为。

二、案例二：虚假竞标单位和内定中标人

（一）背景

某政府部门为采购一款 IT 设备，决定进行公开招标。此次招标吸引了多家国内外 IT 设备供应商参与竞标，招标过程中，投标报价差距非常小，几乎所有供应商的报价都在同一价格范围内。然而，审计部门接到举报，怀疑此次招标存在内定中标人的舞弊行为。

（二）合同情况

中标的供应商报价较高，但却提供了较低的技术参数和较少的服务支持。审计人员对比其他供应商的技术方案，发现该中标供应商的技术方案并不具备竞争优势，但却获得了高分。其他报价相对较低的供应商被排除在外。

（三）舞弊手段

1. 虚假竞标单位

审计调查显示，有三家供应商的投标文件内容极为相似，几乎完全相同，且提交时间几乎一致。通过进一步调查发现，这三家公司之间的股东结构和管理层高度相似，实际为同一集团下的关联公司，这意味着他们并未真正进行竞争，而是通过虚假竞标制造了表面的竞争环境。

2. 提前内定中标人

投标开始前，采购人员已与中标供应商达成协议，确定了中标人。招标过程只是走过场，评标委员会中的几个成员与中标供应商有过业务往来，最终中标供应商得到明显偏高的分数。

3. 操控评标过程

评标标准中有多个主观评分项，如供应商的"企业信誉"和"团队能力"，对此评委可根据自己的判断进行评分，从而大大提高了特定供应商的得分。审计人员通过对比各供应商的评分记录，发现该中标供应商的得分明显偏高，且评分与实际技术能力和报价并不匹配。

（四）调查经过和方法思路

1. 审计方法

审计人员通过对比投标文件的内容，发现三家供应商的文件几乎完全一致，且其中部分供应商的资质文件存在重复内容。通过与供应商沟通，审计人员进一步确认这几家公司是由同一股东控制。审计人员还调查了评标委员会成员，发现几名成员与中标供应商有较密切的业务联系。

2. 调查过程

通过对评标记录的分析，审计人员发现评标中主观评分项的权重明显偏向中标供应商，且其中的评分标准不透明，评标过程未能做到足够公开公正。进一步调查后，审计人员发现评标委员会存在利益冲突，几名评委与中标公司有过长期的合作关系。

（五）问题发现和风险影响

1. 问题发现

该项目的招标存在严重的舞弊行为。虚假竞标单位通过关联公司提交相同的投标书，而评标委员会的评分标准和过程也存在不公正现象，最终使内定中标人胜出。

2. 风险影响

此类舞弊行为不仅破坏了公开招标的公平性，还严重影响了政府采购的透明度，并削弱了公众和其他供应商的信任。从长远来看，这可能会影响政府部门的声誉，并导致财政资源的浪费。

（六）审计结果和处理方法

1. 审计结果

审计结果确认了评标过程中的操控和虚假竞标行为。审计人员建议重新审查该项目的评标过程，并对评标委员会进行整顿。

2. 处理方法

审计人员建议政府方取消中标结果，重新组织招标，并加强对评标委员会成员的背景审查，确保其独立性和公正性。同时，要加强招标信息的保密管理，避免提前泄露招标条件和评标标准。

三、案例三：评标标准设定舞弊

（一）背景

某航空公司为其航材采购进行招标，邀请了多个供应商参与竞标。招标公告中明确规定了评标标准，然而在实际评标过程中，采购方通过修改评标标准，确保特定供应商中标。

（二）舞弊手段

1. 为特定供应商量身定做评标标准

舞弊者通过修改技术规格，加入特定供应商能够轻松满足的条件，以排除其他供应商。例如，评标标准中加入了"要求提供某一型号发动机的维护经验"，该条件是特定供应商的独家优势。

2.调整评分权重

评标时，舞弊者通过调整评分权重，即提高特定供应商擅长领域的权重，确保该供应商的得分较高。

（三）调查经过和方法思路

1.审计方法

审计人员对比了多个项目的评标标准和实际评分，发现某些评分项明显有失公平。通过与采购方沟通，审计人员发现采购人员在招标后调整了评标标准，甚至在未公开的情况下更改了评标标准的权重。

2.调查过程

经过进一步调查，审计人员发现，修改后的评分标准使特定供应商在评分过程中得分较高，其他符合条件的供应商被排除在外。

（四）问题发现和风险影响

1.问题发现

通过对比修改前后的评标标准，审计人员确认了舞弊行为。评标标准的修改不符合公平公正的原则，使特定供应商在竞争中占据（不正当）优势。

2.风险影响

该舞弊行为可能导致公司采购的航材质量不符合要求，增加维护成本和安全隐患，影响公司的航运安全。

（五）审计结果和处理方法

1.审计结果

审计结果确认了评标标准的不当修改，导致项目结果出现不公。

2.处理方法

审计人员建议重新进行招标，并重新评估修改后的评标标准。对于参与舞弊的人员，审计人员建议进行纪律处分。同时，要加强评标过程的透明度管理，确保招标的公正性。

通过对上述三个案例的深入分析，我们可以看到，无论是低价中标后频繁变更抬价、虚假竞标单位和内定中标人，还是评标标准设定舞弊，这些行为都严重破坏了招标的公平性和透明度，对企业和社会都造成了不良影响。审计人员的专业调查和发现对于维护市场秩序、保护公共利益至关重要。这些案例也提醒我们，在招标和采购过程中，必须建立严格的监督机制和透明的评标流程，以防止舞弊行为的发生。

第六章

采购舞弊环节的控制

　　采购环节作为企业运作中至关重要的一部分，其流程的规范性直接影响企业的财务健康与运营效率。然而，由于采购环节涉及金额较大，且多方利益交织，常常成为舞弊行为滋生的温床。为了有效遏制采购舞弊，企业需要从源头上加强对采购环节的控制，不仅要确保采购流程的合规性，还要通过科学的审计与监控手段，提前识别潜在风险，最大限度地减少舞弊行为的发生。

　　本章将从多个角度探讨如何在采购环节中实施有效的舞弊控制措施。通过对不同风险点的识别与管控，企业能够构建一个高效且透明的采购体系，既能保障采购质量，又能有效防范舞弊风险。接下来，我们将具体分析如何通过对采购人员、供应商管理、审批流程等方面的控制，有效减少舞弊行为的发生，确保采购环节的安全与合规。

第一节　建立与完善企业内控制度

　　在企业的采购活动中，内控制度的建立与完善是防范采购舞弊行为的基础性工作。内控制度不仅可以规范采购流程，还能为企业建立明确的权责体系，从而有效降低舞弊风险。本节将详细探讨企业如何通过建立与完善内部控制制度来控制采购舞弊，并结合具体案例分析其实施效果。

一、内控制度的定义与重要性

　　内控制度是企业管理中用于防范各类风险的核心环节，特别是在采购活动中，企业必须通过有效的内控制度来确保采购的透明性、合法性与合理性。这些制度涵盖从采购需求的提出、供应商选择、合同签订，到货物验收和付款的全过程。采购舞弊事件通常发生在内控制度不完善或执行不到位的情况下，因此建立与完善有效的内控制度是防范采购舞弊的基础。

例如，某制造企业曾因缺乏有效的采购审批制度，导致采购人员在不经过审核的情况下与某家供应商签订高价合同，给企业造成重大经济损失。针对这一情况，企业通过完善采购审批制度，明确了各级别采购金额的审批权限与流程，从而有效防范了类似问题的再次发生。

二、内控制度建立的具体步骤

（一）分析企业当前采购流程中的漏洞

企业在建立内控制度时，首先要识别和分析当前采购流程中的薄弱环节。

例如，某科技公司在审计过程中发现采购流程中存在多个手工操作环节，尤其是在供应商报价的比价过程中，因缺乏统一记录工具，采购人员在比价环节面临信息不对称的问题，甚至存在人为操作报价单的情况，导致报价记录不完整、涂改和遗漏等现象频繁发生，最终使多次采购的成交价高于市场价格，增加了企业成本。

为了解决这些问题，公司管理层决定引入数字化采购管理系统，要求所有供应商报价必须通过系统提交，并由系统自动生成比价报告，从而杜绝了人为干预的可能性。通过这一数字化系统的实施，公司显著提升了采购流程的透明度和规范性，有效降低了舞弊风险，确保了采购过程的公开、公正及市场竞争力。

（二）制定明确的内控制度框架

内控制度框架的制定需要从组织架构、审批流程、采购策略等多个维度进行设计。一个清晰的内控制度框架可以确保每个采购环节都有相应的控制措施，从而减少舞弊的发生可能性。

例如，某医疗器械公司为了满足高标准的合规要求，特别设计了多层级审批机制，确保每笔超标采购都经过内部合规审查和财务审核，以保障采购行为的合法性和合理性。然而，在日常审计中，审计团队发现部分大额采购存在审批草率的情况，甚至通过分拆合同来规避大额审批的流程。对此，管理层展开调查并重新调整了审批权限，将两级审批增加至三级，并特别关注大额设备采购，确保任何大额采购都必须经过财务和法律部门的联合审核。

通过这种措施的实施，公司有效遏制了分拆合同规避审批的现象，内控制度在合规性和透明度上得到显著提升，进一步降低了采购过程中的舞弊风险，确保每笔大额采购的合法合规性。

（三）设立采购内控的责任机制

建立内控制度不仅在于制度的设计，还需要明确每一个控制点的责任人。通过设立明确的责任机制，能够让每一位员工清楚了解自己的岗位职责，以及在采购环节中的责任。

例如，某零售公司在实施采购内控制度时，明确了每一位采购员、部门经理及财务审核人员的具体职责，尤其是在供应商选择环节，通过这一责任划分机制大幅降低了舞弊风险。然而，在一项审计调查中，公司发现供应商的评审工作通常由同一采购员独自完成，缺乏有效监督，导致供应商资质审核不严的问题。为了解决这一漏洞，公司将供应商的评审流程由采购员单独负责改为由采购员、部门经理及独立质量评审团队共同参与，以加强监督和审核力度。

通过细化采购环节的责任机制，公司确保各个环节均有明确的责任主体，特别是在供应商评审过程中，增加多部门合作审核，从而有效减少了不合格供应商的进入。建立有效的内控制度应从漏洞分析、框架设计到责任划分逐步推进，并通过数字化工具和多层级审批机制提升采购透明度，防范舞弊的发生。

三、内控制度实施中的常见问题与解决对策

（一）制度执行不到位

虽然企业制定了详尽的内控制度，但在实际执行中往往因为人员不到位、理解不充分等原因导致执行效果打折扣。因此，企业需要建立内控制度的监督机制，确保制度能够切实落地。

例如，某食品公司曾因内控制度执行不到位，导致采购员直接选择供应商而未按照规定进行比价。为此，公司成立了专门的内控监督小组，定期对采购过程进行抽查。在一次抽查中，内控小组发现某采购员在比价环节中未严格按照规定执行，而是选择了与其关系密切的供应商。通过进一步调查，公司确认该采购员存在舞弊行为，并对其进行了严肃处理。

公司通过建立内控监督小组，确保每一个采购环节都能严格按照制度执行，同时对于发现的问题及时处理，起到了良好的震慑作用。

（二）管理层重视不足

内控制度的有效实施离不于管理层的支持和重视。如果管理层对内控制度不够重视，整个企业的内控文化就很难形成，采购舞弊的风险也会大大增加。

例如，某中小企业在早期因为管理层重视不足，导致采购内控制度流于形式。后来，由于一次严重的采购舞弊事件，企业遭受了巨大的经济损失，管理层才意识到内控制度的重要性，并开始推动内控制度的全面优化。

企业在发现舞弊事件后，召开了全员会议，详细讲解了事件的经过、原因及教训，并开始从管理层到基层员工逐级强化内控执行。

通过管理层的带头执行，企业内控文化得到了显著改善，员工在执行内控制度时也更加严格和自觉。

（三）跨部门协调不足

内控制度的实施通常需要多个部门的协作，如果跨部门协调不力，可能导致内控制度无法有效落地。例如，采购部门和财务部门之间的信息不对称，可能造成审批流程中断，影响内控制度的执行。

例如，某大型制造企业的采购部门和财务部门在沟通上存在问题，导致部分采购项目的付款流程出现延误，甚至因为信息不一致而产生重复付款的风险。为了解决这一问题，企业建立了跨部门定期会议机制，并设立专职协调人员，确保采购和财务之间的信息流通。

通过设立跨部门定期会议机制，企业成功解决了信息不对称的问题，使得内控制度的执行更加顺畅，有效减少了重复付款和其他潜在的舞弊风险。

（四）采购人员的道德风险

采购人员的道德风险是导致内控制度失效的重要原因之一。部分采购人员可能由于利益驱使而选择与供应商勾结，规避内控制度的限制。

例如，某建筑公司在一次内审中发现，部分采购员在选择供应商时与特定供应商勾结，导致采购价格显著高于市场价。经过深入调查，公司发现这些采购员在与供应商签订合同后获得了额外的"回扣"。

针对这一问题，公司加强了对采购人员的道德教育，增加了内控流程中的监督环节，并引入外部审计机构对采购环节进行独立评估，确保采购人员的行为受到全方位的监督和控制。

（五）激励机制不完善

内控制度的有效执行还依赖于合理的激励机制。如果采购人员在内控执行过程中缺乏激励，可能导致他们在工作中敷衍了事。

例如，某电力公司发现，采购人员在内控制度执行中的积极性不高，很多员工认为内控流程烦琐且缺乏额外的激励。因此，公司决定在内控执行考核中引入奖励机制，对在内控执行中表现优秀的员工给予奖金或晋升机会。

通过完善的激励机制，采购人员在执行内控制度时变得更加主动和积极，确保了内控制度的有效落实。

四、内控管理的创新与策略

（一）引入外部审计与内部审计相结合的监督机制

为了确保内控制度的执行到位，企业可以引入外部审计与内部审计相结合的监督机制。外部审计可以提供客观的评估，内部审计则能够深入了解企业的具体情况，二者结合可以更好地发现内控制度中的不足。

例如，某服装企业为了防范采购舞弊，决定引入外部审计，每年对采购流程进行独立评估，并结合内部审计的日常检查，确保采购流程的合规性和透明性。

在一次外部审计中，审计人员发现某些采购合同存在异常条款，经过进一步审查，确认了部分采购人员与供应商之间存在利益输送行为。外部审计的发现促使企业对内控制度进行了有针对性的修订。

通过外部与内部审计的双重监督，企业有效发现并弥补了内控制度中的漏洞，减少了采购舞弊的发生。

（二）数据驱动的内控监控系统

随着大数据技术的发展，企业可以通过数据分析手段来优化内控制度。

例如，某物流企业建立了一套数据监控系统，对采购数据进行实时分析，通过设定异常指标的预警阈值，能够在第一时间发现潜在的舞弊行为。如果某一供应商的报价连续多次异常高于市场平均价，系统会自动向管理层发出警告。

通过数据驱动的监控手段，企业能够更加精准地识别舞弊风险，及时采取相应措施，极大提高了内控制度的有效性和响应速度。

（三）建立采购人员轮岗制度

为了降低采购人员因长期负责同一供应商而产生的舞弊风险，企业可以建立采购人员轮岗制度。通过定期轮岗，采购人员难以形成与供应商的长期利益关系，从而有效降低舞弊发生的可能性。

例如，某电子产品制造企业实施了采购人员轮岗制度，要求每位采购人员每年轮换一次负责的供应商类别。通过这一措施，企业有效打破了采购人员与供应商之间可能存在的利益纽带，降低了舞弊风险。

采购人员轮岗制度的实施，增强了采购环节的透明性，提高了内控制度的执行效果。

（四）建立供应商诚信档案

企业可以通过建立供应商诚信档案，对供应商的合作历史进行记录，包括价格、服务质量、合同履约情况等。通过供应商诚信档案，企业在选择供应商时能够更好地评估其风险，避免与有不良记录的供应商合作。

例如，某化妆品企业在与供应商合作的过程中，发现部分供应商存在虚报价格、提供次品等不诚信行为。为此，企业决定建立供应商诚信档案，将所有供应商的合作表现记录在案，作为未来选择供应商的重要依据。

通过供应商诚信档案的建立，企业在采购过程中能够更加科学地进行供应商选择，有效减少了因供应商不诚信行为带来的舞弊风险。

（五）推行供应商评估体系的改进

企业应当不断改进供应商评估体系，使其更加符合内控要求。供应商评估体系的有效性直接影响采购环节的舞弊防控水平。通过引入更多的评估维度，如环境保护、社会责任、合规性等，企业可以更全面地评估供应商的能力与风险。

例如，某能源企业在一次采购过程中，因未充分评估供应商的环境风险，导致合作的供应商因环保违规而被处罚，直接影响了项目进度和企业声誉。为此，企业对供应商评估体系进行了改进，增加了对环境合规性的评估，并设立了多部门联合评审机制，确保供应商符合企业的所有要求。

通过改进后的供应商评估体系，企业不仅降低了供应商违规风险，还确保了供应商具备可持续发展的能力，采购环节的内控水平得到了全面提升。

（六）实施采购招标全程透明化

为了进一步防止采购舞弊行为的发生，企业可以通过实施采购招标全程透明化的方式来提升采购过程的透明度。公开透明的采购过程不仅可以减少不必要的舞弊风险，还可以提高企业在供应商中的公信力。

例如，某建筑企业为了确保采购的公开透明，决定将所有采购项目的招标过程进行公开化操作，包括在企业官网上公布采购需求、招标流程及最终中标结果。通过这一举措，该企业有效杜绝了内外勾结的舞弊行为。

全程透明化的采购流程不仅提高了采购的公正性，还大大提升了供应商的参与积极性，从而使得企业与更多优质供应商建立合作关系。

（七）建立投诉与举报机制

采购舞弊行为往往需要多方合作才能得以进行，因此建立有效的投诉与举报机制，可以让员工、供应商以及其他利益相关者在发现可疑行为时及时举报，从而为企业防范舞弊提供另一层保护。

例如，某消费品公司设立了一个独立的投诉与举报热线，任何人发现采购过程中的异常行为均可通过该渠道匿名举报。通过这一机制，公司发现了多起涉及采购舞弊的案例，并对相关人员进行了严肃处理。

通过建立投诉与举报机制，公司在采购舞弊的防范中建立了一道有效的预警防线，极大地减少了采购舞弊行为的发生概率。

内控制度的完善不仅在于制定明确的流程和规则，还需要通过审查与修订、信息化手段、人员轮岗、诚信档案、全程透明化以及投诉与举报机制等来强化和优化制度的执行效果。企业应根据自身情况不断调整和创新内控制度，确保采购活动透明、公正和得以有效控制。

第二节　利用组织牵制法进行控制

组织牵制法是一种通过相互制约、相互监督的方式来防止采购舞弊的方法。通过在组织结构上设置牵制机制，企业可以有效避免采购人员在采购过程中滥用职权、私相授受等舞弊行为。本节将详细阐述组织牵制法的具体实施方法及其在采购舞弊控制中的应用。

一、组织牵制法的基本原理

组织牵制法的核心在于通过明确的权责划分和相互监督的机制，使得任何一个采购环节都无法由单一的个人或部门独立完成，从而有效降低舞弊风险。

（一）相互制约与权责分离

组织牵制法要求在采购活动中，涉及的各个环节由不同的部门或人员负责，并且每个环节之间相互制约。例如，采购需求的提出和审批、供应商选择、合同签订，以及货物验收等环节必须由不同的人员或部门负责。

（二）多部门协作与联合决策

通过多部门协作，可以有效防止采购决策中的舞弊行为。例如，采购部门负责供应商筛选，财务部门负责资金审核，法务部门负责合同审查，多个部门共同参与决策，形成有效的相互牵制机制。

二、组织牵制法的实施措施

（一）采购职能的合理分工

1.职责划分

在采购活动中，应对采购需求的提出、审批、执行、验收等各个职能进行合理分工，确保每个职能由不同的人员负责，如采购需求由使用部门提出，审批由管理层进行，采购执行由采购部门操作，验收由质检部门负责。

例如，某企业在实施组织牵制法后，将采购需求的提出与审批职能分离，避免了原先因一人负责多个环节而导致的采购需求夸大和审批不严的问题。

2. 设置关键控制点

在采购流程中设置关键控制点，如供应商选择、合同条款审核、货物验收等环节，必须由多个部门进行审核和确认，以确保这些关键环节的公正性和透明性。

（二）多部门联合审查机制

1. 联合招标小组

在大额采购或重要项目采购中，企业应成立联合招标小组，小组成员包括采购、财务、法务、技术等部门的代表，共同对供应商的投标文件进行评审和打分，确保供应商选择过程的透明性和公正性。

例如，某企业在实施联合招标过程中，通过多部门代表组成的评审小组，成功规避了采购部门单独决定供应商选择的风险，确保了采购过程的公平性和公开性。

2. 合同审核与批准

合同的审核与批准应由多个部门共同参与，尤其是涉及法律条款、财务条款等关键内容时，必须由法务和财务部门分别进行审查，以确保合同条款对企业有利，降低履约过程中的舞弊风险。

（三）建立采购行为的监督与反馈机制

1. 内部审计与定期检查

企业应定期对采购活动进行内部审计和检查，审计的范围应包括供应商选择、合同管理、货物验收等多个方面，确保采购活动符合企业的内控制度和相关规定。

2. 采购反馈机制

建立采购反馈机制，允许各相关部门或员工对采购过程中的异常情况进行反馈和举报，确保采购活动在公开透明的环境中进行。

例如，某企业通过建立采购反馈机制，发现了采购员与某供应商之间存在不正当利益往来。企业通过深入调查，证实了采购员在采购过程中收受贿赂的行为，并采取了相应的纪律处分措施，进一步完善了监督机制。

组织牵制法通过明确的权责划分、多部门协作与相互监督，有效防止了采购过程中的舞弊行为。在实际应用中，企业应根据自身的组织结构特点，合理设置各个采购环节的控制点，确保每个环节都有相应的牵制机制，从而最大限度地降低采购舞弊风险。同时，通过建立内部审计和反馈机制，可以进一步加强对采购活动的监督，保障采购过程的公正性和透明度。

第三节　搭建采购招标系统

为了有效防止采购过程中的舞弊行为，企业需要搭建采购招标系统，通过信息化手段实现采购过程的透明化和规范化。采购招标系统能够优化采购流程、减少人为干预、提升采购效率，同时为企业提供精准的数据支持，帮助管理层做出科学的采购决策。本节将详细探讨如何搭建采购招标系统来控制采购舞弊，并结合具体案例分析其实施效果。

一、采购招标系统的作用与意义

搭建采购招标系统的目的是通过信息化手段实现采购过程的标准化、透明化。采购招标系统可以有效减少人为干预，提升采购环节的公平性和效率。

（一）实现采购过程的透明化

采购招标系统通过集中管理所有的采购信息，实现了采购过程的透明化。所有的招标信息，包括招标公告、投标文件、评标结果等，均可通过系统进行公开公示，确保所有供应商在平等的条件下竞争，从而减少暗箱操作和利益输送的风险。

（二）规范采购流程

采购招标系统将采购流程中的各个环节进行标准化，所有操作必须按照既定流程进行，无法绕过系统进行人为干预。例如，从招标公告发布到合同签订，系统对每一步骤进行控制，确保采购过程符合内控制度的要求。

（三）提升数据可追溯性

通过信息化系统，采购过程中的每一个环节均可实现数据留痕，形成完整的采购档案。这些数据为企业进行审计、风险评估以及未来的采购决策提供了重要的参考依据。同时，这种可追溯性使得采购人员的采购行为更加规范，从而减少舞弊的可能性。

二、采购招标系统的搭建步骤

（一）需求分析与系统设计

1. 确定采购系统的需求

企业首先需要明确采购招标系统的功能需求，包括采购信息管理、供应商管理、投标评审、合同管理、数据分析等。需求分析阶段应结合企业的实际采购流程，确保系统功能能够覆盖采购环节的所有关键点。

例如，某大型制造企业在采购系统设计前，专门组织采购部门、IT部门及管理层进行了多次需求调研，最终确定了涵盖招标公告发布、投标管理、合同管理等功能的系统设计方案。通过需求分析，企业保证了系统的功能能够满足实际采购工作的需要。

2. 系统功能设计

在明确了需求后，企业需要设计采购招标系统的功能模块，主要包括采购计划管理模块、招标公告发布模块、投标管理模块、评标和定标模块、合同管理模块、数据存储和分析模块等。

（二）系统开发与测试

1. 系统开发

在需求明确和功能设计完成后，企业可委托专业的软件企业进行系统开发。在开发过程中，企业应注重系统的安全性、稳定性和易用性，确保用户在使用系统时能够顺畅操作。

2. 系统测试

系统开发完成后，企业应进行全面的系统测试，确保系统在不同的操作条件下都能够正常运行。测试应包括功能测试、性能测试和安全测试，确保系统满足采购管理的需求，并能有效防止舞弊行为的发生。

例如，某企业在采购招标系统上线前，进行了为期三个月的系统测试，发现了多处功能和性能上的漏洞。通过不断优化和修复，最终上线了一套稳定、安全、易操作的采购招标系统。

（三）系统上线与推广

1. 系统培训

在采购招标系统上线前，企业应为相关用户提供培训，确保所有参与采购的人员了解系统的操作流程，并熟悉系统的各项功能。培训内容应包括系统的基本功能介绍、具体的操作步骤、常见问题的处理方法等。

2. 系统正式上线

在系统培训完成后，企业可以正式上线采购招标系统。系统上线初期，应安排专业的技术人员提供支持，以便及时解决用户在使用过程中遇到的问题，确保系统的顺利运行。

例如，某企业在采购招标系统正式上线后，安排了专业的技术支持团队驻场，及时为用户解决操作中的问题，并根据用户反馈不断优化系统的用户体验。

三、采购招标系统控制采购舞弊的具体措施

（一）电子化招标与投标管理

1. 招标公告的发布

通过采购招标系统，企业可以实现招标公告的电子化发布，确保所有潜在供应商均能够获取同样的招标信息，避免信息不对称导致的舞弊行为。

2. 投标过程的电子化

投标过程的电子化使得供应商的投标文件通过系统上传，避免了人工投递过程中可能出现的文件丢失、信息泄露等问题。同时，系统会自动记录每一个投标环节，确保投标过程的透明和规范。

例如，某企业通过电子化招标与投标管理，发现了一起原本可能发生的舞弊行为。在人工投标时代，某供应商与采购员合谋，提前获取了招标文件内容。但在电子化招标后，系统确保了投标文件的保密性，杜绝了信息泄露的可能性。

（二）自动化评标与评分系统

1. 评标过程的透明化

采购招标系统通过自动化评分机制，可以减少评标过程中人为干预的可能性。系统根据预先设置的评分标准，自动对供应商的投标文件进行打分，确保评分的客观性和公正性。

2. 评标专家的随机抽取

为防止评标专家与供应商之间存在利益关系，采购招标系统可实现评标专家的随机抽取，确保评标人员的公正性和评审过程的透明性。

例如，某企业在采购项目口，采用了随机抽取评标专家的方式，确保了评审过程的公平性。通过系统评分和随机抽取专家，企业避免了人为干预评审结果的情况。

（三）合同管理与履约监控

1. 合同电子化管理

采购招标系统实现了合同的电子化管理，所有的合同签订、变更、解除等信息都必须通过系统进行。系统自动记录合同的每一次修改和签署，形成完整的合同履约记录，确保合同管理的规范性。

2. 履约情况实时监控

采购招标系统还可以对合同的履约情况进行实时监控，如交货日期、质量标准等。一旦供应商未按合同要求履行义务，系统就会自动发出预警提示，提醒相关人员及时采取应对措施。

例如，某企业通过采购招标系统的合同管理功能，及时发现了某供应商未按时交货

的情况。系统在发现异常后，立即通知了采购部门，采购人员与供应商进行了沟通，并根据合同条款采取了相应的处罚措施，最终确保了项目的顺利推进。

（四）权限管理与数据安全控制

1. 权限分级管理

采购招标系统应对用户权限进行严格分级管理，确保不同级别的用户只能访问和操作与其工作相关的部分，防止采购人员通过超出权限的操作进行舞弊。系统管理员应负责对用户权限的分配和管理，定期审查权限的合理性。

例如，某企业在采购系统中实施权限分级管理，发现某采购人员试图通过违规操作获取不属于其权限的数据，系统自动触发了安全警报，最终防止了可能发生的舞弊行为。

2. 数据加密与安全审计

采购招标系统中的所有敏感数据都应进行加密存储，确保即使数据外泄，敏感信息也不会被不法分子获取。同时，系统应具备安全审计功能，定期对系统的访问日志和操作记录进行审查，及时发现异常操作，确保数据安全。

例如，某企业通过对采购系统的安全审计，发现了一些异常的访问日志，进一步调查后发现某员工利用漏洞试图窜改数据。企业通过加密和安全审计机制，及时发现并阻止了这一舞弊行为。

四、采购招标系统实施的挑战与应对策略

（一）系统实施过程中的挑战

1. 成本与投入

搭建采购招标系统需要投入大量的资金和人力，这对于一些中小企业来说是一个不小的挑战。此外，系统的维护和更新也需要长期投入，从而增加了企业的运营成本。

2. 用户的适应问题

对于长期习惯于传统采购流程的采购人员来说，适应采购招标系统的电子化操作需要时间，且可能在初期遇到操作不熟练、系统问题频发等困难。

3. 系统集成问题

采购招标系统需要与企业的其他管理系统进行无缝集成，如 ERP 系统、库存管理系统等，以实现信息的共享和流程的自动化。在系统集成过程中，可能会遇到技术兼容性问题，增加了实施的复杂性。

（二）应对策略

1.分阶段实施

企业可以采取分阶段实施采购招标系统的策略，先在部分部门或项目中试点运行系统，积累经验后再逐步推广到全企业范围内。通过这种方式，可以减少系统上线初期可能遇到的问题。

2.加强培训与支持

为了帮助用户尽快适应采购招标系统，企业应加强对采购人员的培训，提供详细的操作指南和演示。同时，在系统上线初期安排专业技术支持团队，及时帮助用户解决系统使用中的各种问题。

例如，某企业在采购招标系统推广过程中，采取了分阶段实施的策略，先在高频率采购的部门进行试点运行，并安排技术支持团队进行驻场指导。通过这种方式，企业成功克服了用户的适应困难，并顺利在全企业范围内推广了采购招标系统。

3.系统集成与技术支持

在系统集成过程中，企业应聘请具有丰富系统集成经验的技术团队，确保采购招标系统与其他管理系统的兼容性和数据共享的有效性。同时，在集成过程中应进行多次测试，确保系统的稳定运行。

例如，某企业在采购系统集成过程中，聘请了专业的系统集成团队，通过多次测试和调试，成功实现了采购招标系统与 ERP 系统和库存管理系统的无缝集成，提升了采购管理的整体效率。

搭建采购招标系统是企业防止采购舞弊的重要措施之一。通过实现采购过程的电子化、标准化和实时监控，企业能够有效减少人为干预，提升采购环节的透明性和规范性。同时，系统的权限管理、数据安全控制以及与其他系统的集成，进一步确保了采购活动的安全性和高效性。采购招标系统的成功实施不仅需要科学的系统设计和开发，还需要企业在推广过程中采取有效的培训和支持措施，以帮助用户尽快适应系统操作，从而最大限度地降低采购舞弊的风险。

第四节　利益冲突回避的方法

在采购活动中，利益冲突是引发舞弊行为的常见原因之一。采购人员可能由于个人利益而选择特定供应商，或与供应商建立不正当的利益关系，从而损害企业的利益。因此，制定并实施利益冲突回避的方法对于降低采购舞弊风险至关重要。本节将详细探讨如何通过各种措施来避免和控制采购过程中的利益冲突。

一、利益冲突的定义与类型

利益冲突是指采购人员在采购活动中因个人利益而可能偏袒特定供应商，导致企业利益受损的情况。利益冲突的形式多种多样，主要包括以下几种。

（一）直接经济利益冲突

采购人员在采购过程中可能接受供应商的礼品、现金回扣或其他经济利益，从而偏袒该供应商，使得企业无法获得最优的采购条件。

（二）亲属关系冲突

采购人员与供应商存在亲属关系，这可能导致在供应商选择过程中出现偏袒现象，从而影响采购的公正性和透明度。

（三）兼任职务冲突

采购人员在供应商企业中兼有职务或持有股份，这种情况下，采购人员的决策可能受个人利益驱使，严重影响采购行为的公正性。

（四）历史关系冲突

有些采购人员与供应商存在长期的历史业务往来，甚至建立了长期的合作关系。这种关系可能会导致采购人员在决策过程中因感情因素而偏袒该供应商，从而影响采购的公正性和透明度。

例如，某企业在审计过程中发现，采购经理与某长期合作的供应商之间存在亲属关系，导致在价格谈判中未能充分维护企业利益，造成采购价格比市场均价高出15%。企业对采购经理进行了相应处理，并重新评估了该供应商的资质。

二、利益冲突回避的方法

（一）建立利益冲突申报制度

1. 利益冲突申报

企业应建立利益冲突申报制度，要求采购人员定期申报与供应商之间的关系，以及其他可能影响采购决策的利益关系。所有申报信息应由内部审计部门进行审核，以确保采购行为的公正性。

例如，某企业实施利益冲突申报制度后，一名采购主管主动申报了与某供应商的亲属关系。为了确保采购过程的公平性，企业对此采取了回避措施，并指定其他采购人员负责与该供应商的采购谈判。

2. 申报信息审核与公示

企业应对采购人员的申报信息进行审核，必要时可进行公示，以便其他相关人员监督和反馈。对于敏感的利益关系，应采取相应的规避措施，确保采购过程的透明和公正。

例如，企业应建立一个系统化的信息公示平台，确保在符合隐私保护的前提下，对利益冲突申报信息进行透明化处理。通过这一平台，相关部门可以实时查看利益冲突申报的情况，并及时对可能存在的问题进行分析和处理。

（二）制定回避措施

1. 明确回避规定

在采购政策中应明确规定，采购人员若与供应商存在利益关系，必须主动回避相关采购活动。回避规定应包括亲属关系、经济利益关系及其他可能影响公正性的利益关系。

例如，某企业在采购制度中规定，任何采购人员与供应商存在亲属关系或持股关系时，必须回避该供应商的采购项目。通过这一措施，企业在多次大额采购中有效规避了潜在的舞弊风险，从而确保了采购结果的公正性。

2. 指定替代人员

当采购人员因利益冲突需回避时，应由其他人员接替其职责。企业可建立替代人员的管理制度，确保采购活动不因人员回避而中断，并避免因利益冲突导致采购行为的不公正。

例如，企业应建立替代人员的培训机制，确保替代人员在接手采购工作时具备相应的能力和知识。通过定期的轮岗和跨部门培训，企业能够有效提升采购人员的多技能水平，确保在需要替代时采购活动能够顺利进行。

（三）加强监督与审查

1. 内部审计与利益冲突审查

企业应通过内部审计，对采购活动中的利益冲突进行审查。审查范围应涵盖供应商选择、合同谈判、价格审批等关键环节，确保所有采购行为均符合企业的利益冲突回避制度。

例如，某企业通过内部审计发现，某采购员与一家供应商有长期的经济交易，审计结果促使企业终止了与该供应商的合作，并对相关采购员进行了处罚。这一行动有效提升了企业内控的严谨性和采购行为的合规性。

审计部门应采用风险评估工具，对不同供应商和采购项目进行风险评分。对于评分较高的供应商和项目，应加大审计频次，确保采购环节的公正性和透明性。

2.外部独立评估

企业可以引入外部审计机构，对采购过程中的利益冲突进行独立评估。通过第三方的独立监督，企业可以更加客观地识别和控制采购中的利益冲突风险。

例如，外部审计机构的选择应经过严格的评估和筛选，确保其独立性和专业性。企业应定期更换外部审计机构，以避免长期合作导致的审计偏向，从而保障审计结果的客观性。

（四）设立举报机制

1.设立匿名举报渠道

企业应设立匿名举报渠道，允许员工匿名举报采购过程中可能存在的利益冲突行为。

例如，某企业通过匿名举报渠道，发现了一起采购人员接受供应商回扣的事件。企业对举报信息进行了调查，证实了相关采购人员的违规行为，并采取了解聘和罚款的措施。

2.制定举报保护机制

企业应制定举报保护机制，确保举报人不会因举报行为遭受打击报复。通过保护举报人，企业可以鼓励更多员工主动举报采购过程中的利益冲突行为，从而提升采购的透明度和公正性。

企业可以设立专项基金，用于奖励举报人，对有贡献的举报行为给予经济激励。企业通过物质和精神奖励，进一步鼓励员工积极参与到利益冲突的监督中来。

（五）定期培训与宣导

1.利益冲突防范培训

企业应定期对采购人员进行利益冲突防范的培训，帮助其识别和避免采购活动中出现的利益冲突行为。培训内容应包括利益冲突的识别方法、申报流程、回避措施等。

例如，某企业每半年举办一次利益冲突防范培训。通过这些培训，采购人员的利益冲突申报率较培训前提高了20%，有效减少了因利益关系引发的采购舞弊行为。

企业可以邀请外部法律专家或审计师参与培训，提供最新的法律法规和案例分享。丰富的案例分析和模拟演练可以帮助采购人员更好地理解和应对采购活动中的利益冲突。

2.行为规范宣导

企业应通过内部公告、会议宣导等方式，将利益冲突的回避政策传达到全体员工，确保所有参与采购活动的人员都了解并遵守相关规定。通过不断的宣导，增强员工的合规意识，避免因疏忽或不了解规定而引发的利益冲突行为。

企业可以通过内网平台发布利益冲突回避的相关培训视频和电子手册，供员工随时学习和参考；利用这些数字化的学习工具，提高员工对利益冲突问题的敏感度和处理能力。

三、利益冲突管理的深入应用

（一）建立利益冲突数据库

企业应建立利益冲突数据库，对所有申报的利益冲突情况进行记录和管理。该数据库应包括采购人员与供应商的关系类型、申报时间、处理措施等详细信息，供管理层和审计部门随时查阅。

例如，通过数据分析，企业可以发现采购环节中的高风险领域。通过数据库的分析，企业如果发现某些供应商与多名采购人员存在利益关系，便可采取进一步的调查措施，以防止潜在的舞弊行为。

（二）利益冲突的动态监控

企业应建立动态监控机制，以实时监控采购活动中的利益冲突情况。通过信息系统和大数据技术，企业可以对采购人员的行为进行实时跟踪和分析，及时发现并预警可能存在的利益冲突。

例如，某企业通过采购管理系统的动态监控功能，发现某采购员与特定供应商之间的采购订单数量异常。系统自动发出预警，管理层随即展开调查，最终确认了该采购员存在的违规行为。

（三）多层次的利益冲突审查

企业应建立多层次的利益冲突审查机制，包括部门自查、管理层复查及审计部门的专项审查。每个层次的审查都应独立进行，确保利益冲突能够被多角度识别和处理。

例如，企业可以设立利益冲突审查小组，成员由各部门代表组成，定期对采购活动中的利益冲突问题进行专项检查和分析，以确保利益冲突管理既有效又全面。

四、利益冲突管理的挑战与解决方案

（一）利益冲突隐蔽性强

利益冲突往往具有隐蔽性，这使得采购人员可能采用复杂的手段来掩盖与供应商之间的利益关系，从而增加了识别和管理的难度。

企业应借助现代信息技术，如大数据分析、社交网络分析等手段，深入挖掘采购人员与供应商之间的潜在关系。通过交叉数据分析，可以发现一些隐藏的利益关系，从而采取相应的措施。

（二）利益冲突管理的持续性

利益冲突管理不是一次性的工作，而是一个持续性的过程，必须不断完善和更新相关制度与措施，以适应企业发展和市场环境的变化。

企业应定期评估利益冲突管理制度的有效性，根据市场和内部环境的变化进行调整。每年进行一次内部审查，以发现并改进利益冲突管理中的不足之处，确保管理措施始终有效。

（三）员工的理解与接受

部分员工可能对利益冲突管理的制度不理解，甚至认为这些制度是对其个人行为的限制，导致执行阻力较大。

企业应通过持续的教育和沟通，帮助员工理解利益冲突管理的目的和意义。通过案例分享和利益分析，让员工认识到利益冲突管理对企业和个人发展的积极影响，提升员工的接受度和配合度。

利益冲突回避是防止采购舞弊的重要环节。通过建立利益冲突申报制度、制定回避措施、加强监督与审查、设立举报机制、定期培训与宣导及动态监控，企业可以有效降低采购活动中的利益冲突风险。在实际操作中，企业应不断完善利益冲突管理体系，确保采购过程的公正性和透明度，从而保护企业的整体利益。利益冲突的回避不仅有助于防止舞弊行为，还能提升企业的管理水平，增强员工的职业道德意识，推动企业的可持续发展。同时，通过现代技术手段的运用，企业可以更加全面和精准地管理利益冲突，为企业的健康发展保驾护航。

第五节　访问供应商是控制采购舞弊的有效方法

访问供应商是企业确保采购活动透明、公正的重要手段之一。通过定期或不定期访问供应商，采购人员可以对供应商的生产能力、财务状况、质量控制及经营管理水平有更深入的了解，从而有效降低采购舞弊的风险。本节将探讨访问供应商在控制采购舞弊中的作用，以及如何通过合理的访问安排和实施步骤来加强采购过程的风险管理。

一、访问供应商的重要性

（一）深入了解供应商的实际情况

访问供应商的最重要的作用之一是帮助企业深入了解供应商的真实情况。通过访问供应商，企业可以实地考察供应商的生产环境、管理水平和质量控制体系，避免单纯依赖书面资料和供应商自报的信息。这有助于企业更加全面了解供应商。尽管供应商会提供各类资质文件、生产能力报告、财务报表等书面资料，但这些文件可能存在虚报的情况。因此，实地访问可以验证这些资料的真实性。

例如，某制造企业在与一新供应商签订合作协议前，按照标准流程决定进行一次实地访问。在访问中，企业的采购经理和质量管理人员发现，供应商所提供的生产能力报告严重夸大了生产设备的数量与性能。供应商声称有多条自动化生产线，但在实际考察中，访问团队只看到两条老旧且维护不良的半自动化生产线。车间内设备故障频繁，甚至部分工人需要手工操作来弥补自动化不足。

这种情况直接导致企业对供应商的生产能力产生质疑。为此，企业暂停了与该供应商的合作，并继续寻找其他符合生产标准的供应商。这一发现有效避免了潜在的供货延迟与产品质量不达标的风险。

（二）建立稳定的合作关系

访问供应商不仅是了解供应商的手段，也有助于企业与供应商建立更加紧密和稳定的合作关系。通过面对面的沟通，双方可以更好地理解彼此的需求和能力，增进信任，减少潜在的舞弊行为。访问供应商不仅是一次信息收集的过程，更是增进企业与供应商之间关系的重要契机。

某电子产品企业与其长期合作的供应商之间产生了误会，供应商误解企业对某一技术指标的要求，导致多次交付的产品质量不符合企业标准。企业对供应商的表现逐渐失去信任，考虑更换供应商。然而，在一次定期供应商访问中，企业的采购经理与供应商的技术总监进行了深入的交流，才发现这一问题的根源是沟通不畅。

经过深入的技术研讨，双方一致同意在以后的生产中增加双重验证步骤，确保理解无误。此次访问不仅化解了双方的误会，还帮助双方在技术交流方面建立了更有效的沟通机制，从而进一步巩固了双方的合作关系。

（三）及时发现潜在的风险

定期访问供应商能够让企业及时发现潜在的风险，包括供应商的财务困难、生产不合规、劳动力短缺等问题。通过及时掌握这些信息，企业可以提前采取应对措施，避免采购活动受到影响。供应商的财务状况、生产能力甚至员工士气等方面的变化都会对其供货能力产生影响。通过定期的实地访问，企业可以提前发现这些风险因素。

例如，某大型建筑企业定期访问其钢材供应商。在某次访问中，访问团队注意到供应商的库存明显减少，且现场员工数量也有所减少。经过进一步与管理层沟通，企业了解到该供应商近期因市场波动，正经历严重的资金流动性困难，这导致了其采购原材料的能力大幅下降。

得知此信息后，该建筑企业立即采取了应对措施，其中包括调整采购计划和紧急寻找备用供应商来填补供货缺口。通过这些措施成功避免了后续工程中可能发生的钢材短缺问题。

二、访问供应商的实施措施

（一）制订访问计划

1. 定期与不定期访问相结合

企业应制订明确的供应商访问计划，包括固定频次的定期访问和根据需要安排的不定期突击访问。定期访问有助于确保企业持续了解供应商的情况，而不定期访问则能有效防范供应商在特定时间节点作假。企业应将访问供应商作为采购管理的一部分，既要安排有规律的定期访问，也要在必要时进行不定期的突击访问。

例如，某零售公司对其服装供应商实行每半年一次的例行访问，但同时保留突击访问的权利。在某次突击访问中，访问团队发现车间内有一些未经批准的外包操作，且这些外包工厂的生产条件极差，严重违反了环保与劳动安全法规。由于该公司实行了突击访问策略，及时发现并纠正了这一违规行为，从而保障了产品质量和品牌声誉。

2. 访问供应商的团队组成

访问供应商的团队成员应包含多部门代表，以确保各方面信息的准确采集。多部门参与可以确保访问内容的全面性，涵盖供应商的各个关键环节，避免因单一视角导致信息不全。

例如，访问某电子元器件供应商时，企业特别安排了技术专家加入访问团队。技术专家通过与供应商的技术人员详细讨论产品工艺流程，发现其生产中存在关键参数控制不严格的问题，这些问题如果不加以改进，将直接影响产品性能。通过这种跨部门联合访问，企业确保了对供应商生产能力的全面了解，有效降低了采购质量风险。

（二）实地考察供应商的生产现场

1. 生产设施与工艺流程的检查

访问供应商时，应重点检查其生产设施的状况和生产工艺流程是否符合企业的要求。通过现场考察，可以核实供应商提供的书面资料，确保其实际生产能力与书面承诺相符。访问团队需要对供应商的生产设施进行详细检查，特别是对生产流程的各个环节进行现场观察。

例如，某家电企业在访问其电机供应商时，访问团队详细考察了其生产流程，发现供应商的车间中有部分工序仍依赖手工操作，而这一工序对产品最终质量至关重要。为了确保生产的一致性，访问团队决定要求供应商升级该工序的设备。随后，供应商在后续合作中实施了设备升级，从而保证了产品的一致性和稳定性。

2. 质量管理体系的审查

企业应检查供应商的质量管理体系是否完善，包括原材料的检验、生产过程中的质量控制、出厂前的成品检验等。通过对质量管理体系的实地审查，企业可以有效降低因供应商质量管理不善导致的采购风险，以确保其在生产过程中能保持稳定的质量控制。

例如，某企业在访问一家包装材料供应商时，发现其质量管理体系中缺少原材料的入库检测步骤，导致原材料质量参差不齐。企业明确要求供应商在一个月内建立完善的质量管理体系，并安排了后续的复查访问。供应商在整改后重新设计了其质量管理流程，并在后续访问中通过了企业的质量审查，从而得以继续合作。

（三）与供应商管理层的沟通

1. 了解供应商的经营状况

访问过程中，企业应与供应商的管理层进行深入沟通，了解其经营状况、市场环境变化及未来的发展规划。这些信息有助于企业评估供应商是否具有持续稳定的供货能力。

例如，某企业在与一家重要的原材料供应商的高层沟通时，了解到该供应商正面临资金链问题，已影响到其原材料采购能力。企业根据这一信息，及时减少订单，降低对该供应商的依赖，同时安排备用供应商，避免供应链中断风险。

2. 评估供应商的合作意愿

通过与供应商管理层的沟通，企业能够评估供应商对合作的态度及其对质量和合规的重视程度。这对于选择合适的长期合作伙伴至关重要。管理层是否积极配合企业的要求，是否愿意在合规和质量管理方面进行投资，都是衡量供应商是否值得长期合作的重要标准。

（四）记录与跟踪访问结果

1. 访问报告的撰写与共享

每次访问结束后，应及时撰写访问报告，记录访问的过程、发现的问题、供应商的反馈及双方达成的整改措施等。访问报告应在企业内部共享，以便相关部门了解供应商的最新情况。

例如，某企业要求所有访问报告附带现场照片和视频，以便让未能参加访问的其他部门也能全面了解供应商的实际情况。通过这些多媒体记录，企业管理层可以更直观地看到供应商的生产现场，从而提高决策的准确性。

2. 后续跟进与整改验证

对访问中发现的问题，企业应要求供应商制定整改措施，并在后续访问中对整改情况进行验证。跟进整改情况，可以确保供应商能够持续改进，符合企业的采购标准。

例如，某家居用品公司发现其供应商仓库管理混乱，部分材料因保存不当而受潮变质。企业要求供应商在一个月内整改仓储管理，并安排了后续的访问进行检查。经过整改，供应商的仓储环境得到显著改善，产品质量稳定性也明显提高。

三、访问供应商的常见挑战与应对措施

（一）供应商不配合

在访问过程中，可能会遇到供应商不愿配合、隐瞒真实情况等问题，这往往是因为供应商存在潜在的管理漏洞或不希望这些问题被发现。

1. 提前沟通访问目的

在访问之前，企业应与供应商进行充分沟通，明确此次访问的目的和内容，让供应商理解访问是为了更好地支持合作关系的稳健发展。

2. 强化合同约束力

为了确保供应商在合同约束下不得无故拒绝企业的合理访问要求，企业应在采购合同中加入供应商配合访问的条款。通过法律手段约束供应商的行为，可以提高其配合度。

（二）访问信息的准确性与客观性

访问中获取的信息有时可能不够准确或受到供应商刻意影响，导致企业无法对供应商的真实情况做出客观评估。

1. 多渠道信息核实

访问供应商获取的信息应与其他渠道的数据进行交叉验证，如市场调查、供应商的公开财务报告、其他客户的评价等，确保信息的真实性。

2. 多次访问与突击检查

对于重要的供应商，企业应安排多次访问，尤其是不定期的突击检查，以核实供应商在不同时间点的实际情况。通过多次验证，可以有效减少因单次访问信息失真带来的误判。

（三）访问资源的投入与管理

访问供应商需要投入时间、人力和资金，尤其是对地理位置偏远的供应商，访问成本较高。

1. 合理规划访问频次

根据供应商的重要性和历史表现，合理规划访问的频次和人员配置。对于表现稳定、无不良记录的供应商，可以适当减少访问次数，而对于存在风险的供应商，则应加大访问力度。

2. 远程视频访问

对于部分无法频繁实地访问的供应商，可以采用视频会议的方式进行远程访问。通过视频考察供应商的生产环境和设备状况，减少实地访问的频率，从而节约资源。

四、供应商访问的深化应用

（一）利用供应商访问提升供应链管理

1. 供应链协同改进

通过供应商访问，企业可以与供应商共同讨论供应链优化的方案，如减少库存、提升交货效率等策略。这种协同改进有助于供应链的整体优化，降低各环节的成本和风险。

例如，某制造企业在访问供应商时，提出了改进库存管理的建议，帮助供应商优化了备货流程，结果双方的库存成本均降低了10%。

2. 推动供应商的技术改进

在访问过程中，企业可以向供应商传递行业最新的技术趋势和标准，推动其在生产技术和质量管理方面的改进。通过技术改进，供应商的产品质量和生产效率得到提升，这也间接提高了企业采购的质量和效率。

（二）供应商关系管理中的访问策略

1. 访问作为供应商分级管理的工具

企业可以根据访问结果对供应商进行分级管理，将供应商分为核心、战略、一般等不同层次。访问结果较好的供应商将被纳入核心或战略供应商范畴，从而获得更多的合作机会和优先资源配置。

例如，企业应建立供应商评估体系，将访问结果作为重要的评估指标之一。评估结果应与供应商的业务量、价格优惠等挂钩，激励供应商在访问中展示出良好的管理水平。

2. 通过访问增强供应商的责任感

定期访问供应商并与其管理层交流，可以增强供应商的责任感，让其认识到与企业合作的重要性。供应商的责任感增强后，其会更加注重产品的质量和交付的及时性。

访问供应商是控制采购舞弊的有效方法之一。通过对供应商的实地考察，企业可以深入了解供应商的生产能力、质量管理水平和经营状况，从而有效防范采购过程中的舞弊行为。通过制订详细的访问计划、实地考察生产现场、与管理层沟通及后续跟进整改，企业可以确保供应商的行为符合合同要求，降低采购风险。同时，企业应在访问过程中克服供应商的不配合、信息不准确等挑战，通过多次访问、合同约束等手段确保访问效果。通过将访问供应商的结果与供应链管理和供应商分级策略相结合，企业能够进一步优化采购流程，增强供应链的稳定性和透明度。

第六节　走访供应商的成功秘笈

在采购审计过程中，走访供应商是一个至关重要的环节。它不仅有助于我们深入了解供应链的实际情况，还能帮助我们发现潜在的风险和机遇。在这一节，我们将揭开走访供应商的神秘面纱，分享一系列实用的秘籍和技巧。这些经验将引导审计人员如何高效地准备、执行和跟进供应商走访，确保每一步都稳健有力。但许多从业者对此仍有诸多疑问，如为何要进行走访、如何入手、如何进行访谈等。此外，当遇到供应商不配合或拒绝接受访问时，应如何应对。同时，大家也非常关注通过走访能揭示哪些问题。

我经常被问到的问题包括：走访前应做哪些准备、是否有模板参考、如何筛选走访对象、发现质量问题或供应商被替换时的处理方法、进行"飞行检查"（突击检查）时的开场白，以及供应商不合作时的应对策略。在访谈中应讨论哪些议题，以及走访是否可以纳入日常审计工作。

这些疑问反映了大家对供应商走访细节和策略的重视与不解。本节旨在通过分享我的实践经验，并提供实用模板，帮助大家深入理解并有效执行供应商走访，包括"飞行检查"，将其转化为采购审计的有力工具。

一、走访供应商的重要性

走访供应商在采购审计中的重要性不容忽视，主要体现在以下几个方面。

（一）确保采购过程的透明度和合规性

走访供应商能够帮助企业深入了解供应商的实际情况，包括其生产能力、质量控制、经营状况等。通过现场走访，企业可以验证供应商提供的信息是否真实，确保采购过程的透明度和合规性，防止采购环节中的舞弊行为。

（二）能及时发现和解决潜在问题

通过走访供应商，可以及时发现供应商在生产、管理和交付过程中的潜在问题。例如，生产设备的老化、生产流程的不规范、质量控制的缺失等。这些问题如果不及时发现和解决，可能会影响产品质量，甚至导致严重的后果。走访供应商有助于及时发现这些问题，并与供应商沟通，制定整改措施，确保供应链的顺畅和产品的高质量。

（三）加强与供应商关系管理

走访供应商不仅是审计的一个环节，还是加强与供应商关系的有效手段。通过面对面的沟通，可以增进彼此的了解和信任，有助于建立长期、稳定的合作关系。同时，通过走访可以了解供应商的需求和困难，提供必要的支持和帮助，提升供应商的满意度和合作意愿。

（四）提高采购效率和效益

走访供应商能够帮助企业更好地评估供应商的综合能力和表现，优化供应商选择和管理流程。通过对供应商的全面了解，可以筛选出优质的供应商资源，提高采购效率和效益。此外，走访供应商还可以了解市场动态和行业发展趋势，为企业的采购决策提供重要参考。

（五）防范供应链风险

供应链的稳定性对企业的生产和经营至关重要。通过走访供应商，可以了解其生产和经营中的风险因素，如财务状况、生产能力、原材料供应等。及时发现和预防这些风险，可以有效降低供应链中断的风险，确保企业生产经营的连续性和稳定性。

（六）提升企业内控水平

走访供应商是企业内部控制的一部分。通过定期走访供应商，企业能够建立起一套规范化、制度化的管理流程，这不仅有助于提高审计工作的系统性和有效性，还能保障企业的长期健康发展。

走访供应商在采购审计中起到了至关重要的作用。它不仅能确保采购过程的透明度和合规性，还有助于发现并解决潜在问题，加强与供应商关系管理，提高采购效率和效益，防范供应链风险，提升企业内控水平。因此，企业在进行采购审计时，应高度重视并规范化走访供应商的工作，以确保审计工作的顺利开展和目标的实现。

二、走访供应商的准备工作

（一）制作供应商数据分析表

在走访供应商之前，首要的准备工作是制作一份详细的供应商数据分析表，也就是走访供应商计划表。虽然这项工作看起来包含许多复杂的问题，但实际上，通过系统整理和思维导图的辅助，可以让这项工作变得井井有条。

供应商数据分析表是走访供应商最重要的环节之一，也是决定走访成功与否的关键。这个数据分析表需要涵盖大量的信息，以确保我们在走访之前对供应商各方面情况都有全面的了解，具体内容如下。

（1）供应商基本信息：供应商名称，准入日期，法人和对接人的姓名、电话和职位，以及性别和年龄等详细信息。

（2）资质与经营范围：供应商的资质证书、经营范围、目前的经营状况、财务状况和存续情况等。

（3）采购历史及入围时间：历年采购金额、供应商总采购量在其企业中的占比，如果是已经进入企业的供应商体系的供应商，则要了解入围的时间。

（4）生产能力：厂房面积、员工人数、设备名称及数量、技术人员数量及占比、产能、品质人员数量。

（5）地理位置：供应商的地址。

（6）合同信息：相关人员的身份信息、合同签订日期、付款方式、合同履行情况（如正在履行、处于诉讼阶段、已经履行完毕等）、合同履行金额、已付款金额、未付款金额。

（7）产品质量状态：包括最近半年的产品质量情况。

（8）供应商表现：包括月度、季度、半年度或年度的供应商绩效评审情况。

（9）客诉及整改情况：客户投诉情况、供应商的整改情况及其配合度，以及对整改措施的响应程度。

（10）走访计划：准备走访供应商的具体日期、计划采用的交通工具及预算、所有准备走访供应商的分布地图等。

制作供应商走访数据分析表至关重要，这是走访供应商的第一步。通过这张表，我们可以在走访之前对供应商的所有情况做到心中有数，确保走访的效率和效果。这种细致入微的准备工作，是确保走访供应商取得成功的关键。表6-1是模具供应商走访数据分析表示例，读者可以在此基础上进行完善优化后直接套用。

（二）根据走访目的设计访谈问卷

在走访供应商之前，设计一份详尽的访谈问卷是必不可少的准备工作之一。设计访谈问卷的目的是将我们想要了解的问题系统地罗列出来，并明确访谈的主题和内容。因为每次走访供应商的目的可能不同，所以访谈的侧重点也会有所差异。访谈问卷的设计需要根据具体的走访目的进行，确保能够有效收集到所需的信息。

例如，如果此次走访是因为供应商的产品质量问题长期得不到改善，已经严重影响了企业的生产效率和项目进度，那么此次走访的主要目的是了解和分析产品质量问题的根源。通过面对面的沟通，监督、辅导并纠正供应商在生产过程中的问题，提出具体的整改要求。

又如，如果走访的目的是从舞弊的角度出发，调查供应商是否存在或已经存在违规或舞弊行为，那么访谈问卷的内容就要偏重廉洁问题。通过访谈问卷，可以了解供应商内部人员是否存在违规操作或吃拿卡要等不当行为。这类问题的设计可以帮助我们收集

表 6-1 模具供应商走访数据分析表

序号	供应商编号	供应商名称	准入日期	最后一次定点日期	计划走访日期	出行方式	供应商地址	联系人	电话	所在城市	截至 2022 年 12 月应付金额	未付金额	备注
1	M4139	JY 有限公司	2015/10/28	2018/12/18	2023/2/13	公司派车	无锡市 JD 区 AT 镇××支路	YJW	137×××0136	无锡	51 856 275.53 元	119 288.32 元	发生过扣模事件
2	M3452	KB 科技有限公司	2011/10/19	2020/4/2	2023/2/13	公司派车	大庆市 QP 区 ××路 1888 号	YG	190×××4972	大连	7 116 896.55 元	35 000.14 元	发生过扣模事件
3													
4													

说明：从 ERP 系统导出的供应商清单共包含 34 家模具供应商，主要集中在宁海县。历史应付款金额排名前 10 的供应商目前未有新项目定点。曾发生扣模事件和法律纠纷的供应商包括无锡某公司，大庆某公司等，均由付款不及时引发。近一年有新项目但部分暂停的供应商包括某艺，某强等。本次走访旨在解决廉洁和内部管理问题，将从上海周边地区开始，逐步扩展至其他城市。详细走访计划将另行制订。

有关供应商内部管理和员工行为的重要信息。

此外，如果走访供应商的目的是了解我公司内部管理方面的问题，那么访谈问卷的内容应侧重于内部管理制度和流程的执行情况。例如，问卷可以包含关于供应商在执行内部管理制度时遇到的困难、管理流程中存在的薄弱环节等问题。

这种根据走访目的设计访谈问卷的做法，可以帮助我们在走访前厘清访谈的思路，确保访谈过程高效有序。正如俗话所说："预则立，不预则废。"在走访供应商之前做好充分的准备，可以让我们的工作更加顺利，达到事半功倍的效果。相反，如果没有提前做好准备，直接走访供应商，很可能会因为准备不足而无法获得有价值的信息。

表 6-2 是制造业访谈问卷设计示例，供读者参考。

表 6-2　制造业访谈问卷设计示例

问题类别	问题内容
产品质量问题	请描述近期出现的质量问题及其原因
	供应商在生产过程中采取了哪些质量控制措施
	是否有定期的质量检查和反馈机制
	最近一次质量问题的详细记录及处理措施
	质量问题出现后，供应商采取了哪些改进措施
舞弊调查	请问是否存在主动或被动向我公司员工提供不正当利益的情况
	我公司员工是否存在"吃拿卡要"等不正当行为
	供应商内部是否有明确的廉洁管理制度
	是否发现或处理过内部人员的违规行为
	供应商如何预防和处理内部舞弊行为
	对于发现的舞弊行为，供应商采取了哪些具体措施
	供应商是否有定期的舞弊风险评估机制
内部管理问题	请问贵公司在与我公司合作期间，是否发现我公司内部管理中存在的问题？请举例说明
	贵公司的内部管理是否有定期的内部审核和改进机制
	管理层对内部管理问题的重视程度如何？对我公司的内部管理问题是否向我公司相关领导或人员反馈
	内部培训和员工发展计划是怎样的？请详细描述
	供应商是如何评估和提升内部管理效率的
	是否有针对内部管理问题的改进计划和时间表
合作体验	在合作过程中，有哪些方面需要我们改进和支持
	供应商如何评价我公司提供的支持和服务
	供应商是否满意当前的合作模式
	是否提出合理化建议，以提升双方的合作效率
	供应商是否有进一步合作的计划

（续表）

问题类别	问题内容
风险管理	供应商如何管理和控制生产中的风险
	是否有应急预案应对突发事件
	供应商的风险管理体系是如何运作的
	是否进行过风险评估？结果如何
	对于潜在的风险，供应商采取了哪些预防措施
环境与安全管理	供应商在环境保护方面采取了哪些措施
	生产过程中的安全管理情况如何
	是否进行定期的环境和安全检查
	供应商的员工安全培训情况如何
	对于发现的环境或安全隐患，供应商如何处理
创新与发展	供应商在技术创新方面有何计划
	近期是否有新的研发项目
	供应商对未来的发展有何规划
	是否有计划引入新的生产技术或设备
	供应商如何看待市场变化和竞争压力

下面是其他行业供应商访谈问卷示例，供读者参考。

供应商访谈问卷

尊敬的供应商伙伴：

随着我们公司业务的发展，供应商的支持对我们愈显重要。与供应商建立共同发展、相互信赖的关系是我们的长远目标。为了更好的合作与发展，欢迎您向我们提出宝贵的意见和建议，您的意见和建议对我们非常重要，会给我们的管理起到很大的帮助作用，您提供的**所有信息将被严格保密**。我们相信通过这样的方式能不断提升和改进我们的工作。

答卷人： ＿＿＿＿＿＿　　**职务：** ＿＿＿＿＿＿　　**供应商名称：** ＿＿＿＿＿＿

电话： ＿＿＿＿＿＿　　**邮箱：** ＿＿＿＿＿＿

一、您是否认可 SH 集团以下诚信政策？（　　　）A. 是　　B. 否

1. SH 集团员工不得直接或者间接接受供应商礼品、礼金、礼金卡、回扣、小费、佣金，以及不得接受供应商娱乐性招待，如宴请、旅游、度假和任何形式的私人服务或个人好处。

2. SH 集团员工及其亲属不得在与我公司合作的供应商处占有股份或任职。

（续）

3. 禁止以私下聚会或活动的名义让供应商来承担聚会或活动费用。

二、是否已经签署阳光协议？是与合同同时签订还是在合同签订后补签？对协议条款是否了解？（　　　）

　A. 是　　　B. 否

三、采购过程中，是否满足我公司提出的规范性和合理性要求？（　　　）

　A. 是　　　B. 否

四、贵公司与我公司是否采用招投标、推荐或者其他方式确立合同？如果不是，合作方式如何确认？（　　　）

　A. 是　　　B. 否

五、采购过程中，SH 集团人员是否存在索要或馈赠行为（包括但不限于现金、礼金、礼卡、礼物、吃饭、旅行、参股、借款等）？（　　　）

　A. 是　　　B. 否

六、贵公司能否完全满足我公司的采购计划周期？（　　　）

　A. 是　　　B. 否

七、贵公司如何管理价格？市场波动情况如何把握？如何与我公司进行沟通？

　答：_____

　_____

八、SH 集团与您合作的对接人是否曾向您宣传过 SH 集团的诚信政策？（　　　）

　A. 有　　　　　B. 没有

九、在您所接触到的 SH 集团员工中，是否存在违反诚信政策、收受贿赂的行为？（　　　）

　A. 有　　　　　B. 没有

如果有，请详细描述。_____

_____

十、您对合作中的 SH 集团对接人（姓名：_____）的看法？（　　　）

　A. 非常好　　B. 好　　C. 一般　　D. 差　　E. 非常差

　1. 礼貌而友善。（　　　）

　2. 熟悉自身的工作。（　　　）

　3. 公平公正对待供应商。（　　　）

　4. 及时跟进合作中出现的问题。（　　　）

〔续〕

5. 恪守 SH 集团的礼品与馈赠政策及诚信原则。（　　　）

6. 以上都不是，合作过程中存在吃拿卡要等情况。（　　　）

如以上列举的项目不能完全表达您对我公司员工的评价，您可在以下空白处发表您的看法。

_____

_____

十一、您认为在 SH 集团是否存在不公平待遇或不正当竞争的现象？（　　）

A. 是　　　　B. 否

您是否曾遭遇这样的情况？（　　　）A. 是　　B. 否

如果您曾遭遇这样的情况，请详细说明。

_____

_____

十二、您认为与其他企业相比，SH 集团的廉洁氛围如何？（　　　）

A. 非常好　　B. 好　　C. 一般　　D. 差　　E. 非常差

十三、您认为在 SH 集团的廉洁氛围建设中，还有哪些问题需要改善？（　　）

A. SH 集团的员工不能坚守正确的职业操守

B. SH 集团缺少流程制度规范

C. 有部分供应商存在恶意竞争，不能完全遵守 SH 集团的反贿赂条款

D. 其他

十四、贵公司对后期双方的业务合作有何建议？

答：_____

十五、是否有想说的话因问卷题目的限制而没有表达？如果有请在下面空白处阐述您的想法，或拨打以下受理电话，我们将竭诚为您受理。

_____

在合作过程中，如贵公司发现有任何不当利益关系，可向我公司审计监察部进行举报，并保证您提供的信息真实可靠，如发现提供虚假信息的，我们会将其列入 SH 集团供应商黑名单，永远不再合作！

受理电话：021 — 6983××××　或　192×××× 7934

受理邮箱：_____

非常感谢您的支持和配合！！！

（续）

> 　　**我们郑重承诺：我公司对所有的举报者或投诉者进行绝对保密，并在业务合作中给予充分保护，对提供信息属实的或者有证据证明的，我公司将给予一定的现金奖励。我们在接到举报或投诉的 24 小时内给予初步答复。为了保证受理的及时性和有效性，欢迎进行实名举报。**
>
> 　　　　　　　　　　　　　　　　　　　　　　　**SH 集团　审计监察部**
> 　　　　　　　　　　　　　　　　　　　　　　　**2024 年 12 月 29 日**

　　以上表格和问卷的设计不仅帮助我们系统地准备走访供应商的内容，也确保我们能够高效地进行信息收集和问题分析。通过精心设计的访谈问卷，我们可以更好地了解供应商的实际情况，从而做出更准确的评估和决策。

（三）拟写走访供应商方案

　　或许有人会有这样的疑惑，走访供应商需要如此周密的准备吗？直接前往不就可以了吗？在这里，我想强调，走访前的准备工作至关重要。我经常提醒团队成员：每一次审计或走访供应商都如同上阵作战，我们必须做好万全的准备，绝不能打无准备之仗。这种理念已经深入团队成员心中，他们已经养成了在采取任何行动之前都进行充分准备的良好习惯。因此，我们在每次走访供应商时总能有所收获。下面，我们进一步细化并制定具体的走访供应商方案。

　　1. 走访供应商方案

　　一份完善的走访供应商方案应包括八个要点，具体示例如表 6-3 所示。

表 6-3　走访供应商方案示例

项目	详细内容
走访原因	产品质量问题、交货延误、财务状况恶化、内部管理混乱、舞弊行为等
走访目的	了解并解决产品质量问题，调查供应商的财务状况，评估供应商的内部管理等
走访内容	产品生产流程、质量控制措施、财务报表和记录、内部管理制度和流程等
走访时间	如 2025 年 5 月 15 日，上午 9:00—12:00
走访小组人员	张三（审计部经理）、李四（质量控制经理）、王五（财务经理）、赵六（安全管理人员）
实施方法和步骤	初步会议、现场检查、文件审查、员工访谈、会议总结
走访频率	如每季度一次
预期成果和后续计划	识别并解决产品质量问题，优化供应商管理，制定整改措施，建立长期合作伙伴关系

2. 供应商筛选

通过数据分析筛选出需要走访的供应商。

（1）异常数据：如采购量异常波动的供应商，应重点关注并列入走访名单。

（2）历史表现：如表现较好的供应商突然出现问题，也应对其进行走访。

（3）潜在风险：如招投标未入围或已不合作的供应商，也应考虑对其走访，以获取更多信息。

供应商筛选标准示例如表6-4所示。

表6-4　供应商筛选标准示例

筛选标准	说明	备注
采购量异常波动	过去一年采购量波动超过30%的供应商	
质量问题频发	过去半年内出现三次以上重大质量问题的供应商	
合同履行问题	合同履行中存在多次延误或未履行情况的供应商	
新晋供应商	过去一年内新增的供应商	

（四）走访供应商的实施环节

1. 飞行检查的开场

在进行飞行检查时，初次见面应礼貌而专业。例如，当供应商询问身份时，可以说："我们是贵公司的客户A公司审计监察部的审计人员，今天临时安排走访，抱歉没有提前通知，请问现在方便聊聊吗？"说完后立即递上名片或工牌以确认身份，然后根据供应商的态度灵活应对。

（1）态度强硬的供应商：保持礼貌，不卑不亢，可以说："今天临时安排的拜访，没有事先通知你们，很抱歉。您先忙，我们在这里等您，等您忙完我们再谈。"保持微笑，化解对方的愤怒。

（2）态度友好的供应商：保持礼貌，可以说："今天临时安排走访，没有事先通知，很抱歉。"然后继续进行访谈。

2. 访谈内容

访谈内容应涵盖以下两个主要方面。

（1）管理问题：了解供应商在合作期间存在的管理问题。

（2）廉洁问题：了解内部员工是否存在向供应商索要不正当利益的行为。

访谈中需灵活应对供应商的态度，并保持礼貌和专业。具体访谈示例如下。

"您好！我们本次来是每年的例行拜访供应商，有两件事情想向贵公司了解一下。第一件是在合作期间存在哪些管理上的问题？第二件是想了解一下在合作期间我公司内部员工是否存在向贵公司吃拿卡要的情况？"

以此为切入点，看供应商的表现和回答情况，再结合设计的问题与供应商展开沟通。

3. 现场突击检查

现场突击检查是走访的重要环节，我们需注意以下几点。

（1）现场观察：查看供应商的经营场所、设备、人员及生产流程。

（2）记录与取证：发现问题时应立即拍照、录像，并形成书面记录，同时要求供应商签字确认。

（3）整改指导：对发现的问题提出整改建议，并督促供应商及时整改。

现场突击检查清单示例如表 6-5 所示。

表 6-5　现场突击检查清单示例

检查项目	详细内容
生产环境	厂房整洁度、设备维护情况、人员操作规范
生产流程	按照作业指导书进行操作的情况
质量控制	质量检查记录、5S 管理表单填写情况
安全管理	安全标志、应急预案、员工安全培训记录
环保管理	废料处理、环保设备运行情况

4. 走访总结与复盘

走访结束后，我们应进行全面总结与复盘，具体如表 6-6 所示。

表 6-6　走访总结与复盘

复盘项目	详细内容
达成预期目标	分析访谈结果是否达到预期目标
问题分析	分析未达预期目标的原因，如访谈问题设计不当、沟通不到位等
改进措施	调整访谈策略、加强沟通、优化检查流程
成功经验	对成功经验进行总结和推广，如通过数据分析提前锁定重点供应商

采购管理和采购审计中，走访供应商是预防采购舞弊风险的重要措施之一。通过详细的准备和实施，可以有效提高走访的效率和效果，确保采购审计工作顺利进行。

表 6-7 和表 6-8 分别是供应商数据分析表和供应商访谈问卷问题类别及内容，供读者参考。

表 6-7　供应商数据分析表

项目	详细内容	备注
供应商名称	ABC 有限公司	
准入日期	2024 年 5 月 15 日	
法人代表	张三	
对接人姓名	李四	
联系方式	电话：×××	

（续表）

项目	详细内容	备注
经营范围	电子元器件生产与销售	
财务状况	良好	
历年采购金额	2021 年：500 000 元，2022 年：550 000 元，2023 年：600 000 元	
近期采购金额	2024 年第一季度：150 000 元	
产品质量状态	稳定，无重大质量问题	
合同履行情况	正在履行	
未付款金额	50 000 元	
供应商表现评估	2024 年度：优秀，季度评估：良好	
客诉情况	2024 年：3 起，均已解决	
供应商整改记录	2024 年 3 月：整改完成	

表 6-8　供应商访谈问卷问题类别及内容

问题类别	问题内容
质量问题	请描述近期出现的质量问题及其原因
舞弊调查	请问是否存在向我公司员工提供不正当利益的情况
管理问题	请描述贵公司在管理制度和流程执行中存在的问题
合作体验	在合作过程中，有哪些方面需要我们改进和支持
其他问题	是否存在我公司内部人员与供应商有私下利益往来的情况

通过以上工作的准备和实施，能够确保走访供应商的工作顺利进行，并有效提升采购审计的质量和效果。

（五）飞行检查的注意事项

飞行检查又称突击检查，是一种在未通知的情况下进行的检查，其目的是发现供应商可能存在的隐患或问题。以下是进行飞行检查时的一些注意事项。

（1）保持礼貌和专业：在飞行检查时，应保持礼貌和专业，以确保供应商愿意配合检查工作。

（2）观察细节：在检查过程中，应注意观察供应商的细节，包括生产环境、设备状态、员工操作规范等。

（3）记录证据：对于发现的问题，应及时记录证据，包括拍照、录像和书面记录。

（4）提出整改建议：对于发现的问题，应及时向供应商提出整改建议，并督促其进行整改。

（5）保持沟通：在检查过程中，应与供应商保持良好的沟通，以便更好地了解和解决问题。

（六）飞行检查的实施步骤

以下是飞行检查的具体实施步骤。

（1）准备工作：在进行飞行检查之前，应准备好检查所需的工具和设备，包括相机、记录本、检查表等。

（2）到达现场：到达供应商现场后，应先向供应商表明身份和检查目的，并保持礼貌和专业。

（3）开始检查：按照预定的检查计划，逐步进行检查，注意观察细节，记录发现的问题。

（4）记录证据：对于发现的问题，应及时记录证据，包括拍照、录像和书面记录。

（5）提出整改建议：检查结束后，应及时向供应商提出整改建议，并督促其进行整改。

（6）总结与复盘：检查结束后，应对检查过程进行总结与复盘，分析发现的问题和经验教训，以便在以后的检查中做得更好。

以下是飞行检查的一些示例模板，包括飞行检查表（见表 6-9）、飞行检查记录表（见表 6-10）和整改建议书（见表 6-11）等，供读者参考。

表 6-9　飞行检查表

检查项目	检查内容	检查结果	备注
生产环境	厂房整洁度、设备维护情况、人员操作规范	合格 / 不合格	
生产流程	按照作业指导书进行操作的情况	合格 / 不合格	
质量控制	质量检查记录、5S 管理表单填写情况	合格 / 不合格	
安全管理	安全标志、应急预案、员工安全培训记录	合格 / 不合格	
环保管理	废料处理、环保设备运行情况	合格 / 不合格	

表 6-10　飞行检查记录表

记录时间	记录内容	备注
2024 年 6 月 15 日	发现设备维护不良，部分设备存在故障	已拍照留证
2024 年 6 月 15 日	发现生产流程未严格按照作业指导书进行操作	已拍照留证
2024 年 6 月 15 日	发现部分员工未佩戴安全设备，存在安全隐患	已拍照留证
2024 年 6 月 15 日	发现废料处理不规范，部分废料随意堆放	已拍照留证

表 6-11　整改建议书

整改项目	整改内容	整改期限	备注
设备维护	对所有设备进行全面维护，确保设备正常运行	2024 年 6 月 30 日	
生产流程	严格按照作业指导书进行操作，确保生产流程规范	2024 年 6 月 30 日	

（续表）

整改项目	整改内容	整改期限	备注
安全管理	要求所有员工佩戴安全设备，进行安全培训	2024 年 6 月 30 日	
环保管理	规范废料处理，确保废料妥善处理，不随意堆放	2024 年 6 月 30 日	

通过以上工作的准备和实施，可以确保飞行检查的工作顺利进行，并有效提升检查的质量和效果。

至此，我们已经一同探索了走访供应商的各个方面，从前期准备到现场执行，再到后续的分析和报告。每一环节都是构建有效供应商关系的关键。希望本节的秘籍能够帮助审计人员在采购审计的道路上更加从容不迫，使每一次走访都能成为洞察供应链、提升合作质量的有力举措。记住，每一次与供应商的互动都是建立信任、深化合作的机会。让我们将这些秘籍应用到实践中，不断优化我们的供应链管理，为企业的可持续发展贡献力量。

第七节　对物资采购招标与签约环节进行舞弊控制

在物资采购过程中，招标与签约环节是企业采购活动中的核心步骤，也是最容易发生舞弊行为的关键节点。这一环节涉及供应商的选择、合同条款的商定和签署等多个重要方面，一旦发生舞弊，不仅会给企业带来财务损失，还可能影响项目进度、产品质量及企业声誉。因此，对招标与签约环节的舞弊进行有效控制至关重要。本节将结合中国内部审计协会发布的《内部审计实务指南第 2 号——物资采购审计》的相关内容，全面分析招标与签约环节的舞弊控制策略。

（一）招标与签约环节的舞弊背景及具体情节

招标与签约是物资采购的重要环节，但由于采购金额大、涉及多方利益，舞弊行为屡见不鲜。舞弊的形式多种多样，包括串标、围标、信息泄露、虚高报价与回扣等。例如，某大型制造企业在进行重要生产设备的采购招标时，因为对招标过程的监督不到位，出现了评标人员与供应商私下串通，通过人为修改评分细则，使某特定供应商中标，最终导致企业花费了远高于市场价的采购费用。

（二）风险识别与舞弊行为分析

根据《内部审计实务指南第 2 号——物资采购审计》，在招标与签约环节，识别和分析潜在的舞弊行为是确保采购公正和透明的第一步。常见的舞弊行为如下。

1. 串标与围标

串标是指投标的多个供应商之间通过非正式协议达成共识，共同操控竞标价格或方案，使得某一特定供应商中标。围标则是通过人为设置资格或技术条件，排除其他潜在的竞争对手。

那么我们如何识别这些舞弊风险呢？通常串标和围标的特征表现为多家投标公司的报价高度相似，或者在技术方案上呈现出一致性，甚至存在相同的错误。此外，评标过程中如果有特定供应商被明显偏袒或某些标准被修改以更利于某供应商，则可能是围标的迹象。

2. 信息泄露

采购人员或相关工作人员在评标前泄露招标信息、评分标准、报价上限等关键信息给特定供应商，使其在竞标中占据优势。

信息泄露的迹象可能包括供应商的报价非常接近评标委员会设定的上限价格，或者供应商的技术方案刚好符合尚未公开的标准要求。

3. 虚高报价与回扣

供应商通过向采购人员或管理层行贿（通常是给予现金、礼品或利益），以换取虚高报价和中标机会。这种行为会直接增加企业的采购成本。

虚高报价需要通过市场价格的比对和历史价格记录的分析来识别。如果发现报价明显高于市场价或过往类似采购价格，且缺乏合理解释，则可能存在回扣问题。

（三）舞弊控制的思路与操作方法

为了有效控制招标与签约环节的舞弊行为，企业应当采取系统化、多层次的措施，全方位防范舞弊的发生。

1. 制度设计与流程标准化

企业应制定标准化的招标与签约制度，包括详细的招标流程和评标标准。这些制度应覆盖从招标文件准备、公告发布、供应商资格审查、评标、签约等所有环节，并确保这些流程的每一个步骤都有记录可查。

要建立标准的招标文件模板，明确各项投标条件、评分标准、合同条款等。所有评标委员会成员须签署无利益冲突声明，确保公平公正。评标过程应当使用评分细则，并在评标会议中记录每位成员的评分和评语。

2. 电子化招标管理与信息透明化

通过信息技术手段，实现招标过程的电子化管理。所有的招标信息、投标资料、评分标准和评标结果都应通过统一的平台进行管理，以确保透明、可追溯。

要使用电子招标平台发布招标公告，接受投标文件并进行评分。平台可设置自动化的评分系统，确保评分过程符合既定标准。所有操作日志应自动生成，确保发生舞弊行为时能够追溯。

3. 第三方监督与审计机制

根据《内部审计实务指南第 2 号——物资采购审计》的建议，引入第三方独立审计和监督机构，对招标与签约过程进行全程监控，尤其是在重要项目和大金额采购中，第三方监督可以有效防止内部人员与供应商串通。

第三方审计机构应对招标全过程进行实时监控，评审每一步操作的合法性和合理性。在招标结束后，审计人员还需对合同条款进行逐条检查，确保合同与招标文件一致。

（四）改进建议

为了进一步提升对招标与签约环节舞弊行为的防控效果，企业可以采取以下改进措施。

1. 加强采购人员职业道德培训

提高采购人员的职业道德水平和法律意识，是防范舞弊的重要基础。企业应定期对采购部门员工进行法律法规和职业道德培训，强调舞弊行为的法律后果和对企业利益的危害。

要定期组织与采购相关的法律法规的培训与案例学习，强化职业道德教育。

2. 健全内部举报机制

企业应建立畅通的内部举报渠道，鼓励员工对舞弊行为进行举报，并对举报人进行保护，以确保他们免受打击报复。

要设立匿名举报电话或在线平台，提供多种举报方式，确保举报信息及时到达企业高层或监察部门。对举报属实的行为，企业应当给予举报者相应的奖励。

3. 增加数据分析与异常检测工具

企业可以利用数据分析技术，对采购数据进行异常检测，并通过分析投标报价、评标得分等数据，发现潜在的舞弊行为。

要引入采购管理数据分析系统，自动检测投标报价的合理性，识别可能的虚高报价与异常得分。通过对比历史数据和市场价格，发现报价异常的投标文件并进行重点审查。

（五）案例分析

某制造企业在一次大型设备采购的招标过程中，发现了评标环节存在明显的舞弊行为。招标评标委员会的成员与其中一位供应商存在私下的利益关联，最终该供应商以高于市场价 30% 的价格中标。事后经内部审计部门调查，发现评标过程中存在多项舞弊迹象，包括评标标准的随意修改、供应商价格的事前泄露等问题。

1. 舞弊行为的发现

（1）异常报价与评分一致性分析。内部审计小组在对采购招标的相关资料进行复审时，注意到某些供应商的报价和技术方案在招标过程中显示出不寻常的一致性。特别是评标委员会中的一名成员在评分时给予了这家供应商异常高的评分，而其他供应商的方案和报价未能得到公平的评价。审计人员对比了供应商的报价和技术方案，发现与该评标成员有私人关系的供应商在价格和技术要求上的调整均有异于常规。

（2）供应商之间的互通有无。经调查，审计团队发现该供应商与其他几家供应商之间有频繁的沟通记录，并且有相互配合的迹象。这一发现表明，供应商之间通过串标或围标行为，即事先达成合意的方式来操控竞标过程，使得最终的中标结果并非真正的最优选择，而是与相关采购人员有私人关系的供应商中标。

（3）供应商资格与背景调查。审计人员对中标供应商的背景和资质进行了详细调查，发现该供应商的实际业绩和资质并不符合企业的采购需求。然而，在招标过程中，该供应商通过提供虚假资料和回扣的方式，成功通过了初步的资格审查，并顺利进入了评标阶段。

2. 调查手段与方法

（1）数据分析与比对。 审计团队首先通过对比分析供应商的报价和技术方案，发现价格异常、方案不合理的情况，然后通过数据匹配和模式识别，发现某些报价和评分几乎一致，且与市场价格偏离较大，提示存在潜在的串标行为。

（2）信息泄露调查。通过对招标过程中的文件流转记录、评标委员会成员的内部邮件和通信记录进行详细审查，审计团队发现在提交投标文件之前已将评标标准泄露给了特定的供应商。进一步调查显示，某评标委员会成员在评审过程中与中标供应商保持了私下联系。

（3）现场调查与访谈。审计人员对招标过程中的关键人物进行了访谈，包括采购负责人、评标委员会成员以及其他供应商代表。通过访谈，审计人员逐步揭露了供应商之间的合作关系和潜在的利益交换，进一步明确了舞弊行为的存在。

3. 改进措施与执行

（1）评标委员会成员轮换与利益声明。为避免评标环节中存在利益冲突，企业决定对评标委员会成员进行定期轮换，每次招标时成员名单由随机抽取的方式确定。同时，所有评标成员必须签署严格的"无利益冲突声明"，明确禁止与任何供应商有不正当的私下关系。

（2）引入第三方审计监督。针对招标与签约环节，企业决定引入独立的第三方审计机构进行全程监督。特别是在涉及金额较大的采购项目中，审计机构将对每个环节进行实时监控，确保招标过程符合法律法规，并保证评标过程的公平与透明。

（3）电子化招标与合同管理。企业进一步加强了招标流程的透明度管理，引入了电子化招标平台，所有招标文件、投标方案以及评标过程均通过电子系统记录和存档，避免了纸质文件的窜改和信息泄露。合同签署和管理也实现了全程电子化，确保每份合同的签署、修改和履行都有详细的记录可追溯。

（4）加强采购人员的职业道德培训。企业对所有采购人员进行了职业道德和法律法规的培训，以提升其对舞弊行为的识别能力与防范意识。同时，定期组织采购人员参加反腐败和反舞弊的培训课程，确保其具备足够的法律意识，了解舞弊行为的法律后果。

（5）建立举报与奖励机制。为进一步防范舞弊行为，企业设立了匿名举报渠道，鼓励员工举报不正当行为，并承诺保护举报人的隐私和安全。同时，对于有效的举报，企业将给予举报人相应的奖励，以形成良好的监督氛围。

4. 实施效果

通过这些措施的实施，企业的采购招标与签约环节的透明度得到了显著提升，舞弊行为的发生率大大降低。首先，评标过程的公平性得到了保障，供应商的竞争更加充分，采购成本降低了12%。其次，对采购合同的执行情况进行了更严格的监督，供应商的履约能力得到了更有效的保障，企业的采购质量得到了明显提升。最后，通过第三方审计机构的介入，企业的采购管理流程进一步规范化，审计机构发现并纠正了几个不合理的招标操作，从而确保了所有采购活动都符合合规要求。

5. 总结与建议

本案例表明，物资采购中的招标与签约环节是舞弊行为的高风险领域，需要通过系统的改进措施来加以控制。企业应从源头上加强对评标过程的监督与管理，通过引入电子化工具、轮换评标成员、引入第三方审计机构等手段，提升透明度和公正性。同时，定期的职业道德培训、严格的背景调查与举报机制等措施的配合使用，将有效提升企业对舞弊风险的防范能力，确保采购活动的合规性和透明度。

通过上述措施的实施，企业能够在多个层面防范和应对采购舞弊问题。从加强评标委员会成员的管理，到引入第三方审计机构监督，再到电子化平台的应用和长期整改机制的建立，每一步都具有重要的防范作用。通过持续的改进和严格的执行，企业能够构建一个更为完善的采购管理体系，保障长期的健康运营，避免舞弊行为的再次发生。

第八节　如何对采购进行全过程、全方位的监督

采购是企业资源配置的关键环节，对企业的运营效率、成本控制和供应链管理有着直接影响。采购过程的复杂性和多样性，使得舞弊行为易于滋生，诸如虚报采购需求、供应商勾结、合同不公、虚假验收等问题屡见不鲜。为了防范这些潜在的风险，企业必须加强对采购全过程、全方位的监督，确保采购活动的透明性、公正性和合规性。本节将详细探讨如何加强采购全过程的监督，并从需求确认、供应商选择、合同管理、验收

支付、信息化管理等多个环节展开论述。

一、采购全过程监督的必要性

采购全过程包括多个环节，每个环节都可能成为舞弊的突破口。如果采购没有得到有效的监督，不仅可能导致企业的采购成本上升、资源浪费，还可能给企业带来更严重的法律和财务风险。例如，不正当的供应商选择、合同执行不严、虚假验收等，都会影响采购结果的公正性和透明性。为了确保采购的合规性和合理性，企业必须在整个采购过程中实施有效的监督管理，从源头上消除潜在风险。

采购全过程监督的重要性体现在以下几个方面。

（一）保障采购合规性

通过全面监督采购活动，确保每一环节都符合相关法律法规，避免企业因采购活动违反合规要求而承担法律责任。

（二）防范采购舞弊

通过对采购的全程跟踪，及时发现和纠正舞弊行为，避免因舞弊造成企业资源的浪费和损失。

（三）提高采购透明度

通过实施严格的监督机制，保障供应商选择、公平竞争和采购执行的透明度，确保所有采购活动合法合规。

二、采购全过程的关键环节监督

采购全过程中的每一个环节都是潜在的风险源。因此，每一个环节都需要制定明确的监督措施，并确保有效实施。

（一）需求确认阶段的监督

采购活动的起点是需求确认。企业在进行采购之前，首先需要明确采购的具体需求。如果需求确认环节出现错误或不当，可能会导致采购超预算、资源浪费、采购目标不清晰等问题。需求确认阶段的监督能够确保采购活动符合实际需要，避免不必要的采购和过度采购。

1.需求多级审批机制

采购需求必须经过严格的审批程序，确保每一项采购需求都由相关部门确认并通过审核，避免任何部门或个人单独决定需求。

2. 需求合理性评估

在需求确认前，相关部门需对采购需求进行合理性评估。例如，技术部门和生产部门应共同分析是否需要该物资，并结合实际使用情况，确定最优采购方案。

3. 跨部门协作审查

需求确认过程中，采购部门、财务部门和技术部门等应联合评审需求，防止单一部门的偏差或信息不对称。

例如，在某企业的一次办公设备采购中，需求确认环节缺乏有效审查，导致部门根据主观判断确定采购清单，结果购买了大量重复功能的设备，造成了资源浪费。后来，该企业通过实行跨部门的需求确认会审机制，确保了每次采购的需求都经过多方核对和讨论，大大减少了采购浪费。

（二）供应商选择阶段的监督

供应商选择是采购环节中的核心部分，它直接影响采购质量、成本及供应链管理的稳定性。供应商选择如果缺乏有效监督，容易出现价格操控、信息不对称、潜在的利益输送等问题。

1. 公开透明的招标程序

在选择供应商时，采用公开招标、邀请招标等方式，确保选择过程的公正性和透明度，避免不当的利益输送。

2. 供应商资格审查

对所有潜在供应商的资质进行严格审查，包括资质证书、财务状况、履约能力、企业信誉等，以防止选择不合格供应商。

3. 供应商评审委员会

组织由采购部门、技术部门、财务部门等组成的评审委员会，共同评估供应商的报价和服务，避免单一部门的判断影响供应商选择的公正性。

4. 招标文件与合同规范化

所有招标文件和合同模板应提前设定，并且严格按照合同条款执行，确保评标标准的一致性和透明度。

例如，某公司曾在一次采购中，由于未进行有效的供应商评审，最终选择了一家价格高且未经过严格资质审核的供应商。后来，产品质量问题频发，供应商未能按时交货，造成了重大损失。该公司随后建立了严格的供应商选择机制，并在所有招标中引入了第三方监督，确保每一轮供应商选择都经过全面、透明的评审。

（三）合同签订与执行阶段的监督

合同是确保采购活动顺利进行的法律文件，合同条款的不规范或执行不力可能导致严重的履约风险。合同签订后，监督其执行过程也至关重要，以确保各方按合同约定履行义务。

1. 合同条款审查与细化

所有合同必须经过法务、财务、采购等相关部门的共同审查，确保合同条款清晰、具体，避免含糊不清的条款影响合同履行。

2. 履约监督机制

对合同的履行进行实时监督，确保供应商按时并按约定的标准提供货物或服务。我们可通过项目管理和定期检查等手段确保合同的严格执行。

3. 分阶段付款管理

根据合同执行的阶段性成果分期付款，确保支付与供应商的履约进度挂钩，避免预付款的风险。

例如，在一次设备采购中，合同签订后未设立严格的履约检查机制，供应商未按合同规定交付全部设备，导致后期运营受阻。为此，企业在后续合同管理中引入了分阶段验收和付款机制，每完成一阶段的交付和验收后，才进行相应的付款，这有效保障了企业的利益。

（四）验收与支付阶段的监督

验收与支付是采购过程中的最后环节，这两个环节容易发生舞弊行为，如虚假验收、未按照合同规定付款等问题。对验收与支付环节进行有效监督，有助于确保采购物品的质量和支付的合规性。

1. 严格的验收流程

在验收过程中，要确保所有验收标准明确并符合合同约定。验收小组成员应由跨部门人员组成，避免验收人员与供应商存在利益关系。

2. 验收记录管理

每次验收都要有详细记录，确保验收报告和采购清单一致。验收记录应当在信息系统中归档，方便后续追溯。

3. 支付审批程序

所有付款申请都应通过财务部门审查，并核对实际交货、验收情况。每一笔支付都要附有相关的验收单、发票等文件。

4. 第三方审核机制

对于高价值的采购项目，企业可以聘请第三方机构进行验收和支付审计，增加透明度并确保支付流程合规。

例如，某企业在大宗物资采购时，没有进行严格的验收，即验收人员未能按标准核查所有产品，导致一部分不合格产品被通过验收。随后该企业加强了验收流程的规范化管理，以确保每次验收均由专门的人员和设备进行核查，同时将验收记录上传至系统存档，保证可追溯性。另外，对于支付审批也进行严格管理，以确保每一笔款项支付的合规性。

（五）信息化管理的监督手段

随着信息技术的发展，企业越来越依赖信息化手段进行采购管理。信息化系统不仅提高了采购效率，还能帮助企业实时监控采购过程中的各类风险，增加透明度。

1. 电子采购平台

要构建统一的电子采购平台，所有采购流程和相关文件在平台上生成与流转，以确保信息的透明性和可追溯性。通过平台，所有部门可以实时查看采购进度，避免信息不对称。

2. 自动化审批系统

要建立自动化的审批流程，在采购需求、供应商选择、合同签订、验收支付等环节设置审批节点，确保每个环节都经过严格的审查。

3. 实时数据监控与分析

通过采购管理系统，实时监控采购数据，及时发现异常采购行为，如供应商价格波动、采购量异常等，自动触发风险预警机制。

例如，在某企业引入采购信息系统后，采购人员通过系统实时跟踪每一笔采购的进度、价格、供应商情况等数据，系统自动预警异常采购行为，减小了人工审核的压力，提高了采购过程的透明度。

加强对采购全过程、全方位的监督，是企业确保采购活动合规、公正和高效的重要手段。从需求确认、供应商选择到合同管理、验收支付，各环节都必须进行严密的监督。通过建立健全的监督机制、引入信息化手段和强化跨部门协作，企业能够更好地规避采购舞弊风险，提升采购质量和效率。总之，采购监督不仅仅是防止舞弊，更是保障企业资源合理配置、成本控制和供应链稳定的核心所在。

第九节　利用采购风险的分散控制

采购活动是企业运营中的核心环节，涉及大量资源的调配、资金的支出以及供应链的管理。因此，采购活动往往面临着多种风险。若这些风险没有得到有效的管理和控制，可能会对企业的财务状况、生产效率、市场竞争力甚至品牌声誉产生负面影响。为了有效控制和分散这些风险，企业必须采取科学合理的采购风险分散策略，从而确保采购活动的可持续性、灵活性和稳定性。

本节将重点讨论如何利用采购风险的分散控制，通过供应商多元化、采购来源多样化、合同管理、信息化技术支持等多重措施，降低采购活动中集中风险对企业的潜在威胁。

一、采购风险的分散控制概述

采购风险的分散控制，顾名思义，指的是通过多种手段将采购过程中可能出现的单一风险因素分散到不同的供应商、采购渠道、合同条款等多个方面，从而减少某一单一风险事件的影响，保障采购活动的顺利进行。分散控制不仅仅是一种风险规避的手段，更是一种提升企业灵活性和应变能力的战略。

采购过程中可能遇到的风险包括但不限于价格波动、供应商信用风险、物流风险、质量风险、政治风险等。这些风险通常是多维度的，且互有交织。因此，企业应从多个角度进行分散控制，通过灵活配置资源和战略来降低风险集中对企业造成的负面影响。

采购风险的分散控制是企业风险管理中的一项关键措施，旨在通过多维度、多角度的策略来减轻或避免因单一环节或因素引发的风险。有效的风险分散控制不仅能保障企业供应链的稳定性，还能提升其对外部风险因素的适应能力。

二、供应商多元化的分散控制策略

供应商多元化是分散采购风险的核心策略之一。单一供应商的依赖，虽然可能带来短期的价格优惠或合作稳定性，但也存在着极大的潜在风险。如果供应商出现质量、生产停滞或价格上涨等问题，企业的采购活动将受到直接影响。为了降低这一风险，企业需要在供应商选择上采取多元化策略。

（一）选择多家优质供应商

在采购时，企业应根据采购的物资类别和需求特点，选择多家合格的供应商进行合作。这样，即便某家供应商无法履约或发生质量问题，其他供应商仍可作为替代方案，从而保证供应链的持续运转。

1. 供应商评估体系

制定科学的供应商评估标准，包括产品质量、交货能力、售后服务、财务状况等，确保选择的供应商有足够的实力和良好的信誉。

2. 长期合作与短期合作相结合

对于一些关键性物资，可以选择少数几家长期合作的供应商，建立深度合作关系。而对于一些不常用的物资，则可以选择多家供应商，分散采购的风险。

（二）供应商备选机制

除了选择多个供应商，企业还应建立供应商备选机制，当主要供应商无法履行合同或出现问题时，可以快速启用备选供应商，避免采购链条中断。

1. 预备供应商管理

为每个重要物资类别设立备选供应商，并保持与这些供应商的沟通和合作关系。即便没有进行实际采购，备选供应商也应当保持长期的合作预期。

2. 定期对供应商进行考察与评审

定期对供应商进行考察和评审，确保供应商的稳定性和履约能力。如果现有供应商出现问题，应及时启用备选供应商，避免紧急采购时选择不合适的替代方。

例如，某企业在采购过程中仅依赖一家大型供应商。该供应商在某次大规模生产停工时未能按时交货，导致企业生产线停工，严重影响了企业的正常运作。企业随后调整了采购策略，选择了至少三家供应商进行并行合作，并对重要物资进行分散采购。此举大大减少了供应链中的潜在风险。

三、采购来源多样化的风险分散

采购来源多样化是指企业不依赖单一国家或地区的资源，通过拓展采购渠道、分散采购来源，降低单一来源带来的风险。全球化供应链使得企业能够在更多市场中进行采购，降低因单一市场因素导致的采购风险。

（一）区域市场多样化

单一地区或国家的供应商往往面临着政策变化、自然灾害、政治动荡等地区性风险。企业可通过全球化采购，从多个国家和地区选择供应商，这样能够有效分散因某一地区发生突发事件（如自然灾害）对供应链的冲击。

在全球化采购的同时，企业可以结合区域采购策略，为重要物资设立本地化供应商或仓储基地，这不仅能提升物流效率，还能降低长期运输和关税风险。

（二）采购渠道多样化

除了区域市场多样化外，采购渠道的多样化也能够有效分散风险。通过多渠道采购，企业能够获得更多的供应资源，避免单一渠道带来的风险暴露。

1. 线上与线下渠道相结合

除了传统的线下采购方式，企业可以通过电子商务平台、在线供应商管理平台等新兴渠道进行采购，进一步降低传统采购渠道的风险。

2. 跨行业采购

针对不同类别的物资，企业可以探索跨行业采购。通过多样化的采购渠道，可以降低某一行业的市场风险或政策变动对供应链的影响。

例如，某电子产品企业曾因依赖中国地区的某家供应商，在全球贸易摩擦加剧时面临关税上涨和供应链中断的风险。为此，该企业采取了多国采购策略，除了保持与中国供应商的合作，还在东南亚、欧洲等地开辟了新的供应商渠道，有效避免了关税变化带来的不利影响。

四、合同管理中的风险分散

合同作为采购过程中的法律保障文件，其条款的设计直接影响采购过程中的风险分担。为了降低合同执行中的潜在风险，企业应在合同管理中加入灵活的条款，以实现风险的分散和转移。

（一）风险转移条款的设计

企业应在合同中设置明确的风险转移条款，规定供应商在发生问题时的责任和义务，避免由于供应商问题对企业造成的财务损失。例如，若供应商未按时交货或未能达到质量标准，应承担相应的赔偿责任。

1. 延迟交货条款

在合同中约定具体的交货时间，若供应商未按时交货，其需承担违约责任。

2. 质量保证条款

产品质量不达标时，供应商必须负责退换货或赔偿损失。

（二）灵活的履约期限和支付条款

通过合同中的支付条款和履约期限设计，企业可以控制采购过程中的风险。例如，企业可以在采购初期要求供应商提供部分付款保证金，或根据交货进度分期付款，降低单一风险对企业财务的影响。

（三）应急处理机制的设置

在合同中设定应急处理机制，如出现供应链中断、质量问题或价格波动，合同应规定明确的补偿和解决方案。这些条款可以为企业在应对突发风险时提供法律保障。

例如，某企业与其核心供应商签订了长期合作协议，但由于供应商出现生产问题，无法按时交货。该企业在合同中规定了延迟交货的赔偿条款，并启动了供应商的责任追究，最终通过合同解决了损失问题，为后续采购提供了保障。

五、信息化技术支持的风险监控

信息化技术在采购风险控制中的作用日益重要。通过采购管理系统、供应链管理软件等工具，企业能够实时跟踪采购活动中的各项动态，及时识别潜在风险，并采取相应措施进行调整。

（一）实时数据监控与分析

通过数据化管理，企业能够实时获取采购订单、物流状态、库存信息等关键数据。这些数据可以帮助企业了解采购过程中是否存在异常，如供应商交货延迟、库存积压、价格波动等，从而及时采取应对措施。

（二）智能化预警机制

采购管理信息系统通常具备智能化预警功能，当系统监测到供应商延迟交货、价格波动较大、库存过多或过少等异常情况时，会立即发出警报，提示采购管理人员采取行动。

例如，某企业在采购管理系统中设置了自动化价格波动监控系统，实时监测供应商的价格变化。当某供应商的价格波动超过设定的阈值时，系统会提醒采购人员进行核查，避免因价格异常波动导致采购成本上涨。

采购风险的分散控制是企业降低采购风险、提升供应链稳定性的重要策略。分散控制不仅有助于减少风险的集中爆发，还能够提升企业在面对突发事件时的应变能力和决策效率。在实际操作过程中，企业应根据自身情况调整策略，灵活运用分散控制手段，从而保障采购活动的安全性、合规性与高效性。

第十节　轮岗和分拆采购程序及工作职责

采购是企业供应链管理中的关键环节。为了有效控制采购风险、提高采购工作的透明度和公正性，轮岗制度的落实与分拆采购程序的设置尤为重要。通过合理的轮岗制度和分拆采购流程，不仅可以减少舞弊风险，还能提高工作效率和管理的科学性。企业应根据其组织结构和实际需求，在采购环节设计合理的工作职责分配和轮岗制度，以确保采购过程的规范性和透明度。

本节将详细探讨轮岗与分拆采购程序的概念、实施策略、工作职责以及如何确保制度的有效执行。

一、轮岗制度的意义和实施

（一）轮岗制度的意义

轮岗制度是指在一定时期内，定期调整采购人员的工作岗位，确保不同的采购人员轮流负责不同的工作内容或工作环节。这一制度的核心目标是通过轮换岗位，使员工在工作中相互监督，减少潜在的舞弊或滥用职权的机会，确保采购活动的透明性、公正性与合规性。

轮岗制度的实施具有以下几方面的意义。

1. 防范舞弊和利益冲突

长期在同一岗位上工作容易产生固定的工作模式，员工之间可能形成固定的默契，从而会增加舞弊的风险。通过轮岗，可以打破这种"熟悉感"，有效防止采购人员和供应商之间产生不正当的利益关系，减少舞弊的可能性。

2. 提高工作透明度

轮岗后，新的员工对于之前工作内容的处理和决策会产生不同的理解与看法，这有助于提高采购过程的透明度，避免某些环节被"遮掩"或忽视。

3. 提升员工的工作能力

轮岗能让员工接触到不同的岗位和工作内容，培养其跨职能的工作能力，提升其全面的采购管理水平。员工在多个岗位的工作经历，有助于他们更好地理解整体流程和其他岗位的需求，提升团队的协作效率。

4. 增强工作独立性与客观性

每个岗位的员工在工作内容和工作职责上都有其独特之处，轮岗能够促进员工培养独立思考的能力，并确保他们在采购活动中保持客观和公正的态度。

（二）轮岗制度的实施策略

1. 明确轮岗范围和周期

在实施轮岗制度时，企业首先要确定轮岗的范围和周期。通常来说，轮岗周期不应过长，一般设定为 6 个月至 1 年，可根据具体情况进行调整。轮岗的范围应覆盖采购工作中的主要环节，如需求计划、供应商选择、采购合同签订、采购订单执行等。

2. 明确岗位职责

不同岗位的职责和工作内容应清晰定义。轮岗后员工应了解新的工作内容和责任，避免因岗位不清或职责重叠导致的工作混乱。企业应为每个岗位设置详细的工作流程和标准操作程序（Standard Operating Procedure，SOP），确保轮岗后的员工能迅速适应新岗位，并保证工作质量。

3. 轮岗人员的选拔与培训

轮岗人员的选拔应基于其能力、经验和发展潜力，以确保其具备跨岗位适应能力。在轮岗前，企业应为轮岗员工提供必要的培训，确保他们掌握新岗位的工作技能、采购流程和相关政策法规。

4. 定期评估和反馈

轮岗工作完成后，企业应定期对轮岗效果进行评估，以了解员工的适应情况、工作表现及轮岗过程中可能遇到的问题。通过员工的反馈，企业可以进一步优化轮岗机制，从而提高其执行效果。

5. 轮岗与内部审计相结合

轮岗制度应与内部审计工作紧密结合。审计部门应定期对轮岗员工的工作进行审核，以确保轮岗制度的落实。审计人员可以通过检查相关工作流程、审核合同、审查采购单据等手段，发现潜在的风险和不合规行为，并为企业提供有效的管理建议。

二、分拆采购程序

（一）分拆采购程序的定义和意义

分拆采购程序指的是将大宗或复杂的采购项目拆分成若干小项，分别交由不同的采购人员负责执行。其主要目的是减少采购决策的集权性，通过分散权力和风险，避免单一采购人员在大宗采购过程中做出有利于某一供应商的偏向性决策。

分拆采购程序具有以下几方面的意义。

1. 分散权力，降低舞弊风险

通过分拆采购项目，确保不同的采购人员对项目的不同环节负责，有效避免了权力集中和不公正决策的风险。例如，采购合同的签订、供应商的选择、支付审批等关键环节由不同人员处理，降低了舞弊的可能性。

2. 提高采购透明度和公平性

通过将采购项目分拆给多个采购人员进行管理，能够使采购过程更加透明，避免在整个采购过程中因集中决策而带来的不公平现象。多名采购人员同时参与会加强对采购过程的监督，从而促进供应商之间的公平竞争。

3. 提高采购效率

分拆采购能够缩短各环节的审批时长，提升采购工作的效率。在不同的采购环节和小项目上，采购人员可以独立开展工作，从而减少相互之间的等待和协调所耗费的时间。

4. 降低集中风险

大宗采购项目集中在某个环节进行处理时，可能会带来较高的风险。一旦该环节出现问题，就可能会影响整个采购流程。分拆后，各环节的风险得到分散，从而确保了整个项目的稳定推进。

（二）分拆采购程序的实施策略

1. 根据采购金额和采购复杂度分拆

分拆采购程序应根据采购项目的金额、复杂度及供应商的数量来确定。对于大宗采购，首先要评估项目的规模和内容，然后将其拆分成多个小项，逐项进行采购。对于金额较小、品类单一的采购项目，通常不需要分拆，可由单一采购员负责。

2. 制订详细的采购计划

分拆采购前，企业应制订详细的采购计划，明确每个小项的采购目标、需求清单、预算、采购方式等。不同的采购小项要有明确的负责人，并结合轮岗制度，确保不同的采购人员轮流参与不同项目，从而有效分担风险。

3. 设置不同的审批权限

在分拆采购过程中，企业应根据采购项目的金额、复杂度设置不同的审批权限。通常情况下，对于金额较小的采购项目，可以通过自动审批系统处理；而对于金额较大的项目，必须由多个层级的审批人员审核，确保决策的公正性和透明性。

4. 跨部门协作与配合

分拆采购过程中，各个部门之间的协作和配合至关重要。尤其是与财务、法律、质量管理等部门的合作，要确保合同的合规性、采购决策的合理性。部门之间的信息共享和沟通可以有效提高采购工作效率，减少信息孤岛和执行偏差。

5. 持续跟踪和监督

在分拆采购的执行过程中，企业需要对每个小项进行持续的跟踪和监督。采购部门应定期向管理层汇报各项采购的执行进度和问题，确保采购过程中的每一个环节都能够按计划推进。

三、工作职责分配

（一）明确工作职责

采购部门是采购工作的核心，负责统一管理和协调所有采购活动。然而，为了确保采购过程的公正性和透明度，企业需要在采购流程的每个环节中明确各部门和员工的职责，避免因职责不清而导致的责任推诿。

1. 采购经理

采购经理负责制定采购战略、采购计划，并协调各部门的采购需求。采购经理应定期进行市场调研，评估供应商的市场情况，提出采购优化建议，同时还需监督采购过程的各个环节，确保采购符合预算和时间要求。

2. 采购员

采购员负责日常的采购执行工作，包括供应商的选择、报价和谈判、采购订单的处理、合同的签订、验收等。采购员应根据企业的采购计划和预算，选择合适的供应商并执行订单，确保采购工作的顺利进行。

3. 财务部门

财务部门在采购过程中主要负责资金审核和支付管理，确保其符合合同约定条款，并及时进行账务处理。财务部门应根据采购情况调整企业现金流,确保企业资金链的稳定性和安全性。

4. 质量管理部门

质量管理部门负责对采购产品的质量进行审核,确保所有采购的物资符合企业质量标准。质量管理部门应参与供应商评审,确保供应商的质量管理体系符合企业要求。

5. 法务部门

法务部门负责审核采购合同的法律条款,确保合同内容符合法律法规和企业政策要求。法务部门应对合同执行过程中出现的法律争议进行处理,以确保企业的合法权益不受损害。

(二)确保职责落实

1. 定期进行职责评估

企业应定期评估各岗位员工的工作表现,确保每个岗位的职责得到了落实。

2. 建立责任追究机制

对于未按规定履行职责的员工,企业应设立责任追究机制,确保职责不被推卸。

3. 信息共享与沟通

部门之间应建立有效的信息共享和沟通机制,确保采购过程中的问题能够得到及时解决。

通过合理实施轮岗制度和分拆采购程序,企业能够有效分散采购风险,提高采购工作的透明度、效率和公平性。这些措施不仅能有效防范舞弊风险,还能提升采购工作的整体管理水平。

第十一节　与供应商达成战略合作关系

在现代企业的采购管理中,供应商不仅是产品或服务的提供者,更是企业价值链中至关重要的一环。与供应商建立长期、稳定且具有战略性的合作关系,已经成为企业竞争力的重要来源之一。通过战略合作,企业能够获得更优质的产品和服务、更有利的价格条款以及更灵活的供应链支持,从而提高自身市场竞争力。

本节将详细探讨如何与供应商达成战略合作关系,包括与供应商达成战略合作关系的意义、与供应商建立战略合作关系的步骤、培养战略供应商以及管理与优化供应商战略合作关系等方面。

一、与供应商达成战略合作关系的意义

（一）提升供应链稳定性与灵活性

与供应商建立战略合作关系，能够增强供应链的稳定性。长期的合作使得供应商在生产规划、产品交付等方面能够提供更高效、更可靠的支持，从而减少供应链中断的风险，确保企业在面对市场波动时能够更加灵活应对。此外，战略合作还能够使供应商根据企业的需求进行资源的优化配置，提高产品交付的及时性与灵活性。

（二）获取更具竞争力的价格与条款

战略合作关系的建立，能够促使供应商在价格、支付条款、折扣等方面给予更有利的条件。长期合作建立了双方的信任，供应商通常会优先考虑战略合作伙伴的需求，通过给予价格优惠、批量折扣等方式，帮助企业降低采购成本，提高资金使用效率。通过集中采购，企业也能在议价时占据更多优势，获得更多的定制化服务和灵活的付款条件。

（三）促进技术创新与产品质量提升

通过与供应商建立战略合作关系，企业可以共同参与到技术创新、产品研发和优化的过程中。供应商对企业的需求和产品特性更加了解，能够提供更多的创新方案和技术支持，帮助企业提升产品质量、优化生产工艺，甚至共同开发新产品。双方合作的深度和广度将使供应商在技术支持、产品研发和质量管理等方面提供更为定制化的服务，进一步推动企业的核心竞争力。

（四）增强市场响应速度与灵活性

战略合作不仅基于现有业务的协同，更能推动供应商与企业携手应对未来市场的变化。企业和供应商通过共享市场信息、预测需求变化等方式，能够提前应对市场变化，从而提升供应链的整体响应速度。特别是在面临市场需求波动、原材料价格变动或供应链中断等情况下，战略合作关系能够帮助企业灵活调整采购策略和生产计划，保证业务的持续运转。

（五）共同承担风险与挑战

通过建立战略合作关系，企业和供应商不仅共享收益，还能够共同承担风险。无论是市场风险、质量风险、供应中断风险，还是价格波动风险，战略合作关系均有助于双方协同应对。企业可以与供应商一起制定应急预案，共同承担因不可抗力事件或市场波动带来的风险，确保在突发情况下双方都能迅速响应，减少潜在的损失。

二、与供应商建立战略合作关系的步骤

（一）确定合作目标与战略方向

在与供应商建立战略合作关系前，企业需要明确合作的目标和战略方向。首先，企业应考虑自己对供应商的依赖程度和供应链管理的需求，明确期望与供应商合作实现的具体目标。例如，是否希望通过合作降低采购成本、提升产品质量、改进供应链效率、共同研发新产品等。

在此基础上，企业应制定清晰的战略合作框架，确保合作目标符合双方的长期发展规划，而不仅仅是短期利益。战略合作应注重双方的共同成长，形成相互依赖的长期合作关系，而非单纯的交易关系。

（二）选择合适的战略合作伙伴

选择合适的战略合作伙伴是成功建立战略合作关系的关键。企业应根据供应商的实力、信誉、产品质量、技术能力以及服务水平等进行综合评估。特别是在技术创新和质量保障方面，供应商是否具备足够的研发能力和提供必要的技术支持是选择合作伙伴时必须考虑的重要因素。

企业可以通过以下几种方式进行供应商筛选。

1. 市场调研与评估

通过行业分析、竞争对手分析、市场调研等手段，了解供应商在市场中的地位和声誉，评估其是否具备成为战略合作伙伴的潜力。

2. 供应商审核与认证

企业可通过对供应商的资质、生产能力、质量管理体系等方面进行审查，评估其是否符合战略合作的基本要求。

3. 合作历史与信誉

选择有长期合作关系和良好信誉的供应商，能够减少合作中的不确定性，尤其是具备稳定生产能力、优质售后服务和灵活响应能力的供应商，更适合成为战略合作伙伴。

（三）签订战略合作协议

在明确合作目标和选择合适的合作伙伴后，企业与供应商应签订战略合作协议。协议内容应涵盖以下几个方面。

1. 合作范围与目标

明确合作的具体内容、目标、实施计划和期限。例如，是否涵盖长期供应、技术支持、共同研发、市场拓展等。

2. 价格与付款条件

明确合作中的价格优惠政策、付款条件、折扣条款等内容，以确保合作双方的

利益。

3. 责任与义务

在战略合作中，双方的责任和义务必须清晰界定，包括质量保证、产品交付、售后服务、应急预案等，确保合作顺利进行。

4. 保密条款与知识产权

在合作过程中，企业和供应商可能会共享技术、市场数据等信息。因此，合同中需要明确双方的保密条款，防止敏感信息泄露，同时确保知识产权的归属和保护。

5. 风险管理与应急预案

企业应明确合作中可能遇到的风险和挑战，并提前制定应急预案。例如，针对供应中断、价格波动、质量问题等情况，双方应采取何种措施应对。

（四）建立沟通与协作机制

成功的战略合作离不开高效的沟通与协作。企业与供应商之间应建立定期的沟通机制，确保合作过程中的信息流通顺畅。这些沟通方式可以包括定期的会议、报告和反馈机制，以便双方及时了解合作中的问题和进展情况。

此外，企业还可以通过设置专门的合作协调小组来处理合作中出现的问题。企业应与供应商建立良好的关系，鼓励供应商参与到企业的产品研发、生产计划制订等关键环节中，形成更深层次的合作。

三、培养战略供应商

培养战略供应商的核心理念是，通过帮助潜力供应商提升能力、解决当前的不足，使其逐步成为企业的重要合作伙伴。对于那些暂时未具备足够实力的供应商，但具有良好的合作态度和发展潜力的企业，采取系统化的培养措施，帮助其提升各方面的能力，为未来的长期合作打下基础。

（一）评估潜力供应商的成长空间与配合度

在培养战略供应商时，首先需要识别那些具备成为战略供应商潜力的合作伙伴。这些供应商可能在当前的规模、技术、资金等方面尚不具备足够的实力，但其良好的合作态度和发展潜力却是值得关注的。企业可以从以下几个方面评估供应商是否具有培养价值。

1. 合作态度

供应商是否愿意为企业提供长期的合作承诺，是否能够与企业共同承担风险，解决问题。

2. 配合度

供应商在与企业的合作中是否具备高度的配合度，是否能够快速响应企业的需求，并积极改进合作中的不足。

3. 成长潜力

供应商在技术、市场等方面的成长潜力，是否具备通过合作获得快速发展的机会。

（二）提供定制化的支持与帮助

为了帮助潜力供应商逐步提升竞争力，企业可以采取定制化的支持措施。具体支持形式包括技术支持、资金支持、市场支持等。

1. 技术支持

企业可以帮助供应商提高生产工艺、优化产品设计，并提供必要的技术培训与技术支持，以提升供应商的生产能力和产品质量。

2. 资金支持

对于有潜力但资金较为紧张的供应商，企业可以通过提供预付款、贷款支持等形式，帮助其缓解资金压力，从而确保合作的顺利进行。

3. 市场支持

企业可以通过为供应商提供市场推广支持、扩展销售渠道等方式来提升市场份额，从而增强供应商的市场竞争力。

（三）逐步增加合作深度

企业与潜力供应商的合作应是一个逐步深化的过程。初期，企业可以选择较为简单的合作项目，与供应商在低风险的合作领域进行尝试。随着合作的深入，企业可以逐步将更多的高价值、高风险的项目交给供应商，提升其生产能力与应对能力。

1. 初期合作

选择低风险、需求量相对较少的项目进行试点合作，检验供应商的合作能力和产品质量。

2. 中期合作

在初步合作验证供应商能力后，企业可以开始向其分配更多较为复杂和重要的项目，进一步推动供应商提升其技术水平与管理能力。

3. 长期合作

经过多次合作验证，供应商已经具备一定的技术、生产能力与市场信誉，企业可以与其签订长期战略合作协议，确保双方的稳定合作关系。

（四）共同承担风险与回报

战略合作关系的核心是风险共担和利益共享。企业与供应商在合作中必须形成合理的风险共担机制，确保供应商能够在面临市场波动、生产瓶颈等困难时，获得企业的支持，不因单一风险因素而影响整体合作关系。

1. 风险共担机制

企业可以通过预付款、订单调度灵活性等方式帮助供应商分担部分经营风险。同时，在市场变化、技术迭代等外部环境变化时，双方应共同承担可能出现的风险。

2. 利益共享机制

长期合作中，企业可以为供应商提供更有利的合作条件，如价格优惠、利润分成等，确保供应商在获得长期订单保障的同时，也能够分享企业成长带来的经济回报。

四、管理与优化供应商战略合作关系

（一）建立绩效评估体系

在战略合作过程中，企业应对供应商的绩效进行定期评估。这些评估包括供应商的交货期、质量控制、价格水平、技术支持等方面。企业可以通过设立关键绩效指标（Key Performance Indicator，KPI）体系，量化评估供应商的表现，以便及时发现潜在问题并采取改进措施。

定期的供应商评估还能够促使供应商不断优化自己的生产流程和服务质量，从而实现双方的共同发展。

（二）共同创新与研发

长期的战略合作关系不仅限于采购，还应包括技术创新与产品研发的合作。企业可以与供应商联合设立研发小组，围绕共同的技术难题或市场需求展开合作创新。通过共同研发新产品、新技术，双方可以更好地应对市场变化，提升产品的竞争力。

例如，在汽车制造领域，汽车制造商和零部件供应商可以共同开发新型的零部件或高效的生产工艺，以满足市场对环保和节能的需求。

（三）解决合作中的冲突与矛盾

在长期的战略合作关系中，合作双方难免会遇到意见分歧或矛盾。此时，企业应通过有效的沟通机制及时解决问题，避免矛盾升级。企业可建立一个透明、公正、平等的沟通平台，确保双方在遇到问题时能够及时解决，而不是将问题积压。

通过定期的会议回顾、合作反馈机制等方式，企业和供应商可以不断优化合作关系，提高整体的业务绩效。

与供应商建立战略合作关系，不仅是采购管理的优化，更是企业战略规划中的核心环节。通过与供应商深度合作，企业能够提升供应链的稳定性和灵活性，获得更具竞争力的价格与条款，同时推动技术创新与产品质量的提升。而这种合作关系的核心在于长期共赢、共同成长。

在这一过程中，企业不仅要选择合适的战略合作伙伴，还需要通过培养潜力供应商，与其共同承担市场风险和挑战。通过定期评估、提供定制化支持、逐步深化合作，企业能够逐步将潜力供应商培养成战略合作伙伴，形成更加紧密的合作网络。

通过明确合作目标、签订详尽的合作协议、建立有效的沟通机制，企业与供应商能够在合作中不断优化流程、提升效率、降低风险。最终，战略合作关系不仅为企业提供了快速的市场响应速度和较强的竞争力，也促进了供应商与企业的共同发展和持续创新，形成了多方共赢的稳定合作关系。

第十二节　提升采购人员待遇，制定绩效考评

采购部门是企业运营中至关重要的一个环节，直接关系到产品质量、成本控制和供应链的稳定性。然而，采购人员在实际工作中往往面临着巨大的压力，包括供应商选择、价格谈判、交货时效和质量控制等方面的挑战。在这种情况下，提高采购人员待遇并制定合理的绩效考评体系，不仅有助于激励员工的积极性、提高工作效率，还能有效防范采购环节中的舞弊风险，从而提升企业的整体采购管理水平。

本节将深入探讨如何通过优化采购人员待遇和建立科学的绩效考评体系，提升采购团队的工作积极性和责任感，从而实现企业长期健康发展的目标。

一、提升采购人员待遇的重要性

采购人员作为企业与外部供应商之间的桥梁，其工作直接关系到企业的供应链效率和成本控制。合理的薪酬待遇是留住优秀采购人才、提升员工工作积极性和增强团队凝聚力的基础。在此基础上，良好的待遇还可以激发采购人员的创新思维，提高他们在工作中的主动性和解决问题的能力。

（一）激励作用

合理的薪酬和福利待遇是激励员工的最直接手段。在采购行业，薪酬体系不仅涵盖基本工资，还应包括绩效奖励、年终奖金以及长期激励机制等。科学合理的采购人员奖励机制能够有效提升他们的工作动力，从而在日常工作中展现更高的工作效率和更强的创造力。

例如，一些大型跨国企业会根据采购人员的工作表现设立不同层次的奖励标准，如达成特定采购成本控制目标或节省采购预算的员工，除了获得固定的绩效奖金外，还能得到长期股权激励，从而进一步增强员工对企业目标的认同感和责任感。

（二）吸引人才

在当前竞争激烈的市场环境中，优秀的采购人员是企业获得竞争优势的重要因素。提升采购人员的待遇和职业发展空间，不仅有助于吸引优秀的采购人才，还能有效降低人才流失，增强团队稳定性。当采购团队核心成员保持稳定并形成协同效应时，企业的采购管理水平将得到显著提升，供应商管理和采购策略的制定也将更加成熟和高效。

（三）降低舞弊风险

在许多企业中，采购人员的薪酬较低，这可能导致他们为获取额外收入而发生舞弊行为，如收受供应商回扣、偏袒某些供应商等。这些行为不仅会损害企业利益，还可能给企业带来法律和声誉风险。通过提升采购人员的薪酬待遇，可以有效减少他们在物质上的压力，从而降低舞弊行为发生的可能性。

二、制定科学合理的绩效考评体系

绩效考评是对员工工作表现的量化评估。它不仅能够帮助管理者识别优秀员工和需要改进的员工，还能够为企业制定合理的激励政策提供数据支持。对于采购人员来说，制定科学合理的绩效考评体系至关重要。一个完善的绩效考评体系不仅能够公平地评估每一位员工的贡献，还能够与员工的薪酬、晋升等紧密挂钩，从而形成激励机制。

（一）确定考评目标

采购人员的绩效考评应该明确、具体，并与企业的战略目标紧密相连。采购部门的主要任务是确保供应链的稳定性、有效控制采购成本以及妥善管理供应商关系。因此，绩效考评应该涵盖以下几个关键指标。

1. 采购成本控制

要衡量采购人员在控制采购成本、优化供应链方面的表现。这包括但不限于他们是否通过谈判降低了采购成本、是否通过供应商管理减少了采购过程中的浪费现象等。

2. 交货时效性

采购人员能否按时完成采购任务，直接影响生产线的正常运转。对于生产型企业来说，及时交货至关重要，任何延误都可能影响生产计划和客户交货期。

3. 供应商管理

采购人员的供应商关系管理能力是重要的考核指标，具体包括建立并维护良好的供应商合作关系，有效选择优质供应商以规避供应风险，监督供应商质量管理体系运行情况，以及对供应商质量控制过程实施有效监管。

（1）质量控制。采购人员是否能够及时发现并解决产品质量问题，以确保采购物料的质量符合企业要求。

（2）创新和改进。采购人员是否在采购流程中提出并实施创新和优化的方案，以降低采购成本，提升效率。

（3）团队合作与沟通能力。采购人员是否有效地与内部团队和供应商进行沟通和协作，以提升整体采购效率。

（二）绩效考核的方式

绩效考评不仅仅是一个数字化评分系统，还需要结合员工的日常工作表现进行综合评价。以下是几种常见的考核方式。

1. 定量考核

如采购成本的节约、供应商交货及时率、采购质量合格率等，可以通过具体的数字指标进行量化评估。

2. 定性考核

如供应商的沟通协调能力、解决突发问题的应变能力等，这些通常无法量化，但可以通过主管或同事的评价来进行考核。

3. 自我评估与上级评估相结合

将员工自评和上级评估相结合，不仅有助于企业更全面地了解员工的工作表现，而且能让员工认识到自己工作中的优缺点。

4. 360 度反馈

通过收集上级、同事、下属和外部供应商的反馈，我们能够形成一个全面的评价体系。这种方式可以确保评价的客观性和全面性。

（三）绩效奖励与激励措施

绩效考核的结果直接决定了员工的奖励与激励措施。为了让采购人员更加积极地投入工作，企业需要根据绩效考核结果制定不同的奖励机制，具体的奖励措施如下。

1. 现金奖励

对于超额完成任务的采购人员，除了基本薪资外，可以给予一定的现金奖励。现金奖励可以根据实际情况分为月度奖励、季度奖励和年度奖励。

2. 晋升机会

根据采购人员的绩效表现，提供晋升机会。表现优秀的员工可以参与更重要的决策和管理，获得更多的职业发展机会。

3. 培训与发展

通过为员工提供培训机会，帮助其提升专业技能和管理能力。优秀员工可以享受企业内外部培训，提升其在行业中的竞争力。

4. 长期激励

长期激励如股票期权、年终奖、利润分享等，通过与企业长期发展目标挂钩，让员工与企业共同成长，增强他们的归属感和责任感。

（四）绩效反馈与改进

绩效考评的结果不仅是奖励和激励的依据，更是员工职业发展的重要参考。企业应定期向采购人员提供绩效反馈，让他们明确自己的优点与不足，从而有针对性地改进。通过定期的绩效反馈，员工能够了解自己的工作进展，同时对未来的目标有更清晰的认识。

三、实际案例分析

在某制造企业中，采购部门一直面临着采购成本高、供应商管理混乱等问题。企业决定对采购人员进行绩效考核，并提高采购人员的待遇，以激励他们更好地工作。

首先，企业重新制定了采购人员的薪酬结构，将绩效奖金与采购成本控制、交货时效、供应商管理等考核指标挂钩。然后，企业通过定期召开绩效评估会议，对每个员工的工作表现进行全面分析，并及时给予反馈。

经过一年的实践，采购部门的采购成本降低了10%，交货时效提升了15%，供应商质量问题减少了20%。员工的工作积极性大大提高，团队合作也得到了显著改善。

提升采购人员待遇并制定科学的绩效考评体系，不仅能够提高员工的工作积极性，还能提升团队的整体效率和企业的采购管理水平。通过合理的薪酬激励、全面的绩效考核以及有效的奖励机制，企业能够留住优秀的采购人才，降低舞弊风险，推动供应链的优化，从而实现企业的长期可持续发展。因此，提升采购人员的待遇和制定绩效考评体系，是企业采购管理战略中不可或缺的重要组成部分。

第十三节　对采购人员进行正规的业务培训

采购人员是采购流程中的关键执行者，他们的职业素养直接关系到采购活动的效率和合规性。为了确保采购流程的规范性和有效性，企业需要对采购人员进行系统、全面的业务培训，以提升他们的专业技能与职业道德。通过这种培训，不仅可以降低舞弊风险，还能提高采购人员的工作效率和决策能力，从而进一步优化采购管理。

采购人员的培训应涉及多个层面，包括但不限于采购流程的基本操作、供应商管理技巧、财务和合同管理、法律合规要求、采购中的道德规范等内容。通过专业培训，确保采购人员能够熟练掌握各项采购技能，了解舞弊风险及防范措施，具备较强的风险识别能力和处理问题的应变能力。

本节将详细探讨对采购人员进行正规的业务培训的必要性、培训的主要内容、培训的实施策略以及培训后的评估与反馈机制，帮助企业建立一支高效、专业、诚信的采购团队，减少舞弊行为的发生，提升采购工作的整体水平。

一、培训的必要性

（一）提升采购人员的专业素养

在现代企业中，采购不再是一个单纯的物资采购任务，它涉及供应商选择、成本控制、合同谈判、财务管理等多个方面。随着企业采购环境的日益复杂，采购人员的专业技能和综合素质成为采购工作的基础保障。通过正规的业务培训，采购人员能够学习并掌握最新的采购管理知识，提升其在实际操作中的判断力和应对复杂问题的能力。

（二）降低采购舞弊风险

采购舞弊通常发生在以下三种情况下：采购人员缺乏专业知识、道德观念不清晰或操作不规范。通过开展业务培训，能够帮助采购人员明确自身的职责和行为规范，强化其防范舞弊的意识。此外，培训还能使采购人员识别潜在的舞弊迹象，并采取及时有效的应对措施，从而降低舞弊行为的发生率。

（三）提升工作效率和决策能力

系统的业务培训不仅能够提升采购人员的专业能力，还能提升他们在工作中的效率和决策水平。通过学习采购管理、供应链管理、谈判技巧等知识，采购人员在面对复杂的采购任务时能够做出更加精准的决策，从而避免低效操作和错误决策，提高整体采购效率。

二、培训的主要内容

（一）采购流程与操作规范

采购流程是确保采购工作顺利进行的基础。培训应当让采购人员熟悉从需求分析、供应商选择、合同签订到验收与付款的完整流程。

1. 采购计划与需求分析

如何根据企业的生产需求与预算，合理规划采购计划。

2. 供应商选择与评估

如何根据供应商的资质、价格、服务质量等标准，科学、合理地评估与选择供应商。

3. 采购谈判技巧

如何与供应商进行有效谈判，争取最有利的合同条款。

4. 采购合同管理

采购人员应当采取哪些措施来避免合同出现漏洞。

5. 采购验收与支付

如何确保收到的货物或服务符合要求，保证付款流程的合规性。

（二）财务与成本管理

采购活动直接影响企业的资金流动和成本控制，因此采购人员还需掌握一定的财务知识。

1. 成本控制

如何通过优化采购流程、与供应商协商、减少采购浪费等措施降低采购成本。

2. 财务审计基础

采购人员应了解基本的财务管理知识，学会如何识别与采购相关的财务风险，配合财务部门进行审计工作。

（三）法律法规与合规管理

合规是采购过程中至关重要的一环，采购人员必须熟知相关的法律法规，避免因操作不当而引发法律纠纷。

1.《中华人民共和国招标投标法》《民法典》等相关法律法规

企业要帮助采购人员了解与采购相关的法律法规，规范其采购行为。

2. 行业合规标准

对于特定行业的采购，要了解行业内的合规标准和相关法律要求。

（四）职业道德与反舞弊意识

强化职业道德和反舞弊意识是采购人员培训中至关重要的内容。

（1）道德风险与舞弊行为。如何识别采购中的舞弊行为，如回扣、虚报价格、串标等。

（2）如何遵守企业的道德规范，避免因个人利益或其他不正当行为对企业造成损害。

（3）制定个人职业道德承诺，帮助采购人员树立正确的价值观和责任感。

三、培训的实施策略

1. 系统化培训计划

企业应根据采购人员的岗位特点和发展需求制订系统化的培训计划，分阶段、有针对性地开展培训。初级培训应注重基础知识的传授，中高级培训则可以侧重于更高层次的战略思维、风险识别与管理等方面能力的提高。

2. 多元化培训形式

传统的课堂培训可以结合现代技术手段，如线上培训、互动式案例讨论、模拟演练等，增强培训的趣味性和实效性。通过多元化的培训方式，采购人员可以更有效地将理论与实践技能相结合。

3. 外部专家与行业交流

邀请外部专家或行业内资深人士定期为采购人员开展讲座或培训，能够帮助采购人员了解行业动态和最佳实践，拓宽视野，提升综合素质。

4. 内部分享与学习小组

定期组织内部的知识分享会和学习小组，鼓励采购人员分享自己的经验和知识。通过内部交流与探讨，采购团队成员能够互相学习、取长补短，从而形成更为高效的工作氛围。

四、培训后的评估与反馈机制

1. 培训效果评估

培训结束后，企业应通过考试、问卷调查、实际工作表现等方式来评估培训效果。通过反馈意见收集，分析培训是否达到预期目标，并针对不足之处进行改进。

2. 后续跟踪与再培训

培训是一个持续的过程。在完成初期培训后，企业还需根据采购人员的实际工作情况，定期进行跟踪和再培训，确保其能力不断提升。

通过对采购人员进行系统的业务培训，企业不仅可以提升其专业能力和工作效率，还能有效降低采购舞弊的风险，确保采购流程的规范化与透明化。培训是一个长期投入的过程，企业应根据自身的实际情况，制订符合员工需求的培训计划，并通过多元化的方式增强培训的实效性。同时，企业还应通过有效的评估和反馈机制，确保培训效果得以落实，并通过持续的学习和改进，打造一支高素质、专业化的采购队伍。

第十四节　限制采购部的权利

采购部门是企业供应链管理中的关键部门，其职责不仅包括原材料和产品的采购，还涵盖了供应商的选择、合同谈判、采购成本控制等多个方面。然而，采购部门的权力如果过于集中，容易导致决策失误，甚至可能引发舞弊行为，进而加剧供应链风险。为此，合理地限制采购部门的权力是企业内部控制和风险管理的重要组成部分。

本节将探讨如何有效限制采购部门的权力，确保其在内部审计、监督和管理机制的制约下，能够执行合规、透明、合理的采购决策，从而降低舞弊风险、避免利益冲突，并优化采购管理流程。

一、限制采购部门权力的必要性

为了更好地理解为什么需要限制采购部门的权力，我们首先需要认识到采购部门在企业运营中扮演的关键角色。虽然采购部门负责为企业提供所需的原材料和产品，但其权力的过度集中可能导致管理漏洞、决策失误，甚至舞弊行为的发生。因此，限制采购部门的权力不仅是有效防控采购风险的手段，更是优化企业内部控制、提升管理效率的必要举措。接下来，我们将从防范舞弊行为、防止利益冲突以及提升管理效率等多个角度，进一步阐述限制采购部门权力的必要性。

（一）防范舞弊行为

采购部门在企业中的权力较大，特别是在涉及资金流动、供应商选择和采购决策时，容易滋生舞弊行为。例如，采购人员可能因个人利益与供应商发生不正当交易，或者未进行充分的市场调研，导致企业采购成本过高、供应商的产品质量不合格，甚至造成严重的经济损失。

限制采购部门的权力，可以有效防范类似舞弊行为的发生。具体而言，这意味着对采购流程的各个环节实施更严格的审核和控制，确保每一个采购决策都能经得起审视和检验。

（二）防止利益冲突

采购部门的工作涉及大量的供应商选择和价格谈判，部分采购人员可能与某些供应商保持私人联系，这可能导致他们在进行采购决策时产生偏见。一旦出现利益冲突，不仅会损害企业的利益，还会对企业的声誉和市场竞争力造成深远的影响。

限制采购部门的权力时，企业可以通过建立内部审计、合规检查等机制，有效减少利益冲突的发生，确保采购决策的公正性和透明度。

（三）提升管理效率

集中权力往往导致决策效率低下，尤其是在缺乏有效监督的情况下。采购部门决策权的过于集中可能导致部门内部信息不对称，降低其他部门的参与度，从而影响团队协作和企业的整体工作效率。通过合理限制采购部门的权力，能够实现跨部门协作和决策共享，提升整体管理效率。

二、限制采购部权力的具体措施

在明确了限制采购部权力的必要性之后，接下来我们将探讨具体可行的措施。这些措施不仅能够有效防止权力滥用，还能确保采购过程的透明性与公平性，从而进一步加强企业的内部控制和风险管理。

（一）制定严格的采购流程

建立清晰、严格的采购流程是限制采购部门权力的首要措施。采购流程应当包含多项审核与审批环节，不仅要经过采购部门自身的审批，还要通过财务、法务、质量控制等相关部门的审核，确保采购决策的合理性和合规性。

例如，所有采购决策应当根据市场调研、供应商评估等客观依据来制定，而非单纯依赖采购人员的个人判断。对于重要采购项目，应该进行全流程记录，并确保各个环节的透明性和可追溯性。

1. 采购需求审批

所有采购需求必须先由相关部门审核，确保需求的合理性和必要性。

2. 供应商选择与评估

供应商的选择应经过严格的招标程序或多方评估，避免依赖单一供应商。

3. 合同审查与签署

采购合同应由法务部门进行审查，确保条款的公正性、合理性，防止采购人员与供应商之间可能出现的不正当行为。

4. 付款审批

采购付款的批准应该经过财务部门的独立审核，避免采购人员直接掌握付款权。

（二）强化采购部门与其他部门的协作

采购部门的工作不能缺少其他部门的协作，因此限制采购部门权力的一个重要方式是强化跨部门合作与协调。例如，采购部门在选择供应商时，可以邀请财务、法务和质量管理等部门参与，形成多方审核和决策机制，避免采购部门的决策过于片面。

通过跨部门合作，不仅能确保采购决策的多角度评估，还能够使其他部门对采购过程进行监督，从而降低舞弊风险。

（三）引入多层次审批机制

建立多层次的审批机制，确保重要采购事项不由单一部门或人员单独做出决策。对于大额采购、战略性采购或跨部门合作的采购事项，应当引入高层管理人员或专门的审计委员会进行审批。

例如，对于采购金额较大且涉及多个部门的采购项目，除了采购部门和财务部门外，还应提交给企业高层领导或审计委员会审核批准。这不仅能够避免采购人员的个人意志影响决策，还能确保决策的客观性和公正性。

（四）增强采购部门的透明度与审计力度

提高采购过程的透明度，能够有效限制采购部门的权力，防止不正当行为的发生。企业应定期进行采购审计，审查采购流程中的每一个环节，确保所有采购决策都符合企业政策、法律法规及道德标准。

定期的审计能够及时发现潜在的风险，并纠正不符合规范的行为，确保采购部门的操作合规。同时，审计结果应公开化，使相关部门和员工都能了解采购部门的工作和决策流程。

（五）实行采购人员轮岗制度

为了防止采购人员在工作中过于依赖某些供应商或形成利益关系网，企业可以实行采购人员轮岗制度。这一制度通过定期更换岗位，确保不同员工能够接触到不同的采购项目，从而减少单个员工对采购决策的过度影响。同时，这也能让更多员工参与到采购管理中，促进集体决策的形成。

此外，轮岗制度还有助于企业培养更多具备综合能力的采购管理人员，提升整个团队的协作性和创新性，进一步优化采购管理工作。

（六）设立监督和举报机制

为进一步限制采购部门的权力，企业应设立独立的监督和举报机制，鼓励员工和供应商举报采购部门的不当行为。举报机制的建立不仅有助于企业及时发现问题，还能够有效降低舞弊行为的发生概率。

例如，企业可以设立匿名举报渠道，确保举报者的安全和信息保密，同时设立专门的监督小组，定期审查采购流程，确保其公正性和合规性。

三、案例分析

在过去几年中，某企业采购部门一直被管理问题困扰着。部分采购人员与供应商之间存在不正当交易，导致企业的采购成本远高于行业平均水平，甚至有些不合格的供应商仍然能够成为长期合作伙伴。为了解决这些问题，企业决定通过一系列措施来规范采购部门的行为。

首先，企业成立了一个由财务、法务、审计和采购部门负责人组成的"采购监督委员会"，负责监督所有重大采购项目。其次，企业规定所有大宗采购项目必须进行严格的招标，采购部门不得单独决定供应商。所有供应商的选择都需要经过市场调研和多方评估，由多个部门共同参与决策。

同时，企业实行了采购人员轮岗制度，并建立了一个匿名举报渠道，确保能够及时发现和纠正采购中的不当行为。实施这一系列措施后，企业的采购成本大幅下降，供应商的质量和交货时效也得到了有效保障。采购人员的行为更加规范，企业整体的采购管理水平得到了显著提升。

限制采购部门的权力，不仅是防范采购风险和舞弊行为的有效手段，也是提升企业采购管理水平的重要措施。通过建立严格的采购流程、多层次的审批机制、跨部门协作、透明的审计体系及轮岗制度，能够有效约束采购部门的权力，确保其决策的公正性、合理性和合规性。同时，企业应当鼓励员工参与监督，及时发现问题并进行整改。合理的权力限制不仅能够有效提升采购部门的工作效率、降低风险，还能为企业的长期发展提供坚实的保障。

第十五节 招聘采购人员时要进行背景调查

在采购管理体系中，采购人员直接涉及资金、供应商及合同等的管理工作。招聘合适的采购人员是保证采购过程合规、高效和廉洁的关键。为了降低不合格人员可能导致的舞弊风险和管理漏洞，企业在招聘采购人员时必须进行严格的背景调查。通过背景调查，企业不仅能了解求职者的专业能力，还能全面评估其道德操守、职业背景及历史表现，从而做出更加精准的招聘决策。

本节将详细探讨招聘采购人员时严格进行背景调查的必要性、实施步骤及注意事项，以确保企业能够通过背景调查筛选出合适的采购人才。

一、背景调查的意义

在采购环节，采购人员通常具有较大的权力和影响力，特别是在大宗物资采购、供应商选择及合同谈判等方面。若采购人员的职业素养和道德水平无法满足要求，可能会引发严重的舞弊行为，甚至影响企业的资金安全和商业声誉。因此，进行严格的背景调查，不仅是防范舞弊、规范采购行为的重要手段，也是提升采购部门整体水平和增强企业竞争力的必要措施。

（一）防范舞弊行为的发生

采购环节历来是舞弊的高发区。一方面，采购人员的工作涉及资金流动和供应商合作，容易成为腐败的对象；另一方面，采购过程中对供应商的筛选、合同的签订等环节缺乏足够的监督，容易产生暗箱操作和回扣现象。因此，背景调查能够帮助企业识别有潜在舞弊风险的人员，避免将有过不良记录或存在道德问题的人员引入采购团队。

（二）确保人员的诚信与专业性

采购工作不仅要求专业知识和技能，更要求人员具备较高的职业操守和诚信意识。如果招聘的人员存在与采购相关的负面历史记录，或在前期的工作中有过违规、违纪行为，企业需要通过背景调查及时发现这些问题。通过核实其过往的职业道德记录，企业能够招聘到具备正直、诚实品质的人员，从而确保采购决策的公正性和透明度。

（三）提升团队素质与稳定性

采购团队的能力和素质直接影响企业的采购效率。通过严格的背景调查，企业能够了解求职者在过去的表现、能力和成绩，确保其技能、经验和工作态度符合岗位要求。背景调查还能帮助企业识别出忠诚且有长期合作潜力的员工，从而为团队建设提供人才保障。

二、背景调查的核心内容

进行背景调查时，企业应从多个维度对求职者的背景进行全面了解。以下是背景调查中必须关注的几点核心内容。

（一）教育背景与专业资格

对于采购人员来说，良好的教育背景和相关的专业资格认证是其胜任岗位的基本保证。在背景调查中，企业应核实求职者的学历和学位证书，确保其具备从事采购岗位的必要理论知识。此外，持有供应链管理、采购管理等相关领域的专业认证证书，能够进一步证明其在采购管理方面的能力和水平。

（二）工作经历与职业历史

求职者的工作经历对于评估其采购经验至关重要。在进行背景调查时，企业应详细核实求职者的工作单位、职位及职责，特别是其在过去的工作中是否涉及采购管理、供应商谈判、合同执行等核心环节。同时，应关注求职者在不同职位中的表现，如是否能够独立完成采购任务、是否有成功的采购案例等，帮助企业评估其是否符合岗位要求。

（三）职业操守与道德背景

职业操守直接决定了采购人员在工作中的行为和决策。为了避免因人员不诚信而引发的采购舞弊行为，企业需要在背景调查中重点审查求职者的道德和职业操守记录。例如，调查其是否曾因舞弊行为被解雇，是否曾因收受回扣等不正当行为受到纪律处分，是否有过涉及法律诉讼的记录等。通过与前雇主、同事等第三方的沟通，进一步核实求职者的职业道德水平。

（四）信用记录与法律背景

采购人员在工作中需要与大量资金和供应商打交道，因此个人信用状况至关重要。在进行背景调查时，企业应核查求职者的信用记录和法律背景，确保其无不良记录。例如，确认他们是否有过债务违约、经济纠纷或刑事诉讼等情况。这些因素直接关系到采购人员在工作中的行为和决策是否会受到外部因素的影响。

（五）人际关系与社会背景

采购人员的社会背景和人际关系同样需要重视。在背景调查中，了解求职者的社交圈和人际关系，尤其是与供应商、竞争对手等方面的关联，能够帮助企业判断其是否容易受外部干扰或影响。在某些情况下，采购人员可能因私人关系而做出有损企业利益的决策。因此，全面了解其人际关系有助于企业规避潜在的风险。

（六）个人特征与团队适配性

采购人员除了专业能力和道德素养，还需要具备良好的沟通能力、团队合作精神及抗压能力。背景调查不仅要关注采购人员的技术能力，还要评估其与团队的适配性。例如，求职者是否具备良好的领导能力、协调能力和解决冲突的能力，以及是否能够在压力下做出合理决策。通过了解这些信息，企业能够招聘到更具综合素质的人才。

三、背景调查的实施方式

为了确保背景调查的全面性和有效性，企业可以通过多种途径和手段进行调查。

（一）面试与情境模拟

通过行为面试法、情境面试法等方式，企业不仅可以评估求职者的专业能力，还能观察其在面对复杂情境时的应对策略。通过模拟采购过程中可能遇到的道德困境，企业能够了解求职者在压力下的决策方式及其处理问题的态度。这种面试方法能够帮助企业提前发现潜在的道德风险。

（二）第三方背景调查企业

为了确保背景调查的客观性与公正性，企业可以委托专业的第三方背景调查企业进行详细的调查。这些企业有专门的调查渠道和丰富的经验，能够深入核查求职者的教育背景、工作经历、信用记录和法律背景等各类信息。同时，第三方背景调查企业的独立性也能避免企业在调查过程中出现偏差。

（三）前雇主和同事的评价

通过联系求职者的前雇主、同事以及其他合作伙伴，企业可以获取更多的第一手评价信息。这些信息能够帮助企业了解求职者的工作态度、合作精神和职业素养，尤其是在处理工作中的复杂问题和突发事件时的表现。

（四）社交媒体与公开信息

如今，许多求职者在社交媒体和专业网站上都有公开的个人资料。企业可以通过领英（LinkedIn）、微博等平台了解求职者的个人形象、职业关系网及其在业内的声誉。此外，公开的新闻报道、行业奖项和荣誉等也能为企业提供参考依据。

四、背景调查的注意事项

在进行背景调查时，企业需要遵循以下几个原则。

（一）合规性与合法性

企业在进行背景调查时，必须确保调查过程符合当地的法律法规，特别是关于隐私保护和个人数据使用的规定。例如，在查询信用记录和法律背景时，必须获得求职者的明确同意。

（二）公正客观

背景调查的目的是确保招聘决策的准确性，因此企业必须确保调查过程的公正性和客观性。在考量背景调查结果时，要综合权衡求职者的各方面表现，避免偏重某一项内容或对某一方面有所忽视。

（三）隐私保护

在背景调查过程中，企业需要严格保护求职者的个人隐私，确保调查信息仅用于招聘决策，且不得泄露给未经授权的人员。

（四）综合评估

背景调查的结果应该与面试、测试和其他招聘环节相结合，形成全面的评估报告。企业应结合各方面的信息，做出最合适的用人决策。

严格的背景调查是确保采购人员质量、提升采购部门整体效能的重要保障。通过深入了解求职者的教育背景、工作经历、道德操守及社会背景，企业能够有效识别潜在风险和不合适的人员，从而确保采购工作不被不合格人员所干扰。背景调查不仅为招聘决策提供科学依据，也为企业打造一支高效、廉洁、专业的采购团队奠定了坚实的基础。在实际操作中，企业应根据具体情况，将面试、第三方调查和个人背景分析等多种方式相结合，全面、系统地对采购人员进行筛选，确保每一位采购人员都能为企业带来正面的价值。

第十六节　案例

在本节中，我们将通过实际案例分析，进一步理解和说明如何有效实施前述的各项采购审计策略和措施。具体案例不仅可以帮助审计人员在实践中更好地应用相关方法和工具，还能够为今后的采购审计工作提供有价值的借鉴与参考。以下案例涉及采购舞弊的识别、背景调查的实施以及对问题供应商的应对措施，展示了实际工作中如何应对采购风险和舞弊行为的挑战。

一、案例一：采购舞弊的识别与应对

某大型制造企业在进行年度采购审计时，审计人员发现一个长期合作的供应商，在多个项目中存在价格虚高的现象，而且该供应商的供货质量不符合合同要求。经过深入分析，审计人员怀疑该供应商与企业采购人员之间可能存在利益输送。

（一）问题分析

1. 供应商定价异常

审计人员发现，该供应商提供的报价相较于市场价格普遍高出 15% ~ 20%。此外，在同类产品采购中，尽管其他供应商提供的同类产品价格普遍较低，但该供应商依然能够获得大额订单。

2. 采购人员行为异常

该供应商的产品长期由同一名采购人员负责。在审查采购人员的采购记录时，审计人员注意到该员工在采购流程中的审批权与职责界限模糊，且曾在多个采购合同中代表企业签署与该供应商的独家合作协议。

3. 供应商质量问题

虽然该供应商提供的产品曾多次通过质量检验，但审计人员发现，在采购前期，供应商交付的样品与最终交货的产品存在显著的质量差异。具体而言，最终交货的产品质量不符合标准，并且在随后的检验中未能按时修复或替换有问题的产品。

（二）解决措施

1. 优化供应商审批机制

审计人员建议优化供应商选择和审批流程，对所有长期合作的供应商进行重新审查，特别是那些在价格和质量方面存在异常的供应商。

2. 完善采购人员管理

对采购人员的权限进行严格管理，确保每一笔采购都能得到多个部门的审核和批准，避免单一采购人员滥用职权。

3.实施独立审计与监控

实施定期的供应商审计，并建立专门的供应商评价机制。对供应商的产品质量和服务进行独立监控，确保其合同履行的透明度和合规性。

（三）效果

通过对该供应商的详细调查与审计，企业最终决定终止与该供应商的合作，并与其他多家供应商重新进行谈判，以确保采购的合理性和市场价格的公正性。采购人员的审批权限也受到了严格控制，采购流程的透明度显著提高，采购风险和舞弊行为得到了有效遏制。

二、案例二：采购人员背景调查失败引发的舞弊案件

某国有企业在招聘新一届采购人员时，没有进行充分的背景调查，导致录用了一名曾因挪用公款被解职的人员。该员工在新岗位上未能遵守企业的采购政策和流程，致使企业在多个项目中支付了高于市场价的采购款项，并与不合规供应商签订了合同。

（一）问题分析

1.背景调查不足

该采购人员在求职时未能主动披露自己曾因挪用公款被解职的事实。由于招聘企业未进行深入的背景调查，这名采购人员顺利进入了企业工作。

2.违规行为

该员工在任职期间，与不符合资质的供应商签订了合同，并且采购价格严重高于市场价。最终，这些供应商通过提供回扣与采购人员进行了利益交换。

3.采购审批制度漏洞

在多个采购项目中，采购人员拥有较大的审批权限，而且缺乏严格的审批流程，这导致了舞弊行为的持续发生。

（二）解决措施

1.加强背景调查

企业决定对所有采购人员实施严格的背景调查，特别是核实他们是否有违法违纪记录。通过专业背景调查，企业进行信息核实，确保招聘的每一名采购人员都符合岗位要求。

2.完善采购审批流程

企业立即调整采购审批制度，增加了多个审批环节，确保每一笔采购都经过严格的审核。同时，实行跨部门联合审查，防止采购人员滥用职权。

3. 加强内部审计与监督

加强内部审计与监管力度，定期检查采购合同与供应商履约情况。对发现的异常行为及时采取措施，防止舞弊问题的蔓延。

（三）效果

通过加强背景调查与审批流程的管理，企业有效遏制了类似问题的发生。被卷入舞弊案件的采购人员被依法追究责任，同时，企业内部加强了对采购流程的管理和监督，进一步提升了采购的透明度和规范性。

三、案例三：供应商选择不当导致采购风险暴露

某零售企业在扩展业务时，通过招标程序选择了一个新供应商，负责供应重要的商品。该供应商在过往履约记录中表现良好，但在实际合作过程中，供应商的货物交付时间频繁延迟，并且质量问题时常出现。因采购部门没有进行充分的供应商背景调查，导致采购风险暴露。

（一）问题分析

1. 供应商选择不当

该供应商在招标时提供的报价相对较低，并且在样品测试中表现良好。然而，企业未对其过往的供应记录进行充分调查。其历史履约情况和供应链管理能力也未受到重点关注。

2. 采购人员决策失误

采购部门过于关注价格因素，忽略了供应商的长期稳定性和交付能力，导致选择了一个无法按时交货的供应商。

3. 供应商质量控制不到位

供应商在生产过程中未能严格遵循质量控制流程，导致多个批次的货物出现质量问题，给企业造成了严重损失。

（二）解决措施

1. 加强供应商背景调查

企业决定对所有潜在供应商进行更为严格的背景调查，评估其在履约能力、生产能力和质量控制方面的综合实力。

2. 采购决策的多方评估

企业在调整采购决策流程时，除了考虑价格因素，还将供应商的履约能力、质量保障和历史合作情况作为重要评价标准，以确保采购决策更加全面、合理。

3. 建立供应商管理体系

建立完善的供应商管理体系，对供应商进行定期评估，并建立供应商质量与服务的追溯机制，确保所有供应商能够提供合规且质量有保障的产品。

（三）效果

企业通过改进采购决策流程，避免了因单纯追求价格而导致的供应风险。随后，通过加强对供应商背景的调查与供应商管理体系的建设，逐步恢复了供应链的稳定性，有效防止了采购风险的再次发生。

以上案例展示了企业在实际采购管理中可能遇到的风险及应对策略。无论是背景调查、供应商管理，还是采购流程的优化，审计人员都应根据实际情况，灵活采用相关措施，确保采购行为的合规性和透明度。通过不断完善采购制度，审计人员可以有效识别和解决采购中的舞弊行为与风险，为企业的长远发展提供坚实保障。

这些案例为采购审计提供了宝贵的实践经验，帮助我们更加深刻地理解采购管理中的关键问题和解决思路。在日常工作中，审计人员应加强与各部门的沟通，确保采购流程的透明度，减少风险，提高采购效率，从而为企业创造更大的价值。

第七章

采购审计的具体操作流程

采购审计的具体操作流程包括编制采购审计方案、确定审计思路和方法、编制审计所需的资料清单及模板等。通过系统化的流程，可以确保审计工作的高效性和准确性。本章详细介绍了如何通过编制访谈时间表、确定审计重点和编制审计程序来逐步推进审计工作，从而有效识别和防范舞弊行为。

第一节　编制采购审计方案

采购审计方案的编制是整个审计工作的基础，它决定了审计工作的方向、重点和方法。一个完整的审计方案能够确保审计人员明确目标、合理分配资源、有效开展审计工作。

一、明确审计目标与范围

首先需要明确审计的目标和范围，以确保审计工作聚焦且高效。目标的设定应依据企业的需求和现状。例如，审计的目标可能是验证采购合规性、评估成本控制效果，或者是识别采购过程中的舞弊风险。明确目标后，还应清晰界定审计的范围，如涉及的采购项目、供应商名单、时间段等。只有目标和范围明确，审计工作才能有的放矢，避免时间和资源的浪费。

二、风险评估与资源分配

在审计工作开始之前，对审计范围内的采购活动进行风险评估是必要的。这一过程包括识别采购过程中的主要风险点，评估其影响和发生的可能性。通过风险评估，审计人员可以判断哪些采购活动属于高风险范畴，从而确定审计重点。例如，对于金额巨大的采购项目、频繁更换的供应商、曾经有不良记录的采购合同等，均应视为高风险，并需投入更多审计资源进行深入检查。

三、确定审计人员与时间安排

审计人员的安排是审计工作顺利开展的保障。审计方案中应详细列出参与审计的各个成员及其职责分工。要根据审计内容和审计目标来选择合适的审计人员，确保他们具备相应的专业技能和经验。同时，合理制定审计时间表也非常关键。该时间表应涵盖审计的各个阶段，如准备阶段、现场审计阶段、报告编写阶段等，且为每个阶段设定明确的截止时间，以确保审计项目按计划完成。合理的人员安排和时间表能够确保审计工作的有序开展，防止因人员或时间安排不当而造成审计延误。

四、选择审计方法与工具

选择适当的审计方法和工具是审计方案的核心组成部分。根据审计的目标和范围，可以选择不同的方法来获取审计证据，包括实地访谈、流程测试、数据分析等。同时，还应确定具体的审计工具，以提高审计效率和准确性。例如，可以使用电子审计软件（如 ACL、IDEA）对大规模数据进行分析，或使用数据分析工具（如 Excel、Power BI、Tableau）来识别采购中的异常情况。表 7-1 是可以使用的审计工具列表。

表 7-1　审计工具类型及描述

序号	审计工具类型	描述
1	电子审计软件	如 ACL、IDEA 等，用于对大规模数据进行审查和分析，帮助发现数据中的异常点
2	数据分析工具	如 Excel、Power BI、Tableau，用于进行数据可视化和分析，帮助识别采购中的异常情况
3	ERP 系统审计模块	通过企业 ERP 系统中的审计模块，跟踪采购流程，检查各环节的合规性
4	流程建模工具	如 Visio、Lucidchart，用于绘制采购流程图，帮助审计人员直观地分析采购流程中的薄弱环节
5	电子表格	如 Microsoft Excel，用于记录审计工作底稿、跟踪问题和发现
6	文档管理系统	如 SharePoint，用于存储和共享审计资料，确保所有相关人员能够随时访问和更新审计文件
7	风险评估工具	如 RiskWatch，用于对采购风险进行评估，帮助确定需要重点关注的采购环节
8	数据库查询工具	如 SQL，用于直接从采购数据库中提取数据进行审查，确保数据的完整性和准确性
9	沟通与协作工具	如 Microsoft Teams、Slack，用于审计团队之间的沟通与协作，提高审计工作的信息共享和反馈效率

五、编制审计报告的初步框架

审计报告作为审计工作的重要成果之一，是管理层了解采购环节问题并获取改进建议的重要依据。构建合理的审计报告框架，可以有效提升报告的质量，确保报告内容条理清晰、针对性强。

（一）审计背景

审计背景部分应简要介绍此次采购审计的背景信息，包括审计的目的、审计范围和审计开展的时间段。这部分内容为管理层提供了审计活动的基本信息，帮助他们理解审计的目标和方向。

（二）审计发现

审计发现是报告的核心部分，需要详细描述在审计过程中发现的各种问题。对于每个问题，应说明发现的具体环节、风险点以及存在的舞弊迹象。例如，如果发现某供应商的资质存在问题，应提供详细的资料支持，说明问题发现的过程和证据。

（三）原因分析

在说明审计发现的同时，还应对问题产生的原因进行分析。原因分析部分应帮助管理层理解问题背后的深层原因，以便针对性地进行改进。原因可以包括内部控制的缺失、采购流程的设计缺陷、相关人员的疏忽等。

（四）改进建议

改进建议部分应针对每个审计发现的问题提出具体的改进措施。这些建议可以包括调整采购政策、加强内控管理、开展员工培训等，以确保问题在未来不会再次发生。建议应切实可行，与问题的根源相对应，并明确责任部门和时间要求。

（五）风险评估与后续跟踪计划

对于在审计中发现的重大问题，需要进行风险评估，确定其可能对企业造成的影响，以及应对的优先级。同时，审计报告应包含后续跟踪计划，以确保审计发现的问题得到及时的整改。跟踪计划应包括具体的责任人和实施时间表，确保问题整改到位。

第二节　确定审计思路和方法

审计思路和方法的确定，是确保审计过程科学、严谨和有效的关键环节。一套系统且合理的审计思路能够优化审计资源的分配，从而有效发掘潜在问题并有针对性地提出改进建议。

一、风险导向审计思路

在采购审计中，应采用风险导向的审计思路，这样可以将审计资源聚焦于风险较高的领域。风险导向审计思路强调对潜在风险的评估和深入分析。

（一）识别高风险环节

审计人员需要对采购流程中可能存在的风险点进行识别。例如，采购金额较大、供应商选择过程不透明、与内部人员存在利益关联的采购项目等，都是高风险的重点领域。通过对这些环节进行优先评估，可以集中力量应对可能的舞弊和不当行为。

（二）集中资源进行深入审计

在识别了高风险环节之后，审计人员需要将更多的资源用于这些领域，以更细致地检查问题。例如，对于大额采购合同，需要进行合同条款的详细审查，确保条款公平合理，且无利于供应商或第三方的特殊条款。

（三）动态调整审计计划

审计并不是一成不变的过程。在审计过程中，审计人员需要根据审计发现的结果动态调整计划。例如，若发现某个环节存在明显的舞弊线索，则应加大对此环节的审计力度，从而确保问题能够得到彻底调查。

二、现场审计与文档审查相结合

现场审计与文档审查是采购审计中必不可少的环节，两者相辅相成，缺一不可。通过现场审计，可以获取采购人员和相关业务人员的第一手信息，如供应商的选择过程、物料的验收等。而通过文档审查，可以核实采购合同、审批流程、发票和收货记录等内容是否符合企业的制度和流程要求。例如，通过核对发票和实际物料的收货情况，可以发现可能存在的差异，从而揭示潜在的舞弊行为。

（一）现场审计

通过现场审计，审计人员可以直接接触到相关人员，观察实际的操作过程，获取第一手信息。例如，审计人员可以直接到仓库检查采购物料的实际质量，验证其与采购合同的描述是否一致。同时，现场访谈采购人员、仓储人员和验收人员，获取他们对采购流程、供应商选择等方面的反馈，帮助审计人员更好地了解采购过程的真实情况。

（二）文档审查

文档审查主要针对采购流程中的书面记录进行检查，包括采购合同、供应商资质文件、审批记录、付款凭证和发票等。文档审查可以帮助审计人员核实每一步骤的合规性和有效性。例如，通过对比采购合同和发票，可以验证付款金额和条款是否一致；通过检查审批流程记录，可以判断每笔采购是否经过了恰当的授权。

（三）相辅相成的作用

现场审计和文档审查结合起来可以有效弥补单一审计手段的不足。例如，文档审查能够发现流程中的漏洞，而现场审计则可以确认这些漏洞是否在实际操作中影响了采购的有效性。

三、数据分析技术的应用

在现代审计中，数据分析技术在采购审计中发挥着重要的作用，通过对大量采购数据的分析，可以快速识别异常情况。例如，通过比对不同时间段的采购价格，可以发现某些供应商是否存在价格异常上涨的现象。此外，数据分析还能帮助审计人员筛选出异常频繁的供应商更换行为，以便进一步调查其背后的原因。数据分析技术尤其适用于需要快速筛选大量数据的场景，能够在短时间内高效发现潜在问题。

（一）价格波动分析

通过对不同时期的采购价格进行比对，可以发现是否存在价格异常波动的情况。如果某个供应商的价格在短期内出现显著增长，则需要对该供应商的定价合理性进行调查，以确认是否存在价格欺诈的行为。

（二）供应商更换频率的分析

通过数据分析，审计人员可以识别异常频繁的供应商更换行为。这种情况往往可能与舞弊或利益输送有关。例如，如果采购部门频繁更换供应商，可能是为了规避审核，或者与特定供应商串通，获取不当利益。

（三）大数据筛选潜在异常

利用数据分析工具（如 Excel、Power BI、Tableau 等），审计人员可以快速从大量交易中筛选出潜在的异常情况。例如，筛选出高于平均采购金额的订单，或筛选出由同一个审批人密集审批的订单。这种基于数据的审计方法可以提高审计的效率和准确性，帮助审计人员发现潜在的风险点。

四、流程测试与抽样审计

流程测试与抽样审计是审计过程中用来验证采购流程合规性的重要工具。通过流程测试，可以发现流程是否存在设计上的缺陷或操作中的偏差。例如，可以随机抽取部分采购订单，验证其审批流程是否严格按照企业制度执行，并发现流程中的漏洞，提出改进建议。抽样审计也能通过特定的抽样方法，发现采购中的异常情况和潜在舞弊点。

（一）流程测试

流程测试的目的是验证采购流程的设计是否合理，执行是否有效。在进行流程测试时，审计人员会选择特定的流程节点进行详细检查。例如，采购申请和审批、合同签订、物料验收和付款等节点。通过检查这些节点的执行情况，审计人员可以发现流程中的薄弱环节和潜在的改进空间。

（二）抽样审计

在无法对所有采购交易进行全面审计的情况下，审计人员通常会使用抽样审计的方法，以合理的样本量来推断整个采购流程的合规性和有效性。例如，可以从过去一个月的采购订单中随机抽取一定数量的订单，检查其从采购申请到付款的整个流程是否符合规定。如果抽样呈现较高的异常率，审计人员可以扩大抽样范围。

（三）流程测试与抽样相结合

流程测试和抽样审计的结合，可以有效提高审计的覆盖率和深入性。流程测试侧重于流程设计的合理性，而抽样审计则侧重于流程执行的有效性。通过两者的结合，审计人员可以更全面地评估采购流程是否存在设计缺陷或操作偏差，从而提出有效的改进建议。

以上，我们详细介绍了确定审计思路和方法的几种主要手段。通过风险导向的审计思路，可以有效聚焦于高风险领域；通过现场审计和文档审查相结合，全面获取信息；利用数据分析技术，快速发现潜在的异常情况；通过流程测试与抽样审计，验证流程的合规性和有效性。这些方法共同构建了科学、全面的审计体系，确保采购审计工作既深入细致，又高效准确。

第三节　编制审计所需的资料清单及模板

在采购审计中，准备充分的资料是确保审计工作顺利进行的重要基础。编制审计资料清单及设计审计模板，有助于审计人员高效、有条理地开展审计工作。本节将详细介绍如何编制审计所需的资料清单以及设计审计模板。

一、编制审计资料清单

在开展采购审计之前，审计人员需要明确审查的具体资料。这些资料的收集和整理，是进行有效审计的关键步骤。

（一）采购合同及协议

要收集所有与本次审计相关的采购合同和协议。这些文件可以帮助审计人员确认合同条款的合理性和合法性，并核查合同的执行情况。

（二）供应商资质文件

供应商资质文件包括供应商的营业执照、税务登记证、行业认证等文件。这些文件用于确认供应商的合法资质和履约能力，防止与不合格的供应商进行交易。

（三）采购审批记录

采购审批记录涉及采购决策过程中的各类审批文件，如采购申请表、审批记录、采购计划等。通过这些记录，可以核实采购流程是否符合企业的内部控制要求，确保每笔采购行为均得到适当的授权。

（四）采购订单及验收记录

所有的采购订单、收货记录、验收报告等，用于验证采购物资的交付与验收过程。审计人员通过这些文件可以检查采购物资是否按时交付、质量是否符合要求等。

（五）付款记录和发票

付款记录和发票包括支付凭证、发票等资料，用于验证付款金额、时间和付款方式是否符合合同规定，并检查是否存在重复支付或异常支付的情况。

（六）内部沟通记录

内部沟通记录涉及采购相关人员之间的邮件、会议记录等。这些内部沟通记录可以帮助审计人员了解采购决策的背景，识别可能存在的利益冲突或其他潜在问题。

二、审计模板的设计

为了提高审计工作的规范性和效率，企业需要设计相应的审计模板，帮助审计人员在工作中系统地记录发现的问题和建议。

（一）审计工作底稿模板

审计工作底稿是审计过程中记录每一个审计步骤和发现的基础文件。审计工作底稿模板应包括以下内容。

（1）审计对象：明确具体的审计对象（如采购合同、供应商）。

（2）审计程序：记录具体的审计方法（如文档审查、访谈、数据分析）。

（3）审计发现：详细描述审计过程中发现的问题。

（4）审计证据：列出支持审计发现的证据来源（如文件、访谈记录）。

××企业审计工作底稿模板如表 7-2 所示。

表 7-2　××企业审计工作底稿模板

审计对象	审计程序	审计发现	审计证据
供应商资质文件	文档审查	供应商资质文件缺失	供应商文件存档未找到
采购合同条款	合同条款检查	付款条件不合理	合同副本第××页条款说明

（二）问题整改跟踪模板

对在审计过程中发现的问题，要制定整改措施，并跟踪其执行情况。为此，我们设计了问题整改跟踪模板，旨在确保每个问题都得到有效解决，避免类似问题再次发生。问题整改跟踪模板应包括以下内容。

（1）问题描述：具体描述审计中发现的问题。

（2）整改措施：针对每个问题提出的改进建议和措施。

（3）责任人：负责执行整改措施的相关人员。

（4）完成时间：整改计划的预期完成时间。

（5）整改状态：记录整改的进度及最终结果。

××企业问题整改跟踪模板如表 7-3 所示。

表 7-3　××企业问题整改跟踪模板

问题描述	整改措施	责任人	完成时间	整改状态
采购订单审批不完整	增加审批步骤	张经理	2025-3-27	已完成
供应商合同资质文件缺失	补充合同文件存档	李主管	2025-4-25	进行中

（三）采购合规性检查模板

采购合规性检查模板用于评估每个采购环节的合规情况，确保采购行为符合法规和企业内部的制度规定。采购合规性检查模板应包含以下内容。

（1）采购环节：如供应商选择、合同签订、物料验收、付款等。

（2）检查内容：针对每个环节需要审计的具体内容。

（3）合规性评价：评估是否符合要求（合规/不合规）。

（4）改进建议：针对不合规的情况提出相应的改进措施。

××企业采购合规性检查模板如表 7-4 所示。

表 7-4　××企业采购合规性检查模板

采购环节	检查内容	合规性评价	改进建议
供应商选择	供应商资格审核	合规	无
合同签订	合同条款合理性	不合规	修改付款条款，增加罚则条款

三、资料清单与模板的使用说明

为了确保资料清单和模板在审计过程中得到有效使用，企业需要对审计人员进行相关培训，并明确以下几点内容。

（1）统一标准：所有审计人员使用相同的模板和资料清单，以确保审计工作的一致性和可比性。

（2）详细记录：审计过程中，审计人员要对每个检查点进行详细记录，特别是对于发现的问题，要提供充分的证据支持。

（3）动态更新：根据审计工作的实际需求和审计发现，审计人员应对资料清单和模板进行动态更新，以适应不断变化的审计环境和企业内部控制要求。

综上，我们详细介绍了如何编制采购审计所需的资料清单，以及如何设计和使用审计模板。这些工具不仅帮助审计人员提高了工作效率，还确保了审计过程的规范性和结果的准确性。

第四节　标准化审计表格与流程图

标准化审计表格与流程图在采购审计过程中发挥着至关重要的作用。通过设计标准化的审计表格和流程图，审计人员可以更加直观、系统地理解和执行审计流程。这些工具不仅有助于审计人员记录和跟踪审计信息，还能在各个环节之间建立逻辑联系，从而确保审计过程的高效性和规范性。

一、标准化审计表格

标准化审计表格是审计过程中用于记录审计证据和跟踪审计工作的重要工具。以下是几类常用的标准化审计表格。

（一）供应商评估表

供应商评估表用于记录对供应商的资质审核、背景调查和信用评估信息，包括供应商的名称、资质审核结果、信用评分、调查发现等内容，以帮助审计人员全面了解供应商的合规情况。

1.表头：供应商评估表

（1）供应商名称。

（2）评估日期。

（3）评估地点。

（4）评估人姓名及部门。

（5）企业名称（用于区分不同企业的供应商）。

2. 主体内容

供应商评估表的主体内容如表 7-5 所示。

表 7-5　供应商评估表的主体内容

序号	评估项目	评估内容	评估结果 （是 / 否 / 待确认）	备注 / 证据 / 文件编号
1	资质审核	营业执照、行业资质证书等是否齐全有效，有效期至何时		上传附件或详细说明，记录证件有效期
2	股东背景调查	股东构成、实际控制人、关联企业等情况，是否存在不良记录或风险点		引用第三方报告或内部调查结果，记录详情
3	信用评估	银行信用记录、商业信用评价、历史合作表现等，信用评分及评分依据		引用信用报告或内部评估结果，记录评分依据
4	财务状况评估	财务报表、资产负债率、现金流等关键财务指标，是否存在异常或风险		引用审计报告或财务报表，记录异常点
5	产品 / 服务质量	产品 / 服务质量标准、历史质量记录、客户反馈等		记录质量标准、历史质量事故及客户反馈
6	交货 / 服务能力	交货 / 服务的及时性、准确性、稳定性等		记录交货 / 服务历史记录及评估结果
…	……	……		……

注：可根据实际评估需求增加或减少评估项目和内容，确保评估内容全面且具体。

（二）合同审查表

合同审查表用于详细记录合同条款的审核内容，特别是价格条款、交货期、质量标准和违约责任等核心条款。

例如，合同审查表中列出每个合同条款的合规性审查结果，注明是否需要修改或补充，以及法务部门的审核意见。

1. 表头：合同审查表

（1）合同编号。

（2）合同名称。

（3）审查日期。

（4）审查人姓名及部门。

（5）企业名称（用于区分不同企业的合同）。

2. 主体内容

合同审查表的主体内容如表7-6所示。

表 7-6　合同审查表的主体内容

序号	审查项目	审查内容	审查结果（合规/不合规/需修改）	修改建议/备注/法律依据
1	价格条款	价格是否明确、合理，是否包含价格调整机制，是否符合市场行情或预算		提出修改建议，记录市场行情或预算依据
2	交货期/服务期限	交货/服务时间是否明确，是否符合生产计划或业务需求，是否有延期风险		提出风险预警，记录生产计划或业务需求
3	质量标准	质量要求是否明确，是否符合行业标准或企业要求，是否有验收标准		提出验收标准建议，记录行业标准或企业要求
4	违约责任	违约责任是否清晰，是否包含合理的赔偿条款，是否有争议解决机制		提出争议解决机制建议，记录赔偿条款
5	保密条款	保密要求是否明确，是否包含保密期限、保密范围及保密责任		提出保密要求建议，记录保密期限及范围
6	付款条款	付款方式、付款比例、付款时间等是否明确，是否符合企业财务政策		提出付款政策建议，记录企业财务政策
7	变更与解除	合同变更与解除的条件、程序及责任是否明确		提出变更与解除建议，记录相关程序及责任
...	...	......		......

3. 法务部门审核意见

法务部门审核意见栏的具体内容如下。

（1）签名。

（2）日期。

（3）审核意见：记录法务部门对合同条款的合法性、合规性及风险点的评估结果。

（三）付款审核表

付款审核表用于记录每笔付款的审批情况，包括审批人员、付款金额、相关合同和验收文件等，确保每一笔支付都符合企业内控要求。

例如，付款审核表中详细列出付款申请的审批时间、审批人员、付款依据等信息，确保支付过程透明合规。

1. 表头：付款审核表

（1）付款申请编号。

（2）供应商名称。

（3）付款日期。

（4）审核人姓名及部门。

（5）企业名称（用于区分不同企业的付款）。

2. 主体内容

付款审核表的主体内容如表 7-7 所示。

表 7-7　付款审核表的主体内容

序号	审核项目	审核内容	审核结果（通过 / 不通过）	备注 / 证据 / 文件编号
1	付款依据	合同编号、发票、验收报告等是否齐全，是否与合同条款及付款条件相匹配		上传附件或详细说明，记录匹配情况
2	付款金额	付款金额是否与合同、发票一致，是否符合预算及财务政策		记录预算及财务政策依据，核对金额准确性
3	审批流程	是否经过必要的审批环节，如部门负责人、财务部门、高层等，审批意见如何		列出审批人及审批时间，记录审批意见
4	付款账户信息	供应商付款账户信息是否准确，是否与合同或历史付款记录一致		记录账户信息核对结果，确保付款安全
5	税务合规性	付款是否涉及税务问题，如发票类型、税率等是否符合税法规定		记录税务合规性评估结果，提出税务建议
...	......	......		......

注：可根据实际审核需求增加或减少审核项目和内容，确保审核内容全面且具体。

（四）审计发现与整改跟踪表

审计发现与整改跟踪表用于记录审计过程中发现的问题及其整改情况，确保所有发现的问题得到及时处理和跟踪。

例如，在审计发现与整改跟踪表中，记录每个问题的发现时间、责任部门、整改措施及整改完成时间，以便后续跟踪和审核。

审计发现与整改跟踪表示例如表 7-8 所示。

表 7-8　审计发现与整改跟踪表

序号	发现时间	责任部门	问题描述	整改措施	整改责任人	整改期限	整改状态	整改完成时间	审核状态
1	2024.5.1	采购部	供应商 A 延迟交货	重新谈判交货期限	张三	立即整改	进行中	2024.5.15	待审核
2	2024.5.10	财务部	发现 B 项目预算超支	调整预算分配及优化支出	李四	2024.6.10	已整改	2024.6.1	已完成
3	2024.6.5	人力资源部	新员工培训资料不完整	更新培训资料	王五	2024.9.20	待整改	2024.6.20	待审核
4	2024.7.1	IT 部	检测到 C 系统存在安全漏洞	完善系统安全措施	赵六	立即整改	已整改	2024.7.15	已完成
5	2024.8.1	市场部	D 产品市场推广效果不佳	调整市场策略和增加广告投入	钱七	等待整改	进行中	2024.8.31	待审核

注：可根据实际审计需求增加或减少列，并添加必要的备注信息，确保表格的完整性和规范性。

二、流程图设计

流程图是对审计流程进行可视化表达的重要工具，其可以帮助审计人员更加清晰地理解各个审计步骤之间的逻辑关系。以下是几类常用的流程图。

（一）采购流程图

采购流程图（见图 7-1）措述采购流程中的各个关键环节，如采购申请、审批、招标、合同签订、验收和付款等。通过流程图，审计人员可以快速识别流程中的薄弱环节和潜在的风险点。

例如，采购流程图中展示了采购从申请到支付的各个环节，标明了每个环节的审批节点和责任部门，以确保每一步都符合内控要求。

（二）供应商准入流程图

供应商准入流程图（见图 7-2）描述供应商准入的标准和流程，包括供应商的资质审核、信用评估、背景调查等，确保所有供应商都符合企业的要求。

例如，供应商准入流程图中标明了供应商从初步申请到最终批准的各个步骤，以及每一步需要的审核材料和审核人。

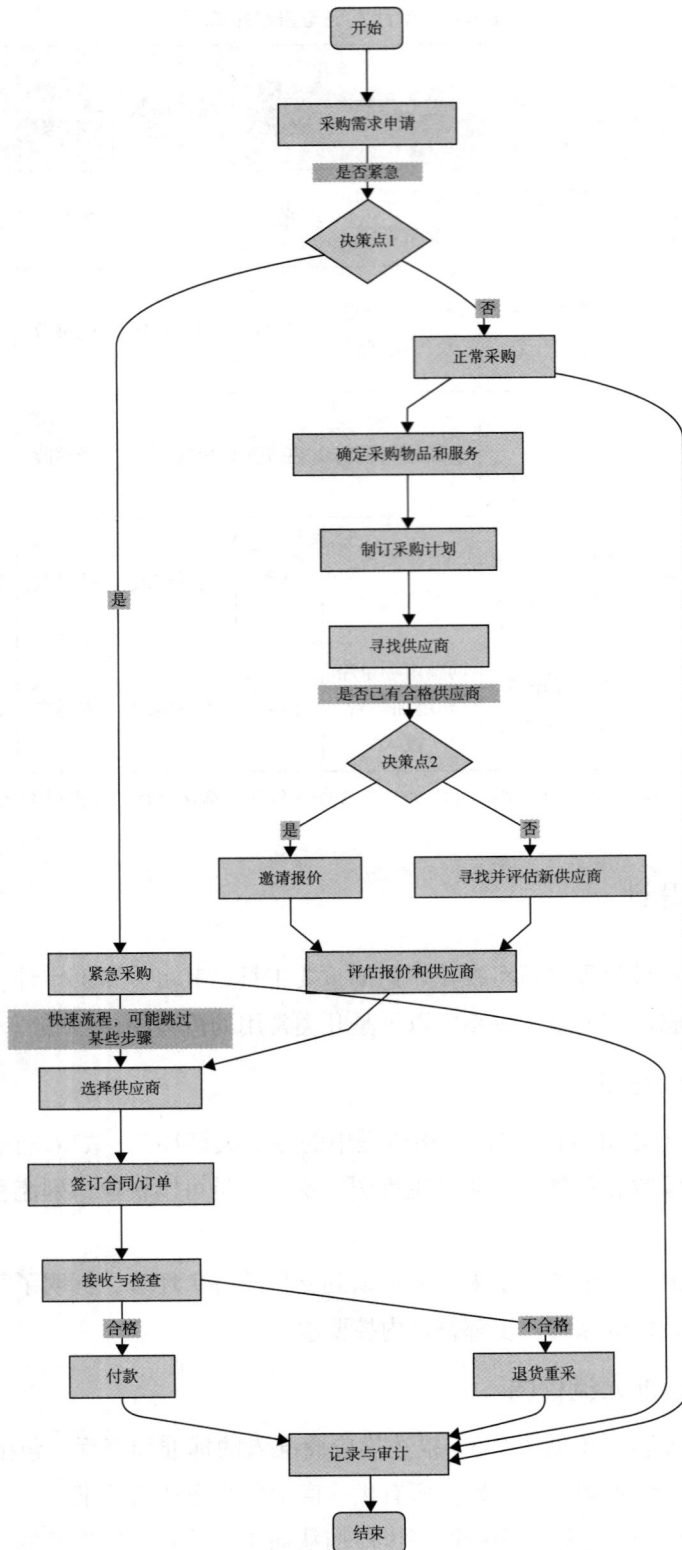

图 7-1　采购流程图

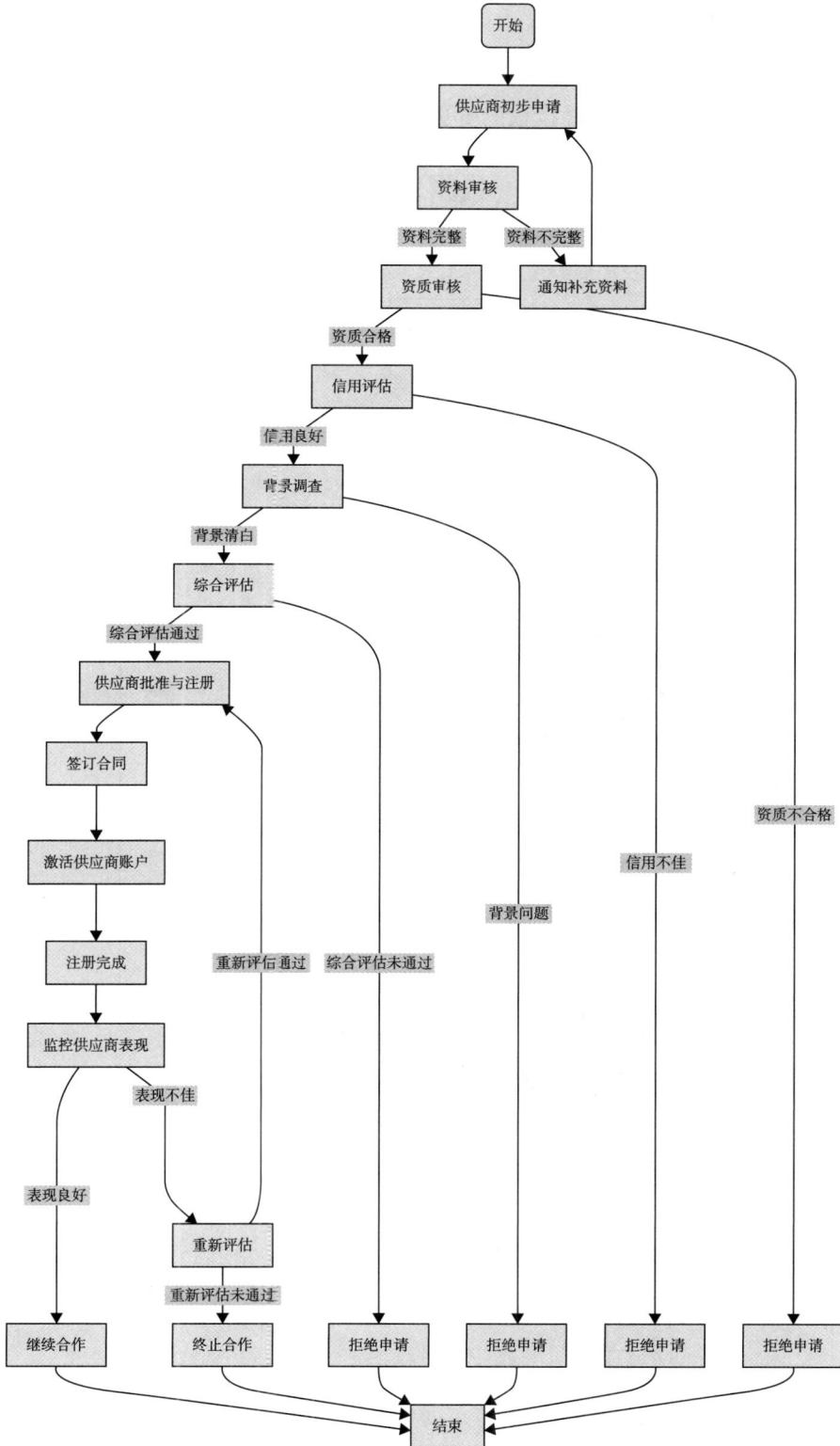

图 7-2　供应商准入流程图

（三）合同变更审批流程图

合同变更审批流程图（见图 7-3）用于描述合同变更的审批流程，确保所有变更均经过合规的审批程序，防止未经授权的变更导致舞弊行为的发生。

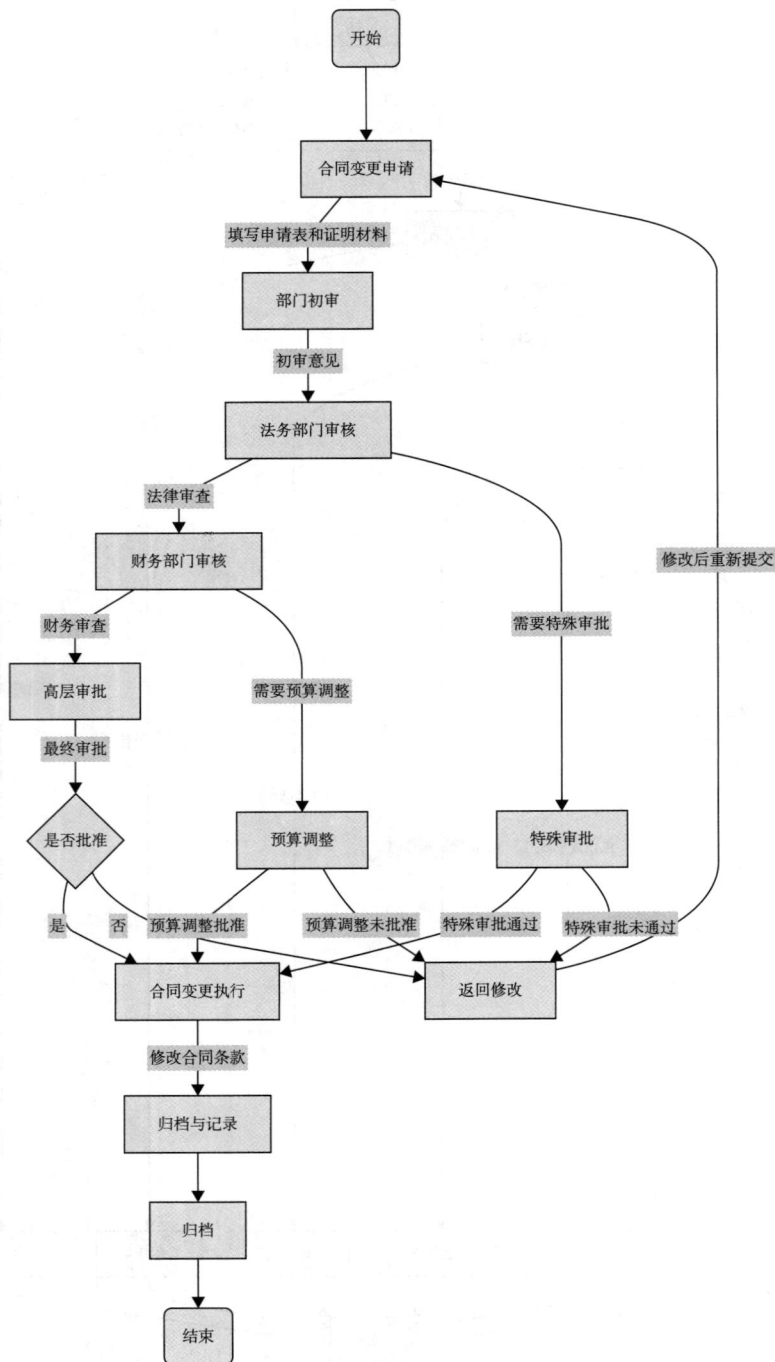

图 7-3　合同变更审批流程图

例如，合同变更审批流程图展示了合同变更从申请到批准的整个过程，标明了需要经过的部门和审批人，以确保变更的合理性和合法性。

三、设计标准化表格和流程图的注意事项

（一）统一格式和内容

所有表格应当保持格式统一，内容标准化，确保不同审计人员之间的数据记录具有可比性和一致性。

（二）确保易于理解

流程图应当简洁明了，避免过多复杂的符号和说明，确保所有审计人员都能快速理解每一个步骤的含义。

（三）定期更新

随着企业采购政策和审计目标的变化，表格和流程图也应当进行相应的更新，以确保其能够反映最新的审计需求和内控要求。

通过使用标准化的审计表格与流程图，企业能够确保审计过程的系统化和规范化，从而提高审计工作的效率和准确性。

第五节　编制访谈时间表

访谈是采购审计中获取信息的重要手段，通过合理地编制访谈时间表，可以确保访谈过程的高效和有序。本节将详细介绍如何编制有效的访谈时间表，以便在审计过程中获取准确、充分的信息。

一、确定访谈对象

根据审计重点确定访谈对象，是确保访谈内容全面覆盖采购流程的关键。主要访谈对象包括采购人员、财务人员、供应商及管理层等。每个对象的选择应基于其在采购流程中的角色和可能影响采购过程的因素。例如，采购人员能够提供有关供应商选择和合同执行的信息，而财务人员可以提供关于付款合规性的见解。合理选择访谈对象，可以确保在访谈过程中获取关于采购流程真实、可靠的信息。

二、访谈时间安排

访谈时间安排需要考虑各部门的工作日程，确保访谈不会对正常工作造成干扰。可以提前与各个被访谈人员进行沟通，确认他们的空闲时间，以便安排合适的访谈时间。例如，可以利用工作日中的特定时间段来进行访谈，而不会影响采购或财务的关键工作节点。此外，合理的时间安排还应当包括每次访谈的预计持续时间，以保证每位受访者能够有足够的时间和精力应对访谈。

三、访谈问题的准备

针对不同的访谈对象准备详细的问题列表，以确保访谈内容的针对性和深入性。例如，对于采购人员，可以准备关于供应商选择标准、采购物资验收标准、采购流程中的潜在问题等方面的问题；而对于财务人员，则可以准备关于付款审批流程、合规性控制等方面的问题。准备充分的问题列表，可以使得访谈过程更加有序，确保访谈内容不遗漏重要环节。

四、访谈记录与信息验证

访谈过程中需要详细记录每个受访者的回答，这些记录将作为审计证据的一部分，支持后续的分析与判断。访谈记录不仅包括访谈对象的回答，还应当包括访谈中的重要细节，如被访谈者的态度、对特定问题的解释等。此外，所有访谈得到的信息应与已有的文档记录进行交叉验证，以确认信息的准确性。例如，如果访谈中了解到某供应商的选择标准与实际审批文件不同，就需要进一步调查其中的原因，以确认该差异是否为潜在的舞弊行为。

五、访谈时间表模板

为了使访谈过程更加系统化，可以编制标准化的访谈时间表模板。表 7-9 是访谈时间表模板，仅供读者参考。

表 7-9　访谈时间表模板

访谈对象	职位	访谈时间	访谈地点	访谈重点	备注
张经理	采购主管	2024-11-28 10:00 ～ 11:00	采购办公室	供应商选择标准、采购合同执行情况	需要准备合同复印件
李财务	财务经理	2024-11-28 14:00 ～ 15:00	财务会议室	付款审批流程、合规性控制	带上付款记录

（续表）

访谈对象	职位	访谈时间	访谈地点	访谈重点	备注
王总监	供应链总监	2024-11-29 09:00～10:00	总监办公室	供应商绩效评估、采购策略	重点访谈供应商绩效
赵先生	主要供应商代表	2024-11-29 11:00～12:00	视频会议	供货合同条款、物资交付情况	需提前预约

使用这样的模板，可以确保访谈过程的标准化和高效化，使得审计人员能够系统地记录访谈内容并做好后续的分析与处理工作。

总体来说，编制合理的访谈时间表有助于确保审计工作的顺利进行。通过明确访谈对象、合理安排访谈时间、准备详细的问题列表、记录和验证访谈信息，可以确保在采购审计中获取高质量的信息，从而为审计发现和改进建议奠定坚实的基础。

第六节　采购审计重点及审计程序、审计内容、审计步骤

在确定审计重点后，企业需针对这些重点制定详细的审计程序和步骤，以确保采购审计的有效性和系统性。

一、供应商选择与管理审计

（一）审计程序

供应商的选择和管理是采购环节中的重要组成部分。审计程序需核查供应商的准入机制是否符合企业标准。例如，需要审查供应商的营业执照和行业资质认证等文件，以确保其具备合作的基本条件。此外，还需检查供应商选择过程是否遵循公开、公平、公正的原则。

（二）审计内容

审计内容包括对供应商的背景调查报告、信用评估报告及相关文件的审核，以确保这些信息的真实性和可靠性。例如，通过检查供应商的股东背景，确认其与企业内部人员之间不存在利益关联，以防止利益输送行为。同时，还需对供应商的财务状况、履约记录等方面进行全面审核，确保其具备稳定的供货能力和良好的合作信誉。

（三）审计步骤

（1）资质文件审核：核实供应商提供的营业执照、行业资质认证等文件，确保其合

法合规。

（2）背景调查：对供应商的股东结构和历史交易记录进行调查，以确认其诚信度。

（3）信用评估：检查供应商的信用报告，确保其财务状况稳定，并能够按时履约。

（4）利益关联检查：确认供应商与企业内部人员之间不存在利益关联，防止舞弊行为。

二、采购合同管理审计

（一）审计程序

采购合同的管理是确保采购环节合规性的关键步骤。审计程序需要对合同的签订、变更及执行情况进行全面审查，确保合同条款合理、履约情况良好。例如，检查合同的签订流程是否经过授权审批，合同条款是否经过法务审核，以确保合同内容符合相关法律法规的要求。

（二）审计内容

采购合同审计的内容主要包括对价格条款、质量标准和交货时间等核心条款的审查。通过对这些条款的详细检查，可以确认合同是否公平合理，是否符合企业的成本控制目标。例如，检查合同中是否存在价格条款的不合理变动，以防止由于价格不透明导致的舞弊行为。此外，需审查合同是否包含明确的违约责任和处罚条款，以确保企业在合同执行过程中能有效应对供应商的不履约行为。

（三）审计步骤

（1）合同条款审核：详细审查合同中的价格、质量、交货等核心条款，确保其合理性和合规性。

（2）变更审批流程检查：核查合同变更是否经过多部门审批，确保变更合理、合规。

（3）履约监督：监督供应商的合同履行情况，确保交货、服务等符合合同约定。

（四）合同变更管理

合同变更管理是防止采购过程中出现舞弊的重要手段。审计人员需要重点审查合同变更的流程，确保所有变更均经过严格的审批程序。例如，对于合同中的价格调整，需经过多个部门的审批和验证，确保变更的合理性和合规性，避免因合同条款变更而导致的利益输送或舞弊行为。

三、采购流程合规性审计

（一）审计程序

采购流程的合规性审计旨在确保采购活动的每一个环节都符合企业政策和国家法

规。例如，需要对采购申请、审批、招标及评标等关键环节进行详细审查，以确认采购流程的每一步都得到正确执行，符合内控制度的要求。

（二）审计内容

合规性审计的内容包括采购申请文件、审批记录、招标文件、评标报告等。这些文件反映了采购过程的完整性和合法性。例如，审查采购申请的合理性，确认是否符合企业的采购计划和预算，从而确保每次采购行为都有据可依。此外，还需对招标和评标过程的公平性进行检查，以确保供应商的选择符合企业政策及相关法规要求。

（三）审计步骤

1. 采购申请与审批检查

核查采购申请的合理性及审批记录的完整性，确保所有采购行为符合企业的内控要求。

2. 招标及评标过程审核

检查招标文件及评标过程，确保其公平、公正、透明。

3. 电子采购系统日志审计

对电子采购系统的记录进行数据分析，发现采购流程中的不合规之处。例如，通过比对采购记录，识别出未经过正常招标程序的异常行为。

（四）电子化流程审计

电子化流程审计是现代审计中不可缺少的一环。审计人员应审查电子采购系统中的审批路径和权限设置，以确保所有操作均符合企业内控要求。例如，检查系统是否存在权限过大的用户，以及是否存在未经授权的操作，确保电子采购系统的安全性和合规性。

（1）权限设置审核：检查系统中各用户的权限，确保权限合理，防止超越职责范围的操作。

（2）操作日志审查：对系统操作日志进行审查，确认是否存在未经授权的变更或违规操作。

四、采购支付管理审计

（一）审计程序

采购支付管理环节是审计工作的关键节点。企业需要对付款审批流程、付款记录及资金流向进行检查，以确保资金的支付符合合同条款及企业的内部控制规定，同时确保付款过程中无异常行为。

（二）审计内容

（1）付款审批合规性：审查付款是否经过多级审批，确保支付行为得到授权。

（2）发票与付款记录比对：核实发票和付款记录的一致性，确认付款金额、日期等符合合同要求。

（3）资金流向监控：通过银行对账单、资金流水记录，确认资金支付的最终流向，防止虚假付款或利益输送。

（三）审计步骤

（1）审批流程检查：核查每笔付款是否经过财务、采购等多部门审批。

（2）凭证审核：比对付款凭证和发票，确保每一笔支付都有对应的合同和验收记录。

（3）异常交易识别：对付款记录进行数据分析，发现异常支付行为，如重复支付或提前支付。

第七节　案例

一、案例一：某制造企业的采购审计

（一）背景

某制造企业在年度审计中发现其采购成本逐年上升，同时质量投诉也有所增加。为了明确问题根源并改进采购流程，内部审计部门决定对采购流程进行全面审计。

（二）审计方案

（1）目标设定：审计的主要目标是识别采购流程中的薄弱环节，评估供应商选择的合理性和采购成本的有效性，并查找潜在的舞弊行为。

（2）范围划定：审计范围包括过去两年内的主要采购项目，涵盖与关键供应商的合同、付款记录、物料质量报告等相关文件。

（3）时间安排：审计工作预计持续四周。

① 第一周：资料收集与初步分析。

② 第二周：现场核查与访谈。

③ 第三周：问题识别与报告编制。

④ 第四周：汇报审计结果并提出改进建议。

（三）审计思路和方法

1.风险导向审计

（1）思路：将审计资源集中在高风险供应商和合同上，尤其是价格波动较大、供应商背景复杂的项目，以提高审计效率和效果。

（2）方法：使用数据分析工具筛选出价格异常波动的项目，并与市场平均价格进行比对，识别出超标的采购成本。

2.过程导向审计

（1）思路：审查采购流程中的每个环节，确保每一步都符合企业的规定和法律要求。

（2）方法：逐步梳理采购流程，检查操作规范性、审批合规性，以及是否存在权力集中或责任模糊的情况。

（四）资料清单及模板

1.资料清单

（1）采购合同：收集所有涉及主要供应商的合同，重点审查合同条款的合理性与履行情况。

（2）付款记录：核查所有付款记录，重点检查是否存在重复支付、超额支付等问题。

（3）质量报告：审查与采购物料相关的质量检测报告，确保物料质量符合合同要求。

（4）审批记录：核查采购申请和审批过程中的记录，确认采购决策的透明度与合规性。

2.模板

（1）审计报告模板：包括审计目标、发现的问题、风险评估与改进建议，以便团队成员统一汇报格式。

（2）访谈记录模板：确保访谈内容记录的一致性与全面性，便于后续分析与审查。

（五）访谈时间表

（1）访谈对象：包括核心采购人员、财务人员和主要供应商代表，确保访谈内容全面覆盖采购流程中的各个环节。

（2）时间安排：访谈集中安排在××时间段，确保审计团队能够有足够时间进行后续分析与验证。

（3）访谈顺序：访谈从采购经理和供应商代表开始，随后是财务人员，最后为相关部门补充访谈，以确保信息的连贯性与全面性。

（六）具体审计重点及程序

1.供应商选择

核查供应商的选择流程，确认是否符合企业合规标准。例如，发现有长期合作的供应商在资质审核中存在明显漏洞。

2. 合同管理

审查合同条款的合理性与履行情况，发现某些合同中的价格调整条款对供应商过于有利，导致企业承担了不必要的成本。

3. 采购成本控制

通过数据分析和市场价格比对，发现一些采购项目的价格明显高于市场水平，且缺乏合理的成本控制措施。

4. 风险管理

审查企业是否有效识别并应对采购中的风险，特别是供应商履约风险与合同执行中的潜在问题。

（七）审计发现与反馈

（1）问题识别：发现企业在供应商选择与合同管理方面存在严重问题，导致采购成本高及质量问题频发。

（2）反馈机制：审计团队及时向管理层反馈审计结果，并提出了加强供应商管理和合同条款审核的具体建议。

（八）处理措施

1. 整改建议

（1）供应商管理改进：引入更严格的供应商审核机制，确保供应商资质符合要求，并定期评估其表现。

（2）强化合同管理：在合同签订前增加法务与财务的审核环节，确保合同条款公平合理，避免不必要的成本。

2. 落实跟踪

审计团队将在三个月后进行回访，检查整改措施的落实情况，并评估改进效果。

以上案例展示了一个完整的采购审计过程，从审计方案的制定到具体操作，再到审计发现与处理措施的执行。这为企业提供了有效的采购审计操作指南，帮助企业提升采购流程的透明度和合规性。

本章详细介绍了采购审计的具体操作流程，包括从编制采购审计方案、确定审计思路与方法、编制资料清单与访谈时间表，到制定具体的审计程序和重点，确保采购审计的系统性和有效性。同时，通过系统化的步骤，为审计工作提供了清晰的指引，帮助审计人员在审计执行过程中高效、有序地识别和分析采购环节中的问题，为后续的整改和改进提供了有力的依据。

第八章

采购舞弊取证及访谈技巧

在企业的日常运作中，采购流程往往是不当行为的频发环节。因此，掌握一套有效的舞弊取证与访谈技巧，对于揭露和防范采购领域的舞弊活动极为关键。

第一节　采购舞弊的特点与常见类型

一、采购舞弊的特点

（一）隐蔽性

采购舞弊行为往往隐藏在正常的业务流程中，不易被发现。隐蔽性是指舞弊行为通常被巧妙地隐藏在日常的业务操作中，使得非专业人士很难识别。这种隐蔽性大多体现在以下几个方面。

1. 虚假供应商

创建虚假供应商，通过这些供应商进行虚假交易，将企业资金转移到个人账户。例如，某企业采购经理设立了一个空壳企业，通过这个企业与自己的企业进行交易，虚开发票，从而侵吞企业资金。

2. 价格操纵

与供应商串通，通过高于市场价的价格购买商品或服务，从中获取回扣。例如，一个采购员与供应商达成协议，以高于市场价的价格购买原材料，供应商则私下返还一部分差价作为回扣。

3. 虚假合同

创建或修改合同条款，以掩盖不正当的交易。例如，采购部门的员工窜改合同，将原本的付款条件从"货到付款"改为"预付款"，然后与供应商合谋，将预付款挪作私用。

（二）复杂性

采购舞弊的复杂性主要体现在其跨部门协同及供应链关联性，以及交易流程和合同条款的专业化特征。这种复杂性使得舞弊行为更难被发现和追踪。

1. 多部门协作

舞弊可能涉及采购、财务、物流等多个部门的协作，每个部门都可能在舞弊行为中扮演角色。例如，在一个涉及多个部门的舞弊案，采购部门负责选择供应商，财务部门负责支付款项，物流部门负责货物的接收和存储，各部门之间相互勾结，共同掩盖舞弊行为。

2. 合同条款复杂

合同中可能包含复杂的条款和条件，这些条款被用来掩盖不正当的交易。

例如，一个复杂的服务合同，其中包含了多个服务项目和不同的定价条款，采购人员利用这些复杂的条款，将部分服务费用转移到个人账户。

（三）连续性

采购舞弊的连续性指的是一旦舞弊行为开始，往往会持续一段时间，形成固定的模式。这种连续性可能出于以下几个原因。

1. 利益驱动

舞弊者因为持续获得利益，不愿意停止舞弊行为。例如，某采购经理发现通过收受回扣可以获得额外收入，因此持续与特定供应商合作，即使有更优惠的价格和条件的供应商出现，也不愿意更换。

2. 信任和依赖

供应商和采购人员之间可能建立了长期的信任与依赖关系，使得舞弊行为得以持续。例如，某供应商长期向某企业提供原材料，与采购部门建立了良好的关系，双方达成默契，持续进行不正当交易。

3. 缺乏监督

如果企业内部缺乏有效的监督和审计机制，舞弊行为可能长时间不被揭露。例如，由于企业内部审计不力，某采购团队长期通过虚假发票报销不存在的采购费用，直到外部审计介入才发现问题。

二、常见采购舞弊类型

（一）价格操纵

1. 串通供应商

（1）信息共享。在招标过程中，采购人员可能会向特定供应商泄露其他竞标者的报价信息，使得该供应商能够调整自己的报价，以确保获得合同。这种行为违反了公平竞争的原则，损害了企业的利益。例如，某大型建筑项目的采购经理向某建筑材料供应商透露了其他供应商的最低报价，使得这个供应商能够提供一个略高但仍然有竞争力的报价，并在中标后给予采购经理一定比例的回扣。

（2）价格协调。采购人员可能与供应商合谋，故意将报价提高到一个约定的水平之上，以便在合同签订后，供应商私下返还一部分资金给采购人员作为回扣。例如，某电子产品制造商的采购代理与某芯片供应商达成协议，将芯片的价格提高 20%，并在交易完成后将额外利润的一半作为回扣支付给采购代理。

（3）虚假竞标。在一些情况下，采购人员可能会安排一系列虚假的竞标活动，确保某个供应商以高价赢得合同。这通常涉及伪造竞标文件、操纵评标过程，甚至包括虚构供应商。例如，在一个政府采购项目中，采购人员与某供应商合作，创建了几个虚假的竞标公司，这些公司的报价都高于实际供应商的报价，确保了合作供应商以最高价中标。

2. 内部勾结

（1）市场分析造假。采购部门人员可能会伪造市场分析报告，夸大原材料成本或市场价格上涨的趋势，以证明高价采购的合理性。这种报告可能会误导管理层，导致批准过高的采购预算。例如，某化工企业的采购团队伪造了一份市场分析报告，声称由于国际市场上的供应紧张，原材料价格预计将上涨 30%，从而成功说服管理层批准了更高的采购预算，而实际上市场供应充足，价格上涨并不明显。

（2）推荐供应商。内部人员可能会基于个人利益推荐特定的供应商，即使这些供应商的价格不是市场上最优的。这可能涉及长期的合作关系，其中供应商提供额外的利益以确保持续的业务。例如，某汽车制造商的采购部门负责人因为接受了某零部件供应商的贿赂，而在多个项目中推荐该供应商，即使其他供应商提供了更具竞争力的报价。

3. 市场操纵

（1）控制供应。在某些情况下，供应商可能会通过控制市场上的供应量来人为制造稀缺，从而提高价格。这可能涉及囤积商品、限制生产或与其他供应商合谋来减少市场供应。例如，某农产品供应商通过控制仓库中的粮食供应，制造了市场上的供应短缺，从而成功地将价格提高了 50%。

（2）信息封锁。供应商或内部人员可能会故意不向市场提供真实的供应信息，如库存水平、生产能力等，以维持高价。这种信息不对称使得其他市场参与者难以做出基于市场实际情况的决策。例如，某稀有金属的供应商故意隐瞒了其矿山的高产量，导致市场认为供应紧张，从而使得金属价格飙升。

（二）回扣收受

1. 直接回扣

（1）现金支付。供应商可能会直接以现金形式支付回扣给采购人员，这种交易通常在私下进行，以避免被发现。这种直接的金钱交易是最容易识别的回扣形式，但也是最容易隐藏的。例如，一个制药公司的采购经理在采购新药原材料时，接受了供应商提供的现金回扣，以换取在合同中使用该供应商的原材料。

（2）银行转账。相比于现金支付，银行转账提供了一定程度的隐蔽性，因为交易记录可以通过各种手段被掩盖或解释为正常的商业活动。供应商可能会通过复杂的金融操作来隐藏这些转账的真正目的。例如，某建筑公司的采购主管通过一个海外账户接收了供应商的转账，这些转账被标记为"咨询费"，以掩盖其实际的回扣性质。

2. 间接利益

（1）礼品和招待。供应商可能会提供昂贵的礼物或招待服务，如豪华旅游、高档餐饮等，以影响采购人员的决策。这些非现金利益可能不直接涉及金钱交易，但同样能够对采购人员产生影响。例如，某 IT 设备的供应商为了确保其产品被一家大型企业采购，邀请了该企业的采购团队进行了一次全包的海外旅游。

（2）个人服务。供应商可能会为采购人员提供个人服务，如家庭维修等，这些服务虽然不直接涉及金钱，但同样具有价值，能够对采购人员的决策产生影响。例如，某家具供应商为了获得一家酒店的家具供应合同，为酒店采购经理的子女支付了昂贵的私立学校学费。

3. 长期利益

（1）股份承诺。供应商可能会承诺在未来给予采购人员公司股份或其他形式的股权，作为长期合作的回报。这种承诺通常涉及未来的收益，可能在合同中不明显，但对采购人员的决策有重大影响。例如，某初创科技公司的供应商承诺，如果采购经理能够确保其公司的产品被一家大型公司采用，将给予他一定比例的股份作为回报。

（2）职位安排。供应商可能会承诺在合同结束后为采购人员提供高薪职位，这种承诺通常是基于供应商对采购人员在合同期间提供的帮助和便利的回报。例如，某大型零售商的采购经理因为帮助一个供应商获得了多年的独家供应合同，被承诺在合同结束后获得该供应商公司的高级管理职位。

（三）质量欺诈

1. 以次充好

（1）材料替换。供应商可能会使用低等级的材料替换高等级材料，以降低成本。这种替换可能在外观上难以察觉，但会严重影响产品的质量和性能。例如，某建筑材料供应商在制造混凝土时，使用便宜的沙替代了规定的高质量沙，导致混凝土强度不达标，存在严重的建筑安全风险。

（2）规格降低。供应商可能会在不通知客户的情况下，降低产品的规格或性能标准，以减少生产成本。这种行为可能会导致产品无法满足客户的实际需求，甚至可能违反安全标准。例如，某电子产品制造商在生产手机电池时，为了降低成本，使用了容量较低的电池，导致电池续航时间远低于广告宣传的时间。

2. 窜改测试结果

（1）实验室操纵。供应商可能会在产品测试中窜改数据，以确保不合格产品通过测试。这可能涉及修改测试条件、伪造测试结果或选择性报告测试数据。例如，一个食品供应商在产品卫生测试中窜改了细菌检测结果，使得含有细菌超标的产品通过了质量检测，流入市场。

（2）证书伪造。供应商可能会伪造质量认证证书，以证明产品符合质量标准。这种行为不仅违反了质量控制的规定，还可能对消费者的安全造成威胁。例如，一个玩具制造商伪造了安全认证标志，使得含有毒物质的玩具看起来符合安全标准，从而进入了市场。

3. 隐瞒缺陷

（1）产品筛选。供应商可能会在产品到达客户前，筛选出有缺陷的产品，以避免退货。这种行为可能会导致客户收到的产品中存在未被检测到的缺陷。例如，一个汽车零部件供应商在发货前，将检测出有缺陷的零部件挑出并替换，但未将这些信息告知汽车制造商，导致汽车制造商将未检测出的有缺陷的零部件安装在汽车上，增加了安全风险。

（2）信息隐瞒。供应商可能会故意不向客户披露产品存在的缺陷或问题，以避免承担责任。这种行为可能会导致客户在使用产品过程中遇到意外的风险。例如，一个药品供应商在发现其产品存在潜在的副作用时，选择不向医疗机构披露这些信息，导致患者在使用这些药品时面临未知的风险。

（四）虚假发票

1. 夸大成本

（1）数量虚增。供应商或采购人员可能会在发票上虚增购买的商品数量，以增加总成本。这种虚增可能涉及实际未交付的商品，或者夸大了实际交付的商品数量。例如，一个办公用品供应商在向一家公司提供文具时，故意在发票上增加了500套文具，而实际上这些文具并未交付，从而增加了公司的采购成本。

（2）单价提高。供应商或采购人员可能会在发票上提高商品的单价，以增加总成本。这种提高可能是基于实际交付的商品，但价格远高于市场价或合同约定的价格。例如，某电脑硬件供应商在向一家公司提供电脑配件时，将每个配件的价格提高了20%，而公司由于缺乏市场调研，未能发现这一价格欺诈行为。

2. 虚构交易

（1）创建假合同。为了支持虚构的交易，采购人员可能会制作假合同和相关文件，以证明这些交易的存在。这些文件可能包括虚假的供应商信息、虚构的交易条款和不存在的交付日期。例如，某公司的采购人员为了掩盖自己的贪污行为，伪造了与一个不存在的供应商的合同，虚构了一系列的交易记录，以转移公司资金到自己的账户。

（2）虚假物流。为了使虚构交易看起来更加真实，供应商可能会伪造物流记录，如运输单据和收货确认。这些记录可能包括虚假的运输公司信息、虚构的运输路线和不存在的收货日期。例如，某供应商为了支持其虚构的交易，伪造了一系列的运输单据和收货确认，包括虚假的运输公司印章和签名，使得这些虚构的交易看起来像是真实发生的。

3. 窜改发票

（1）日期修改。供应商或采购人员可能会修改发票上的日期，以符合虚假的采购时间线。这种修改可能是为了掩盖实际的交易时间，或者是为了符合虚假的合同条款。例如，某供应商为了掩盖其延迟交货的行为，将发票上的日期提前，以避免支付违约金。

（2）金额调整。供应商或采购人员可能会调整发票上的金额，以掩盖实际的交易金额。这种调整可能是为了隐藏不正当的交易，或者是为了符合虚假的财务记录。例如，一个采购人员为了掩盖自己接受回扣的行为，将发票上的金额减少，以匹配实际支付的金额，从而避免引起财务部门的怀疑。

综上，我们可以了解到采购舞弊行为的多样性和复杂性，以及它们对企业运营和市场公平竞争的潜在影响。企业需要建立严格的内部控制和审计机制，以识别和预防这些舞弊行为。通过提高透明度、加强监督和定期审计，企业可以减少舞弊行为的发生，保护企业资产和声誉。

第二节　取证采用的工具

在采购舞弊调查中，取证采用的工具是揭示舞弊行为的关键。以下是一些重要的取证工具及其详细用途。

一、审计软件

审计软件能够自动化地分析财务数据，识别异常模式和趋势，如突然的价格变动或不寻常的支付模式。这些软件通常具备高级的数据分析功能，能够处理大量数据，并提供可视化报告，帮助调查人员快速识别问题。例如，使用审计软件对采购数据进行筛选，发现某供应商的发票金额异常高于市场价，这可能表明存在价格操纵行为。

具体工具如 ACL 审计软件、Wolters Kluwer 的 TeamMate Audit 等，它们能够自动化地分析财务数据，识别异常模式和趋势。

二、数据分析工具

数据分析工具能够挖掘和分析大量的结构化与非结构化数据，找出潜在的舞弊行为。这些工具可以识别数据中的异常模式，如不寻常的交易时间或频率。例如，通过数据分析工具发现，某个采购人员总是在特定的日期进行大额采购，这可能与个人的财务需求有关，提示可能存在挪用资金的行为。

具体工具如 SAS、SPSS 和 Tableau 等，它们能够挖掘和分析大量的结构化与非结构化数据，找出潜在的舞弊行为。

三、监控系统

监控系统用于实时监控采购流程，记录交易和通信。这些系统可以捕捉到采购过程中的每一步操作，包括订单的创建、审批和支付。例如，监控系统记录显示，一个采购订单在没有适当审批的情况下被紧急支付，这可能表明存在内部勾结或滥用职权的行为。

具体工具如 Splunk、LogRhythm 等，它们用于实时监控采购流程，记录交易和通信。

四、取证硬件

取证硬件用于收集和保护电子数据，确保证据的完整性和可靠性。这些硬件包括硬盘复制器、数据提取工具等，它们能够从各种电子设备中提取数据，同时防止数据被窜改。例如，使用取证硬件从涉案采购人员的电脑中提取电子邮件和文档，这些数据可能包含有关舞弊行为的直接证据。

具体工具如 Guidance Software 的 EnCase、XRY 等，它们用于收集和保护电子数据，确保证据的完整性和可靠性。

五、法律资源

法律资源包括与法律顾问合作，确保取证过程符合法律要求。法律顾问可以提供关于证据收集、隐私保护和法律程序的专业建议。例如，在进行敏感问题的调查时，法律顾问可以指导企业如何合法地收集员工的通信记录，确保调查活动不会侵犯员工的合法权益。

与法律顾问合作，确保取证过程符合法律要求。法律顾问可以提供关于证据收集、隐私保护和法律程序的专业建议。

第三节　调查采购舞弊行为的实施步骤与方法

在现代企业中，采购环节常常成为舞弊行为的高发区。采购舞弊不仅损害了企业的经济利益，还可能引发供应链风险、企业声誉危机等连锁反应。因此，有效识别和调查采购舞弊行为，已成为企业内部控制和审计工作的重要组成部分。本节将介绍调查采购舞弊行为的实施步骤与方法，通过详细的行动指南，帮助审计人员和企业管理层有条不紊地进行舞弊调查。具体的步骤涵盖从初步评估、证据收集，到访谈、分析和评估，直至报告编写，每一环节都至关重要，直接关系到调查的效果和结果。

实施步骤与方法是调查采购舞弊行为的行动指南，确保每个环节都能够严密执行，并通过科学的方法识别和解决问题。

一、初步评估

初步评估是调查的第一步，目的是评估舞弊的可能性和范围，确定调查的必要性。这个阶段主要集中在对举报信息的初步审查和对潜在风险的评估，通过初步筛查来决定是否需要进行更深入的调查。

1. 收集举报信息

对所有举报信息进行收集和整理，确保没有遗漏任何可能的线索。这些信息可能来自内部举报、供应商投诉、外部调查等。

2. 风险评估

对潜在舞弊行为的风险进行量化评估。例如，是否存在较高的供应商集中度，是否存在异常的采购金额或付款。

3. 历史数据审查

查看相关采购历史数据，尤其是有问题的采购订单、合同、供应商情况等。 通过分析历史数据，可以识别出潜在的舞弊行为模式。

4. 初步筛查

通过分析相关信息和数据，判断舞弊的可能性。如果有明确的异常迹象，可以决定进行进一步调查。

例如，接到关于采购经理收受回扣的举报后，初步评估可能包括审查该经理的采购历史和供应商的合同条款。调查人员可以重点关注是否存在频繁变更供应商的情况，是否有异常的采购金额波动，或者是否有不合常理的支付行为。这些初步审查能够帮助调查人员判断是否存在舞弊的迹象。

二、证据收集

证据收集是调查过程中的关键环节，直接影响案件的调查结果。调查人员需要通过合法的方式收集相关证据，包括文件、电子记录、物理证据等，以确保证据的可靠性和完整性。

1. 文件收集

收集与采购相关的所有文件，如采购订单、合同、供应商发票、付款记录、审批流程文件等。这些文件有助于揭示采购过程中可能存在的不正常情况。

2. 电子证据收集

调查人员需要收集所有电子数据，如电子邮件、内部通信记录、财务系统的交易日志等。尤其是通过审查电子邮件，能够发现供应商与采购人员之间的非正式沟通，可能暴露舞弊行为的蛛丝马迹。

3. 物理证据收集

有时，物理证据也可能成为案件调查的重要组成部分，尤其是在涉及商品采购和仓储管理的情况下。例如，可能需要检查实际的货物收发记录、仓库库存等。

4. 法律合规性

在收集证据时，要确保符合国家相关法律法规的要求，避免侵犯个人隐私或企业机密信息。所有收集的证据必须具备合法性。

调查人员可能会收集采购订单、合同、电子邮件通信记录和银行对账单等证据。例如，通过分析电子邮件，可能发现采购人员与供应商之间存在着不透明的交易安排，或者银行对账单显示支付给某供应商的款项没有合理的合同支持，进一步证实舞弊行为。

三、访谈

访谈是收集口供和证词的关键步骤。在这一阶段，调查人员与相关人员进行面对面的沟通，以获取关于舞弊行为的直接信息。访谈要有针对性，并且需要具备高度的专业性。

1. 制订访谈计划

在开始访谈前，调查人员需要根据情况制订详细的访谈计划，明确访谈对象、时间、地点和问题清单。

2. 准备访谈问题

根据初步评估和证据收集阶段的信息，准备相关问题。这些问题应涵盖采购决策的过程、与供应商的关系，以及任何可能存在的不正常财务交易。

3. 选择访谈对象

访谈对象通常包括采购人员、相关管理层、供应商及财务人员等。针对不同对象，访谈问题的侧重点可能有所不同。

4. 记录访谈内容

访谈时需要详细记录被访者的回答和反应，这些记录将为后续的分析阶段提供重要线索。

例如，在访谈涉嫌舞弊的采购人员时，调查人员可能会询问与供应商的合作背景、采购决策的过程，是否存在压力或不正当利益驱动。此外，还可能询问是否有任何不寻常的交易记录，或者是否曾与供应商有过异常的沟通或协议。

四、分析和评估

分析和评估是对收集到的证据进行深入剖析，以判断是否存在舞弊行为，并评估舞弊的严重性和影响。这一环节的核心在于根据证据寻找舞弊的规律和证据链。

1. 数据分析

通过财务数据、采购数据、付款记录等，进行异常数据分析。例如，调查人员可能会通过数据挖掘技术分析采购金额、支付时间和供应商历史，识别出潜在的价格操纵或回扣行为。

2. 文档审查

对合同、订单、发票等文件进行细致审查，以识别是否存在伪造、窜改或不合规的现象。分析文件内容时，可能需要比对合同条款与实际履行情况，查找任何不一致之处。

3. 电子证据分析

对电子邮件、内部通信记录、财务交易日志等进行详细分析，寻找隐藏的舞弊行为。例如，在分析电子证据的过程中，调查人员可能会发现某些供应商的价格明显高于市场水平，且付款模式异常频繁。这时，调查人员需对这些异常数据进行进一步核实和追踪，以确定是否为舞弊行为的线索。

五、报告编写

报告编写是调查的最后一步，旨在总结调查结果、揭示发现的舞弊行为，并提出后续的改进建议。报告不仅要清晰呈现调查过程，还要确保调查结果的公正性和可信度。

1. 调查过程记录

报告需要详细记录调查的全过程，包括初步评估、证据收集、访谈、分析与评估等环节。这有助于为后续可能的法律程序提供支持。

2. 发现总结

在报告中，需清晰总结舞弊行为的具体表现，如涉及的人员、时间、地点以及所造成的损失。这一部分要客观、准确,避免过度夸大或低估舞弊的程度。

3. 建议措施

报告的最后通常会提出改进建议,如加强内控、优化采购流程、增加审计频次等。这些建议旨在防止未来类似问题的发生。

例如,调查报告可能会详细描述采购舞弊行为的具体细节,如某供应商提供的回扣和采购经理的违规行为。报告还可能揭示舞弊行为对企业造成的财务损失,并提出如何改进采购流程和加强内控的具体建议。例如,建议企业对所有供应商进行定期审计,加强合同条款的透明度管理,并引入更多的自动化审计工具。

通过以上五个步骤,调查人员能够更有条理地发现和解决采购舞弊问题,确保企业财务健康和采购流程的透明、公正。

此外,在调查过程中,企业需要注意以下几个重要事项。

1. 保密性

保密性是调查过程中要坚持的一个关键原则。调查信息的泄露可能会导致证据被破坏或嫌疑人逃避责任。例如,在调查过程中,只有授权的调查人员才能访问敏感信息,所有调查活动都应该在保密的环境中进行。

2. 合法性

所有调查活动应当严格遵循法律规定。任何违法调查行为不仅可能导致证据无效,还可能使企业承担相应的法律责任。例如,在收集电子数据时,调查人员必须遵守相关的数据保护法规,确保所有取证活动都是合法的。

3. 公正性

保持中立和避免偏见是确保调查结果客观性的关键。调查人员应该公平地对待所有涉案人员,避免预设立场。例如,在分析证据时,调查人员应该考虑所有可能的解释,而不是仅仅寻找支持某一特定结论的证据。

4. 敏感性

在处理员工隐私和企业机密信息时,调查人员需要特别谨慎。这不仅涉及法律问题,也关系到员工的信任和企业的声誉。例如,在需要查看员工的个人电子邮件时,调查人员应该首先获得法律顾问的批准,并确保这一行为是出于调查的需要,同时要保护员工的隐私。

第四节　采购舞弊的取证路径

一、内部审计

内部审计是企业发现和预防采购舞弊行为的关键环节。审计人员通过一系列细致的检查和分析，可以揭示采购过程中的不规范行为和潜在的舞弊迹象。

（一）合规性检查

1.采购流程审查

审计人员需要对照企业内部政策和行业标准，检查采购流程的每一步是否合规。这包括审批流程、供应商选择、合同签订等关键环节。例如，审计人员发现某个采购项目没有经过必要的审批流程就匆忙签订了合同，这可能表明存在绕过正规流程的舞弊行为。

2.供应商评估程序

检查企业是否对供应商进行了充分的背景调查和信用评估，以及是否定期更新供应商信息。例如，审计人员发现企业使用了未经批准的供应商，或者供应商的资质文件已过期，这可能暗示内部人员为了私利而故意忽视了评估程序。

3.市场定价对比

审计人员应比较采购价格与市场价格，以确定是否存在价格操纵或不公平定价。例如，通过市场调研，审计人员发现某项物资的采购价格远高于市场平均价，这可能表明采购人员与供应商串通提高价格。

（二）合同审查

1.条款合理性

审查合同条款是否合理，是否存在对供应商过于有利的条款，若是则可能表明存在不正当的利益输送。例如，审计人员发现合同中包含了不合理的长付款期限或高比例的预付款项，这可能为供应商提供了不当的资金流动性，增加了企业的风险。

2.合同变更记录

检查合同是否有频繁或可疑的变更，特别是在合同执行过程中的变更。例如，审计人员发现合同在执行过程中有多次变更，且变更内容对供应商极为有利，这可能表明存在内部人员与供应商勾结的情况。

3.合同履行监督

审计人员应检查合同履行情况，确保供应商按照合同条款履行义务。例如，审计人员发现供应商未能按照合同规定的时间交付货物，但企业仍然支付了全部款项，这可能表明存在舞弊行为。

（三）支付凭证审核

1. 支付审批流程

检查支付凭证是否经过了适当的审批流程，是否存在未经授权的支付。例如，审计人员发现一些支付没有相应的审批记录，或者审批人与付款事项存在利益冲突，这可能表明支付过程中存在舞弊行为。

2. 支付金额与合同一致性

核对支付金额是否与合同条款一致，是否有超付或提前支付的情况。例如，审计人员发现企业提前支付了大笔款项给供应商，而根据合同，这些款项应该在交付后支付，这可能表明采购人员接受了供应商的贿赂。

3. 支付频率分析

分析支付频率是否异常，如过于频繁的小额支付可能掩盖了大额的不当支付。例如，审计人员注意到企业对某个供应商的小额支付异常频繁，这可能是为了规避大额支付的审查，而将大额款项拆分支付。

通过这些详细的内部审计步骤，企业可以有效识别和预防采购舞弊行为，保护企业资产不受损失，并维护企业的声誉和市场竞争力。内部审计不仅是一个技术过程，也是一个涉及高度专业判断和敏锐洞察力的过程。

二、举报系统

举报系统是企业内部控制机制的重要组成部分，它为员工提供了一个报告可疑行为的渠道，有助于及时发现和处理采购舞弊问题。

（一）匿名举报

1. 保护举报人

要建立一个严密的匿名举报机制，确保举报人的身份保密，从而鼓励员工在无报复担忧的情况下举报可疑行为。例如，一家企业开发了一个匿名举报系统，员工可以通过该平台提交举报信息。该平台确保了举报信息无法被追踪到个人，从而保护了举报人的隐私和安全。

2. 建立信任

通过确保举报信息的保密性和处理的公正性，建立员工对举报系统的信任，使他们更愿意参与到反舞弊行动中。例如，企业内部宣传强调举报系统的保密性和独立性，确保员工相信举报行为会得到重视和妥善处理。

3. 法律保护

在某些国家和地区，举报人受到法律保护，企业应遵守相关法律，并为举报人提供额外的安全保障。例如，企业的法律顾问负责确保举报系统符合当地的举报人保护法律，并提供法律咨询和支持。

（二）快速响应

1. 建立响应机制

建立快速响应机制，确保所有举报都得到及时和有效处理。例如，企业设立了一个专门的举报处理团队，负责在收到举报后的 24 小时内进行初步评估，并决定是否需要进一步调查。

2. 调查流程

制定明确的调查流程，包括初步评估、证据收集、访谈和报告撰写等步骤。例如，一旦举报被确认为有效，调查团队就按照既定流程展开调查，确保所有相关证据都被收集和分析。

3. 反馈机制

企业应为举报人提供一个反馈机制，以便他们了解举报的处理进展情况。例如，企业可以通过一个安全的在线系统，定期向举报人更新案件状态，确保举报人能够跟踪自己举报的案件。

三、IT 监控

IT 监控是现代企业中发现和预防采购舞弊的重要工具，它利用技术手段监控和分析采购活动。

（一）数据分析

1. 大数据分析工具

企业可利用大数据分析工具，对采购数据进行深入分析，以发现异常交易模式或趋势。例如，企业使用先进的数据分析软件检测采购数据中的异常模式，如价格的突然波动或供应商行为的异常。

2. 风险指标

企业应建立风险指标，以识别可能的舞弊行为。例如，企业根据历史数据和行业基准，设定了一系列风险指标，如供应商更换频率、订单取消率等，一旦这些指标超出正常范围，系统就会自动发出警报。

3. 预测分析

企业可使用预测分析技术，预测潜在的舞弊风险，并采取预防措施。例如，企业运用机器学习技术，根据历史舞弊案例和当前市场条件，预测哪些供应商或采购项目存在较高的舞弊风险。

（二）采购管理系统

1. 订单监控

企业可通过采购管理系统监控采购订单的创建、审批和执行过程，确保所有步骤都符合企业政策和程序。例如，企业实施了一个集成的采购管理系统，该系统能够追踪每个订单的状态，从下单到交付，确保所有步骤都经过适当的审批。

2. 审批流程自动化

自动化审批流程可以减少人为干预，降低舞弊风险。例如，企业可以通过采购管理系统实现审批流程自动化，确保每笔订单都经过多个部门的合规审核，并对未经授权的操作实时触发预警机制。

3. 文档管理

企业应采用系统化的管理方式对所有与采购相关的文档，包括合同、发票等进行统一归档，以便进行审计和合规检查。例如，企业可以使用电子文档管理系统存储所有采购文件，确保所有文件能被高效检索和审查，从而提高审计工作的效率和准确性。

通过这些详细的取证路径，企业可以更有效地发现和预防采购舞弊行为，保护企业资产不受损失，并维护企业的声誉和市场竞争力。

四、管理层审阅

管理层审阅是企业内部控制的重要组成部分，它涉及对采购活动的监督和评估，以确保采购活动的合规性和效率。

（一）定期报告

1. 采购报告审查

管理层需要定期审查采购报告，包括采购订单、合同履行情况、支付记录等，以发现异常情况。例如，每个月末，企业的采购部门会向管理层提交详细的采购报告，包括所有采购活动的总结和分析。管理层会仔细审查这些报告，寻找不一致或异常的支出模式。

2. 异常指标分析

管理层应关注报告中的异常指标，如异常高的采购成本、频繁的供应商变更或不寻常的订单取消。例如，管理层注意到某个季度的采购成本比预期高出许多，进一步调查发现是由于某个供应商的产品价格上涨，这可能表明需要重新谈判合同或寻找新的供应商。

3. 趋势监控

通过监控长期趋势，管理层可以识别潜在的舞弊行为或供应链中的问题。例如，管理层通过分析多年的采购数据，发现某个供应商的交付延迟次数逐年增加，这可能表明供应商存在产能问题或管理不善的情况。

（二）绩效评估

1. 供应商绩效评估

要定期对供应商进行绩效评估，包括质量控制、交货时间、成本效益等关键指标。例如，企业实施了一个供应商评分系统。该系统根据交货准时率、产品质量和价格竞争力等因素对供应商进行评分。得分低的供应商将被要求改进，否则可能会失去未来的合作机会。

2. 识别表现不佳的供应商

通过绩效评估，管理层可以识别那些表现不佳的供应商，并采取相应的措施。例如，在绩效评估过程中，某供应商因连续几个季度的评分都很低，管理层决定削减其业务份额，并开始寻找替代供应商。

3. 风险管理

绩效评估可以帮助管理层识别供应链中的潜在风险，如过度依赖单一供应商或供应商的财务不稳定。例如，管理层发现企业过度依赖一个主要供应商，这增加了供应链中断的风险。因此，他们决定选择与多个供应商合作，以降低风险。

4. 持续改进

绩效评估的结果可以用来指导采购策略的调整和改进，提高供应链的整体效率和效果。例如，基于绩效评估的反馈，管理层决定对采购流程进行优化，如通过集中采购来提高议价能力，或者通过改进供应商选择标准来提高产品质量。

通过这些管理层审阅措施，企业可以确保采购活动的透明度和合规性，及时发现并解决潜在的舞弊问题，从而保护企业的利益和声誉。管理层的积极参与对于构建健全的内部控制环境至关重要。

第五节　采购舞弊的访谈技巧

在采购舞弊调查中，访谈是一个关键环节，它要求调查人员不仅要有扎实的沟通技能，还要掌握一些技巧来处理复杂的访谈情境。

一、明确访谈目的和要求

在开始访谈之前，调查人员必须对事件的背景和具体细节有深入的了解，并且对访谈的目标和期望达到的结果有一个清晰的认识。

（一）全面了解事件

1. 收集信息

在访谈之前，调查人员需要收集所有与事件相关的信息，包括交易记录、合同文件、电子邮件、会计凭证等。这有助于构建事件的全貌，并识别关键的证据和潜在的线索。例如，在调查一起涉嫌价格操纵的案件时，调查人员收集了所有涉及的采购订单、供应商报价、合同条款及相关的财务报表，以确定价格是否异常。

2. 背景调查

了解相关人员的背景，包括他们的工作经历、职责范围、过往的业绩记录及任何可能的利益冲突。例如，调查人员对涉嫌舞弊的采购经理进行了背景调查，发现他与一个供应商有长期的私人联系，这可能影响了他的采购决策。

3. 法律咨询

在某些情况下，可能需要咨询法律专家，以确保访谈过程符合法律规定。例如，在准备访谈之前，调查团队咨询了法律顾问，以了解在访谈过程中可以询问哪些问题，以及如何妥善处理可能出现的法律问题。

（二）确定访谈对象

1. 关键人员识别

根据事件的复杂性和涉及的范围，确定哪些人员是访谈的关键对象。例如，在调查一起采购舞弊案件时，关键人员可能包括直接涉及交易的采购人员、供应商代表、财务审核人员以及知情的同事。

2. 角色分析

分析每个访谈对象的角色和可能的动机，以便更好地准备访谈问题和策略。例如，调查人员分析了每个访谈对象在舞弊中可能扮演的角色，以及他们可能的动机和压力点，这有助于设计更有针对性的访谈问题。

（三）制订访谈计划

1. 明确访谈目的

在访谈计划中明确访谈目的，这将指导整个访谈的方向和重点。例如，访谈的目的是确定采购人员是否收受了供应商的回扣，以及这种行为是否影响了采购决策。

2. 设计访谈步骤

设计详细的访谈步骤，包括开场白、问题清单、预期回应及后续追问环节。例如，调查人员规划了一套访谈流程，从一般性的背景问题开始，逐渐过渡到具体的问题，最后讨论可能的后果和影响。

3. 预期结果设定

设定访谈的预期结果，这有助于评估访谈的效果，并为后续的调查提供方向。例如，调查人员希望访谈能够揭示采购人员与供应商之间的不正当交易，以及这些交易如何影响企业的财务状况。

二、访谈前的准备

充分的准备对于访谈的效率和效果至关重要。

（一）资料复习

调查人员在访谈前会复习所有相关的案件资料，包括涉嫌舞弊的交易记录和涉案人员的背景信息，以确保他们能够准确且有目的地引导访谈。

（二）访谈策略规划

调查人员会制订详细的访谈计划，包括确定访谈的关键问题、预期的答案以及可能需要进一步探讨的领域，从而确保访谈能够高效地进行并收集到有价值的信息。

（三）访谈中的技巧

在采购舞弊调查的访谈中，运用相应技巧来处理复杂的访谈情境是至关重要的。

1. 选择突破口

利用心理学原理，即通过识别并利用被访谈者的心理状态，如恐惧、希望或矛盾感，找到访谈的切入点。例如，如果被访谈者在谈及某个特定交易时显得特别紧张，这可能是他们心理防线最弱的地方，调查人员可以选择从这个交易开始提问。

2. 建立信任

（1）逐步深入。在访谈初期，先从一些非敏感或中性的问题开始，逐渐过渡到核心问题，以缓解被访谈者的防备心理。例如，调查人员可能先询问被访谈者关于日常工作流程的问题，然后再逐渐深入到具体的采购案例。

（2）展现专业性。通过展现对相关领域知识的深入了解，赢得被访谈者的信任和尊重。例如，调查人员可能会讨论一些行业内的最佳实践，显示他们对采购流程的深刻理解，从而提升被访谈者的信任度。

（3）情感共鸣。在适当的时候，分享一些类似案例的处理经验，以建立情感共鸣。例如，调查人员可能会提到过去成功解决的类似案例，以及涉案人员如何通过合作降低了不良影响。

3. 把握第一次谈话的重要性

第一次访谈通常为整个调查设定了基调，并可能影响被访谈者后续的合作态度。因此，调查人员需要明确第一次谈话的作用、要求和步骤，确保访谈的顺利进行。

4. 注重录音录像和记录

访谈过程中须严格执行录音录像记录和书面记录的双重存档制度，并要求被访谈者签字确认，以确保信息的准确性和完整性。这不仅有助于保护调查人员和被访谈者的权益，也可作为法律程序中的重要证据。

5. 开放式问题

（1）细节挖掘。通过询问具体的细节，如时间、地点、参与人员等，获取更深入的信息。例如，调查人员可能会问："您能描述一下签订合同当天的情况吗？包括您在哪里，有哪些人参与，以及讨论的具体内容。"

（2）情感因素。询问被访谈者在特定情况下的感受和想法，以了解其动机和心理状态。例如，调查人员可能会问："在您发现价格异常时，您有什么感觉？您是如何处理这种情况的？"

（3）假设性问题。使用假设性问题来探索被访谈者对特定情况的看法，而不直接涉及其个人行为。例如，调查人员可能会问："如果某采购人员发现供应商提供了回扣，您认为他应该怎么做？"

6. 观察非语言行为

（1）微表情分析。注意观察被访谈者的微表情，这些瞬间的表情可能揭示其真实情绪。例如，在被问及某个敏感问题时，被访谈者可能会瞬间显示出紧张或恐惧的表情。

（2）空间语言。注意观察被访谈者在空间中的移动，如是否倾向于靠近或远离调查人员，这可能表明他们的舒适度和信任水平。例如，如果被访谈者在访谈过程中逐渐向后靠，可能表明他们变得更加防备或不舒服。

（3）声音变化。注意被访谈者的声音变化，如音调、音量和语速的变化，这些都可能是提供情绪状态的线索。例如，如果被访谈者在回答问题时声音突然变得尖锐或快速，可能表明他们在某个问题上感到有压力或焦虑。

7. 访谈技巧

（1）压力测试。在适当的时候，通过提出挑战性的问题或质疑被访谈者的回答，来测试其反应。例如，调查人员可能会提出与已知事实相矛盾的陈述，观察被访谈者如何回应，以此来评估其诚实性。

（2）故事讲述。鼓励被访谈者以讲述故事的方式回顾事件，这有助于揭示事件的全貌和被访谈者的角色。例如，调查人员可能会说："我想听听您对这次采购过程的描述，就像您在讲述一个故事一样，从开始到结束。"

（3）情感引导。在访谈中使用情感引导技巧，如表达同情或理解，以降低被访谈者的防备心理并促进信息分享。例如，当面对一个明显感到焦虑的被访谈者时，调查人员可能会说："我理解这种情况可能让您感到不舒服，我们在这里是为了帮助澄清事实，并确保每个人都得到公正对待。"

通过运用这些技巧，调查人员可以更有效地与被访谈者沟通，获取更深入的信息，并评估被访谈者提供信息的真实性。这些技巧对于揭示采购舞弊行为至关重要，有助于调查人员构建更完整的事件画面，并做出更准确的判断。

第六节　内部调查与刑事程序的衔接

在采购舞弊案件中，内部调查的结果可能会被用于刑事诉讼。因此，确保内部调查与刑事程序的顺利衔接至关重要。以下是实现这一衔接的关键步骤。

一、证据保管

在内部调查过程中收集的所有证据都应当被完整地保存，以确保其在刑事诉讼中的有效性。例如，所有与采购舞弊有关的文件、电子邮件、通信记录等都应当被复印或扫描，并存储在安全的电子系统中，同时保留原件以备不时之需。

（一）证据链保护

要确保证据链的完整性，避免任何可能损害证据可信度的行为，如未经授权的接触或修改。例如，实施严格的证据保管程序，只有授权的调查人员才能访问证据，所有接触证据的行为都应当被记录和监控。

（二）物理安全

要确保证据的物理安全，防止盗窃、损坏或丢失。例如，将关键证据存放在安全的地点，如带有监控和门禁系统的档案室，以防止未授权的访问。

（三）电子证据安全

对于电子证据，要采取加密、防火墙和其他网络安全措施，以防止数据泄露或被窜改。例如，使用专业的电子证据管理系统，对电子数据进行加密存储，并定期进行安全审计。

二、法律咨询

（一）合规性审查

在调查过程中，定期咨询法律专家，确保所有调查活动都符合法律规定。例如，在进行调查之前，法律顾问会审查调查计划，确保所有的调查手段和程序都符合相关的法律法规。

（二）证据合法性评估

法律专家应当评估所收集证据的合法性，确保其在法庭上被接受。例如，律师会评估每项证据的收集过程，确保没有侵犯个人隐私权或其他法律权利，从而保证证据在法庭上的可接受性。

（三）刑事诉讼指导

在内部调查可能转变为刑事诉讼的情况下，法律顾问要提供专业指导。例如，如果内部调查显示存在明显的犯罪行为，法律顾问会指导如何将案件移交给执法机关，并提供刑事诉讼的策略建议。

（四）培训和指导

企业应为内部调查团队提供法律培训，确保他们了解在调查过程中必须遵守的法律法规。例如，定期举办法律知识培训，让调查人员了解在询问、证据收集和隐私保护等方面的法律要求。

通过以上这些措施，企业可以确保内部调查的成果能够有效地支持刑事诉讼，同时保护企业的法律权益。内部调查与刑事程序的顺利衔接对于成功打击采购舞弊行为、维护企业利益和法律秩序至关重要。

第七节　内部调查与员工隐私权的平衡

在进行内部调查时，企业必须在维护自身利益和保护员工隐私权之间找到平衡点。以下是如何实现这一平衡的一些关键措施。

一、明确政策

（一）政策公开

在员工手册或企业政策中要明确写出调查政策，包括在何种情况下可以进行调查，以及调查的范围和限制。例如，企业政策规定，当怀疑存在舞弊行为或违规行为时，可以对员工的电脑和电子邮件进行监控，但必须事先通知员工，并在监控前获得管理层的批准。

（二）隐私权保护

要明确员工的隐私权，并告知他们企业将如何保护这些权利。例如，企业政策强调，尽管在调查中可能需要查看员工的个人物品或通信记录，但企业将尽一切努力保护员工的个人隐私，并仅在必要时使用这些信息。

（三）法律遵从性

要确保所有调查政策都符合当地的法律法规。例如，企业法律顾问审核所有政策，确保它们符合数据保护法规和劳动法，以避免法律风险。

二、最小化干预

（一）必要性评估

在进行任何可能侵犯员工隐私的调查之前，评估是否有必要，以及是否有其他更好的不侵犯隐私的调查方法。例如，在怀疑员工可能通过个人电子邮件账户进行不当交易之前，先通过正式的面谈和工作记录审查来收集证据。

（二）限制信息使用

要确保收集到的任何个人信息仅用于调查，并且在调查结束后被安全地处理或销毁。例如，企业政策规定，所有在调查过程中收集的个人信息，包括电子邮件和通话记录，只能在调查团队内部使用，并且在调查结束后必须被销毁或归还。

（三）透明沟通

在调查过程中，与员工保持沟通，解释为何需要查看他们的私人物品或通信记录，并告知他们企业将如何保护他们的隐私。例如，在需要查看员工的电脑之前，直接与员工沟通，解释调查的原因和范围，以及企业将如何确保他们的隐私不被侵犯。

（四）尊重个人空间

在调查过程中，尽量避免不必要的个人空间侵犯，如无故搜查员工的个人储物柜等。只有在获得管理层批准后，才能对员工的个人储物柜进行搜查，并且搜查过程中必须有见证人在场。

通过以上这些措施，企业可以在保护员工隐私权的同时，有效地进行内部调查。这不仅有助于提升员工的信任度和士气，还能确保企业在处理舞弊和其他不当行为时遵守法律和道德标准。平衡内部调查和员工隐私权是企业合规及人力资源管理中的一个重要方面。

在本章，我们深入剖析了采购舞弊的取证技巧和访谈策略，旨在为企业提供一套全面的解决方案，以应对复杂的舞弊问题。我们讨论了如何运用先进的审计软件和数据分析工具来识别异常模式，如何通过监控系统和取证硬件来收集关键证据，以及如何与法律顾问合作来确保调查活动的合法性。同时，我们也强调了在调查过程中必须遵守的保密性和敏感性原则，以及保持调查的公正性。通过这些措施，企业能够更有效地预防和打击采购舞弊，保护自身免受内部和外部的欺诈风险，从而维护企业的财务健康和市场声誉。希望本章的内容能为读者在面对采购舞弊时提供清晰的指导和深刻的洞见。

第九章

政府采购审计需关注的
重点及案例

政府采购审计是一项系统性的工作，需要从多个方面审查采购活动的合规性、合法性和效益性。本章将重点介绍在政府采购审计中需要关注的核心内容，包括采购预算的合规性、采购程序的合法性、招投标过程的规范性以及采购的效益性等方面的审查要点和典型案例分析。通过对这些要点的详细剖析，帮助审计人员更好地识别采购过程中的风险，确保政府采购行为公开、公平、公正。

第一节　采购预算的合规性

政府采购审计中，采购预算的合规性是一项非常重要的审查内容。这一部分主要关注政府在采购前期是否按规定编制了合理、详细的采购预算，是否经过了适当的审批程序，以及采购预算是否符合相关政策和法律要求。

一、采购预算编制的合理性与科学性

采购预算编制的合理性与科学性是采购预算合规性的重要组成部分。在编制预算时，我们需要考虑市场行情、物资需求、项目整体规划等多方面因素。

（一）预算依据的充分性和准确性

编制采购预算需要基于充分且准确的数据来源，包括市场价格调研、历史采购记录、物资需求预测等。审计人员需核查这些依据是否翔实，是否充分反映了真实需求。例如，某些政府部门可能因引月过时或不准确的市场数据，导致采购预算编制偏离实际情况。通过核查市场信息来源的有效性和及时性，可以确保预算编制更为科学合理。

（二）预算编制的科学性与规范性

在预算编制过程中，审计人员需要关注预算项目设置的科学性以及预算金额的合理分配。预算的编制应遵循统一的规范标准，避免随意性。例如，某政府部门在编制办公设备采购预算时，没有按照部门具体需求进行细化，导致资金错配，采购效率低下。因此，确保预算编制过程的规范性是提高资金使用效率的重要保障。

（三）预算调整的规范性与合规性

在预算执行过程中，我们可能会遇到需要调整预算的情况。预算调整必须符合法定的审批程序和规范。例如，某政府单位在没有经过必要的审核和审批情况下增加预算，这属于典型的不合规行为，可能会对项目后续执行带来负面影响。审计人员需特别关注预算调整的原因、程序的合法性及是否有正式审批文件。

二、采购预算审批的合法合规性

采购预算审批的合法合规性是保证政府采购合理使用资金的重要环节。审计人员应从审批流程的规范化、时限的合理性与管理效率及审批记录的完整性与透明性等方面进行全面审查。

（一）审批流程的规范化

采购预算审批流程必须严格遵守法规要求，包括逐级上报和多层级审核。在审计中，审计人员应检查审批流程是否存在未按规定审批的情况。例如，某政府部门的采购预算在未经主管领导签字的情况下便开始执行，严重违反了预算管理制度。确保审批流程的规范化，有助于降低采购过程中的财务风险。

（二）审批时限的合理性与管理效率

预算审批的时限直接影响采购项目的进度和预算执行的有效性。审计人员需要核查审批是否在规定时限内完成，是否存在因审批延误影响采购进度的现象。例如，某政府部门的审批人因长期出差而未及时批复采购预算，导致采购进度严重滞后。因此，审计人员应提出加强预算审批时限管理的建议，以确保政府采购项目按计划推进。

（三）审批记录的完整性与透明性

审计人员应核查采购预算审批的记录是否完整，所有审批意见是否清晰记录并存档。完整的审批记录不仅是采购预算合规的证明材料，也是后续审计检查的重要依据。例如，在某审计案例中，预算审批过程中缺少审批人的签字，导致审计过程中的责任无法追溯，影响了审计结果的公正性。

三、采购预算与实际支出的匹配性

采购预算与实际支出的匹配性是衡量预算执行效果的重要指标，审计人员需要关注采购预算在执行过程中的落实情况，以及是否存在预算与支出不匹配的问题。

（一）预算执行与实际支出的对比分析

在预算执行过程中，审计人员需检查实际支出是否符合预算的安排，是否存在超预算、超范围支出的问题。例如，某政府机关在办公用品采购过程中，实际支出金额大幅超出预算，经核查发现是因为采购过程中对规格和数量的控制不严，导致资金使用不当。此类情况需要通过对比预算和支出的匹配度，及时发现并纠正偏差。

（二）资金使用的效率与合理性

在采购预算执行过程中，资金的使用效率是衡量预算合规性的重要标准。审计人员应评估资金的使用是否符合采购需求，有无浪费、挪用等情况。例如，某政府部门在采购计算机设备时，购买了一些高于需求的高端设备，导致资金浪费。对此，审计人员应提出改进建议，确保采购资金在合理的预算范围内得到高效使用。

（三）预算执行中的监督与控制机制

在审计中，审计人员需关注预算执行过程中的监督机制是否健全。例如，是否有定期的预算执行报告，是否建立了预算调整的预警机制。通过健全的监督控制体系，可以及时发现预算执行中可能存在的风险，确保采购过程公开、透明。

四、案例分析与改进建议

以某市政府办公设备采购项目为例，在该项目中，审计人员发现采购预算编制和执行中存在多项问题，影响了采购的合规性和资金使用效率。

（一）预算依据不足，编制偏高于该项目的采购预算

基于过往的平均采购金额，忽略了市场行情的变化，导致预算编制偏高。审计人员建议，编制采购预算时，要加强市场调研，充分考虑价格波动，结合最新市场信息编制更为科学的预算。

（二）审批流程缺失，影响采购进度

审计过程中发现，采购预算审批缺少相关领导的审批意见，且审批延迟影响了采购进度。审计人员建议，该单位要建立审批提醒和追踪机制，以确保所有审批流程按照规定时限完成，从而避免采购进度的延误。

（三）预算与实际支出不符，资金使用不当

在项目执行过程中，实际支出大幅超出预算，主要是因为采购中途增加了不必要的高端设备型号，未按规定重新调整预算并报批。审计人员指出，此类情况应严格按照预算调整程序执行，确保预算与支出相匹配。审计人员建议，要通过建立预算调整的严格

管理流程，确保任何超预算行为均有明确的审批和备案。

（四）加强内部控制与信息化建设

通过案例分析，审计人员建议，要加强政府采购的内部控制，特别是在预算编制、审批、执行和调整各环节中引入信息化手段，以提高管理效率和资金使用的透明度。例如，使用电子化的预算审批系统，可以有效减少人为审批的延误，提高采购预算管理的整体合规性和科学性。

综上所述，采购预算的合规性是政府采购审计中的重要环节，审计人员应从预算编制、审批、执行、监督等多个方面进行全面检查，确保政府采购资金的合理、高效使用。通过健全预算管理制度、加强监督和控制，可以有效降低财政资金的浪费，提升政府采购的整体效益。

在确保采购预算合规性的基础上，下一步需要关注的是采购程序的合法性。审计人员需要详细审查采购程序的各个环节，以确保采购活动在合法合规的基础上进行。

第二节　采购程序的合法性

采购程序的合法性是政府采购审计中的又一关键环节。审计人员需要详细检查采购程序的每一步是否符合相关的法律法规，以做到透明且公正采购。

在政府采购审计中，采购程序的合法性是确保采购过程公开、公平、公正的重要保障。本节将讨论采购程序的各个环节的合法性与合规性，包括采购需求的合理性、采购方式的选择及采购过程的程序控制。通过对这些环节的详细分析，帮助审计人员发现和规避采购过程中的潜在风险，确保采购行为的合法性。

一、采购需求的合理性与合规性

采购需求的合理性是确保采购程序合法性的前提，审计人员需要核查采购需求的提出是否基于真实需求，是否存在人为增加采购数量或提高采购标准的行为。

（一）需求的真实性与合理性

审计人员需核查采购需求是否真实反映了政府部门的实际需要，是否存在虚构需求或夸大采购需求的现象。例如，某政府部门在采购办公用品时，提出了超出实际使用需求的采购计划，导致资金浪费。审计人员应核查采购需求的来源和编制过程，确保其合理性。

（二）需求审批的合规性

采购需求经确认后须履行审批程序，审计人员应核查需求审批是否符合政府采购管理规定，是否存在未经审批或越权审批的情况。例如，某项目的采购需求未经主管部门审批便启动采购流程，已构成程序性违规。审计人员应确保所有采购需求均经过合法合规的审批程序。

二、采购方式的选择与合规性

采购方式的选择直接关系到采购的公开性和竞争性。审计人员需要核查采购方式的选择是否符合法律法规的要求，是否存在规避公开招标或不当选择单一来源采购的行为。

（一）采购方式的合法性

政府采购常见的方式包括公开招标、邀请招标、竞争性谈判、询价采购等，审计人员应核查采购方式的选择是否符合《中华人民共和国政府采购法》（以下简称《政府采购法》）等相关法规。例如，某政府部门为了规避公开招标，将一个大项目拆分成多个小项目进行询价采购，审计人员需对此类行为予以重点关注。

（二）采购方式变更的合规性

在某些情况下，采购方式可能需要进行变更。审计人员应核查采购方式变更的理由是否合理，变更过程是否经过了相应的审批程序。例如，某项目原定采用公开招标方式采购，但在执行过程中因某些原因改为单一来源采购，此类变更必须符合法律规定并经过严格审批。

三、采购过程中的程序控制

采购过程中的程序控制是确保采购合规性的重要保障。审计人员应关注采购过程的各个环节，确保每一步骤都符合相关规定。

（一）采购公告与信息公开

采购公告是确保采购公开、公平的重要手段，审计人员需核查采购公告是否按规定发布，公告内容是否全面、准确。例如，某项目的采购公告未能充分披露采购需求和评标标准，影响了供应商的公平竞争权利。审计人员应确保采购公告和其他采购信息按规定公开。

（二）供应商资格审查的规范性

供应商资格审查是采购程序中的重要环节，审计人员应核查资格审查是否严格按照招标文件的要求执行，是否存在对不符合资格的供应商进行放行的情况。例如，某政府采购项目在供应商资格审查过程中，对某些供应商的资质审查流于形式，导致不合格供应商进入评标环节，这种情况会影响采购的公正性。

四、案例分析与改进建议

以某市政府基础设施建设项目为例，审计人员在采购审计中发现该项目的采购程序存在以下问题。

（一）采购需求编制不合理

在该项目中，采购需求的编制缺乏科学依据，存在人为夸大采购数量的问题，导致后续采购资金浪费。审计人员建议采购需求的编制应以实际需求为基础，并加强需求论证和市场调研。

（二）采购方式选择不当

审计人员发现，该项目原本适用于公开招标的采购，却因为时间紧迫而改为竞争性谈判方式，未经过充分的审批流程。审计人员建议应严格执行采购方式选择的相关规定，确保采购方式的合法合规性。

（三）供应商资格审查不严

在资格审查环节，部分供应商的资质文件不符合要求，但仍被允许进入评标环节。审计人员建议要建立严格的供应商资格审查制度，确保只有符合条件的供应商才能参与采购，从而提高采购的公平性和竞争性。

通过加强采购程序的控制，确保采购需求的合理性、采购方式的合法性及供应商资格审查的规范性，有效提升政府采购的合规性和资金使用效率，从而保证采购过程公开、公正、透明。接下来，我们将进一步探讨政府采购中的招投标过程的合法性，这是确保采购活动真正实现公开、公平、公正的重要环节。

第三节　招投标过程的合法性

招投标过程是政府采购中最具挑战和风险的环节之一。确保招投标过程的合法性是保障政府采购活动公开、公平、公正的关键。本节将详细探讨招投标过程中各个环节的合法性，包括招标公告的发布、评标的公正性和透明性，以及中标后的合同管理等方面。通过对这些环节的详细审查，帮助审计人员有效识别和规避可能的风险。

一、招标公告的发布合法性

招标公告的发布是招投标过程的起点，其合法性直接影响后续的公开性和公正性。审计人员需要确保招标公告的内容全面且符合相关法律规定，以便所有符合条件的供应商都能获得参与机会。

（一）公告发布的公开性和时效性

招标公告应通过合法的媒介发布，并确保发布的时间足够长，以便有更多的供应商参与竞争。审计人员需核查公告发布是否符合《政府采购法》的规定，确保其广泛性和透明度。例如，某市在某次采购公告发布中未遵循规定，仅通过内部发布，影响了潜在供应商的参与机会，违背了公平竞争的原则。

（二）公告内容的合规性与明确性

招标公告内容必须包括项目的具体信息、投标人资格要求、评标方法和评标标准等。审计人员需核查公告内容是否合规、是否遗漏关键信息，以防止招标活动因信息不完整而导致的不公平现象。

二、评标过程的公正性和透明性

评标过程是招投标中的核心环节，招标方必须确保整个评标过程的公正性和透明性，以保证采购结果的合理性。

（一）评标委员会组成的合法性

评标委员会应由专业人员组成，并且成员不得与投标人存在利益冲突。审计人员需核查委员会的组成是否符合法律法规，确保评标人员具有专业资格，且无利益关联。例如，某次评标中，发现有评标委员会成员与中标供应商存在私交，这影响了评标结果的公正性。

（二）评标过程的记录与存档

评标过程必须有完整的记录，并妥善存档，以备后续审计查阅。审计人员需核查评标记录是否完整，评审意见是否清晰明确。在对某项目进行审计时发现，评标过程中部分文件缺失，导致质疑时无法提供有效证据，影响了招标活动的透明度。

三、中标后的合同管理合规性

中标后的合同管理是招投标过程的延续，直接关系到采购项目的实施效果。审计人员应关注合同的签订与执行，确保所有条款合规且合同得到有效执行。

（一）合同条款的合理性和合规性

中标合同必须明确双方的权利和义务，包括供货时间、质量要求、违约责任等。审计人员需核查合同条款是否完整和符合法律要求。例如，某政府单位的合同未对逾期交货设定明确的罚则，导致供应商供货不及时，而政府方却无法有效追责。

（二）合同执行的监督与管理

合同签订后，审计人员需核查合同的执行情况，包括是否按时按质交付、是否存在合同变更、是否有履约保证措施等。例如，在某市的一个基建项目中，供应商多次未能按时交付材料，而采购方未采取任何追责措施，导致该项目进度严重滞后。

四、案例分析与改进建议

以某市政府的基础设施建设项目为例，审计人员在审计过程中发现其招投标环节存在以下问题。

（一）公告发布不规范

该项目的招标公告仅在内部网站发布，从而限制了外部供应商的参与机会，导致竞争性不足。审计人员建议，在发布招标公告时，应选择多个覆盖面广的媒体，以确保信息公开透明，并保障所有潜在供应商的平等参与机会。

（二）评标委员会的组成不合规

审计人员发现，评标委员会中有成员与部分投标人存在利益关系，这影响了评标过程的公正性。于是审计人员建议相关部门严格审核评标人员的背景，确保评标过程的公正性和专业性。

（三）合同管理不严，执行不到位

审计人员发现，中标供应商未按合同规定的时间交付物资，且采购单位未采取有效措施进行追责。于是审计人员建议相关部门在合同中明确违约责任，并建立合同执行的监督机制，确保采购结果的落地和项目的顺利推进。

在采购程序的合规性得到保障之后，招投标环节的合法性成了下一步开展工作的重要内容。招投标过程涉及供应商的竞争与选定，这是确保采购公开、公平、公正的关键环节。

第四节　采购的效益性

在确保采购预算的合规性、采购程序的合法性以及招投标过程的规范性之后，审计人员还需要关注采购的效益性。采购的效益性评估旨在满足需求的同时，实现物资和服务的最优化获取。本节将从采购成本的控制、采购质量与性能评估，以及供应商管理与绩效评估等方面进行深入探讨。

一、采购成本的控制

政府采购的成本控制是衡量采购效益性的一个重要指标，审计人员需重点核查采购项目在成本控制方面的执行情况，包括预算内执行情况、降低采购成本的措施等方面。

（一）预算内执行情况

审计人员需要检查项目的最终采购金额是否在预算范围内，是否存在超出预算的支出。如果存在超预算的情况，需核查原因是否合理，是否经过适当的审批程序。例如，某政府部门在购买办公家具时，实际支出超过预算的 15%，审计人员需核实超支原因是合理的市场价格上涨，还是由于不必要的规格提升所致。

（二）降低采购成本的措施

审计人员应关注政府在采购过程中是否采取了有效的成本降低措施。例如，通过集中采购、批量谈判等方式来降低成本。以某市基础设施项目为例，审计人员发现，若采用集中采购的方式，该市在设备购买中会节省约 20% 的资金。

二、采购质量与性能评估

确保采购物资的质量和性能符合合同要求。采购质量不符合要求不仅会增加后续维护和更换的成本，还可能影响政府工作的正常开展。

（一）质量符合性检查

审计人员需要核查采购的物资是否符合合同中规定的质量标准，包括材料的规格、性能测试结果等。例如，某政府部门采购了一批计算机设备，审计人员发现部分设备性能低于合同中承诺的标准，影响了正常的办公效率。

（二）后续使用的成本与效益

采购的物资在使用过程中是否表现出较高的维护成本，这是衡量其效益性的重要因素。审计中应关注采购物资的耐用性、易维护性等特征。例如，某市采购的一批车辆因质量问题，使用不到一年便发生多次故障，导致维护费用大幅增加，审计人员应对此提出改进建议，要求在采购时加强对质量的把控。

三、供应商管理与绩效评估

采购效益性还与供应商的管理和绩效评估息息相关。

（一）供应商履约情况检查

审计人员需核查供应商是否按照合同要求完成供货，包括供货时间、质量等方面是否达标。例如，某项目的供应商在规定时间内未能按时供货，导致项目进度延迟，对此审计人员建议应建立供应商的履约评价制度，以便在后续采购中作为参考。

（二）供应商绩效评估机制

建立供应商绩效评估机制，可以有效地激励供应商提供更优质的服务，同时淘汰不合格的供应商。审计中应检查是否有定期的绩效评估，评估指标是否包括质量、价格、服务等方面。例如，某政府采购项目通过供应商绩效考核，发现某供应商多次未达标，最终决定在后续项目中停止与该供应商合作。

四、案例分析与改进建议

以某市政府的办公设备采购项目为例，审计人员在审计中发现采购效益性存在以下问题。

（一）成本控制不足

该项目实际采购支出超出预算 20%，主要因为采购过程中缺乏有效的价格谈判措施，导致供应商报价过高。审计人员建议应加强采购前的市场调研，并通过集中采购和公开招标等方式来降低采购成本。

（二）采购物资质量未达标

在采购办公设备后，部分设备在使用过程中频繁发生故障，严重影响了政府部门的办公效率。审计人员建议，在采购前进行严格的质量评估，签订合同时增加质量保证条款，并要求供应商提供更长时间的质保期。

（三）供应商管理不善

审计人员发现，供应商未能按时供货，且在质量问题出现后未能及时解决，影响了采购项目的正常推进。审计人员建议，要建立严格的供应商绩效评估机制，对于未能履约的供应商进行记录，并作为后续采购的重要参考。

通过加强采购成本控制、确保物资质量符合要求，以及健全供应商管理机制，可以显著提升政府采购的效益性，确保公共资金的高效使用和采购目标的顺利实现。在保障采购效益性的同时，审计人员还需要对采购过程中的舞弊行为保持高度警惕。舞弊行为不仅浪费资金，还会破坏政府采购的公开性和公平性。

第五节　采购环节舞弊行为的危害

在确保采购预算合规性、采购程序合法性以及招投标过程的规范性后，审计人员还需要特别关注采购过程中的舞弊行为。采购环节的舞弊行为不仅影响政府资金的有效使用，还可能破坏采购的公开性、公平性，进而损害政府的公信力。本节将探讨采购环节中常见的舞弊行为及其危害，并提出相应的防范建议。

一、政府采购环节舞弊行为的类型

采购环节的舞弊行为类型多样，审计人员需重点关注以下几种常见的舞弊形式。

（一）供应商串通舞弊

供应商串通舞弊是指多个供应商在投标过程中相互串通，操纵投标价格或其他投标条件，以获取不正当利益。例如，某些供应商可能通过协商达成一致，故意抬高报价或者虚假竞争，以确保其中某一个特定供应商中标。此类行为会直接导致采购价格远高于市场公允价格，浪费公共资金。

（二）内部人员与供应商勾结

内部人员与供应商勾结是采购舞弊中的一种严重形式。某些内部人员可能利用职务之便，向特定供应商泄露招标信息，帮助其获得竞争优势，甚至收受贿赂以获取有利的中标条件。这种行为不仅损害了采购的公正性，还可能影响采购项目的质量，进而损害政府形象。

（三）虚假需求与夸大采购规模

一些部门可能会虚构采购需求或夸大采购规模，以获取更多预算。这种行为不仅浪费了公共资金，还可能导致物资过剩或不必要的库存积压。审计人员需仔细核查采购需求的真实性，确保采购项目符合实际需求。

二、采购舞弊行为的危害

采购环节中的舞弊行为会带来一系列严重的危害，主要体现在以下几个方面。

（一）财政资金浪费

舞弊行为导致的最直接后果就是财政资金的浪费。例如，供应商串通投标使采购价格远高于正常水平，直接造成政府资金的不合理流失。这些资金本可以用于其他公共服务和基础设施建设，因此舞弊行为对公共资源的浪费是不可忽视的。

（二）采购质量与效率降低

由于内部人员与供应商勾结的存在，中标的供应商往往不是质量和性价比最优的选择。这会导致采购物资的质量不达标，影响项目的整体效率和质量。例如，某基建项目在施工材料采购中，舞弊行为导致低质量材料中标，最终严重影响了项目进度，并需要后续投入额外资金进行修补。

（三）政府形象受损

政府采购的公开、公平、公正是维护政府形象的重要保障。当采购过程中出现舞弊行为时，不仅会使采购结果受到质疑，还会严重损害政府的公信力，削弱公众对政府的信任。例如，某地政府在某采购项目中被媒体曝光内部人员接受供应商贿赂事件，导致公众对政府廉洁度的信任大幅下降。

三、防范采购舞弊的建议

为了有效防范采购环节中的舞弊行为，审计人员及相关部门需要从制度建设、流程规范和监督审查等方面加强管理。

（一）完善内部控制制度

通过建立健全内部控制制度，明确采购流程中各岗位的职责和权限，确保采购活动中不同岗位之间形成有效的制约和监督。例如，采购需求的提出、审批和执行应当由不同的人员或部门负责，避免出现"一人负责到底"的情况，以降低舞弊风险。

（二）加大采购透明度

提高采购环节的透明度是防范舞弊的重要手段。审计人员建议将采购信息（如招标公告、中标信息等）公开发布，接受社会监督。同时，引入电子化采购系统，减少人为干预的机会，提高采购过程的公正性和透明度。

（三）加强对内部人员的廉政教育与监督

对于采购相关的内部人员，需定期开展廉政教育，增强其法律意识和职业道德。同时，加强对内部人员的行为监督，如通过内部审计、轮岗制度等方式，减少舞弊发生的可能性。

（四）建立供应商诚信档案

对于曾经有不良行为记录的供应商，建立诚信档案，并作为后续采购的评审参考。通过将不诚信供应商纳入"黑名单"，可以有效提高供应商的履约意识，减少舞弊行为的发生。

四、案例分析与改进建议

以某市政府基建项目的采购舞弊审计为例，审计人员在审计过程中发现了如下问题。

（一）供应商串通导致采购成本大幅增加

在该项目的施工材料采购中，多个供应商串通报价，最终中标价格远高于市场价格。审计人员建议，采购方加强市场调研，建立合理的标底价格，并通过多轮报价方式增加竞争性，防止串通行为的发生。

（二）内部人员与供应商勾结影响采购质量

审计人员发现，负责采购的某内部人员接受供应商贿赂，帮助其在评标中获取优势，导致中标的材料质量远低于合同标准，影响了项目的施工进度和质量。于是审计人员建议，要加强对采购环节内部人员的廉政监管，建立定期的廉政风险排查机制，并加强审计跟踪。

（三）虚假采购需求导致资金浪费

在该项目中，部分采购需求明显夸大，导致材料采购后长期闲置，造成资金浪费。审计人员建议，在采购需求确定前应加强需求论证，确保采购需求与实际需要相符，避免浪费公共资源。

通过对采购环节舞弊行为的深入分析和防范措施的落实，可以显著降低采购中的廉政风险，保障政府采购的公平、公正和高效性，确保公共资金得到合理和有效的使用。

五、总结与改进建议

在本章，我们详细讨论了政府采购审计中需要关注的核心环节，包括采购预算的合规性、采购程序的合法性、招投标过程的合法性、采购的效益性，以及采购过程中的舞弊行为和防范措施。通过对各个环节的深入分析，帮助审计人员更好地识别采购过程中的风险，确保政府采购行为的公开、公平和公正。

（一）整体性的改进建议

1. 建立系统化的审计流程

政府采购审计需要一个系统化的流程，从预算编制到最终的合同履行，每个环节都需要有明确的审计标准和控制措施。通过建立系统化的审计流程，可以确保所有采购活动都在合理、合法的框架内进行。

2. 强化内部控制与监督机制

内部控制与监督机制是保障政府采购合规性和有效性的重要手段。企业应通过加强各环节的监督，明确职责和权限划分，确保审计人员能够及时发现和纠正问题。

3. 加强人员培训与职业道德建设

审计人员应具备较强的专业能力和高尚的职业道德，通过定期的培训和教育，不断增强他们的法律意识，提升审计技巧和风险识别能力，从而更好地应对采购中的各种挑战。

4. 推进电子化审计和信息化建设

随着信息技术的发展，政府采购审计可以通过电子化审计手段提高工作效率。利用采购管理系统和审计软件，可以实现数据的实时监控和分析，降低人为操作风险，提升审计质量。

（二）下一步需要关注的重点

1. 数字化采购与智能审计

未来的政府采购审计将更加依赖数字化手段，如区块链技术、人工智能和大数据分析等。这些技术可以提升审计过程的透明性和效率，使得采购各环节的记录更加可信和不可篡改。

2. 加强社会公众参与

公开采购信息并鼓励社会公众和媒体进行监督，这能有效提高政府采购的透明度和公信力。此举措不仅能够帮助政府发现问题，还能增强公众对政府采购的信任。

综上所述，政府采购审计是一项系统而复杂的工作，涉及多个方面的全方位检查与控制。通过不断完善审计流程、加强内部控制和提升审计人员的专业能力，政府采购的合规性和效益性将得到显著提升，从而确保公共资金的合理、高效使用。

第十章

数字化采购审计

　　随着信息技术的飞速发展，数字化已成为推动现代企业进步的核心动力。在这一背景下，本章将深入探讨数字化采购审计的内涵、实践及其在当今商业环境中的重要性，揭示数字化采购审计如何帮助企业应对日益复杂的供应链挑战，提升审计效率，以及如何通过技术创新来强化企业的采购管理。

第一节　数字化采购审计的背景

　　在全球经济的数字化浪潮中，企业运营的各个方面都在经历深刻的变革。采购作为企业供应链管理的重要环节，也不可避免地面临数字化转型的挑战和机遇。传统采购管理模式依赖于人工操作和纸质记录，不仅耗时费力，而且容易引发错误和舞弊行为。在这种情况下，数字化采购审计应运而生，成为企业优化采购流程、提高管理效率的重要工具。

　　数字化采购审计的出现是企业应对市场复杂性和供应链多样性的一种必然选择。随着全球化的深入发展，企业的供应链不再局限于本地市场，而是延伸到全球各地。这种供应链的延展性和复杂性，使传统的采购管理模式难以为继。同时，市场的不确定性和消费者需求的多样化，也对企业的采购策略提出了更高的要求。为了在竞争激烈的市场中立于不败之地，企业需要更加敏捷、透明和高效的采购管理模式，而数字化采购审计正是这一需求的最佳回应。

　　数字化采购审计不仅仅是技术手段的应用，更是企业管理理念的升级。通过引入大数据分析、人工智能和自动化工具，企业可以实现采购流程的全面优化，从而在降低成本的同时提高采购效率，最终增强企业的市场竞争力。

第二节　传统采购审计的局限性

传统采购审计以手工操作为主，依赖于审计人员的经验和主观判断。这种模式在过去的企业运营中发挥了重要作用，但随着市场环境的变化和技术的进步，传统采购审计的局限性日益凸显。

一、效率低下

传统采购审计需要审计人员手动收集、整理和分析大量的数据。这一过程不仅费时费力，而且容易受人员素质和经验的影响，导致审计效率低下。尤其是在面对大规模、多维度的采购数据时，传统的审计方式往往显得力不从心，无法及时发现潜在的问题和风险。

二、容易出错

人工操作不可避免地伴随着人为错误的风险，尤其是在数据录入和计算过程中。这些错误可能是无意的，但它们会对审计结果产生严重的影响，甚至导致错误的审计结论，影响企业的决策制定。此外，传统审计的手动记录方式也增加了数据丢失和错误归档的风险，进一步降低了审计的准确性和可靠性。

三、数据孤岛

传统采购审计往往难以有效整合来自不同系统的数据，导致信息碎片化，形成所谓的数据孤岛。由于缺乏统一的数据平台和标准化的审计流程，审计人员在进行采购审计时，常常无法全面获取和分析所有相关数据。这种数据孤立的状况，不仅限制了审计的深度和广度，还可能导致信息遗漏和风险识别不充分。

四、舞弊难以察觉

由于缺乏实时监控和智能分析工具，传统审计难以及时发现和预防采购过程中的舞弊行为。舞弊行为通常是隐蔽且复杂的，依靠人工审计很难捕捉到其中的蛛丝马迹。这种情况下，企业往往只能在舞弊行为已经造成严重后果后才意识到问题的存在，错过了及时纠正的机会。

五、分析能力有限

传统审计主要依赖于审计人员的经验和主观判断，而这些往往是有限的。面对复杂的采购数据，传统审计方法的分析能力明显不足，无法处理和分析大量复杂的数据。这限制了审计的深度，使审计结果可能只是表面的、片段的，难以为企业提供有价值的洞察和建议。

这些局限性表明，传统采购审计已无法满足现代企业在透明度、效率和合规性方面的高要求。企业需要一种全新的审计模式，以应对日益复杂的采购环境和不断增加的合规压力，数字化采购审计因此成为企业实现这一目标的关键。

第三节　数字化采购的核心要素

数字化采购审计的核心在于利用现代技术手段，对采购流程进行全面的优化和控制。以下是数字化采购审计中几个关键的核心要素，它们共同构成了这一新型审计模式的基础。

一、数据集成

数据集成是数字化采购审计的基石。现代企业的采购活动往往涉及多个部门和系统，包括 ERP 系统、供应链管理系统、财务管理系统等。这些系统的数据往往是孤立的，如何将这些分散的数据集成起来，形成统一的数据库，是数字化采购审计面临的首要挑战。

借助 ETL（提取、转换、加载）工具，企业可以将不同来源的数据进行统一的提取和整合。数据集成不仅要求将数据从各个系统中提取出来，还需要进行数据的清洗和转换，消除重复数据，统一数据格式，确保数据的质量和一致性。成功的数据集成使得审计人员能够基于完整、准确的数据进行分析和判断，极大提高了审计的效率和效果。

二、自动化流程

自动化流程是数字化采购审计的另一核心要素。通过引入自动化技术，企业可以将采购流程中的重复性、规则性操作自动化，从而减少人工操作的错误，提高工作效率。

例如，订单处理、发票匹配、库存管理等常规任务可以通过自动化工具进行处理。借助这些工具，不仅可以减少人为错误的发生，还能提高采购流程的透明度和一致性。

通过自动化流程，企业可以建立标准化的操作流程，确保采购活动的每个环节都在可控范围内，从而为审计提供清晰、可追溯的操作记录。

自动化流程还可以实现对采购活动的实时监控，一旦发现异常情况，系统就立即发出警报，提醒审计人员进行进一步的检查。这种即时反馈机制使得审计人员能够及时介入并纠正问题，避免风险的扩大化。

第四节　人工智能在采购审计中的应用

人工智能（Artificial Intelligence，AI）技术为采购审计提供了前所未有的可能性，使审计工作能够在更大范围内、更深入地进行。以下是 AI 在采购审计中的主要应用领域，它们为审计人员提供了强大的工具，提高了审计效率并帮助发现潜在的舞弊行为。

一、预测性分析

预测性分析是 AI 在采购审计中最具价值的应用之一。基于机器学习算法，AI 可以分析企业的历史采购数据，识别影响采购成本和供应链效率的关键因素，并预测未来的采购趋势和风险。例如，通过分析历史数据，AI 可以预测某些供应商未来可能会提高价格，或者某些产品可能会面临供应短缺的风险。

这种预测性分析不仅帮助企业提前识别和应对潜在的风险，还能优化采购策略，降低采购成本。例如，企业可以根据 AI 的预测，提前调整采购计划，与供应商重新谈判合同条款，或者寻找替代供应商，以降低潜在风险带来的影响。

二、实时监控与警告

AI 技术的另一个重要应用是实时监控与警告系统。在传统的采购审计中，审计往往是在采购活动结束后进行的，这使得企业难以及时发现和处理问题。而通过引入 AI，企业可以对采购活动进行实时监控，一旦发现异常行为，系统就立即发出警报。

例如，如果 AI 检测到某供应商的价格突然大幅上涨，或者某一采购订单的数量明显超出正常范围，系统可以立即向相关人员发送警告信息，提醒他们注意潜在的风险。实时监控与警告系统不仅提高了审计的及时性，还能帮助企业防范舞弊行为，减少可能的损失。

三、深度数据分析

AI 的深度数据分析能力使得审计人员能够在海量数据中发现隐藏的模式和异常。通过深度学习技术，AI 可以分析复杂的采购数据，揭示其中的潜在关联性和风险点。例如，AI 可以通过分析供应商之间的交易数据，发现可能存在的利益输送或不正当竞争行为。

传统的审计方法通常依赖于简单的统计分析，而深度数据分析则可以处理更复杂的非线性关系，识别出传统方法难以发现的问题。例如，通过分析采购订单的时间分布，AI 可以识别出可能存在的季节性舞弊行为，或者通过分析不同供应商之间的互动，发现潜在的供应链风险。

四、语义理解与合同审查

自然语言处理（Natural Language Processing，NLP）技术是 AI 在采购审计中另一个重要的应用领域。通过 NLP，AI 可以对采购合同进行自动化审查，识别出不符合企业政策或法律规定的条款。例如，AI 可以分析合同中的价格条款、交付时间和质量标准，确保这些条款与企业的采购策略一致。

此外，AI 还可以通过语义分析，识别合同中的潜在风险。例如，如果某个合同条款包含了模糊或不明确的措辞，AI 可以自动标记这些条款，提醒审计人员进行进一步审查。这种自动化的合同审查不仅提高了审计的效率，还可以有效防范法律风险，确保企业的利益不受损害。

五、供应商评估和信誉打分

通过 AI 技术，企业可以对供应商的表现进行持续的评估和打分。这些评估基于供应商的历史交易记录、财务数据、市场反馈和其他相关信息。AI 可以通过分析这些数据，为每个供应商生成一个信誉分数，该分数可以帮助企业在选择供应商时做出更明智的决策。

例如，AI 可以根据供应商的交付历史、产品质量、价格稳定性和合同履约情况，评估其信誉和风险水平。高信誉分数的供应商意味着其在过去的交易中表现出色，未来合作的风险较低；而低信誉分数的供应商则可能存在履约不力或舞弊行为的风险。

六、自动化报告生成

自动化报告生成是 AI 在采购审计中的另一个重要应用。传统的审计报告往往需要审计人员花费大量时间和精力来编写，而AI可以通过自动化工具，根据审计数据和分析结果，快速生成详细的审计报告。这些报告可以包括各种统计数据、图表、风险分析和建议措施，从而为管理层提供清晰的决策依据。

自动化报告生成不仅提高了报告的准确性和一致性，还使得审计人员可以将更多的时间和精力集中在分析与决策上，而不是烦琐的报告编写工作上。这种高效的报告生成方式，可以帮助企业更快地识别问题并采取行动，确保采购活动的透明性和合规性。

第五节　数字化采购审计的实施步骤

为了成功实施数字化采购审计，企业需要经过一系列系统化的步骤，确保审计流程的有效性和高效性。以下是实施数字化采购审计的关键步骤。

一、数据准备和集成

数据准备和集成是数字化采购审计的基础。企业需要收集并整合来自不同系统的数据，如ERP系统、供应链管理系统、财务系统等。这一过程不仅涉及数据的提取和清洗，还包括数据格式的统一和标准化。

数据准备的质量直接影响后续审计分析的效果，因此企业在这一阶段需要投入足够的资源和精力。确保数据的完整性、一致性和可用性，是成功实施数字化审计的首要条件。此外，企业还应确保数据的安全性，避免数据在传输和处理过程中遭受损坏或泄露。

二、模型训练和验证

在数据准备完成后，企业需要构建和训练AI模型。模型的构建通常基于历史数据，通过反复的训练，模型能够学习并识别正常和异常的采购行为。模型训练的过程需要大量的历史数据，以及对模型参数的不断调整和优化，以确保模型的准确性和鲁棒性。

模型验证是训练的关键步骤，旨在测试模型在实际环境中的表现。通过将模型应用于新数据，企业可以评估模型的预测能力和错误率，并据此进行进一步的调整和优化。成功的模型训练和验证将为后续的实时监控和异常检测奠定坚实的基础。

三、实时监控和异常检测

一旦模型通过验证，企业就可以将其应用于实时监控系统中。实时监控是数字化采购审计的重要组成部分，通过持续监控采购活动，系统能够即时检测到任何异常行为。实时监控不仅可以提高审计工作的效率，还能帮助企业在问题发生的早期阶段及时采取行动，避免风险的扩大。

异常检测是实时监控的核心功能，AI 模型根据预设的规则和历史数据进行分析，识别出潜在的舞弊行为或不规范的采购活动。例如，如果某一订单的数量或价格与历史数据相比明显异常，系统会自动标记并通知相关人员进行进一步调查。

四、报告生成与分析

当监控系统检测到异常行为后，系统将自动生成详细的审计报告。这些报告不仅记录了检测到的异常行为，还包括风险评估、可能的原因分析以及建议的解决方案。审计团队可以根据这些报告进行深入分析，确定问题的根源，并提出相应的改进措施。

报告生成的自动化不仅提高了审计的效率，还确保了报告的一致性和准确性。通过自动化报告生成，企业管理层可以更快地获取审计结果，并及时做出决策，从而有效防范和控制采购风险。

第六节　数字化采购审计案例分析

在数字化采购审计的实践中，案例分析不仅是理论验证的关键工具，更是指导实际操作的有效手段。通过深入剖析真实案例，企业可以清晰地了解数字化采购审计如何在具体情境中发挥作用。案例分析能够帮助企业发现问题、总结经验，还为优化审计流程提供了实用的思路。无论是提升风险识别能力，还是完善内控机制，这些案例都可以为企业提供宝贵的参考，从而为实现数字化采购审计的目标奠定了坚实基础。

一、成功案例

（一）案例背景

一家全球知名的制造企业，由于其复杂的供应链和广泛的供应商网络，面临着巨大的采购管理和成本控制挑战。该企业决定引入数字化采购审计系统，希望通过人工智能技术来提高采购的透明度和效率。

（二）操作步骤

（1）在实施过程中，利用 SAP ERP 系统来集成供应链和财务数据，确保数据的一致性和准确性。这些数据来自不同部门和系统的数据，包括采购订单、供应商信息和财务记录。

（2）引入了 Tableau 作为数据可视化工具，帮助团队直观地理解复杂的数据集，使团队能够快速识别数据中的异常和趋势。

（3）最关键的是，采用了 IBM Watson AI 技术进行预测性分析，基于历史数据训练机器学习模型，并通过机器学习模型来识别和预测价格异常与潜在的供应链风险。

（三）谈判策略

企业采购部门负责人李明在识别出价格异常的供应商后，组织了一个跨部门团队，包括采购、财务和法务人员，准备了详细的成本分析报告。同时，与供应商进行了基于数据的谈判，展示了市场调研结果，并提出了合理的价格调整建议。这种基于事实的谈判方式，使得许多供应商愿意重新谈判合同条款。

（四）结果与价值

通过这一系列的数字化采购审计措施，企业不仅提高了采购流程的透明度，还成功降低了成本。据估计，通过重新谈判合同，企业每年节省了超过 500 万美元的采购成本。此外，实时监控系统帮助企业及时发现并阻止了一些潜在的舞弊行为，保护了企业资产。

二、改进案例

（一）案例背景：零售企业的数字化采购审计挑战

一家大型零售企业在实施数字化采购审计时，遇到了数据集成和模型训练的困难。由于企业内部使用的多个系统之间缺乏数据标准化，致使初期的审计效果不佳。例如，企业内部使用的多个系统，如 ERP 系统、供应链管理系统和财务系统，因缺乏统一的数据标准，导致了数据格式和结构不一致，且这些系统之间的连接缺乏有效的整合。在数字化采购审计的初期阶段，审计效果并不理想，错误率较高，无法满足企业对审计精度和实时性的需求。因此，企业决定启动一个项目，通过数字化转型来提高审计效率和准确性。

（二）项目启动与负责人

为了有效应对这一挑战，企业任命 IT 部门负责人张华为项目的领导者，负责主导整个数字化采购审计平台的建设。张华建立了一个跨部门的项目团队，成员包括 IT、采购、财务和数据分析部门的专家。团队的目标是将分散在不同系统中的数据整合到一个统一的审计平台，并通过 AI 技术提升审计的自动化水平，减少人工干预，实现实时异常检测和风险预警。

（三）具体情节与操作步骤

1. 数据清洗

该团队使用 Python 和 R 语言进行数据清洗与预处理，将重复和错误的数据进行清洗，以确保数据的质量。数据清洗是整个项目的第一步，也是最为关键的环节之一。由于企业各系统的数据格式差异很大，包括金额、时间、供应商名称等多个维度，张华团队必须先解决数据不一致的问题。在清洗过程中，他们采取了以下措施。

（1）清洗工具选择。为了提高数据处理效率，团队选择使用 Python 中的 Pandas 库进行数据处理，同时利用 R 语言进行复杂的统计分析和验证，确保数据在清洗后的质量达到预期标准。

（2）缺失数据处理。在数据集中发现了大量缺失值，团队采用了多种方法填补缺失数据。例如，在价格字段中，缺失的价格值通过历史数据平均值进行填补，而日期字段则使用最接近的交易日期进行补全。

（3）统一格式。时间字段和金额字段在不同系统中的格式不同，团队通过编写自动化脚本，确保所有时间字段统一为 YYYY-MM-DD 格式，金额字段统一精确到两位小数，从而解决了数据格式不一致的问题。

（4）数据去重。在整合过程中，团队发现部分数据出现重复记录，尤其是在供应商和采购订单的记录中。为了清理这些重复数据，团队使用了去重算法，确保每条记录都是唯一的。

通过这些数据清洗工作，团队保证了数据的标准化，为后续的数据集成和 AI 模型训练打下了坚实的基础。

2. 系统集成

数据清洗后，下一步是将各个系统中的数据整合到一个统一的平台上。为此，团队选择了 Informatica PowerCenter 这一行业领先的数据集成工具，具体操作步骤如下。

（1）数据映射。首先，团队明确了每个系统中的数据字段与目标数据平台之间的对应关系。例如，ERP 系统中的采购订单号与供应链系统中的物料代码，财务系统中的付款金额与 ERP 系统中的采购金额需要进行一一匹配。团队绘制了详细的数据映射表，确保不同系统之间的字段能够准确对应。

（2）ETL 流程设计。使用 Informatica PowerCenter 的 ETL（提取、转换、加载）功能，团队将来自 ERP 系统、供应链管理系统、财务系统的数据进行提取，经过转换后，统一加载到中央数据仓库中。在此过程中，团队设定了多个数据清洗和校验规则，如对金额的四舍五入、日期的格式验证等，确保在数据迁移过程中不丢失关键信息。

（3）实时数据同步。为了确保数据的时效性，团队设计了定期和实时同步机制。例如，每晚定时将当日的采购数据从各个系统同步到中央平台；同时，使用 API 接口进行实时数据传输，确保采购过程中的最新交易数据能够立即反映到审计平台中。

通过这一系列集成工作，团队成功实现了不同系统间数据的互通，为后续的 AI 模型分析提供了准确的基础数据。

3. AI 模型开发

在完成数据集成后，张华团队着手开发 AI 模型，使用机器学习技术进行异常检测。为了确保模型的准确性和实用性，团队采用以下步骤来开发 AI 模型。

（1）选择分析工具。团队选用了 SAS 作为主要的统计分析工具，SAS 提供了强大的数据处理和分析能力，可以有效支持大规模数据的运算。此外，团队还使用 TensorFlow 框架来构建深度学习模型，利用神经网络对大量采购数据进行训练，识别潜在的舞弊行为。

（2）模型设计与特征选择。团队根据采购过程中的关键变量（如采购金额、供应商历史记录、订单频率、支付条款等）设计了多个输入特征。通过特征选择，模型能够自动从大量数据中提取对异常检测最有价值的特征，从而提高了模型的精度。

（3）训练与测试。在数据标注方面，团队对历史交易数据进行了人工审核，并标注出存在舞弊风险的交易。经过几轮的训练，团队不断优化模型的结构和参数，使用交叉验证方法测试模型的准确性。最终，模型能够以 90% 的准确率识别出潜在的异常交易。

4. 模型验证与优化

模型开发完成后，团队进入了验证与优化阶段，这一阶段非常重要。

（1）模型验证。完成模型开发后，团队制定了一套系统化的验证流程，以全面评估模型的稳定性和通用性。首先，团队从中央数据仓库中抽取了覆盖多个采购周期的历史数据，包括旺季、淡季和特殊项目期间的交易记录。测试数据涵盖高频采购（如日常库存补充）、低频采购（如特殊设备采购）以及紧急采购项目（如供应链突发需求），数据量达到 100 万条以上。通过分析这些数据，模型展现出对交易量波动、市场价格变化和供应商行为差异的良好适应性。此外，为了确保模型能在不同环境中通用，团队还引入了外部行业数据库，包括其他零售企业的采购记录、舞弊案例和供应链公开数据集，共计 50 万条。这些数据帮助测试模型在跨行业、跨业务线中的迁移能力。

验证阶段还采用了多种关键性能指标，包括准确率（95%）、召回率（92%）、精确率（90%）和 F1 分数（91%）。同时，团队结合采购和审计部门的实际反馈，对误报和漏报的案例进行了细致分析。例如，模型漏报了一笔金额为 50 万美元的异常交易，经过审计部门复核，发现是未包含供应商评分这一关键特征。为此，团队优化了模型特征变量，新增了供应商历史评分和合同条款复杂度，并扩展训练数据至 200 万条记录。经过优化后，模型的 F1 分数提升了 5 个百分点，达到了 96%。这一验证与优化过程确保了模型在实际应用中具有高效的异常检测能力，并为数字化采购审计的全面部署提供了强有力支持。

（2）性能调优。在模型验证过程中，团队与采购部门紧密合作，收集了关于模型预测结果的详细反馈。采购部门指出，部分模型标记为异常的交易实际上是合规的特殊采购，如一次性大额订单或应急采购，这种误报现象在一定程度上干扰了审计的效率。同时，模型也存在个别漏报情况，如未能识别供应商长期报价异常的行为。为了应对这些问题，团队详细分析了误报和漏报的具体原因，发现模型的部分特征变量设计不足，如缺乏对供应商评分、产品类别和交易频率等关键因素的考虑。此外，初始模型的阈值设定偏高，导致低风险异常交易容易被忽略。

针对上述问题，团队对模型进行了系统性的调优。首先，他们重新定义了特征变量，新增了供应商评分这一指标，用于衡量供应商历史表现的可靠性。同时，加入了产品类别作为区分不同采购模式的重要特征，如将易耗品和特殊设备的采购交易分开建模，以提高异常检测的精准性。其次，团队根据验证结果动态调整了模型的阈值，降低了对潜在低风险异常的忽略率。在调优后，通过再一次验证测试，模型的性能指标显著提升：召回率从 92% 提高至 96%，F1 分数从 91 分提升至 95 分。这一过程不仅优化了模型的识别能力，还使其更加适应实际采购场景，为数字化采购审计提供了更可靠的支持。

（3）持续优化。团队将模型部署到生产环境后，制订了长期的优化计划，以确保模型能够适应不断变化的业务需求和数据环境。他们通过实时收集生产环境中的最新数据，定期评估模型的表现，识别可能的偏差和不足。针对实际数据中的新趋势和异常情况，团队不断调整模型参数、优化特征选择，并迭代训练 AI 模型。每次优化后，团队都会重新验证模型的准确性和稳定性，以确保其始终能够在实际应用中提供高效、精准的异常检测。这种持续优化的策略，使模型能够长期保持高效运作，为企业数字化采购审计提供可靠支持。

（四）遇到的问题及解决方案

在数据集成过程中，张华团队遇到了两个主要问题：数据丢失与格式不匹配，以及数据处理延迟。这些问题严重影响了审计平台的准确性和实时性。为了解决这些问题，团队采取了针对性的技术优化方案，并通过数据验证和性能测试确保了方案的有效性。

1. 数据丢失与格式不匹配

该问题的核心在于各系统的数据标准不一致。例如，ERP 系统中的订单号采用 10 位数格式，而供应链管理系统中的订单号则包含字母前缀，导致数据匹配率仅为 78%，严重影响了跨系统的数据整合。此外，日期格式在不同系统中也不统一，有的采用 "YYYY/MM/DD"，有的则为 "MM-DD-YYYY"，导致解析错误率达到 15%。

（1）解决方案。团队开发了一套定制化的数据转换规则，将所有数据标准化后再进行处理。针对订单号问题，团队设计了规则引擎，自动截取前缀并补充缺失位数，使订单号格式统一为 12 位数字。对于日期格式，团队通过正则表达式自动识别并转换为统一格式 "YYYY-MM-DD"。

（2）效果验证。经过标准化处理，跨系统数据匹配率提升至98%，错误解析率下降至0.5%以下。团队还增加了多层数据校验步骤，如字段完整性校验和逻辑一致性检查，确保在数据传输和转换过程中无信息丢失现象。

2. 数据处理延迟

由于初期处理的数据量过于庞大，单批次数据的 ETL（提取、转换、加载）流程需要2小时以上，实时数据的同步延迟高达6小时，远远无法满足采购审计对实时性和高效性的要求。例如，每天新增的50万条交易数据在高峰期处理时可能积压，导致部分异常交易未能及时被审计人员识别。

（1）解决方案。团队对 ETL 流程进行了全面优化，采用并行计算和数据分片技术分批处理大规模数据。具体而言，将每日新增的50万条数据划分为10个数据分片，每个分片独立执行数据处理。同时，利用多线程技术并行运行 ETL 任务，使处理效率提高了3倍。此外，团队还对 ETL 管道进行了轻量化调整，移除了非必要的预处理步骤，并通过内存优化降低了 I/O 负担。

（2）效果验证。对 ETL 流程进行全面优化后，单批次数据的处理时间缩短至45分钟，实时数据的同步延迟降低至不到1小时。通过负载测试，团队验证了系统在高峰期（每日处理数据量超过100万条）的稳定性，确保优化方案能够长期有效运行。

通过这些优化措施，张华团队不仅成功解决了数据丢失与格式不匹配问题，还显著提高了数据处理效率。数据匹配率从78%提升至98%，处理延迟从6小时缩短至1小时以内。这些改进为数字化采购审计平台的实时异常检测提供了坚实的数据基础，也为企业节约了大量人力成本和处理时间，从而确保了审计工作更加精准高效。

（五）结果与价值

通过团队的多方努力和持续优化，零售企业的数字化采购审计系统取得了显著成效，并在多个关键领域展现出了巨大的价值。

1. 异常检测准确性显著提升

通过优化 AI 模型的特征设计、阈值调整和多次验证测试，企业的异常检测准确率提升了至少30%。过去，传统审计手段往往依赖人工经验，漏报率高达15%，误报率甚至超过20%，这给审计工作带来了巨大的挑战。改进后的 AI 模型在捕捉高风险异常交易时，召回率提高到96%，误报率下降至5%以下。

例如，在一次大规模采购审计中，模型成功检测出一笔隐匿在常规交易中的舞弊行为，该交易金额高达100万美元。这些改进极大地提升了审计的效率和精度，减少了人工审核的工作量。

2. 财务成本的显著节约

数字化采购审计的优化直接带来了显著的财务节约效益。通过提升异常检测能力，企业及时发现了多个舞弊行为和高风险交易，避免了潜在的财务损失。同时，采购流程的优化使企业能够更有效地筛选优质供应商、谈判更有利的合同条款，并减少冗余采购。根据企业的财务分析报告，这一系列改进每年为企业节约超过 200 万美元的采购成本。

例如，通过优化供应商管理流程，企业在大宗原材料采购中减少了 10% 的成本支出；在日常物资采购中，通过集中竞标使采购价格降低了 5%。这些节省的资金不仅可用于提升企业其他领域的技术投资，还增强了企业在市场中的竞争力。

3. 风险管理能力的显著加强

数字化审计系统的实时异常检测功能让企业能够在早期阶段识别并处理潜在舞弊行为。通过部署这一系统，企业在过去一年中共识别出 20 多起高风险交易，其中包括伪造发票、合同条款异常和供应商虚报成本等舞弊行为，直接避免了超过 500 万美元的潜在损失。此外，实时检测功能的引入增强了企业供应链的透明度和稳定性。数字化审计系统的实施还进一步加强了供应商评分和合规性审查，帮助企业优化了供应商网络，淘汰了不符合标准的高风险供应商。

4. 品牌声誉和客户信任的提升

通过数字化审计系统的落地，企业展现了对合规管理和风险控制的高度重视。这一变化不仅提升了企业内部的管理效率，还增强了外部客户、合作伙伴和投资者对其的信任。

例如，在一次行业公开评审中，企业凭借其透明的采购管理流程和先进的数字化审计能力，获得了"最佳风险管理实践企业"称号。这一荣誉不仅提升了企业的行业地位，也为未来的业务拓展提供了更广泛的市场机会。

5. 为数字化转型奠定基础

数字化采购审计系统的成功实施不仅实现了即时的业务收益，还为企业未来的数字化转型奠定了坚实的基础。通过整合多系统数据、部署 AI 技术和优化审计流程，企业积累了宝贵的数字化运营经验。这些经验将为其他业务领域的数字化升级提供重要参考，帮助企业逐步实现从单一职能优化到全面数字化转型的跨越式发展。

通过这些努力，零售企业不仅达成了数字化采购审计的核心目标，还在节约成本、控制风险和增强竞争力方面取得了显著成果。这一成功案例充分证明，数字化采购审计不仅是一种技术工具，更是提升企业管理能力和战略价值的重要驱动力。

通过以上案例分析，我们可以总结出数字化采购审计的几个关键成功因素：首先，企业需要确保数据的完整性和一致性，这是成功实施数字化审计的基础；其次，企业需要选择适合自己需求的 AI 工具，并进行充分的模型训练和验证；最后，企业需要不断优化审计流程，通过跨部门协作，确保数字化审计系统的高效运行。

数字化采购审计的应用不仅能够帮助企业识别和防范采购中的舞弊行为，还能优化采购流程，提高整体运营效率。这些成功案例表明，数字化采购审计是一种强大的管理工具，能够为企业创造显著的商业价值。

第七节　数字化采购审计的发展趋势

数字化采购审计的未来充满了机遇和挑战。随着技术的不断进步，数字化采购审计的应用将进一步扩展和深化。

一、技术进步与采购审计的融合

随着 AI、区块链、物联网（IoT）等新兴技术的不断发展，数字化采购审计将变得更加智能和高效。区块链技术提供了不可窜改的交易记录，使采购流程的透明度和安全性得以提高。物联网技术通过实时监测供应链中的物品状态，提供更详尽的数据支持。这些新技术的融合，将使采购审计更加精细化、自动化和智能化。

未来的采购审计不仅是对过去数据的回顾和分析，更是对未来风险的预测和预防。通过融合多种技术，数字化采购审计将从被动的事后审计转变为主动的风险管理工具，帮助企业在快速变化的市场中保持竞争优势。

二、法规和标准的发展

随着数字化采购审计的广泛应用，相关的法规和行业标准也将逐步完善。各国政府和行业协会将出台更多的指导意见和法规，规范数字化审计工具的使用，确保数据隐私和信息安全。企业在实施数字化采购审计时，需要密切关注这些法规和标准的变化，确保其审计流程和技术符合最新的法律要求。

此外，全球范围内对数据隐私和网络安全的重视将促使企业在数字化审计过程中更加关注数据的合规性和安全性。企业不仅需要遵守所在国家的法律，还需符合国际标准，以确保其采购活动的合法性和透明度。

三、行业最佳实践

随着越来越多的企业成功实施数字化采购审计，行业内的最佳实践将不断涌现。这些最佳实践不仅包括技术应用的成功经验，还涵盖了数据管理、团队协作、风险控制等各个方面。通过学习和借鉴这些最佳实践，企业可以加速其数字化采购审计的实施进程，减少试错成本，实现最佳的审计效果。

　　未来，行业将形成一套成熟的数字化采购审计方法论，为企业提供从数据集成、模型训练到实时监控、报告生成的全方位指导。企业通过不断优化和完善这些最佳实践，可以在数字化采购审计中取得更大的成功。

　　本章深入剖析了数字化采购审计的核心价值和实践应用，突出了其在现代企业运营中提升透明度、优化成本控制和增强风险识别能力的关键作用；详细讨论了数字化转型如何克服传统审计流程的低效和易错性，通过实施高级数据分析、实时监控和自动化报告生成等技术，显著提高了审计的准确性和响应速度。同时，探讨了人工智能在预测性分析、深度学习和自然语言处理中的应用，这些技术不仅增强了对潜在舞弊行为的检测能力，也为采购决策提供了数据驱动的洞察。数字化采购的未来发展趋势将继续引领行业变革，推动企业在全球市场中保持领先地位，确保企业能够在快速变化的商业环境中做出敏捷反应。

第十一章

如何利用高维空间异常数据检测发现采购流程中的舞弊行为

在现代采购管理中，舞弊行为通常具有隐秘性，且手段复杂。传统的审计方法往往依赖人工审核和简单的统计分析，这可能导致一些细微的舞弊行为被忽略。随着数据量的增加，尤其是在大数据和云计算时代，采购审计工作面临更大的挑战。在此背景下，高维空间异常数据检测作为一种先进的技术方法，为采购审计提供了新的解决方案。

高维空间异常数据检测方法通过多维度分析采购数据，能够识别出与正常采购模式显著不同的异常行为。这种方法不仅可以处理海量数据，还能发现潜在的舞弊风险，为审计人员提供准确的风险预警。

这一思路源自我与一位美医统计学博士的交流。他指出，审计人员可以利用高维空间分析方法，整合多维度数据进行交叉验证，从而快速识别异常行为。这一观点使我深受启发，于是我决定将这一创新方法写入书中，与同行分享，希望它能在实际工作中得到有效应用。经过深入思考，我意识到这一方法在采购审计中具有巨大的潜力，能够帮助审计人员高效、精准地发现潜在的舞弊线索。通过对高维数据进行多维度分析，审计人员能够在庞大的采购数据中迅速识别出与常规模式不符的行为，尤其是在复杂的采购流程中，这一方法能够提供更为全面和深入的洞察。

因此，我决定将这一方法应用于采购审计实践中，并结合实际案例进行详细阐述。通过详尽的分析和实践指导，我希望能够帮助同行提高审计效率，及时发现并防范舞弊风险，期待这一创新的思路能够在未来的采购审计工作中得到广泛应用，进而为行业带来积极的影响。

第一节　高维数据的特点与挑战

随着数据分析技术的不断进步，尤其是在大数据和人工智能的推动下，审计领域开始逐步接受并应用高维数据分析方法。然而，尽管高维数据能够为审计工作提供更加精准和高效的风险识别工具，但它也面临着一些独特的挑战。因此，在进一步讨论如何利用高维数据识别采购舞弊时，了解高维数据的特点和面临的挑战是至关重要的。

一、高维数据的复杂性

采购审计中涉及的各类数据包括供应商信息、采购品类、交易金额、支付条款、合同条件等。每一类数据都有多个维度。例如，供应商可能涉及"地区""信誉等级""历史交易记录"等多个维度，订单数据也可能包含"采购员""采购时间""产品类型"等。

高维数据的复杂性使得传统审计方法很难通过单一维度的比较发现舞弊行为。例如，某个供应商可能与多个采购员有合作关系，且每次交易的金额较小，单独看这些数据可能不会引起警觉，但通过综合多个维度（如同一供应商与多个采购员的交易频率、金额、支付周期等），就可能揭示潜在的舞弊行为。

二、"维数灾难"

在处理高维数据时，审计人员会遇到"维数灾难"的问题。随着数据维度的增加，数据点之间的距离变得越来越相似，传统的基于距离的异常检测方法（如 k-NN）可能会失效。这是因为在高维空间中，大多数数据点的距离都较为接近，难以有效区分异常点和正常点。

为了解决这一问题，审计人员可以采用维度约简技术，通过减少数据的维度来解决"维数灾难"问题，并保留数据的本质特征。维度约简的目标是找到数据中最重要的特征，而不需要处理所有的维度。

第二节　高维空间异常数据检测的步骤

高维空间异常数据检测不仅是简单的数据分析，更是一个多维度、多角度的综合性过程，涉及复杂的数据处理技术和先进的统计分析方法。通过高维空间分析，我们能够从庞大的数据集中挖掘出潜在的异常模式，识别出那些可能代表舞弊行为的异常点。

一、数据预处理与整合

数据预处理是高维空间异常检测的第一步，数据质量直接决定了检测的效果。审计人员需要确保数据的准确性、完整性和一致性。

（一）数据清洗与标准化

1. 去除缺失值和异常值

采集的数据可能包含缺失值或异常值，这些值可能影响后续分析。审计人员需要采取合适的策略（如填充、删除或插值）处理缺失数据。同时，要识别和处理明显的异常值。

2.数据标准化

由于不同维度的量纲可能不同（如"金额"以元为单位，而"产品类别"可能为字符串），需要对数据进行标准化，使得不同维度的数据处于同一量纲，避免某些特征在分析中占主导地位。

（二）特征选择与提取

1.特征选择

审计人员需要与业务专家合作，识别出最能反映舞弊行为的特征。例如，在供应商选择过程中，"某些供应商与采购员的关系密切度""同一供应商的订单频率"可能是重要的舞弊线索。

2.特征提取

通过对原始数据的转换和组合，创造新的特征（如"单个供应商的交易总金额"或"每个采购员的平均采购金额"），这些新特征可以帮助揭示潜在的异常。

（三）数据整合与格式化

1.整合多源数据

采购数据往往分布在不同的系统中，如采购系统、财务系统、仓库管理系统等。审计人员需要将不同系统的数据进行整合，并确保格式一致。

2.数据格式化

将数据格式化为适合分析的结构，如将时间戳转换为标准的日期格式，将数值型数据进行规范化处理。

二、维度约简技术

由于高维数据的复杂性，维度约简成为一个必不可少的步骤。高维数据通常需要通过维度约简来处理，以缓解"维数灾难"问题。以下是常用的维度约简技术。

（一）主成分分析

（1）目标：主成分分析（Principal Component Analysis，PCA）的目标是通过寻找数据中最大的方差方向来减少维度，使得保留的数据特征能够解释大部分的变化。

（2）应用：通过对采购数据进行 PCA，审计人员能够减少数据的维度，并将数据映射到主成分上，去掉噪声和不相关的特征。

（二）t-SNE

（1）目标：t-SNE（t-Distributed Stochastic Neighbor Embedding）是一种非线性的降

维方法，特别适用于高维数据的可视化。它通过保留局部结构关系，将高维数据映射到低维空间。

（2）应用：在采购审计中，t-SNE 可以帮助审计人员识别数据中的聚类现象，发现可能的异常群体，尤其适用于发现潜在的关联供应商和采购员。

（三）自编码器

（1）目标：自编码器是一种神经网络模型，通过编码器—解码器的方式将数据映射到低维空间，然后重构原数据。

（2）应用：自编码器能够提取数据中的非线性特征，适合用来处理复杂的采购数据。通过计算重建误差，审计人员可以识别那些无法被有效重建的异常数据。

三、异常检测算法

有了清洗和降维后的数据，接下来是应用异常检测算法来识别潜在的舞弊行为。

（一）基于密度的异常检测

（1）局部异常因子（Local Outlier Factor，LOF）：LOF 算法通过比较每个数据点与其邻居点的密度差异，来判断该点是否为异常点。LOF 值较高的数据点即为潜在的异常。

在采购流程中，LOF 可以用于检测那些采购频率、金额、供应商等参数与大多数交易存在显著差异的行为。例如，如果某个供应商的交易量远低于同类供应商，而与某个采购员的交易频率异常高，那么该交易可能就存在舞弊风险。

（2）孤立森林（Isolation Forest）：该算法通过随机选择特征并分割数据的方式，使得异常点通常比正常点更容易被隔离，因此其路径较短。

孤立森林可以用于发现那些在多维度上偏离正常模式的异常数据点。例如，某个订单的数量、金额、付款周期等多个参数都异常，孤立森林能够识别出这些异常点。

（二）基于距离的异常检测

k- 最近邻（k-NN）算法计算每个数据点与其他点的距离，如果某个点与其 k 个邻近点的平均距离超过某个阈值，该点被视为异常。

在采购数据中，k-NN 可以用来发现那些交易金额极高或者交易时间异常的订单。如果某个订单与其他订单之间的距离过远，就有可能是舞弊行为的信号。

（三）深度学习方法

自编码器通过对数据进行压缩与重建来识别异常点。重建误差较大的数据点通常为异常数据。

在采购流程中，自编码器可以用于监控采购订单的重建误差，如果某个订单的重建误差较大，说明它可能是一个异常点。

四、环节特定的异常检测

在采购流程中，不同的采购环节可能会暴露出不同类型的舞弊行为，因此在进行高维空间异常检测时，需要结合采购流程的特点，实施有针对性的检测策略。

（一）需求分析环节

在此环节，舞弊行为可能表现为虚假的需求或人为夸大需求。审计人员可以通过历史需求模式与当前需求的比较，识别不合理的需求波动。例如，如果某个部门的需求在短时间内急剧增加，而没有合理的解释或前期的采购规划支持，那么这一需求波动可能值得关注。通过时间序列分析方法，审计人员可以设定需求预测模型，将实际需求与预测需求进行对比，发现异常波动。

人为夸大需求为某些供应商提供过多的采购机会。审计人员可以通过分析历史数据中各部门的采购需求与实际采购量之间的关系，找出潜在的夸大需求行为。例如，某一项目的需求量远超其实际消耗量，可能是为了掩盖某些供应商的虚假交付或过度采购行为。

（二）供应商选择环节

供应商选择是采购流程中的关键环节，潜在的舞弊行为往往出现在此阶段。异常检测可以聚焦于供应商选择中的潜在舞弊，如通过分析供应商的交易历史、信誉等级、报价情况等，发现异常行为。

1. 供应商选择的频繁变化

若某个供应商的中标率异常高，且该供应商与采购员或决策层有不明关系，这可能是存在"利益输送"的舞弊信号。审计人员可以分析供应商中标与竞标的频率，结合供应商的过往交易记录，识别出那些频繁中标的供应商是否存在不合理的高中标率。

2. 异常的报价行为

供应商报价出现异常，尤其是低于市场平均水平，可能是舞弊的信号。审计人员可以通过与市场价格、同类产品的历史报价进行对比，识别是否存在不正常的报价行为。例如，某供应商报价显著低于其他供应商，可能是在向采购员提供回扣或通过其他不正当手段获取合同。

3. 供应商信誉问题

在选择供应商时，信誉评估至关重要。审计人员可以通过历史交易记录和供应商的信誉等级进行对比，查找那些有不良信用历史的供应商，或者长期未按时交货的供应商，这些行为可能是供应商利用不透明关系谋取利益的表现。

（三）采购执行环节

在采购执行过程中，舞弊行为常见的表现为超额采购、虚假发票、重复采购和不当支付等。通过高维空间数据分析，审计人员可以有效识别这些异常行为。

1. 超额采购

超额采购通常表现为采购数量超过实际需求，尤其是在不合理的情况下。例如，某个项目的采购量明显超过了项目实际消耗量，或者短期内出现重复采购同一产品的情况。审计人员可以通过建立需求预测模型及与历史采购模式的对比，识别这些异常采购行为。采用聚类分析技术，可以将正常的采购数据与超额采购的数据进行区分，标记出潜在的异常采购活动。

2. 虚假发票

在采购执行环节，开设虚假发票是常见的舞弊手段。供应商可能会提供虚高的发票或提供根本没有实际货物的发票。通过对比供应商提供的发票信息与实际交付的货物数量、交货时间等信息，审计人员可以识别异常发票。例如，如果某个供应商的发票金额与实际货物数量不符，或者发票日期和交货日期不一致，就可以怀疑发票虚假。

3. 重复采购

重复采购指的是相同产品或服务在短时间内被采购多次，可能是为了通过虚假采购行为获取不正当利益。审计人员可以利用数据挖掘技术，对采购订单进行比对，识别出是否有重复采购的情况。例如，如果同一商品在短时间内多次采购且无合理解释，这可能表明采购员或供应商涉嫌舞弊。

4. 不当支付

有些采购环节的舞弊可能表现为不当支付行为。例如，在没有提供服务或货物的情况下提前付款，或者支付金额与实际采购金额不符。审计人员可以通过数据对比和趋势分析，找出这些不当支付。特别是在与付款条款、交货条件不匹配的情况下，审计人员可以进一步检查支付是否存在问题。

（四）验收与付款环节

在验收与付款环节，舞弊行为可能表现为未经过严格验收程序的付款或虚假验收记录。审计人员可以对采购流程中的验收单、付款单与合同进行比对，查找是否存在未经过验收或验收不合格的商品被支付款项的情况。

1. 虚假验收

虚假验收指的是货物或服务没有实际交付就进行了验收并批准支付款项。通过与交货单、采购合同和实际交货时间进行比对，审计人员可以发现验收记录的异常。例如，某个供应商的验收单与交货日期不匹配，或验收单上缺少签字确认，就可以怀疑存在虚假验收的可能。

2. 不合理付款

不合理付款指的是付款金额超出了合同约定，或者没有达到验收要求的付款。例如，验收报告上显示某批货物存在质量问题，但付款仍然被批准。审计人员可以对付款记录进行深度分析，并结合供应商的历史交易数据，查找付款是否存在异常。

在采购审计中，环节特定的异常检测策略能够帮助审计人员识别出不同阶段的舞弊行为。结合高维空间数据分析技术，审计人员可以在不同环节发现潜在风险，进行实时监控和干预，确保采购流程的合规性与透明度。未来，随着技术的进步，异常检测将更加智能化、自动化，审计人员也将能够更加高效地识别和预防舞弊行为。

五、持续监控与反馈

异常检测是一项动态的任务，舞弊手段随着时间的推移而变化。因此，审计人员需要定期评估并更新异常检测模型。

（1）模型迭代：随着新数据的产生以及舞弊手法的演变，审计人员应不断更新检测模型，提升其适应性。

（2）实时监控与反馈机制：建立实时的异常检测仪表板，方便审计人员随时监控采购流程中的潜在风险点，并快速响应。

六、可视化展示与报告

尽管高维数据难以直接可视化，但借助降维技术（如 t-SNE、PCA 等），审计人员可以将高维数据映射到二维或三维空间进行可视化展示，从而更直观地识别异常模式。此外，审计人员可以定期生成详细的异常检测报告，汇总所有异常点、潜在舞弊行为和改进建议，为决策层提供数据支持。

高维空间异常数据检测为审计人员提供了强大的工具，帮助他们在复杂的采购流程中快速识别舞弊行为。通过数据预处理、维度约简、异常检测算法、环节特定策略、持续监控与反馈、可视化展示与报告，审计人员可以更高效、更精确地发现潜在的舞弊线索。结合先进的技术与领域知识，高维空间异常数据检测方法将极大提升采购审计的效率和准确性。

第三节　如何实施高维空间异常数据检测

在理论和方法上掌握了高维空间异常数据检测的基本流程后，接下来需要将这些技术应用到具体的采购审计工作中。

一、确定审计目标与数据来源

在开始实施高维空间异常数据检测之前，审计团队必须明确审计的目标是什么，数据的来源有哪些，以及如何整合这些数据。

（1）审计目标的明确：审计团队应与管理层和相关部门沟通，确定具体的审计目标。例如，是否关注供应商舞弊、采购流程中的数据操控。

（2）数据的整合与多源数据融合：采购审计通常涉及多源数据，如供应商信息、订单数据、财务报表等。审计人员需要对这些数据进行整合，确保数据的一致性和完整性。例如，可能有来自采购系统的数据、来自财务系统的支付记录，以及来自合同管理系统的数据。

二、建立数据处理与分析平台

对大量数据的存储与处理，特别是当数据量非常大的时候，使用传统的表格处理工具会力不从心。因此，审计团队需要建立一个高效的数据处理和分析平台。

（1）平台选择：常用的数据分析平台包括 Python（配合 Pandas、NumPy、Scikit-learn 等库）、SQL 数据库、Hadoop、Spark 等。这些平台支持大规模数据处理和复杂的数学运算。

（2）数据处理流：建立一个标准的数据处理流程，确保数据从提取、清洗、整合到分析都能顺畅进行。例如，可以通过 ETL（Extract，Transform，Load）流程将数据从各个源系统中提取出来，经过清洗后加载到分析平台中。

三、定义异常行为的标准与模型训练

高维空间异常检测并不是单纯"找出不同"的任务，它需要有一定的标准，来判断什么样的行为可以视为"异常"。因此，审计人员需要根据以往的审计经验、业务流程和潜在的舞弊风险来定义异常行为。

（1）异常的判断标准：例如，某个供应商与采购员的交易金额显著高于历史水平，或者一个采购员在短时间内与多个供应商进行高频交易，都可以作为异常的判断标准。

（2）训练模型：在实际应用中，审计团队需要根据历史数据训练异常检测模型，可以使用机器学习技术，如监督学习中的决策树、支持向量机（SVM），或无监督学习中的孤立森林或 K-Means 聚类等方法，通过历史数据训练模型。

四、部署实时监控与告警系统

高维空间异常数据检测不仅是一次性的审计操作，还应当与企业的采购流程实时关联，形成持续监控机制。一旦检测到异常行为，系统就自动发送告警，提醒审计人员进一步调查。

（1）实时监控系统：可以利用数据流技术（如 Apache Kafka）和实时处理平台（如 Apache Flink）搭建一个实时监控系统，实时对采购数据进行检测，发现潜在异常时立即反馈给相关人员。

（2）告警机制：建立智能告警机制，通过邮件、短信、系统通知等多种方式，将异常行为及时反馈给管理层和审计人员。告警信息应当具体化，如异常的采购员、异常的供应商、异常金额等，帮助审计人员快速做出反应。

五、具体的异常检测操作

实施过程中，审计人员需要根据不同的采购环节和交易模式，灵活地调整异常检测方法。下面是几个具体环节中的异常检测方法。

（一）采购员行为异常检测

采购员是采购过程中容易发生舞弊行为的关键角色。通过高维空间异常数据检测，可以识别出与正常采购模式不同的采购员行为。

（1）监控采购员的订单金额、采购频率、付款周期等关键数据。

（2）通过聚类分析或密度分析，识别出那些与正常采购员行为差距较大的"孤立"采购员。例如，某些采购员可能频繁下单小金额的订单，但其背后可能隐藏着供应商提供回扣的风险。

（3）利用历史数据进行比较，分析某个采购员在不同时间段内的采购行为波动，找出是否有"急单"或"不正常采购"现象。

例如，在某企业的采购审计中，系统监测到一名采购员在最近三个月内频繁向同一供应商下达接近采购金额"上限"的订单，而该供应商的历史交易数据中并无这种异常。通过聚类分析，这种行为被标记为高风险行为。随后，进一步调查发现该采购员与供应商有不正当的交易关系，涉嫌收受回扣。

（二）供应商关系异常检测

通过高维空间分析，可以识别供应商与采购员之间的异常关系，特别是那些与多个采购员有频繁交易的供应商。

（1）监控供应商与采购员之间的交易关系，尤其是频繁交易的供应商和异常采购员之间的交易模式。

（2）使用密度聚类分析（如 DBSCAN）分析供应商与采购员的交易数据，找出那些与大多数常规交易模式有显著偏差的供应商。例如，某供应商与多个采购员存在频繁交易的情况，而正常情况下一个供应商往往与一个采购员保持较为固定的合作关系。

（3）结合历史订单数据，分析某个供应商的订单金额和采购周期，找出是否存在"虚假发票"或"高价采购"的异常行为。

例如，某审计团队通过高维空间异常数据检测发现，有一家供应商在过去一年内与十几位采购员进行过多次交易。通过进一步的数据分析发现，该供应商与多个采购员的交易金额相对较低，但这些订单的商品单价远高于市场价。进一步的调查揭示了该供应商和某些采购员之间存在价格操控和回扣的行为。

（三）采购流程中的支付异常检测

在支付环节，舞弊行为常表现为虚假支付、支付周期不合理或支付金额异常等。高维空间异常数据检测能够帮助审计人员及时识别这些潜在问题。

（1）分析每笔交易的支付金额与订单金额之间的关系，检测是否存在"超额支付"或"分期支付"的异常情况。

（2）结合采购金额、支付周期和供应商评级等信息，通过聚类分析或主成分分析，找出那些与正常支付行为显著不同的交易。

（3）对历史支付数据进行分析，识别是否存在集中支付、支付延迟等异常情况。

例如，在一次采购审计中，系统通过高维空间异常数据检测发现，某些支付记录的支付金额高于合同金额，且支付日期远早于合同规定的支付周期。进一步分析发现，这些异常支付均与同一供应商有关，且支付金额被分割成多个小额支付，极可能是为了规避审计和监管检查。

六、审计结果分析与整改

通过高维空间异常数据检测，审计人员能够准确识别潜在的舞弊风险点，并及时采取整改措施。

（1）分析与报告：每个异常点都应当详细记录，并进行风险等级评估。根据异常的严重性，制订相应的调查与整改计划。

（2）整改与优化：对已发现的舞弊行为，应当与相关部门合作进行深入调查，并采取必要的改进措施，如加强供应商审核、改进采购流程等。

通过高维空间异常数据检测，采购审计人员能够更精准、更高效地识别潜在的舞弊风险。随着技术的发展，结合人工智能和机器学习的异常检测方法将在未来审计工作中发挥更加重要的作用。企业不仅能通过这一方法提高审计效率，还能在早期阶段发现潜在问题，从而降低舞弊风险，确保采购流程的透明性和合规性。

第十二章

采购 ESG 审计

在全球化和信息化快速发展的背景下，企业不仅要追求经济效益，还需承担环境、社会和治理（ESG）[1]的责任。采购 ESG 和采购 ESG 审计已成为企业可持续发展战略的重要组成部分。随着利益相关方对企业 ESG 表现的关注日益增加，企业需要通过合理的采购 ESG 措施和审计机制，确保其供应链在履行社会责任的同时，也在治理和环境保护方面达到高标准。

本章将揭示采购 ESG 的重要性及其审计的核心价值，详细讨论采购 ESG 的核心原则、实践方法，并探讨如何通过有效的审计机制确保这些原则和方法的有效执行。此外，我们还将结合实际案例，分析采购 ESG 的实施策略，并对未来的挑战和趋势进行展望。

第一节　什么是 ESG

ESG 是一种衡量企业在社会责任和环境影响方面表现的标准。近年来，随着可持续发展理念深入人心，ESG 标准逐渐成为全球范围内评估企业可持续性和社会责任的重要指标。具体来说，ESG 涵盖了以下三个方面的内容。

一、环境

企业如何应对气候变化、资源消耗、污染控制、废物管理和生物多样性等问题，构成了其环境管理的一部分。这些因素不仅影响企业的环境足迹，还与企业的长期生存能力密切相关。例如，一家化工企业通过改进废水处理技术，减少了对河流的污染，从而获得了环保认证和社会的认可。

---

① ESG 是英文 Environmental（环境）、Social（社会）和 Governance（治理）的首字母缩写。

二、社会

我们应关注企业在处理与员工、供应商、客户和社区的关系时的表现。社会责任包括劳工权益保护、社区参与和发展、公平贸易、产品责任和客户隐私保护等方面。例如，某国际服装品牌通过确保供应商的工人享有公平的工资和安全的工作条件，大大提升了品牌的社会形象，增强了消费者的忠诚度。

三、治理

在企业经营管理过程中，企业应着重关注管理架构、商业道德、透明度、股东权利、董事会组成、反腐败和合规性等方面。良好的治理是企业长期健康发展的基石。例如，一家企业通过加强内部审计和合规性培训，确保了采购活动的透明和公平，避免了多次潜在的法律诉讼风险。

在投资领域，ESG 被广泛应用于投资决策中，以帮助投资者评估企业是否在可持续性和社会责任方面表现出色。通过 ESG 投资策略，投资者不仅可以获得财务回报，还能够推动企业在环境和社会领域做出积极贡献。

第二节　采购 ESG 审计的必要性

一、ESG 的重要性

在全球化经济环境中，企业面临着越来越多的挑战，同时也承担着更多责任。其中，ESG 问题已经成为企业可持续发展的关键因素。采购作为企业运营中的重要环节，对 ESG 的影响不容忽视。

采购 ESG 不仅是一种道德和社会责任的体现，还能带来显著的经济效益。通过实施节能减排措施，企业可以有效降低采购成本，如选择具有环保认证的供应商可以减少原材料浪费，并降低能源消耗。此外，企业通过践行社会责任来提升品牌形象，从而吸引更多的消费者和投资者。例如，某大型零售企业实施了绿色采购政策，降低了碳排放，最终为企业带来了额外的市场份额和品牌价值的提升。

二、审计的必要性

随着利益相关方对企业 ESG 表现的关注日益增加，采购 ESG 审计成为确保企业采购活动符合 ESG 标准的重要工具。通过审计，企业可以识别和评估采购活动中的 ESG 风险，制定相应的改进措施，并向外界展示其对可持续发展的承诺和努力。此外，采购 ESG 审计也是企业合规管理的重要组成部分，有助于企业规避潜在的法律和声誉风险。

例如，一家电子制造商在采购 ESG 审计中发现，其供应链中存在不合规的劳工条件，通过实施改进计划，包括与供应商共同制定劳工权益保障措施，该企业成功改善了供应链环境，并在一次行业合规审查中得到了积极反馈。

第三节　采购 ESG 的核心概念

一、环境责任的内涵与实践

环境责任是企业在采购活动中考虑对自然环境的影响，并采取措施减少这些影响的一系列行为。这包括但不限于如下内容。

（一）绿色采购

绿色采购是指在采购过程中，企业选择那些对环境影响较小的产品和服务，如使用可再生材料和节能产品等。企业可以通过与环保认证供应商合作，降低其整体碳足迹。例如，某家物流企业选择使用电动货车替代传统柴油货车，从而将运输过程中的碳排放减少了 20%。

（二）碳足迹管理

碳足迹管理是指企业通过评估和减少采购活动中产生的温室气体排放，来降低碳足迹。企业可以通过优化物流路径、选择低碳供应商等措施来减少碳排放。例如，某食品企业通过调整其供应链运输路线，降低了 30% 的运输碳排放，同时也减少了燃油成本。

（三）资源循环利用

资源循环利用是指企业推动采购的产品和服务在生命周期结束后能够被回收、再利用或转化为能源的过程。例如，一家家电制造商通过与供应商合作，建立了产品回收体系，将旧家电拆解并循环利用原材料，从而降低了采购新原材料的成本。

二、社会责任的内涵与实践

社会责任要求企业在采购活动中充分考虑人类福祉和社会公平。在履行社会责任方面，企业不仅需要遵守相关法律法规，还需积极推动社会进步和提升人类福祉。

（一）劳工权益保护

企业应确保其供应商遵守劳动法，并为工人提供公平的工资和良好的工作环境。例如，某跨国企业通过对供应商进行定期审计，确保每个供应商工人的工作时间和工资符合标准，从而有效减少了供应链中的劳工纠纷。

（二）社区参与和发展

企业可以通过采购活动支持当地社区的发展。例如，某建筑企业在采购建筑材料时，优先选择本地供应商，并提供技术培训，帮助其提升生产能力，从而增强了与社区的联系和信任。

（三）道德采购

道德采购是指企业在采购过程中，避免采购来自不道德来源的产品。例如，一家电子企业通过加入"无冲突矿产计划"，对供应链中的矿产来源进行审查，确保其原材料的采购符合国际道德标准。

三、治理要求的内涵与实践

良好的治理是企业可持续发展的基础。在采购活动中，治理要求涵盖透明度、合规性和风险管理。

（一）透明度的重要性

企业需要确保采购信息的公开透明，减少腐败和不正当竞争。例如，某企业在采购平台上公开所有采购需求和评标过程，增强了供应商对采购流程的信任。

（二）合规性

合规性要求企业的采购活动遵守所有相关的法律法规，包括反垄断法、反贿赂法等。例如，某大型企业通过定期合规培训，提高了采购团队对相关法规的了解，从而有效规避了法律风险。

（三）风险管理

企业通过建立风险管理体系，评估和控制采购活动中的潜在风险。例如，一家制造企业通过对供应商进行定期的信用评级和财务健康检查，降低了供应链中断的风险，确保了生产的稳定性。

企业通过这些实操措施，不仅可以有效降低采购过程中的法律和运营风险，还能显著提升其在社会和利益相关方中的信任度与声誉。

第四节　采购 ESG 的实施策略

一、供应商评估与选择

供应商评估与选择是实现采购 ESG 目标的第一步。在进行供应商选择时，企业不仅需要考虑价格和质量等传统因素，还需评估供应商在环境、社会和治理方面的表现。

（一）建立评估标准

企业需要建立一套全面的供应商评估标准，涵盖环境保护、社会责任和治理要求。例如，环境标准可能包括供应商的碳排放量、资源使用效率和废物处理方式，社会责任标准可能包括劳工权益保护和社区参与，治理标准可能包括透明度和合规性。

（二）进行供应商调查

企业可以通过问卷调查、现场审计和第三方评估等方式对供应商进行详细调查。例如，某家制造企业通过现场审计发现，某供应商的废水处理设施不符合环保要求。对此，企业与供应商合作进行技术升级，最终成功达到了环保标准。

（三）选择合作伙伴

基于评估结果，企业应优先选择那些在 ESG 方面表现优秀的供应商，并对表现不佳的供应商提出改进建议。例如，某食品企业通过与供应商签订改进协议，要求其在半年内提高劳工待遇，并提供技术和资金支持，最终提升了供应商的 ESG 表现。

二、合同管理中的 ESG 条款

合同管理是确保供应商遵守 ESG 标准的关键环节。在采购合同中加入 ESG 条款，可以明确供应商的责任和义务，为企业的监督和评估提供法律依据。

（一）制定 ESG 条款

企业应在合同中明确规定供应商必须遵守的 ESG 标准和要求。这些条款可以包括环境保护措施、劳工权益保护、反腐败承诺等。例如，某大型制造企业在所有采购合同中加入了关于废物管理和减少碳排放的条款，要求供应商每季度提交环境影响报告。

（二）合同执行与监督

企业应对供应商履行 ESG 条款的情况进行监督，以确保合同的有效执行。例如，某电子企业通过定期检查供应商的环保数据和现场访谈，确保其遵守合同中的碳排放限制。

（三）激励与惩罚机制

为了确保供应商持续改进 ESG 表现，企业可以在合同中设置激励与惩罚机制。例如，对于表现优秀的供应商，可以提供更多的订单或更长期的合作机会，而对于违反 ESG 条款的供应商，则可能面临罚款、减少订单或终止合作的处罚措施。例如，某物流企业为碳排放达标的供应商提供合同续签优先权，以此激励供应商强化环保举措。

（四）建立沟通与培训机制

企业应与供应商保持沟通，确保其了解并具备执行 ESG 条款的能力。企业可以定期组织培训，帮助供应商理解合同中的 ESG 要求，并提供实施这些要求的技术支持。例如，某家消费品企业为其供应商提供了环保技术培训，帮助他们提高废水处理的能力，从而更好地履行合同中的环保条款。

通过这些合同管理措施，企业不仅可以确保供应商符合 ESG 标准，还能够有效推动整个供应链的可持续发展。合理的合同管理机制既能减少企业的环境和社会风险，又能增强企业在市场中的竞争力和声誉。

三、持续监督与改进机制

持续监督与改进是确保采购 ESG 实施效果的关键。通过建立有效的监督机制，企业可以及时发现问题并采取措施加以改进。

（一）建立监督体系

企业应建立一个全面的监督体系，包括内部监督和外部监督。内部监督可能包括定期的内部审计、员工培训和报告制度，外部监督可能包括第三方审计、行业组织的评价和公众的监督。例如，某制造企业通过与第三方审计机构合作，定期审查供应商的社会责任表现，确保其符合 ESG 标准。

（二）定期评估与反馈

企业应定期对采购 ESG 的实施情况进行评估，并根据评估结果进行调整和改进。评估可以包括供应商的 ESG 表现、采购活动的环境和社会影响，以及治理结构的有效性等。例如，某食品企业每年会进行一次全面的 ESG 评估，并将评估结果与供应商分享，以帮助他们发现改进契机。

（三）持续改进

基于评估结果，企业应制订改进计划，并将其纳入日常的采购活动中。改进计划可能包括优化采购策略、加强供应商管理、提升员工的 ESG 意识和能力等。例如，某汽车制造商发现其供应商存在劳工权益问题后，与供应商共同制订了改善工作环境的计划，并提供资金和技术支持，最终显著提升了供应商的社会责任表现。

通过这些持续监督和改进机制，企业能够不断提升采购活动的可持续性，确保其在环境、社会和治理方面持续改进，从而实现企业的可持续发展目标。

四、技术支持与能力建设

为了更好地实施采购 ESG，企业应在技术支持和能力建设方面采取积极的措施，确保供应链各环节具备实现 ESG 目标的能力。

（一）数字化工具的应用

企业可以利用数字化工具提升 ESG 实施的效率和透明度。例如，利用区块链技术实现供应链的溯源，确保原材料来源的合规性和环保性；通过物联网设备实时监控供应商的生产过程，及时发现并处理环境和社会风险。

（二）能力建设与培训

企业应为内部员工和供应商提供定期的 ESG 相关培训，以提高他们的意识和执行能力。例如，某电子企业为其采购团队组织了关于环境合规和碳足迹管理的培训，帮助员工更好地理解如何在采购过程中推动 ESG 目标的实现。

（三）技术支持的提供

企业可以为供应商提供必要的技术支持，以帮助其达到 ESG 标准。例如，某建筑材料企业为其供应商提供了绿色生产技术的指导，帮助他们改进生产流程，以减少能耗和废物排放。

通过技术支持与能力建设，企业可以确保整个供应链具备执行和实现 ESG 目标的能力，推动可持续采购的全面落实。

第五节 采购 ESG 审计的作用与方法

一、审计的目的与原则

采购 ESG 审计的核心目的是确保企业的采购活动符合内部政策和外部法规要求，同时促进企业在环境、社会和治理方面的持续改进。通过审计，企业可以识别和评估与采购相关的 ESG 风险，提高透明度和责任感，并向利益相关方展示其对可持续发展的承诺。

采购 ESG 审计应遵循以下原则。

（一）全面性

审计应覆盖所有相关的采购活动和供应链环节，确保无遗漏。通过全面的审计，企业可以识别和解决潜在的 ESG 问题，确保采购活动的各个方面都符合 ESG 标准。

（二）独立性

审计过程应保持独立性，以确保客观和公正的结果。企业可以通过引入第三方审计机构，确保审计过程的透明度和公正性，从而提高审计结果的可信度。

（三）透明性

审计结果应及时公开，以便利益相关方了解企业的 ESG 表现和改进措施。通过公开审计结果，可以增强社会各界对其采购活动的信任，从而提升品牌价值和市场竞争力。

（四）持续改进

审计不仅是一个评估过程，也是一个持续改进的机会。企业应根据审计结果采取行动，不断提升 ESG 方面的表现。通过持续的改进，企业可以在 ESG 方面取得长足进步，从而实现可持续发展目标。

二、审计的主要方法与步骤

采购 ESG 审计通常包括以下方法和步骤。

（一）文件审查

审计人员首先会审查相关的采购文件，包括合同、政策、程序和报告等，以了解企业的采购流程和 ESG 要求。通过对文件的审查，审计人员可以识别潜在的风险和问题，并为现场审计和访谈提供依据。

（1）收集所有相关的采购文件，包括供应商合同、采购政策和环境报告。

（2）对文件进行分类整理，确定审计重点。

（3）分析采购流程中的各个环节，识别潜在的 ESG 风险。

（4）记录审查结果，并形成审查报告，为后续审计提供支持。

（二）现场考察

审计人员可能会进行现场考察，直接观察供应商的生产过程、工作环境和废物处理等，以评估其 ESG 表现。现场考察能够提供第一手的资料，帮助审计人员全面了解供应商的实际运营情况。

（1）制订现场考察计划，确定考察的目标、范围和时间安排。

（2）与供应商沟通，提前告知现场考察的内容和要求。

（3）现场观察供应商的生产过程，重点关注废物处理、能源消耗和工作环境安全等问题。

（4）记录现场考察的发现，并与供应商进行初步沟通，了解其对发现问题的看法和解释。

（5）编制现场考察报告，包含发现的问题、改进建议和措施。

（三）员工访谈

通过与供应商的员工进行访谈，审计人员可以了解供应商的内部管理和员工对 ESG 问题的看法。员工访谈不仅可以揭示供应商的管理问题，还能为审计提供更广泛的视角。

（1）确定访谈对象，包括生产线员工、管理层和环境健康安全（EHS）负责人。

（2）设计访谈问题，涵盖工作环境、劳工权益、环境管理等方面。

（3）与员工进行一对一访谈，鼓励员工表达对 ESG 相关问题的真实看法。

（4）记录访谈内容，分析员工反馈中存在的共性问题。

（5）根据访谈结果，识别管理中的不足，并提出改进建议。

（四）数据分析

审计人员会收集和分析相关的数据，如能源消耗、废物产生、员工满意度等，以量化评估 ESG 表现。数据分析可以为审计提供客观的依据，帮助审计人员识别出需要改进的领域。

（1）收集供应商提供的环境和社会数据，如能源消耗、废水排放和员工流失率。

（2）使用数据分析工具，对数据进行处理和分析，识别趋势和异常值。

（3）将分析结果与行业基准和企业目标进行对比，评估供应商的 ESG 表现。

（4）形成数据分析报告，提出改进建议并与供应商分享结果。

（五）对照标准

审计过程中，审计人员会将企业的采购活动与国内外的 ESG 标准和最佳实践进行对照，以评估企业的表现水平。通过对照分析，企业可以识别出与最佳实践的差距，并制订改进计划。

（1）收集国内外相关的 ESG 标准和行业最佳实践。

（2）将供应商的 ESG 表现与标准进行逐项对照，评估符合度。

（3）识别差距，并分析造成差距的原因。

（4）与供应商沟通差距分析结果，制订改进计划并设定具体的改进目标和时间节点。

三、风险评估与应对策略

采购 ESG 审计的一个重要方面是对潜在的 ESG 风险进行评估，并制定相应的应对策略。通过有效的风险评估，企业可以预防和控制采购活动中的各种风险，确保采购活动的顺利进行。

（一）风险识别

审计人员应识别与采购活动相关的所有潜在 ESG 风险，如环境污染、劳工权益侵犯、腐败行为等。通过全面的风险识别，企业可以为后续的风险评估和应对策略制定打下基础。

（1）列出所有采购环节，分析每个环节可能存在的 ESG 风险。

（2）与供应商和内部相关部门沟通，收集对潜在风险的反馈。

（3）制作风险识别表，详细记录各类 ESG 风险及其可能的来源。

（二）风险评估

对识别出的风险进行评估，以确定风险的优先级。风险评估可以帮助企业集中资源和精力，应对最为关键的风险，确保采购活动的安全性和合规性。

（1）根据风险的发生可能性和影响程度，使用风险评估矩阵对每个风险进行量化评估。

（2）确定每个风险的优先级，标识高、中、低风险。

（3）编制风险评估报告，详细记录风险评估结果，并提出建议和应对措施。

（三）制定应对策略

根据风险评估结果，制定相应的应对策略。这可能包括改进采购流程、加强供应商管理、提供培训和指导等。通过有效的应对策略，企业可以降低采购活动中的风险，确保其长期可持续发展。

（1）针对高风险项，制定具体的应对措施，如更换供应商、增加审计频次等。

（2）针对中等风险项，制订改进计划，并与供应商共同实施改进措施。

（3）针对低风险项，建立持续监控机制，确保风险不升级。

（4）与供应商签订改进协议，明确各方的责任和义务。

（四）风险监控

实施应对策略后，应持续监控风险的变化，并根据需要调整应对策略。通过有效的风险监控，企业可以及时发现和应对新的风险，以确保采购活动的安全性和稳定性。

（1）建立风险监控机制，确定监控的频率和方法。

（2）定期收集监控数据，评估应对措施的效果。

（3）召开风险评估会议，讨论新的风险或现有风险的变化。

（4）根据监控结果，及时调整应对策略，确保采购过程的可持续。

（5）在风险监控中，重点关注高风险项目的整改进展情况，确保供应商按时完成整改措施，同时对风险监控数据进行趋势分析，预测潜在的风险变化。

第六节　案例分析

一、成功案例分享

在本节，我们将分享一些企业在采购 ESG 方面取得成功的案例。这些案例将展示如何通过有效的策略和措施，在采购活动中实现环境、社会和治理方面的积极成果。

（一）案例一：绿色采购计划

1. 背景

某大型制造企业在发展过程中，意识到供应链中的环境影响对其可持续发展构成了重大威胁。为应对这一问题，该企业启动了绿色采购计划，旨在减少供应链的环境足迹。

2. 实施过程

（1）制定绿色采购标准：企业制定了详细的绿色采购标准，包括对供应商的环境管理体系、资源使用效率和废物处理等方面的要求。

（2）供应商评估：对现有供应商进行重新评估，筛选出符合绿色采购标准的合作伙伴。

（3）技术支持与培训：对不符合标准的供应商提供技术支持和培训，帮助他们逐步达到要求。

（4）工艺优化：与供应商合作优化生产工艺，减少原材料浪费，提高资源使用效率。

3. 措施与效果

通过实施绿色采购计划，企业的碳足迹减少了20%，废物产生量减少了15%。供应链中的主要供应商也通过改进其生产工艺，实现了能源消耗的显著降低。该企业不仅降低了运营成本，还大幅提升了其品牌的社会形象，获得了多个行业绿色认证。

4. 审计角度分析

在整个绿色采购计划的实施中，审计团队对供应商的环保合规性进行了严格的现场审计，并且通过数据分析工具持续监控供应商的环保绩效。审计人员对环保标准的执行情况进行了定期检查，确保每一个供应商都能满足企业的绿色采购要求。

（二）案例二：社会责任驱动的采购变革

1. 背景

一家国际服装品牌在全球化扩展过程中，因部分供应商存在劳工权益问题而受到公众批评，严重影响了企业的品牌声誉。为应对这一挑战，企业决定将社会责任融入其采购战略中。

2. 实施过程

（1）社会责任采购政策：该品牌制定了一项新的社会责任采购政策，要求所有供应商遵守严格的劳工权益保护标准，包括提供公平的工资、安全的工作环境和合理的工作时间。

（2）供应商审计：对供应商进行了全面的社会责任审计，淘汰不符合标准的供应商。

（3）合作协议与培训：与符合标准的供应商签订长期合作协议，并为供应商提供相关培训，涵盖劳工权益和工作条件的改善。

（4）第三方监督：与非政府组织合作，监督供应商的劳工条件，确保政策有效执行。

3. 措施与效果

通过一系列变革措施，该品牌的供应链中劳工权益得到了显著改善。员工的工作满意度提高了 30%，劳工投诉率下降了 50%。此外，品牌形象得到了极大改善，消费者对该品牌的信任度提升，销售额在实施采购变革后的两年内增长了 15%。

4. 审计角度分析

在变革过程中，审计人员进行了详细的社会责任审计，重点关注供应商的工作条件和劳工权益保护措施的落实情况。审计团队还通过第三方机构对劳工环境进行了独立的检查，确保供应商在工作条件方面的改善是切实有效的。

二、改进案例分析

下面，我们将分析一些企业在采购 ESG 方面遇到的问题以及它们是如何通过改进措施解决问题的。

（一）案例一：供应链中的环境问题

1. 背景

一家电子制造商在采购 ESG 审计中发现，其供应链中存在严重的环境问题，尤其是部分供应商的废水处理不当，导致对当地水资源造成污染。这一问题引起了当地社区的抗议，并对企业的声誉造成了不良影响。

2. 实施过程

（1）环境合规审查：对所有供应商进行环境合规性审查，重点检查对废水和废弃物的处理情况。

（2）技术培训与支持：针对问题供应商，企业提供环保技术培训，帮助其改进废水处理工艺，并引入第三方环境专家进行指导。

（3）资金支持：为供应商提供环保设备的资金支持，确保其具备足够的技术能力来实现合规。

（4）持续跟踪：建立环境绩效监控机制，对供应商的废水处理情况进行持续跟踪。

3. 措施与效果

经过六个月的改进，供应链中所有供应商的废水处理达到了国家环境标准，污染问题得到了根本解决。企业的环境合规率提高到了 95% 以上，当地社区的信任也得以恢复。该企业还获得了当地政府的认可，并被评为环保先进单位。

4. 审计角度分析

在此案例中，审计人员对供应商的废水处理设施进行了多次实地审计，并且通过定期的数据监测，确保废水处理达到国家标准。审计报告详细记录了每一个供应商的整改过程，并定期与供应商沟通，确保问题得到彻底解决。

（二）案例二：劳工权益问题

1. 背景

一家食品企业在审计过程中发现，部分供应商存在劳工权益问题，包括超时工作、不安全的工作环境以及缺乏必要的劳动保护措施。该问题被曝光后，对企业的品牌形象造成了负面影响。

2. 实施过程

（1）建立劳工权益监督小组：立即成立劳工权益监督小组，对所有供应商进行劳工权益审查。

（2）明确整改要求：与供应商进行深入沟通，明确劳工权益的标准，并要求所有供应商在限定时间内完成整改。

（3）培训与能力提升：为供应商提供培训，涵盖工作环境安全、合理的工作时间安排等内容。

（4）第三方审查：引入独立的第三方机构，对供应商的劳工环境进行定期审查和评估。

（5）监督与评估：定期跟踪供应商的整改进展情况，并对其进行评估，确保整改措施得到有效执行。

3. 措施与效果

经过整改，供应商的工作环境和劳工待遇得到了显著改善，超时工作现象减少了40%，工作环境安全事故率下降了60%。这些改进措施不仅帮助企业恢复了品牌声誉，还提高了供应商员工的忠诚度和工作积极性。

4. 审计角度分析

在整改过程中，审计团队通过定期现场检查和访谈，确保供应商的整改措施切实有效。审计报告详细记录了整改的进展情况，并结合第三方审查结果，对供应商进行持续评估，以确保所有劳工权益问题得以解决。

三、案例总结与启示

通过对上述成功案例和改进案例的分析，我们可以得出以下几点启示。

（一）ESG 审计的重要性

通过有效的 ESG 审计，企业可以识别出供应链中存在的环境、社会和治理问题，确保供应商符合企业的可持续发展目标。

（二）战略规划

企业应将 ESG 因素纳入采购战略规划中，制定明确的采购政策和标准，并通过审计监督其执行情况。

（三）合作伙伴关系

与供应商建立良好的合作伙伴关系，共同致力于实现 ESG 目标。通过与供应商合作，企业可以提高整个供应链的 ESG 表现。

（四）持续监督与改进

通过定期的审计和评估，企业可以及时发现问题并采取改进措施。这种持续的监督与改进可以确保供应商的表现不断提升，符合企业的 ESG 要求。

（五）透明沟通

保持高度的透明度，与利益相关方就 ESG 问题进行沟通和交流，可以增强信任度，提升品牌价值。同时，与供应商之间的透明沟通可以帮助其更好地理解并执行企业的 ESG 标准。

（六）第三方监督的重要性

引入第三方审计机构可以提高审计的独立性和公正性，确保审计结果的可信度。通过第三方审计机构的参与，企业可以更客观地评估供应链中的 ESG 表现。

（七）长期视角

将 ESG 视为长期投资，认识到其对企业声誉、品牌价值和市场竞争力的积极影响。通过长期的 ESG 审计和改进，企业可以在市场上获得更多的认可和竞争优势。

通过学习和借鉴这些案例，企业可以在采购 ESG 实践中取得更好的成效，推动企业的可持续发展，并在市场中树立负责任的品牌形象。

第七节　采购 ESG 审计的未来趋势及对企业的影响

一、采购 ESG 的未来趋势

（一）采购 ESG 审计标准化与数字化趋势

未来，采购环节的 ESG 审计将趋向于标准化和数字化，更多的企业将采用全球统一的 ESG 评估标准，确保数据的一致性和可比性。此外，随着技术的进步，企业将越来越多地运用大数据、人工智能等技术，来实现采购过程中 ESG 相关数据的自动化采集和分析。采用数字化手段，不仅可以提高审计效率，还可以更全面、准确地识别采购中的风险。

（二）供应链透明度的不断提升

在采购 ESG 审计中，供应链的透明度越来越受到关注。企业将不断增加对供应链上每个环节的审核，包括对供应商的环保表现、劳动条件以及管理实践的全面评估。这种透明度的提升，不仅有助于企业更好地履行社会责任，也能帮助其规避潜在的法律和声誉风险。

（三）多方利益相关者的参与

未来，企业在进行采购 ESG 审计时将需要更加关注多方利益相关者的意见，包括消费者、投资者、非政府组织等。这些利益相关者的期望会推动企业更加重视采购过程中的 ESG 因素。例如，企业可能会邀请独立的第三方审计机构参与审计，以确保审计结果的公正性和可信度。

（四）碳足迹与绿色采购成为重点

未来趋势表明，企业在采购口将更加注重碳足迹的衡量和管理，绿色采购将成为 ESG 审计的重要组成部分。企业需要对采购的商品和服务的碳排放进行量化，并将绿色供应商纳入优先考虑范围。为了达成碳中和目标，企业将致力于构建低碳甚至零碳的供应链。

二、对企业的重大影响

（一）合规性与声誉的双重挑战

随着各国政府和国际组织对 ESG 的重视程度不断加深，企业面临的合规要求也在增加。采购 ESG 审计结果将直接影响企业的合规性。若审计中发现环境污染或劳动权益侵害等问题，企业可能面临法律制裁和社会舆论的谴责。因此，企业声誉管理和合规风险控制将变得更具挑战性。

（二）成本控制与长期收益的平衡

采购 ESG 审计的强化将使企业在采购环节增加更多的投入，包括对供应商的监督与整改、对新技术的投资等。短期内，这些措施可能会导致企业成本上升，但从长期来看，符合 ESG 标准的企业将更具市场竞争力，并有望吸引更多关注可持续发展的投资者。整体而言，企业在经济效益与社会责任之间需取得新的平衡。

（三）供应链管理复杂度提升

采购 ESG 审计要求企业对整个供应链进行监督，这使得供应链管理的复杂性显著提高。企业不仅需要对一级供应商进行审计，还需向上追溯到二级甚至三级供应商，确保其符合 ESG 标准。这要求企业具备更强的跨部门协作能力，构建更加灵活且负责任的供应链管理体系。

三、对企业的建议

（一）构建采购 ESG 审计体系与内控机制

企业应建立适合自身的采购 ESG 审计体系，并将 ESG 因素融入采购的内控机制中。这意味着企业需要设置明确的审计标准、指标和流程，确保供应商能够有效执行 ESG 政策。同时，企业也应持续跟进审计发现的问题，并督促供应商进行整改。

（二）运用科技工具提升审计效率

建议企业利用数据管理系统、大数据分析工具以及人工智能手段，来提高采购 ESG 审计的效率和准确性。例如，通过大数据技术对供应商的历史环保表现进行分析，可以更好地判断其在未来是否存在潜在风险。

（三）与供应商建立长期合作关系

采购 ESG 审计不应只是"挑错"，更重要的是帮助供应商提高其 ESG 管理水平。企业应与供应商建立长期合作关系，定期提供培训和资源，帮助他们改进在环保和社会责任方面的不足，从而提升整个供应链的可持续性。

（四）提高组织内部对 ESG 的认知和参与度

企业应加强对内部员工进行 ESG 培训，确保采购部门及其他相关部门充分理解 ESG 的重要性和审计要求。同时，推动企业高层管理者积极参与 ESG 工作，确保采购 ESG 审计在企业内部获得充分认知和重视。

随着全球对 ESG 问题的关注度不断提升，采购 ESG 审计已经成为企业管理中不可忽视的一环。通过标准化与数字化的审计手段提升供应链透明度，积极满足多方利益相关者的期望，企业不仅能够更好地履行社会责任，还能在合规性、声誉和市场竞争力方面获得显著优势。虽然采购 ESG 审计可能在短期内增加企业的运营成本，但从长远来看，它是企业可持续发展的关键所在。因此，企业应积极构建完善的 ESG 审计体系，与供应商携手共进，共同构建一个更加绿色、透明和负责任的供应链生态系统。这不仅是对社会的承诺，也是企业实现长期成功的重要保障。

第十三章

后续整改难题及措施

在审计过程中，发现问题并提出整改建议只是解决问题的第一步。随后的整改落实，尤其是在审计报告发布后，如何有效推动整改、确保措施的落地，是决定审计成效和企业持续合规性的关键。尽管审计发现了诸多问题，但在实际执行过程中，企业常常会面临各种整改难题。这些难题不仅来自审计人员与各部门之间的沟通不畅，还包括管理层的态度、组织结构的限制以及资源配置的不足等因素。为帮助企业更好地应对这些挑战，本章将深入探讨四种常见的后续整改难题：拒不整改、整改敷衍了事、管理层或组织管理模式问题难整改以及迟迟不整改，分析产生原因并提供切实可行的应对措施。

第一节　拒不整改

拒不整改是企业在审计后最为严重的问题之一，特别是当审计结果揭示了关键的管理缺陷或舞弊行为时，部分责任部门或个人可能会采取抵制甚至拒绝整改的态度，这不仅会影响审计结果的价值，也会对企业长期健康发展产生潜在的威胁。

一、拒不整改的表现

（一）表面同意，实际拖延

审计报告发布后，部分部门或个人表面上同意整改，但并没有实际行动。虽然审计人员会跟进整改情况，但这些问题依旧没有得到有效解决。

（二）直接拒绝整改

某些管理人员可能因个人利益或者认为问题不大，直接拒绝执行整改，甚至公开表示不同意审计结论或整改措施。

（三）无视审计报告

极端情况下，企业内部可能出现某些部门对审计报告视而不见，审计问题直接被忽视或遗忘，导致整改工作无法开展。

二、拒不整改的原因

（一）责任归属不清

许多拒不整改的情况源于责任归属不明确。当问题不清楚或责任模糊时，相关人员可能因担心自身的责任而推脱整改。

（二）缺乏高层支持

如果高层没有给予足够的重视或支持审计结果，相关部门和人员可能会认为整改无关紧要，从而选择忽视整改。

（三）对审计结果的不认同

部分管理人员或部门可能对审计结果持不同意见，认为审计人员的观点过于片面或不符合实际情况，因此拒绝整改。

（四）利益冲突

某些问题涉及部门或个人的经济利益，整改会直接影响他们的利益，因而他们会拒绝整改。

三、应对措施

（一）明确责任制

企业应当确保审计报告中的问题能够明确归责。审计人员应与各责任部门充分沟通，确保问题得到真实、准确的反馈。责权利清晰，可以大大减少拒不整改的情况。

（二）强化高层领导责任

企业高层应承担起推动整改的主导责任，明确指出审计整改的重要性。如果高层带头支持整改，企业的其他部门通常会更积极响应。

（三）建立整改跟踪机制

为了避免表面整改，企业可以采取定期跟踪检查的方式，确保整改措施落到实处。如果发现拒不整改的情况，要立即启动责任追究程序。

（四）强化审计部门的独立性和权威性

审计部门应具备足够的独立性，确保审计结果不受外部干扰。通过对审计报告进行专业分析并提出具体的整改意见，以增强整改措施的实效性。

例如，某制造企业在审计中发现采购环节存在严重舞弊行为，审计人员建议立即对采购流程进行整改，改进供应商筛选标准。采购部门负责人对此表示异议，并认为审计报告中的结论不准确，因此拒绝执行整改。在此情况下，审计部门与高层领导紧密配合，进行了深入的调查并呈报了更为详细的审计证据，最终高层指示采购部门必须整改并严格落实整改措施。通过高层推动和多次督促，采购部门最终按时完成了整改，确保了企业采购流程的合规性和透明度。

第二节　整改敷衍了事

在企业整改过程中，最常见的一种问题是"敷衍了事"，即整改措施表面上看似得到了响应，实际上却没有真正落实。整改敷衍了事不仅体现在形式上，更体现在其深层次的执行机制中。这种应付式整改往往缺乏全员的参与，导致措施在执行过程中流于形式。这样做不仅无法从根本上解决问题，还可能导致新问题的出现，甚至引发更严重的合规风险和运营风险。而通过案例分析，我们可以更加清晰地识别这一问题的本质。

因此，识别"敷衍了事"的表现，并制定具体有效的整改措施，对于改善企业管理水平至关重要。

一、应付审计检查的整改陷阱

一些企业的整改措施实际上只是为了应付审计检查，而非解决实际问题。这类整改缺乏长远视角，大多是为了应付审计而进行的临时性、表面化整改。表面整改看似能够解决审计中指出的问题，但缺乏对问题根源的深入分析，未能从根本上进行改进。最终，这种"应付式"的整改虽然可以通过审计检查，但在实际操作中往往无法有效解决问题，甚至可能导致问题反弹或产生新隐患。

（一）表现形式

1.表面整改

企业的整改措施往往只是为了应付审计检查，在表面上做了修改，却未能从根本上解决问题。

例如，某企业在审计中发现采购部门存在供应商选择不透明的问题，审计人员建议规范选择标准和流程。然而，采购部门仅在供应商评价表格中增加了几个评分项，并未真正改变评选标准和决策流程。审计人员后来发现，供应商选择依然不透明，未达到整改预期。

2. 整改不彻底、局部性改动

整改往往只针对局部问题进行修正，而忽视了整体流程的改进。这种局部整改虽然在短期内可能有所改善，但并未从根本上解决问题，导致问题在后续操作中再次出现。

例如，某企业在审计中发现采购审批流程不清晰，导致审批效率低下。审计人员建议明确审批职责并进行信息化管理。然而，企业仅调整了审批人员的职责划分，未引入信息化系统来加强审批的跟踪和管理。结果，审批流程依然冗长，问题未得到有效解决。

3. 形式主义操作

为了应付审计检查，企业可能会增加一些不具实质意义的程序或文档，以显示整改"有进展"。这些形式主义的操作未能真正改善工作流程或解决管理漏洞，问题仍然存在。

例如，某企业在审计中被发现采购环节存在"人情采购"现象。审计人员建议加强供应商选择的规范性。为了应付审计，采购部门在评标表格中增加了几个评分项，并重新编写了相关文件。然而，实际操作中，采购人员的选择标准并未发生实质变化，问题依然存在。

4. 缺乏执行细则和责任追究

整改措施往往缺乏具体的执行细则，没有明确责任人和实施时限，导致整改措施没有得到有效落实。一旦执行过程中出现问题，就无法追究具体责任人，整改效果会大打折扣。

例如，某企业审计报告指出，采购审批流程复杂且效率低下，建议企业简化审批流程并明确职责分配。然而，整改措施中没有明确负责人、实施细则及时间节点，导致审批流程依然没有得到有效简化，问题依然存在，整改效果无法达成。

（二）从形式到实质深入整改的策略

针对"整改敷衍了事"的现象，企业应采取有效措施，确保整改不仅停留在表面，而是深入每个流程和环节，形成可持续的管理改进。以下是一些切实可行的应对策略。

1. 明确整改目标，确保措施的深度和可持续性

企业在审计整改过程中，应设定明确、具体的整改目标，并分析目标的可行性和操作性。整改不仅应满足审计检查要求，更应提升整体管理水平，推动长期优化。每项整改措施应针对实际问题，避免空泛的目标设定，并确保每项措施都有明确的时限和可持续的执行路径。

例如，审计人员发现采购环节中存在多次"跳单"现象，所以建议加强审批权限和流程控制。为了通过审计检查，采购部门临时增加了一个额外的审批层级，然而并未深

入分析问题根源，也没有改进与供应商沟通的流程。审计结束后，问题依旧未得到根本性解决。

2. 细化整改措施，明确责任人和执行路径

整改计划应包括详细的执行步骤和责任分配，每项措施都应指派专人负责，并设定清晰的执行路径。例如，简化审批流程时，应明确规定审批责任人、简化步骤、时间节点以及后续检查和监督机制，确保整改措施按计划落实。

3. 将整改纳入长效管理机制，强化整改监督

将审计整改工作纳入企业的长效管理机制，确保整改不仅是一次性的应对措施，而是提升管理水平和合规性的机会。企业应建立长期有效的整改监督机制，持续跟踪整改措施并评估其效果。为此，可以设立专门的整改小组，定期检查整改进度，确保每项整改措施都能按时完成。

例如，某企业实施整改时，邀请外部审计机构进行评估。外部审计机构通过独立调查和访谈，发现了内审未注意到的问题，并给出了具体的整改建议。通过第三方评估，企业能够精准识别问题并确保整改更有效。

4. 引入第三方评估，增加透明度和公正性

企业可以邀请外部审计机构或专业咨询企业，进行独立的整改效果评估。这可以提高整改过程的透明度，确保整改措施更为客观和公正。第三方评估有助于避免内部人员因缺乏独立性而导致的问题，确保整改执行的精准性和彻底性。

5. 从长远角度考虑整改意义，推动长期优化

企业应从战略高度审视整改措施，明确整改的真正意义不仅是为了满足审计要求，还是通过整改提升管理水平、减少舞弊和合规风险。整改应注重长期效果，确保每项措施能够带来持续的管理改进，形成长期有效的改进机制。

整改敷衍了事往往是由于企业在执行整改过程中缺乏深入分析和可操作的方案。为了确保整改不流于形式，企业应从目标的深度、责任的明确、监督机制的建立等方面入手，确保整改措施得到真正落实。通过合理的整改计划、明确的责任分配、持续的整改监督以及引入第三方评估，企业能够有效提升管理水平，避免类似问题的再次发生。

第三节　管理层或组织管理模式问题难整改

有时候，企业面临的审计问题并不只是单一的操作或流程问题，而是深层次的管理模式和组织结构问题。这些问题通常与企业的整体战略、文化、决策流程等因素密切相关，整改起来更加复杂且具有挑战性。

一、管理模式问题的表现

（一）组织架构不合理

许多企业面临组织架构不合理的问题，如职能部门职能重叠、权力分配不均等。这种情况通常导致工作推诿、职责不清、资源分配不均，进而影响企业的执行力和效能。

（二）决策层次过多，反应迟缓

企业的管理层次过多或决策流程烦琐，导致决策的滞后性和执行的低效性。在这种结构下，即使有审计人员发现了问题，也往往无法快速启动整改流程。

（三）管理文化保守

有些企业的管理文化过于保守，重视传统和等级制度，缺乏创新和变革意识。对于审计人员提出的改革性建议，管理层和员工可能会持有抵触情绪，导致改革进程缓慢。

二、管理模式问题的原因

（一）历史积淀的管理惯性

许多企业在长期发展的过程中，形成了惯性的管理模式，决策层和执行层之间的沟通不畅、流程烦琐已成为一种"常态"，导致企业对创新和变革的适应能力较弱。

（二）缺乏全局视野

部分管理人员的视野和思维局限于自身职能范围，忽视了跨部门协作与沟通，缺乏对企业整体管理效率的系统性提升的关注。

（三）强人文化影响

部分企业管理模式中，权力过度集中于某一位或少数几位高层领导手中，决策依赖个人判断，这种管理模式往往导致变革难以开展。

三、应对措施

（一）调整和优化组织结构

企业应根据发展需求，优化组织架构，确保职责划分明确，避免职能重叠和权力争斗。合理的组织架构能够提升效率，减少管理层决策滞后的问题。

（二）简化决策流程

对于决策层级过多的企业，应通过简化决策流程来提高决策效率，确保问题能够在最短的时间内得到响应。可以通过设立快速响应机制，或直接授权给基层管理者，在不影响决策质量的前提下提高响应速度。

（三）推行变革型领导

企业应鼓励高层领导采用变革型领导风格，推动企业管理创新。领导层应通过激励、培训等方式，提升团队的创新意识和行动力，使企业在面对审计整改要求时能够更快速地做出反应并采取有效措施。

（四）引入外部咨询与第三方评估机构

当企业的管理模式问题根深蒂固，内部整改难以产生显著效果时，引入外部咨询和第三方评估机构可以提供新的视角和专业支持。外部咨询企业可以帮助企业分析现有组织结构，提出优化方案，并协助实施整改计划。与此同时，第三方评估机构则能独立客观地评估整改措施的执行效果，为企业提供反馈，确保整改的深入和有效。

例如，某零售企业在审计过程中发现供应商管理存在问题，具体表现为供应商信息更新不及时、采购计划未能有效整合，且采购环节效率低下。经审计分析，问题的根源在于决策层级过多，导致信息流通不畅，各部门间存在沟通障碍。企业决定引入外部咨询企业，帮助优化组织结构，并简化决策流程。外部咨询企业提出了减少管理层级、强化跨部门协调机制、简化采购决策流程的优化方案。同时，企业还邀请第三方评估机构对整改效果进行独立评估，确保整改措施得到实际落地。经过一段时间的调整，企业的管理效率显著提升，供应商信息更新及时，采购计划整合顺畅，整改效果得到了审计人员的充分认可。

通过引入外部咨询和第三方评估机构，企业能够确保整改措施更具深度、广度与可操作性。外部咨询企业帮助企业发现管理上的盲点，而第三方评估机构则提供了公正的反馈，确保整改工作按计划顺利推进，避免了内部管理的偏差和自我闭环。

（五）必须是一把手工程，确保整改落地

在整改措施的执行过程中，必须强调"一把手工程"的重要性。只有企业高层领导亲自重视并参与整改工作，才能确保整改措施得到充分落实。高层领导的支持不仅能够为整改提供足够的资源，还能够确保整改措施在企业内产生广泛的推动力，避免整改工作流于形式。

（六）增加绩效考核机制，层层落实责任

整改工作需要得到层层落实，因此必须将绩效考核机制与整改工作紧密结合。每个岗位的整改任务应与员工的 KPI 挂钩，确保责任明确、执行到位。同时，从总经理到各部门领导，都应通过绩效考核，确保整改的效果得到真实、有效的体现。通过这样的方式，能够形成从上至下的强大执行力，确保整改措施落地生效。

第四节　迟迟不整改

迟迟不整改是企业整改工作中的常见问题，尤其是当整改措施较为复杂或涉及较多的资源调配时，部分整改任务往往被拖延，直到最后期限临近才开始处理。这不仅导致审计效果大打折扣，也可能在整改完成后出现新的问题。

一、迟迟不整改的表现

（一）整改进度滞后

虽然企业在审计后制订了整改计划，但在实施过程中进展缓慢，整改措施一直未能按计划完成。

（二）缺乏明确的时间节点

整改措施虽然提上了日程，但没有明确的时间节点和责任分配，导致实施过程中缺乏紧迫感，整改期限一再延迟。

（三）整改行动推诿

当责任人未能有效推进整改时，相关部门可能相互推诿责任，导致整改工作无法有效开展。

二、迟迟不整改的原因

（一）资源配置不足

整改可能需要大量的资金、人员或技术支持，但如果企业未能及时提供足够的资源，整改工作就会延迟。

（二）缺乏整改的紧迫感

一些企业管理人员可能将整改视为"应付任务"，缺乏真正的紧迫感，整改工作常常排在其他事务之后。

（三）整改措施过于复杂

某些整改措施设计得过于复杂，涉及多个部门和系统，需要长时间协调和执行，导致进度缓慢。

三、应对措施

（一）制定明确的整改时间表

企业应为每项整改任务制定具体的时间节点和阶段性目标，明确每个整改措施的实施时间和责任人，确保整改能够按时完成。

（二）资源保障

确保整改所需的资源（如人员、资金、技术支持）得到充分保障。如果整改涉及多个部门，要通过跨部门协作确保资源的合理配置和高效利用。

（三）加强监督与考核

对于迟迟不整改的情况，企业应加大监督力度，定期检查整改进展情况，并对整改进展滞后的部门进行问责。

（四）简化整改方案

对于过于复杂的整改方案，应考虑简化措施，分阶段实施，先解决最为紧急和重要的问题，再逐步推进其他整改任务。

例如，某能源企业在审计中发现，其内部审计流程存在漏洞，未能及时发现某些供应商的质量问题，导致生产环节出现延误。虽然管理层同意整改，但由于涉及跨部门协作且需要大量数据分析支持，整改进度一直未能推进。企业决定为整改工作提供专项资金和人员支持，并设定了具体的时间节点，同时通过加强部门间的沟通和协调，确保整改措施按时实施。

整改不仅是对审计发现问题的回应，更是企业管理提升的机会。有效的整改能够从根本上解决问题，优化企业的内控体系，从而降低风险并推动长期的管理改进。企业应从战略角度审视整改工作，明确整改目标，确保每项措施都能带来长远的效益，而非仅仅为了通过审计检查而进行的短期修补。整改过程应聚焦于实质性的改变，推动管理流程和文化的根本性提升。

同时，整改不能仅仅是一次性的应急措施，而应成为企业日常管理的一部分。通过设定明确的责任、细化执行步骤、强化监督机制以及引入外部评估，企业可以确保整改措施的落实和持续优化。最终，通过深度整改和持续改进，企业能够提升内控和合规管理水平，避免问题的反复出现，增强企业的长期竞争力和抗风险能力，确保在复杂多变的商业环境中稳定发展。

第五节 "最后一公里"

在采购审计的整个过程中，我们讨论了无数的理论框架、风险识别工具、应对策略和整改措施。这些内容无疑为我们提供了清晰的思路和可操作的指导方案。然而，所有这些理论和策略是否能够有效转化为实实在在的成果，最终取决于一个至关重要的环节——"最后一公里"。这不是一个抽象的概念，而是实际操作中最具挑战性和复杂性的部分。

企业战略的制定往往宏大而具远见，但如何将这些战略目标转化为具体的行动，并在每一个环节落实到位，是许多企业面临的最为艰巨的挑战。这个过程中的关键节点，就是被称为"最后一公里"的执行环节。

"最后一公里"并不仅是指最后的实施阶段，更是连接战略与现实的关键环节。无论是制定的政策，还是设计的流程、目标，最终能否有效落实，都取决于这一阶段是否顺利进行。如果战略无法得到有效执行，它将仅仅停留在纸面上，失去其应有的价值和意义。因此，如何突破这一阶段，确保战略真正落地，是决定企业成败的分水岭。

然而，尽管我们认识到"最后一公里"的重要性，但许多企业在这一阶段依然面临着众多挑战。因此，如何克服这些障碍，并确保战略与执行能够无缝衔接，成了每个决策者亟待解决的重要问题。

一、为什么"最后一公里"如此关键

任何审计计划的成功都离不开最后执行阶段的落实。这一阶段不仅是把纸面上的政策付诸实践，而且是将理论转化为企业日常运营中切实可行的行为。想象一下，审计人员经过数月的工作，发现了潜在的舞弊风险，制定了一系列的整改措施，但如果这些措施在实际执行中没有得到有效落实，那么所有的努力将付诸东流。

"最后一公里"的核心是，如何确保每一项策略、每一个方案、每一个整改措施都能真正执行到位，并且能产生持续的效果。很多企业在面对理论框架时，常常会夸夸其谈，提出一系列的对策和整改行动，然而一旦进入执行阶段，困难和挑战就会随之浮现。正是这些问题，往往让很多审计和风险管理的措施最终落空。因此，"最后一公里"不仅是检验理论有效性的试金石，更是决定审计和风险管理成果是否能够实现的关键所在。

二、"最后一公里"的挑战

（一）执行难度的提升

从审计报告的提出到整改方案的执行，许多企业在制定方案时已有明确的目标和思路，但在执行过程中，受人员、资源、时间等多重因素的制约，往往导致措施无法如期实施。例如，企业制定了强有力的供应商审计和风险防控措施，但在实际操作中，由于人员不足、信息传递不畅或时间安排不合理，许多方案未能有效执行，最终不了了之。

（二）责任归属不清晰

审计结束后，要明确和落实整改责任。企业往往面临一个问题：审计整改措施没有落实到具体的责任人身上，导致整改效果不明显。责任归属不清直接影响执行力度。人员缺乏责任心和紧迫感，导致整改行动缺乏动力，进而影响整改的有效性。

（三）管理层重视程度不足

管理层的重视是"最后一公里"成功的关键。如果企业管理层不能及时关注审计整改的执行情况，或者缺乏持续的督促力度，那么即使下属部门制定了整改方案，也可能会因为资源不足或支持不力而无法按期完成。

（四）监督和跟踪机制的缺乏

有效的整改不仅需要"做"，更需要"管"。很多企业缺乏健全的监督和跟踪机制，导致整改任务在执行过程中失去方向。没有足够的跟进措施，整改工作往往变成了一项表面化的任务，整改效果也难以确保。

三、如何突破"最后一公里"瓶颈

（一）明确责任与建立追责机制

在"最后一公里"中，最重要的任务之一就是明确每个整改措施的责任人，并确保每个环节都有专门的负责人。这些负责人需要定期汇报整改进度，确保每个目标和任务都得以顺利完成。同时，建立严格的追责机制，确保所有问题都能及时反馈，避免整改措施因责任不清而未能落实。

（二）高层推动与全员参与

只有当企业的高层管理者亲自推动并高度关注审计整改时，才能确保整改措施全面、持续落实。高层管理者的重视不仅体现在资源和人员的保障上，更体现在日常的督促和检查中。企业可以定期召开整改推进会，邀请高层管理者参与，以检查每个环节的执行情况，确保没有疏漏。

（三）强化持续监督与反馈机制

执行阶段的监督和反馈机制至关重要。企业应当建立专门的监督团队，定期对整改措施的执行情况进行检查，并根据实际情况及时调整整改方案。信息化手段的运用，如通过数字化平台进行实时监控和反馈，也是确保执行不脱节、无遗漏的有效方式。

（四）优化执行流程，确保及时落实

在"最后一公里"的执行过程中，优化流程和明确时间节点至关重要。企业应当对每项整改任务制订详细的执行计划，并设置具体的时间节点，确保整改措施能够按时完成。同时，在执行过程中及时跟踪进展情况，确保整改工作不拖延、不走过场。

审计整改和风险管理工作，绝非仅是纸面上的任务，而是一项长期且动态的工作。只有在"最后一公里"阶段，切实将各项具体措施落实到位，才能让审计价值最大化，真正实现企业的长期合规和可持续发展。

后　记

　　《采购审计实务指南》从审计框架、风险管理到舞弊防范，逐一展开阐述，旨在为企业提供全面且系统的审计解决方案。然而，正如本书所强调的那样，所有的理论和策略，最终都需要通过实践来检验其真正价值。而这一过程的关键之处就在于"最后一公里"。

　　这一公里，远非一个简单的操作环节，它意味着审计、整改与风险管理能否真正落地、能否在企业日常运作中持续发力。正如我们所见，无论是责任分工、督促机制，还是高层推动，每一个细节都影响着整改措施的执行效果。任何一个环节出现疏漏，都可能让前期的努力白费，从而影响企业的合规性和风险防控能力。因此，确保每个审计决策和每条整改措施都能落实到位，才是审计工作的最终目标。

　　审计的真正价值不仅在于发现问题和提出对策，更在于通过持续的执行与监督，确保风险得到有效管控，合规管理得到持续优化。这也是本书所要传达的核心理念。希望读者能够通过本书的学习，明确采购审计的框架，理解每个环节的作用，并在实际工作中根据企业的具体情况，将理论知识与实践经验相结合，从而有效实现风险防控和合规管理的目标。

　　随着企业运营环境的复杂性不断增加，审计工作也面临着越来越多的挑战。然而，我们相信，只要在"最后一公里"做好充分的准备并有效执行，审计工作就能够成为提升企业治理水平、降低风险、实现可持续发展的强大工具。

　　感谢各位读者的陪伴，也希望本书能为您在审计实务中提供帮助，助力您的企业走得更稳、更远。